Gestión
de la complejidad
en las organizaciones

DIRECTOR DE LA COLECCIÓN
Ernesto Gore

DISEÑO DE TAPA
MVZ Argentina

JORGE RICARDO ETKIN

Gestión de la complejidad en las organizaciones

La estrategia frente a lo imprevisto
y lo impensado

GRANICA

BUENOS AIRES - MÉXICO - SANTIAGO - MONTEVIDEO

© 2005, 2009 *by* Ediciones Granica S.A.
© 2003, 2009 *by* Jorge Ricardo Etkin

BUENOS AIRES   Ediciones Granica S.A.
Lavalle 1634 - 3° G
C 1048 AAN Buenos Aires, Argentina
Tel.: +5411-4374-1456
Fax: +5411-4373-0669
E-mail: granica.ar@granicaeditor.com

MÉXICO   Ediciones Granica México S.A. de C.V.
Cerrada 1° de Mayo 21
Col. Naucalpan Centro
53000 Naucalpan, México
Tel.: +5255-5360-1010
Fax: +5255-5360-1100
E-mail: granica.mx@granicaeditor.com

SANTIAGO   Ediciones Granica de Chile S.A.
San Francisco 116
Santiago, Chile
E-mail: granica.cl@granicaeditor.com

MONTEVIDEO   Ediciones Granica S.A.
Salto 1212
11200 Montevideo, Uruguay
Tel./Fax: +5982-410-4307
E-mail: granica.uy@granicaeditor.com

www.granica.com

I.S.B.N. 950-641-469-6

Hecho el depósito que marca la ley 11.723

Impreso en Argentina. *Printed in Argentina*

Etkin, Jorge Ricardo
   Gestión de la complejidad en las organizaciones : la estrategia
frente a lo imprevisto y lo impensado - 1a ed. 2a. reimp. - Buenos
Aires : Granica, 2009.
   480 p. ; 22x15 cm.

   ISBN 950-641-469-6

   1. Administración de Empresas. I. Título
   CDD 658.1

A mi mujer Viviana Mabel,
y a la fuerza vital y creativa
de nuestras hijas Julieta y Natalia.

Prepararse para nuestro mundo incierto es lo contrario de resignarse a un escepticismo generalizado. Es esforzarse en pensar bien, es volvernos aptos para elaborar y practicar estrategias, en suma, es efectuar nuestras apuestas con toda conciencia. La ecología de la acción implica que toda acción, una vez lanzada, entra en un juego de interacciones y retroacciones en el seno del medio en el cual se efectúa, que pueden desviarla de sus fines e incluso llevar a un resultado contrario al que se espera.

Todos debemos ser plenamente conscientes de que nuestra propia vida es una aventura, incluso cuando la creemos encerrada en una seguridad funcional; todo destino humano comporta una incertidumbre irreductible, comprendiendo en ella la certeza absoluta, que es la de su muerte, ya que ignora la fecha. Cada uno debe ser plenamente consciente de participar en la aventura de la humanidad que es lanzada a lo desconocido con una rapidez cada vez más acelerada.

Una estrategia lleva en sí la conciencia de la incertidumbre con la que va a enfrentarse y comporta por ello mismo una apuesta. Debe ser plenamente consciente de la apuesta con el fin de no caer en una falsa certeza. La falsa certeza cegó siempre a los generales, políticos y empresarios y los condujo al desastre. La apuesta es la integración de la incertidumbre con la fe o la esperanza. La apuesta no está limitada al juego de azar o a las empresas peligrosas. Concierne a los compromisos fundamentales de nuestras vidas.

EDGAR MORIN
(*La mente bien ordenada*)

ÍNDICE

13

Índice de figuras

AGRADECIMIENTOS

Esta obra refleja la labor docente y de investigación que durante décadas he realizado con mis distinguidos colegas de la Facultad de Ciencias Económicas de la Universidad de Buenos Aires. Es también una síntesis de la experiencia en tareas de gestión que he cumplido en empresas públicas y privadas. Deseo manifestar mi agradecimiento a los colaboradores y amigos que me han brindado su valiosa ayuda y permitido culminar el trabajo. A lo largo del libro hago mención de ellos porque son autores de estudios que he consultado, pero ahora quiero ir más allá de la cita formal, para también dejar constancia de mi respeto y gratitud en términos personales.

El libro sigue la línea del paradigma de la complejidad en las organizaciones, una visión que hace años nos llevó a compartir inquietudes con mi amigo y colega el ingeniero Leonardo Schvarstein. Nuestro diálogo y sus brillantes aportes fueron volcados inicialmente en la obra *Identidad de las organizaciones* (1989) y luego en la tarea universitaria conjunta, que han sido vitales tanto para desarrollar nuevos conceptos como en la preparación del texto que ahora presento. Quiero destacar el significativo aporte que ha representado la tarea de la ingeniera Estela Camarotta en el crecimiento de nuestra cátedra de Dirección General, en especial por su colaboración en la preparación de los modelos que aplicamos en la enseñanza de la gestión directiva.

Los sinceros lazos de amistad que mantenemos con el doctor Bernardo Kliksberg me han permitido recibir sus valiosas sugerencias sobre los temas críticos de la Administración. La riqueza de conocimientos que surge de su producción literaria me ha permitido profundizar en la problemática de la equidad y el capital social, te-

15

mas que he desarrollado en las partes donde me refiero a la dimensión ética de las organizaciones. Quiero reconocer la contribución del distinguido colega doctor Isaac Bleger, por su constante aliento en el plano de lo personal y porque me ha brindado un importante apoyo documental en cuanto a los modelos de organización de base cooperativa que se mencionan en el texto.

Desde nuestros inicios en la universidad como estudiantes y en nuestra continuación como investigadores y docentes en la Facultad de Ciencias Económicas, he tenido el honor de compartir tareas con mis reconocidos colegas Jorge Ader, José Serlin y Héctor Larroca. Agradezco al compañero de estudios e inestimable colaborador en lo profesional y académico, el doctor Antonio Mella, cuyos comentarios siempre han sido oportunos a la hora de iniciarme en nuevos proyectos. Ellos me han brindado su generosa ayuda en la compleja función de conducir la carrera de Administración de la Universidad de Buenos Aires. En el ámbito de la enseñanza de Administración también destaco a mis apreciados colegas Darío Fainshod, Laura Posternak y Teresa Recasens, quienes comenzaron como inquietos estudiantes en los cursos de Dirección y con el tiempo se incorporaron a nuestro equipo docente, donde han volcado su voluntad renovadora.

En el desafío cotidiano de imaginar y avanzar con nuestros proyectos empresariales, deseo mencionar y agradecer a mis apreciados amigos Gabriel Yelin y Norberto Marinelli. Trabajar con ellos ha significado para mí una fuente importante de ideas sobre las nuevas y mejores formas de crecimiento en el campo de las organizaciones, en particular desde el enfoque ético de la gestión empresarial. En el plano de la actividad profesional deseo agradecer al doctor Fernando Feinsilber, con quien a través de los años hemos compartido tareas de consultoría y gerencia en diversas empresas, lo cual me ha permitido apreciar sus inteligentes enfoques sobre la realidad organizacional. También quiero mencionar a mi colega el doctor Uriel Leiferman, por su dedicación a la lectura del manuscrito y sus pertinentes consejos para enriquecer el texto.

Por su colaboración en la preparación de la obra, también agradezco al profesor Francisco Suárez, director del Instituto de Investigaciones Administrativas (UBA), quien me ha ofrecido no solamente su valiosa experiencia y consejo, sino también documentos y referencias sobre temas importantes para el texto, tales como la cuestión del buen gobierno y los procesos de democratización en las instituciones. En estos momentos tan significativos es también cuando más recuerdo a quienes fueron mis maestros. En este sentido me emociona mencionar al doctor Vicente Perel, quien supo motivarme con su ejemplo y ayudarme a crecer en el campo de la organización y la gestión, tanto en el mundo de lo académico como en el ejercicio de la profesión gerencial.

Deseo dejar constancia de mi gratitud por el valioso apoyo que he recibido de Ediciones Granica en la persona de su gerente, Claudio Iannini, y de la licenciada Lucila Galay. Ellos me han aconsejado sobre el diseño de la nueva edición, señalando las correcciones necesarias para mejorar la presentación de la obra y su llegada al lector.

Mi reconocimiento al profesor Jaime Gil Aluja, catedrático de Economía de la Empresa de la Universidad de Barcelona, quien gentilmente aceptó la tarea de prologar y por tanto enriquecer esta obra. El distinguido profesor Aluja ha producido valiosos trabajos sobre el tema de la incertidumbre y la complejidad en las decisiones, que he tomado como referencia y sobre los cuales hemos tenido oportunidad de dialogar en ocasión de mis visitas a su cátedra universitaria.

Quiero hacer una mención especial de mis colegas de la Asociación de Docentes de Administración General de la Argentina (ADENAG), en cuyos seminarios y encuentros he tenido oportunidad de exponer muchas de las ideas presentadas en esta obra. Deseo agradecer a mis pares de la ADENAG por haberme honrado en el 2002 con el primer Premio a la Trayectoria Académica, distinción que ha significado un importante impulso para continuar en mi tarea universitaria.

Estos agradecimientos son también un mensaje sobre mi modo de pensar acerca de la gestión en tiempos de incertidumbre e inequidad social, con tanta demanda legítima y necesidades insatisfechas. Tal como he aprendido con mis maestros, amigos y colegas, no basta con el diagnóstico y el análisis crítico, se trata de marcar nuevos caminos y sostener esperanzas fundadas sobre un mundo mejor. El mensaje se refiere a la necesidad de hacer juntos, al conocimiento y a las actitudes que son propias de lo social. Avanzar con equidad en un contexto de tensiones y desafíos no es un tema de acciones individuales. Se requiere aunar esfuerzos en un marco de diálogo y colaboración, de construir proyectos bajo principios e ideas-fuerza compartidas y no de una competencia que excluye y margina. No veo la gestión de la complejidad en las organizaciones como una cuestión meramente técnica ni como actos de heroísmo. Hacen falta métodos basados en la tarea de equipo, con imaginación creativa y plena conciencia sobre la responsabilidad social en el momento de las decisiones. De allí la importancia que en el libro asigno a la dimensión ética de las organizaciones y al trabajo directivo.

Este libro es la culminación de un proyecto que ha demandado grandes esfuerzos, largas jornadas de trabajo signadas por el intento de aportar nuevas ideas y conocimientos sobre las organizaciones que operan en un entorno incierto y cambiante. La tarea intelectual ha sido importante, pero esta búsqueda creativa ha sido posible y se ha fortalecido gracias al constante apoyo afectivo de mi núcleo familiar. Mi esposa Viviana Mabel y nuestras hijas Julieta y Natalia han constituido el sustento vital y el aliciente emocional necesario para superar los inevitables momentos de duda a lo largo del camino. El texto ha crecido junto con ellas, y al escribir también he visto cómo la vida avanza, indetenible, con su propia obra creativa. Feliz entonces por el proyecto realizado y porque ello significa volver al tiempo pleno de los afectos y el estar en familia.

JORGE ETKIN
Septiembre de 2005

PRÓLOGO

Quizá como nunca ha sucedido, la actividad científica se halla en una encrucijada en la que está en juego el futuro de la humanidad. Por un lado, la concepción geométrica del universo; por el otro, la concepción darwiniana. De una parte, los excelsos y monótonos cantos reiterativos, renovados sólo en sus formas; relojes adormecedores de conciencias; la mecánica del péndulo simple; la imposición de unas creencias preestablecidas desde el esplendoroso amanecer newtoniano, en el que se soñaba con reducir el funcionamiento del mundo a la predictibilidad de un mecano; la adoración del mito de Laplace: "si dispongo de las leyes de la naturaleza y las condiciones del universo en un momento determinado, reconstruiré el pasado y predeciré el futuro".

De otra parte, el vacío de lo desconocido; el susurro vario y a veces disonante de notas que suenan inconexas; la atracción de la aventura; la invitación al salto hacia un precipicio sin fondo, sólo guiados por la esperanza de abrir nuevos horizontes; la respuesta a la llamada de Bertrand Russell, de Lukasiewicz, de Zadeh, de Lorenz, de Prigogine, de Kaufmann; el rechazo al yugo de la predestinación y la proclamación de la libertad de decisión; la creencia en que existen sistemas inestables con procesos disipadore,s los cuales provocan un desorden que lleva a la incertidumbre.[1] Parece que estas palabras suenan, hoy, como verdades indiscutibles. Y lo más importante es

---

1. J. Gil Aluja, "La pretopología en la gestión de la incertidumbre". Discurso de investidura como Doctor Honoris Causa de la Universidad de León, Secretaría de Publicaciones y Medios Audiovisuales, León, 2002, págs. 48 y 49.

que van a consolidarse en un futuro inmediato. El profesor Jorge Etkin ha sabido extraer de este conflicto una estructura de pensamiento que, de alguna manera, explica los vericuetos de las complejas estructuras organizativas que, poco a poco, han ido emergiendo de este universo mutable que nos ha sido dado vivir.

El enfoque de las organizaciones que el autor realiza, desde su análisis y su planificación y diseño hasta el estudio, novedoso y sugerente, de las funciones de dirección y la capacidad de gobernabilidad de las empresas e instituciones, permite al lector introducirse en un contexto formal que pretende, y consigue en alto grado, preparar a quienes deben enfrentarse a las nuevas situaciones que las realidades actuales están planteando.

No haya duda alguna de que la realidad es precisa en sí misma, pero en el proceso de su aprehensión se pierde una parte más o menos grande de sus matices: el cerebro humano recoge su entorno de una forma simplificada. Y ello es así por cuanto cualquier cosa que se examine, por minúscula que sea, resulta tan compleja que su captación sólo puede conseguirse a través de un proceso simplificador. Incluso cuando se mira un objeto, nuestros ojos lo perciben de manera grosera, esquemática, que se iría perfilando a medida que se utilizan lentes cada vez más potentes. Pero no existe microscopio alguno que sea capaz de mostrarlo "tal cual es" en realidad.

El hecho de que la formalización normalmente comporta una visión restringida obliga al investigador a elegir entre realizar desde el inicio una selección de elementos por considerar para poder operar después con un instrumental preciso, o bien captar la realidad con toda su imprecisión y operar con estas informaciones "borrosas", aun sabiendo que los resultados vendrán dados de manera imprecisa. La decisión se reduce a elegir entre un modelo preciso pero que refleja imperfectamente la realidad y un modelo vago pero más adecuado a la realidad. Si a esto se añade que tanto el pensamiento como las acciones humanas son el resultado de una mezcla de intuiciones y de rigor lógico, su estudio, al ser realizado a través de determinados esquemas simplificados, difícilmente puede ser a la vez perfectamente representativo de la realidad y totalmente preciso en su cuantificación.

En la lógica formal una cosa es verdadera o falsa, pero no puede ser las dos cosas a la vez, al no admitir matices. En cambio, el pensamiento sí está repleto de matices, lleno de imprecisiones. El ser humano necesita considerar, ya que su cerebro no es una máquina secuencial al estilo de los ordenadores, determinadas ideas que son difíciles de adscribir si se tiene en cuenta solamente el todo o la nada. En definitiva, siente la necesidad de asociar el rigor y las imprecisiones.

Cada vez resulta más necesaria la investigación de técnicas para el tratamiento de los problemas organizativos en un ambiente de complejidad. Tratar datos formales, exactos o incluso aleatorios, es decir probabilizados, resulta habitual y cómodo, pues siempre sabemos adónde vamos, adónde nos proponemos ir, si todo sucede como se ha concebido y esperado. Tratar datos inciertos, aceptar determinados criterios económicos sin estar seguro de uno mismo, confiando solamente en la voluntad de comprender, constituye casi un compromiso con lo irracional. Los hechos susceptibles de verdadera repetición pertenecen al ámbito de la naturaleza, de la física, de la química, de la astronomía, e incluso de la biología, pero el hombre introduce, además de los hechos inciertos de la naturaleza, los que le provienen de su libertad, de su poder de imaginación.

Se puede afirmar que, con el objeto de mantener la supervivencia y reproducirse, todos los seres vivos han realizado y realizan estrategias, en un intento de vencer la extinción de la especie, unas veces manteniéndose en el mismo estado, otras a través de un proceso de transformación. Todo ser viviente se halla en permanente aprendizaje, de algunos centenares de miles de años o de algunos instantes. Así el instinto sería el resultado de un aprendizaje largo y la inteligencia de un aprendizaje corto. Pero se constata, en todo caso, un aprendizaje. La preparación de una decisión, simple o compleja, es una actividad organizativa del pensamiento en la que se combinan intuición y lógica y en donde, con frecuencia, resulta difícil realizar la separación. Las matemáticas sirven a menudo de ayuda a los mecanismos de la lógica, aunque en la actualidad también somos capaces de utilizarlas para estimular la imaginación y afinar la intuición.

Consideramos que lo que tiene importancia en un modelo es, en primer lugar, su fidelidad. Si lo real sólo es aprehensible a través de sensaciones en lugar de eventos, ¿no malgastaremos informaciones si rechazamos estas sensaciones? Además, un acontecimiento en el ámbito de la organización no es otra cosa que un consenso de sensaciones. E incluso, la ciencia objetiva sólo es objetiva por el hecho de ser captada por la gran mayoría o por el grupo más poderoso. No existe ley alguna que un día u otro, más pronto o más tarde, no sea cuestionada. Se hallará otra que contendrá la precedente como un caso particular o incluso que no la contenga, y entonces será revolucionaria.

Esta constatación, que es válida para la actividad investigadora en general, lo es también para la fenomenología de las organizaciones. Detenernos a pensar en esta realidad comporta inevitablemente la reconsideración de las hipótesis en las que pueden asentarse los modelos, si se desea que permitan una mejor comprensión del funcionamiento de los subsistemas que forman la empresa y constituyan un camino válido para las decisiones.

El profesor Etkin sostiene, de manera certera, que la organización no se puede considerar como un mecanismo (programado), o un organismo (natural), sino como un sistema complejo, de base social, política y técnica. Añade que la complejidad surge porque en el sistema operan múltiples lógicas y diversidad de fuerzas que no constituyen un todo armónico y estable. En efecto, si durante muchas décadas el estudio de lo económico y lo empresarial ha sido enmarcado por los conceptos de equilibrio y estabilidad, hoy no es posible sustentar ideas que por la propia naturaleza de las cosas se han convertido en caducas, sino que es necesario replantear los enfoques de la investigación científica hacia nuevos horizontes. Está tomando, cada vez con más fuerza, carta de naturaleza la creencia de que el saber científico no debe explicar y tratar el universo en donde nos gustaría vivir, sino el que realmente vivimos.[2]

Ello provoca la necesidad de poner fin a los conocimientos "sagrados" de las *leyes ciertas* que describen un mundo de equilibrios estables y crear una nueva racionalidad basada en la inestabilidad que conduce a la incertidumbre. Pero cuestionar estas leyes conduce a tal punto que nos vemos obligados a revisar de nuevo los propios principios en los que se cimienta la ciencia. En efecto, la ciencia occidental se ha asentado durante muchos siglos en una idea, en sí misma original: la idea de las leyes de la naturaleza. Según ella, la naturaleza está obligada a seguir ciertas reglas que conducen a estructuras basadas en la *certeza*. Esto queda ya patente en las leyes de Newton, y curiosamente, las que se han considerado grandes revolu-

---

2. J. Gil Aluja, "La incertidumbre en la economía y gestión de empresas". Actas del IV Congreso de la Asociación Española sobre Tecnología y Lógica Fuzzy, Blanes, 14 de septiembre de 1994, págs. 9-14.

ciones del siglo XX, la "mecánica cuántica" y la "relatividad", no hicieron más que confirmar, en un inicio, esta visión.

Resulta impensable no aceptar que los sistemas son muy sensibles a las variaciones de las condiciones iniciales o a las existentes en algún instante de su actividad. En otros términos, se concibe que cuando una *perturbación* excede un cierto nivel, las desviaciones futuras llevan a un proceso no controlable por el propio sistema, produciéndose el nacimiento de insospechados nuevos fenómenos. Sólo con este convencimiento es posible vislumbrar cómo hace cuatro mil millones de años pudo aparecer una célula viva de un vulgar caldo de aminoácidos. La complejidad de estos sistemas hace inviable su comprensión y explicación únicamente mediante leyes deterministas, sustentadas y desarrolladas con ecuaciones lineales.

Ha hecho falta, y hará falta todavía, una gran dosis de imaginación para romper con los lazos que nos atenazan con el pasado, colocando en su lugar ecuaciones diferenciales "no lineales", portadoras de un gran arsenal descriptivo de situaciones inciertas. Compiten, cohabitan o colaboran en esta tarea enfoques, de ayer o de hoy, tales como la termodinámica no lineal, la teoría de catástrofes, la teoría de fractales, la teoría del caos o la teoría de los subconjuntos borrosos, entre otras.

En el epicentro de la encrucijada neogeometrismo-neodarwinismo se halla una querella que data de más de dos mil años. En efecto, Aristóteles (384-322 a.C.) señalaba: "Una simple afirmación es la primera especie de lo que llamamos proposiciones simples, y una simple negación es la segunda clase de ellas... Respecto de las cosas presentes o pasadas, las proposiciones, sean positivas o negativas, son por necesidad verdaderas o falsas. Y de las proposiciones que se oponen contradictoriamente, debe ser una verdadera y una falsa".[3] En esta misma línea se situaba el pensamiento de los estoicos, a cuya figura central, Crisipides (281?-208 a.C.), se le atribuye la formulación del llamado *principio del tercio excluso* (una proposición o es verdadera o es falsa). Los epicúreos, con su fundador Epicuro (341-270 a.C.) al frente, contestaron con vigor este principio, señalando que sólo es aceptable si no se da una tercera posibilidad *tertium non datur* (tercio no excluso).

---

3. Aristóteles, *Obras. Lógica. De la Expresión o Interpretación*, Aguilar, Barcelona, 1977, págs. 258-260.

Tendrán que transcurrir veintidós siglos para que Lukasiewicz,[4] retomando la idea de los epicúreos, señalara que existen proposiciones que no son ni verdaderas ni falsas, sino *indeterminadas*. Esto le permite enunciar su "principio de valencia" (cada proposición tiene un valor de verdad). Asignó, inicialmente, tres valores de verdad: verdadero (1), falso (0), indeterminado (0.5), generalizando, luego, a *n* valores, para *n* igual o mayor que 2. Se inicia, así, el camino para las llamadas *lógicas multivalentes*.

Con ocasión del Congreso Internacional SIGEF de Buenos Aires,[5] intentamos asentar la posición epicúrea en las nuevas coordenadas surgidas del hallazgo de Zadeh,[6] enunciando el "principio de la simultaneidad gradual" (toda proposición puede ser a la vez verdadera y falsa, a condición de asignar un grado a su verdad y un grado a su falsedad). Antes y después, un buen número de científicos han ido colocando, piedra tras piedra, los cimientos de lo que puede ser un nuevo edificio del saber.

La obra del profesor Etkin que presentamos es un vivo ejemplo de la inquietud de tantos y tantos universitarios que están trabajando para conseguir, con su esfuerzo, proporcionar a las nuevas generaciones elementos suficientes para poder hacer frente a una sociedad cada vez más compleja, pero a la vez también más apasionante. Las reflexiones que se sugieren en *Gestión de la complejidad en las organizaciones* pueden constituir un estímulo no sólo para estudiantes, graduados y docentes, sino también para aquellos que en sus puestos de dirección y gobierno de empresas e instituciones precisan de puntos de apoyo para guiar adecuadamente sus decisiones.

DR. JAIME GIL ALUJA*
Barcelona, febrero de 2003

---

4. J. Lukasiewicz, "O zasadzie wylaczonego srodka", *Przegl'd Filozficzny*, 13, 1910, págs. 372-373.
5. J. Gil Aluja, "Lances y desventuras del nuevo paradigma de la teoría de la decisión. Proceedings del III Congreso de la Sociedad Internacional de Gestión y Economía Fuzzy. Buenos Aires, 10-13 de noviembre de 1996 (sin numerar).
6. L. Zadeh, "Fuzzy sets", *Information and Control*, 8 de junio de 1965, págs. 338-353.
* Catedrático Numerario de Economía de la Empresa de la Universidad de Barcelona. Presidente de la Asociación Europea de Dirección y Economía de la Empresa. Presidente de la Real Academia de Ciencias Económicas y Financieras (España).

INTRODUCCIÓN

1. Propósitos y destinatarios de la obra

He escrito este libro pensando en quienes desean profundizar sus conocimientos sobre el funcionamiento de las organizaciones y acceder a formas alternativas y más correctas de gestión. Correctas tanto desde la perspectiva de las necesidades y aspiraciones de los integrantes de la organización como desde las demandas de la población en el medio social más amplio. El libro se orienta hacia los estudiantes avanzados, graduados y docentes en el campo del análisis organizacional y de la gestión de empresas, como también a quienes desempeñan funciones de dirección y gobierno en instituciones públicas y privadas. Me guía el propósito de explicar la realidad organizacional, pero también de ayudar en la construcción de organizaciones más democráticas, vivibles y legitimadas socialmente.

Antes que pensar en nuevas fórmulas para el éxito o actualizar conceptos ya probados en administración (más de lo mismo) me he propuesto indagar en las visiones y los métodos que permitan superar las oposiciones de carácter estructural y ambiental que limitan desde dentro y desde fuera el crecimiento de la organización. Mi enfoque no está sesgado por la búsqueda de eficiencia y productividad en las operaciones. Comprendo y destaco que los directivos buscan ser racionales en sus decisiones, porque de otro modo peligra la organización que conducen. Pero también es demostrable que una visión puramente económica termina por instalar oposiciones y conflictos que desmoronan la propia organización. Desde una perspectiva amplia, me preocupa tanto el crecimiento como la calidad de vida en las organizaciones y sus contribuciones al contexto social más amplio.

En el libro me refiero a las organizaciones en un sentido amplio, incluyendo empresas de negocios como también otros agrupamientos sociales formalizados, como las instituciones sin fines de lucro, cooperativas, asociaciones civiles y entes públicos descentralizados. Creo que el análisis comparativo permite aprender de las semejanzas y de las diferencias entre ellas. Pero, en particular, con esta visión comparativa he querido poner de relieve la importancia que para la dirección tiene la posibilidad de distinguir los rasgos peculiares, las raíces o los principios que diferencian a las organizaciones entre sí. Con ello también he querido señalar que no todo agrupamiento formal tiene el carácter de empresa y que el peso de la racionalidad, eficiencia y productividad es (y debe ser) diferente según se trate de la bolsa de valores, un hogar de ancianos o una escuela.

Desarrollo conceptos aplicables al análisis y el diseño de organizaciones como también ideas que sirven de base para las decisiones de política de la organización. Creo que para mejorar las formas de estructuración y las estrategias de conducción hace falta una lectura profunda y pertinente de la realidad organizacional y de su contexto. Por ejemplo, si quienes conducen consideran que la organización es un mecanismo productivo, sus decisiones servirán para programar y controlar las actividades, pero no para hacer crecer la organización. De manera que considero crucial disponer de una visión amplia y comprensiva de la organización, que no es lo mismo que una visión interesada o sectaria.

Entiendo que la visión más cercana a la problemática organizacional es considerar a la empresa como un sistema sociotécnico, complejo y adaptativo. Me refiero al sistema no como un orden predefinido, sino al conjunto que tiene un comportamiento cambiante por efecto de la interacción de variables controlables y no controlables. En la obra utilizo el enfoque que se basa en el paradigma de la complejidad, una visión que muestra la interacción (no la exclusión) del orden y el desorden. La organización en su origen es un diseño, una creación que se hace pensando en propósitos compartidos y aceptados por los integrantes. Pero esta imagen sólo vale para su momento fundacional. De allí en más, la organización se convierte en un espacio donde operan las relaciones de poder, influencia y persuasión hacia objetivos múltiples. Algunas de estas fuerzas tienen un sentido complementario, pero otras están en una relación de oposición, o bien son indiferentes a los objetivos del conjunto.

2. La organización reconocible

He escrito pensando en particular en las organizaciones que considero "reconocibles" para sus integrantes y desde el medio social. Las llamo así porque sus límites y operaciones son identificables y sus procesos también visibles y conocidos. No son solamente lo que producen. Son un conjunto social y no sólo espacio social, además de una estructura productiva. Son también reconocibles o identificables para los grupos de influencia e interés que se relacionan con ellas desde el contexto (proveedores, clientes, inversionistas). Es decir, hago referencia a una categoría y dimensión de empresas e instituciones donde los actores están personalizados con sus compromisos, pero también con fines grupales. En las organizaciones que llamo *reconocibles*, los integrantes no son anónimos, una clase o un código, y tampoco un mero recurso productivo. Sus problemas cuentan y la idea básica es que no son sustituibles como si fueran equipos físicos.

Las organizaciones reconocibles no son virtuales, son tangibles, ocupan espacios visibles y crecen sobre la base de su capacidad humana como factor diferenciable. En ellas se destacan sus rasgos de identidad, que cohesionan la organización hacia dentro y le permiten posicionarse y diferenciarse en su medio. Se trata de una organización que mantiene sus raíces, pero que también desarrolla estructuras flexibles para adecuarse a las cambiantes posibilidades de su entorno. Esto no siempre tiene que ver con el tamaño, sino más bien con la forma de organización, el estilo de gestión, la naturaleza de sus prestaciones o servicios. La organización "reconocible" a la cual me refiero en el texto también se caracteriza por actuar en un entorno incierto y cambiante. A pesar de ser identificable y necesaria, sus fuerzas no le alcanzan para determinar las tendencias en el contexto.

En la base de estas organizaciones opera un problema de financiamiento como constante. Problema que se refiere tanto al capital de trabajo como a la inversión requerida para incorporar las nuevas tecnologías que les permitan desarrollar una adecuada capacidad competitiva (en el sentido de calidad y no de lucha). Siendo importante, la visión económica no es suficiente. El libro no se refiere sólo al caso de los monopolios, concentraciones económicas, grandes corporaciones, burocracias o instituciones cristalizadas en el tiempo. El enfoque del texto se orienta, por caso, a un centro de salud con médicos reconocidos y cierto nivel de atención médica, un banco que atiende en forma personal a clientes importantes en un segmento de negocios, una radio o un periódico que intentan crecer con audiencias identificables y no como medios masivos de comunicación. La gestión en estas realidades tiene un componente social y cultural importante, pesan las posiciones y visiones personales, y no hay una razón excluyente, un pensamiento único o una verdad revelada.

Cuando en el libro desarrollo los conceptos básicos de objetivos, estrategias, políticas, proyectos o estructuras estoy pensando en la problemática de las organizaciones que aquí explico como *reconocibles*. En esta categoría de organización se requiere mucha interacción, reunión, diálogo, discusión, confrontación de ideas y redes de comunicación, antes que de procedimientos rígidos o jerarquías formales. No hablo de un sistema ideal o imaginado, sino de organizaciones existentes donde estos rasgos se han hecho una práctica o condición de vida. Porque tiene su lógica y les permite crecer, no por razones ideológicas o puro voluntarismo. La comunicación en ellas prevalece por sobre el ejercicio del poder centralizado, los grandes movimientos estratégicos o los planes formalizados. Este concepto también incluye las unidades de negocios diferenciadas, que en el diseño forman parte de corporaciones mayores. En el ejercicio de su autonomía, estas unidades también pueden desarrollar rasgos que son compartidos y las identifican.

3. La visión de la complejidad

En este ambiente organizacional, hago análisis y formulo propuestas en el marco del llamado *paradigma de la complejidad*. Paradigma como idea o visión central que está en la base de mis explicaciones y que orienta los conceptos de la obra. La complejidad es un enfoque que considera a la organización como un espacio donde coexisten orden y desorden, razón y sinrazón, armonías y disonancias. Hay en estas relaciones fuerzas que están operando en un sentido complementario, pero también divergente o indiferente. Es decir, me guía un paradigma que da importancia tanto a los objetivos comunes como al sentido emergente de las interacciones de grupos. Lo complejo también tiene que ver con los intercambios en un ambiente incierto y cambiante, con una competencia agresiva, donde la innovación tecnológica lleva al acortamiento de los ciclos de renovación tanto en métodos y equipos de producción como en bienes y servicios finales.

El enfoque que utilizo de la organización no la presenta como un conjunto de esfuerzos coordinados y orientados hacia objetivos compartidos. La realidad con la cual trabajo en el libro es diferente; no es el mundo de las armonías, de los equilibrios o de las certezas. Hablo de una realidad controvertida y de una gestión que no se construye solamente sobre la base de planes, programas y controles. Señalo el impacto de los juegos y las tramas de poder, el peso de los diferentes grupos de opinión e interés como también la influencia de las cambiantes y crecientes demandas del contexto social hacia las organizaciones; también pueden aparecer problemas de interpretación. La organización requiere que existan imágenes y expectativas compartidas (al menos sobre temas básicos); pero las diferencias internas llevan a la instalación de subculturas en cuyo marco la realidad y los proyectos de la organización se significan o se interpretan también de manera diversa. El hacer cosas juntos no siempre implica pensar del mismo modo, y este pluralismo de ideas e imágenes debería ser explicitado y conocido, en lugar de ser reprimido o postergado.

La visión sobre la organización que sostengo en el libro no la considera un mecanismo (programado) o un organismo (natural), sino un sistema complejo, de base social, política y técnica. Complejo porque en el sistema operan múltiples lógicas y diversidad de fuerzas que no se conjugan en un todo armónico o estable. Complejo también porque el sistema tiene un diseño y acuerdos constitutivos, pero además presenta la capacidad de redefinir y adaptar esos esquemas a través de la reflexión y los procesos de aprendizaje. Sus cambios no siempre resultan de la autoridad o la decisión política, sino del diálogo, el debate y la interacción social cotidiana.

Es cierto que en la definición de la función directiva (necesaria) hay una racionalidad finalista, una búsqueda de los caminos que llevan a los resultados deseados. Esta visión externa o heterónoma de la organización considera que las decisiones se explican (y son correctas) por su relación con los resultados buscados. Es un enfoque que se basa en la lógica de la conducción (que es dar un sentido), pero también es limitado cuando se trata de explicar el rumbo que toma la organización en la realidad, porque en ella operan una diversidad de grupos que además de participar del conjunto tienen proyectos específicos y se movilizan tras sus propios intereses. Y cuando lo hacen, ellos no necesariamente buscan una ruptura o se ponen fuera de la organización. Su grado de poder es variable; siempre hay intentos de influencia y la correspondiente resistencia. En el libro señalo la necesidad de una visión también autónoma o construida al interior de la organización. Muestro cómo los objetivos dejan de ser resultados futuros y guías claras para la decisión y se convierten en un blanco móvil para los directivos. La visión integrada nos explica por qué la dirección se orienta en varios sentidos a la vez, no siempre congruentes, y cómo ello también tiene que ver con la viabilidad de la organización.

4. La coexistencia de razón y sinrazón

De manera que la dirección, tal como la estudio en el texto, no siempre es ni puede ser razonable en cuanto a los criterios que utiliza. Los directivos actúan "con razón y sin razón". Esto es así en parte porque carecen de la información necesaria o deben recurrir a su visión e imaginación. Pero también "sin razón" porque utilizan argumentos que son discutibles desde la perspectiva de los diversos grupos, internos y externos, relacionados con la organización. No sostengo que esta ambigüedad o indefinición sea una estrategia recomendable o un estilo deseable de gestión. Hay aspectos estructurales tras esa ambigüedad; ella tiene que ver con la capacidad directiva, pero también con los criterios duales que existen en un sistema complejo (por ejemplo, delegar y concentrar).

Trato de aplicar lo que considero una visión alternativa y superadora de temas básicos que han sido simplificados en los estudios tradicionales de administración. En esos estudios hay un énfasis excesivo en aumentar los resultados económicos a través de formas más eficientes de trabajo. Omiten que esta exigencia creciente también suele poner en crisis a la propia organización. También trato de superar los problemas de la ideología y las estrategias de poder que sustentan a muchos estudios sobre organización y gestión. Porque esos modelos que dicen describir la realidad actúan como una manera de promover formas de organización que no son ni naturales, ni inevitables, ni deseables. Por ejemplo, cuando se habla de la supervivencia del más apto se toma como un principio demostrado, cuando en realidad se trata de una toma de posición y una idea que es discutible en el plano de lo social, incluyendo también el mundo de los negocios.

Otra cuestión que analizo en forma crítica (y con propuestas) es el saber convencional acerca de la relación empresa-contexto. Si bien en los estudios y prácticas de administración se ha tomado conciencia sobre el problema de la incertidumbre y turbulencia en el entorno, muchos directivos y consultores siguen razonando en términos de cómo manejarlo o controlarlo. Ellos han aprendido que se debe operar sobre las variables de contexto y lo hacen a través de una gestión basada en la planificación y el control. En este libro planteo que tanto el enfoque como las estrategias en una realidad incierta y cambiante deben ser otros. En un entorno complejo los controles pierden sentido y la cuestión ya no es manejar, sino aprender a navegar y mantener un rumbo posible. El concepto de estrategia tiene que atenuar su carácter anticipador de futuros y articularse más estrechamente con la idea de la contingencia.

El orden establecido desde planes y programas oficiales y desde las posiciones de poder convive con relaciones y actividades emergentes que individuos y grupos construyen en sus relaciones y prácticas cotidianas, relaciones que a su vez van cristalizando en la cultura y subculturas de la organización. Esta organización emergente ocurre tanto en el mundo de lo manifiesto como de lo implícito, de los saberes visibles y las creencias subyacentes. Estas relaciones impensadas (para la dirección) no siempre son compatibles o funcionales respecto de los planes formales, pero de todas maneras están sostenidas por los individuos y grupos en la organización. Un ejemplo lo constituyen las prácticas y las relaciones de trabajo que no están previstas en los procedimientos, pero que ayudan a enfrentar situaciones que corresponden a una realidad también distinta de la prevista y que debe ser atendida.

Explico que el desorden está ligado a los factores de incertidumbre o falta de certeza en los comportamientos de variables internas y externas en la organización; por tanto, no debe ser criticado como algo impropio de la organización. La creatividad e innovación tienen que ver con esta actitud espontánea o emergente de los integrantes que se apartan del camino establecido, que cuestionan las políticas e intentan avanzar más allá de lo programado. Estas formas de cuestionamiento vienen de las diferentes visiones y criterios, y son enfrentadas desde el poder, porque desestabilizan a la autoridad instituida. Son un juego de oposiciones, pero también de renovaciones entre lo instituido y la actividad instituyente. Son la expresión de una visión innovadora, de una sabiduría disponible en los individuos o grupos, que deben luchar contra los procesos burocráticos y uniformantes que también operan en el sistema.

Este desorden es asimismo una muestra de la capacidad de la organización para producir los cambios que le permiten mantener su cohesión. Exhiben los procesos autogenerativos y favorecen la autonomía del sistema. Estos procesos se explican en el texto bajo el concepto de la *autoorganización,* como visión opuesta a la planificación y control de las acciones. Se trata de un proceso complejo, que desempeña una doble función: la de ajustar la realidad interna a los cambios no previstos en el entorno y la de mantener las condiciones que dan continuidad y cohesión a las actividades y relaciones que son el sustento de la organización. Este proceso se construye desde dentro, en las relaciones cotidianas, y no tiene que ver con la eficacia o la racionalidad finalista de las decisiones directivas.

En este libro se muestra cómo estos factores no programados se relacionan con la organización en marcha. Es una dinámica que presenta tensiones y contradicciones. Esta dinámica no lleva al caos o al descontrol, sino que plantea la existencia de una compleja red de relaciones entre los factores que operan en la organización. No es tanto un problema de no saber qué pasa, como de tener que avanzar utilizando criterios o lógicas duales. Por ejemplo, la necesidad de obtener el compromiso y la lealtad de los empleados al tiempo que ellos trabajan bajo la amenaza de la desocupación en el marco de contratos flexibles y transitorios. Los empleados deben aumentar sus esfuerzos y revisar sus tareas con la sensación de que ellos mismos terminarán siendo víctimas de la racionalización que acompañan. No escribo sobre estas cuestiones en vías de hacer acusaciones, sino de reflejar un entorno diferente del mundo armónico que suponen otras visiones simplistas de la organización.

Desde el enfoque de la complejidad, abordo en el libro la problemática de las dualidades, de las realidades y decisiones que traen efectos contradictorios o consecuencias no intencionales. Situaciones en las que al mismo tiempo vemos criterios opuestos, pero igualmente necesarios o que son inevitables porque se derivan del carácter esquemático o prescriptivo de la organización. La organización es recursiva porque al establecer límites también inhibe sus propias innovaciones.

Para innovar no es suficiente con el cambio planeado que se hace en el mismo ambiente que detiene a la organización. Se requiere la perturbación, la crisis o la ruptura con los códigos vigentes.

La organización, en su búsqueda de certeza, pero también de apertura al medio, se convierte en un espacio de dualidades. Por ejemplo, quienes deciden tienen el problema de especificar los caminos pero también dejar un margen de maniobra, de programar pero también delegar, de concentrar pero también reconocer la autonomía a las unidades de negocios, de ejercer el poder pero también respetar las divergencias, de establecer un cierto orden pero también aceptar y dar lugar al desorden innovador, de fijar las normas pero también reconocer las salidas innovadoras frente a la contingencia o lo imprevisto, de pensar en la organización pero también atender los motivos y las necesidades individuales.

Estas dualidades no necesariamente son imperfecciones o desviaciones. Se trata de realidades emergentes en la organización como un sistema sociotécnico que interactúa con un medio inestable. Este agrupamiento social se inicia sobre la base de un acuerdo, con un diseño y propósitos que lo guían. Luego la realidad se encarga de convertir esos propósitos en blancos móviles. Por un lado, los objetivos, y estructuras deben ser congruentes con las bases del acuerdo constitutivo de la organización. Por otro lado, dichos elementos también deben adaptarse a los cambios en el entorno que presionan sobre la organización. En ese sentido hablo de "blancos móviles". Las imágenes que utilizo de la organización no la muestran operando en un ambiente de armonía o equilibrio. El desorden tiene un aspecto creativo en la medida en que el salirse de las normas permite nuevas ideas, pero tampoco se pueden mirar las crisis esperando que se resuelvan solas. La superación de estas situaciones requiere una actitud comprensiva y una política activa desde la función directiva.

5. La integración de colaboración y competencia

En la obra no sigo los lineamientos ideológicos del modelo competitivo de organización, que habla de la presión y exigencia crecientes en el trabajo y de la lucha por la conquista de los mercados. Creo que el crecimiento tiene que ver con la coexistencia de procesos de colaboración y competencia en la organización. Considero la competencia no en el sentido de ganar o ganar, sino de hacer lo mejor posible según las reglas de juego acordadas. Lo mejor tiene que ver con la calidad de vida en el trabajo. No pienso que la organización deba imponerse por encima de los fines de sus miembros, con el argumento de cumplir con la misión o la razón de ser del sistema. La dirección debe buscar la eficacia en el marco de la ética y la responsabilidad social. Ello tiene que ver con la intención y la buena voluntad, pero también con las capacidades y posibilidades en una realidad compleja.

Me parece esencial que las diferencias en la organización se reconozcan como parte del pluralismo creativo y no como un obstáculo a la gestión. Esas diferencias deben ser debatidas, los eventuales costos de las decisiones de política deben ser asumidos con equidad y no en función de los intereses del grupo dominante. Sostengo que la actitud de compromiso y lealtad, tan importantes para los procesos de delegación y creatividad en el trabajo, sólo son posibles en un ambiente democrático y solidario. Y que los individuos aprecien la organización como un espacio donde desarrollar sus capacidades.

De acuerdo con estas premisas, en el libro explico la dirección en el marco de proyectos reconocidos llevados adelante bajo una relación de autoridad legitimada (no impuesta). También en el marco de los procesos de influencia y persuasión, donde los elementos simbólicos y emocionales son esenciales. La dirección debe sustentarse en formas de relación comunicativa que operan de manera circular y no solamente en un sentido jerárquico. Intento adoptar una visión amplia, para superar la estrecha mirada financiera de los accionistas o inversionistas. Me preocupan la legitimidad y la credibilidad de la organización y de sus directivos frente a las demandas y necesidades de los actores sociales. Esta problemática se sintetiza en el tema de la gobernabilidad, cuestión a la cual dedico un capítulo en particular.

Me refiero a una realidad complicada no sólo por razones técnicas o de recursos, sino también por la trama, los cruces de relaciones y fines diversos con los cuales la organización intenta funcionar. Lo complejo tiene que ver con la incertidumbre, con la inestabilidad, lo impensado, los sucesos o acontecimientos, la escasez de recursos o la multiplicidad de objetivos inconsistentes. Pero en este tema no podemos ser ingenuos a la hora de hallar razones o explicaciones. Si deseamos salir de la visión ingenua o sencilla del problema, también tenemos que reconocer el peso de otros factores que no son circunstanciales. Por ejemplo, el rol del diseño y la intencionalidad en las decisiones y estrategias, la exagerada presión por aumentar los resultados (siempre) o la voluntad de imponer cierta racionalidad o ideología aunque sea negativa.

Cuando vemos los intentos de dominación ya no estamos en presencia de lo incierto o impensado, sino que entramos en el plano de los procesos políticos, de poder e influencia en la organización. Cuando estos procesos tienen una base de legitimidad, es decir, cuando son transparentes, creíbles y consensuales, permiten avanzar sobre proyectos compartidos, en los cuales también hay espacio para la expresión de los grupos minoritarios. Pero estos procesos son además una fuente de conflictos cuando la actividad política se cierra sobre sí misma, y ya no es cohesionadora, sino que se maneja y controla desde un grupo de interés dominante.

Considero a la organización como un conjunto que se integra con el aporte de una diversidad de grupos internos y externos, con sus respectivos intereses, posiciones e influencias. El desafío es construir un proyecto compartido, aun sin anular sus diferencias. En este modelo de organización (abierto, comunicativo, participativo) las fronteras se desdibujan, no hay tanto un "adentro" y "afuera" para los participantes, y se fija la atención en la interacción y en las actividades cooperativas que permiten atender necesidades irresolubles en el plano individual. Desde esta visión solidaria no tiene mayor sentido pensar en organizaciones que se proponen avanzar en un entorno de pobreza creciente. Como los bancos que pretenden crecer aumentando sus intereses sobre las empresas endeudadas que no pueden cubrir sus costos financieros.

Mi intención es profundizar en esta complejidad en las organizaciones y en las decisiones de sus directivos, no con una actitud puramente contemplativa. Lo hago para explicar el juego de oposiciones, pero también para razonar sobre los modos de enfrentar el problema y hallar ciertas vías de superación. Trato de salir de una visión ingenua o simplista sobre la organización y las formas de gestión que ignora los intereses en juego. Para ello intento mostrar aspectos no visibles o declarados que están presentes en la problemática de la conducción. Por ejemplo, el caso de los gerentes que sólo piensan en el corto plazo y junto con su éxito transitorio crean las bases para la crisis de la empresa. Lo hacen porque piensan que el mayor ingreso financiero se obtiene pasando de una a otra empresa y no haciendo carrera en ellas.

Podría decirse que se trata de "una desviación no deseada". Pero en el libro explico cómo el propio esquema competitivo (interno y externo) crea condiciones que favorecen este tipo de estrategias donde individuos y grupos tratan de "salvarse" al no tener un proyecto compartido sino tan sólo metas de conquista y beneficios en el corto plazo. Son estrategias que parecen racionales en términos egoístas, pero también claramente irracionales en función del sistema social. He dedicado un punto en especial para tratar esta cuestión de cómo la normalización de lo perverso en las organizaciones tiene que ver con la cultura del ganar o ganar, sin valores de solidaridad y cooperación. Lo perverso no como una actitud individual anormal, sino como expresión de una cultura instalada en la organización. Como la relación indeseable entre el *marketing* de los laboratorios y las prestaciones en los centros de salud, donde la práctica profesional se mezcla con la cuestión de negocios.

Estas formas de normalización de lo destructivo e inmoral tienen que ver con la búsqueda de una ganancia creciente, ilimitada. No considero que esta mentalidad o cultura en las organizaciones responda a una ley inevitable, que sea una expresión de la evolución en las formas o valores. Tampoco es una marginalidad, porque el pragmatismo o la falta de valores en las empresas a veces llega para quedarse, logra funcionar en lo que se llama la *moral de las fronteras*. Al respecto, el enfoque de la complejidad que utilizo en el texto no es tecnocrático o neutro en materia de valores sociales. Porque lo deseable en términos sociales (la responsabilidad social) es parte del drama que plantean las formas de gestión que sólo piensan en la supervivencia. Sostengo que el relativismo de los negocios y el vacío ético hacen inviable a la organización, ya que la carencia de valores termina enfrentando a todos contra todos.

Promover la ética de los negocios en forma sincera va más allá del discurso. Requiere poner en evidencia las contradicciones en las cuales puede caer el razonamiento que ve a la organización como un negocio que no puede salirse del esquema del costo-beneficio. Si la consigna sólo es vencer o morir, la organización termina por caer en oposiciones y dualidades (el vacío de valores) que impiden su crecimiento y reprimen a sus integrantes. En este aspecto, sostengo una posición crítica respecto de la visión mal llamada *darwinista* o del énfasis en la supervivencia como modelo para las organizaciones. Porque el sentido biológico de la supervivencia no es asimilable a los modelos de convivencia social, donde las desigualdades injustas deben ser resueltas y no simplemente ser causales de exclusión o desaparición para los actores menos influyentes.

6. La cuestión de la gobernabilidad

Mi propuesta a lo largo del texto es construir una organización que se caracterice por ser democrática, transparente y participativa. Esto tiene que ver con sus formas de gobierno y los espacios que los grupos disponen para expresar y sostener sus ideas sobre el estado y la marcha de la organización, y con la posibilidad de crear un ambiente de trabajo equitativo y motivador. Mi intención no es explicar las mejores formas de politizar la organización. Tampoco propongo verla solamente como un campo de fuerzas donde se expresan las diferencias de fines e intereses grupales, porque esas fuerzas se dan junto con motivaciones, aspiraciones e ilusiones que también influyen en los comportamientos y son propias de las organizaciones de carácter voluntario. En este sentido, el "poner orden" también desestabiliza. A lo largo del texto considero que las diferencias y desigualdades injustas o impuestas no pueden ni deben ocultarse o negarse en forma sistemática.

La dirección en el marco de un sistema complejo debe explicitar y negociar las oposiciones existentes y ponerlas en una relación compatible con los proyectos de interés general. Esta gestión requiere conocimientos y capacidades especiales que exceden el dominio de lo administrativo o económico. La problemática de la diversidad y la incertidumbre me lleva a proponer ampliar el concepto de dirección para pasar a pensar en términos de la función de gobierno y los problemas de la gobernabilidad. En el texto explico cómo el gobernante debe atender varios frentes a la vez. Debe ajustar el rumbo considerando tanto los propósitos de la organización como las divergencias y la diversidad de ideas (el pluralismo). También debe poner a la organización en sintonía con las demandas del contexto social más amplio.

En la obra destaco la importancia de disponer de una capacidad crítica que permita a individuos y grupos reconocer y progresar considerando sus propios límites, sus errores y diferencias. Esta capacidad reflexiva y de superación es básica para el cambio planeado y no planeado. Si bien escribo sobre la importancia de los procesos espontáneos o emergentes de la autoorganización, no utilizo esta idea en un sentido mágico. El concepto tiene que ver básicamente con los procesos de mantenimiento y continuidad del sistema, más allá del orden establecido. Pero respecto del aprendizaje me refiero a las actividades conscientes para el cambio, que dinamizan la organización y hacen posible la renovación o transformación de sus propias estructuras.

En lo que concierne a las capacidades requeridas para sobrevivir y crecer en un entorno cambiante, en la obra destaco la necesidad de una organización pensante, adaptativa y con capacidad de aprendizaje. Esta posición no refleja una actitud idealista o un mero voluntarismo. Es también una cuestión de índole vital y práctica para la organización. Tanto los acuerdos de base y las formas de gobierno (en lo político), las pautas de convivencia, los valores y conocimientos (en lo sociocultural), como la eficacia en la operación (en lo económico), hacen sustentable o viable a la organización. A lo largo del texto mi idea está puesta en los procesos tanto autónomos (realidades construidas) como heterónomos (determinaciones externas). De su conjunción resulta la organización en tanto sistema viable, creciendo en un marco de diferencias internas (lógicas y aceptables), en un medio exigente y bajo condiciones de incertidumbre.

7. El orden temático de la obra

Hecha esta presentación como declaración de propósitos y mapa conceptual de la obra, deseo ahora brindar al lector una guía sobre la forma en que estas ideas aparecen ordenadas en las cuatro partes del libro. En la página siguiente se muestra en forma sintética el esquema conceptual de la obra, haciendo referencia a las partes y capítulos más importantes, a las relaciones entre ellos y a los procesos más generales. En el centro del esquema se destacan los factores que se refieren a la dinámica y el cambio no planeado en la organización, que son: *a)* los momentos del proceso dialéctico de afirmación, oposición y superación, cuya explicación aparece en el capítulo 3, y *b)* los procesos de recursividad, reflexividad y aprendizaje de la organización, que están explicados en el capítulo 1.

La parte I incluye conceptos que describen los rasgos de la organización, como sus propósitos, estructuras y procesos. Se plantea la

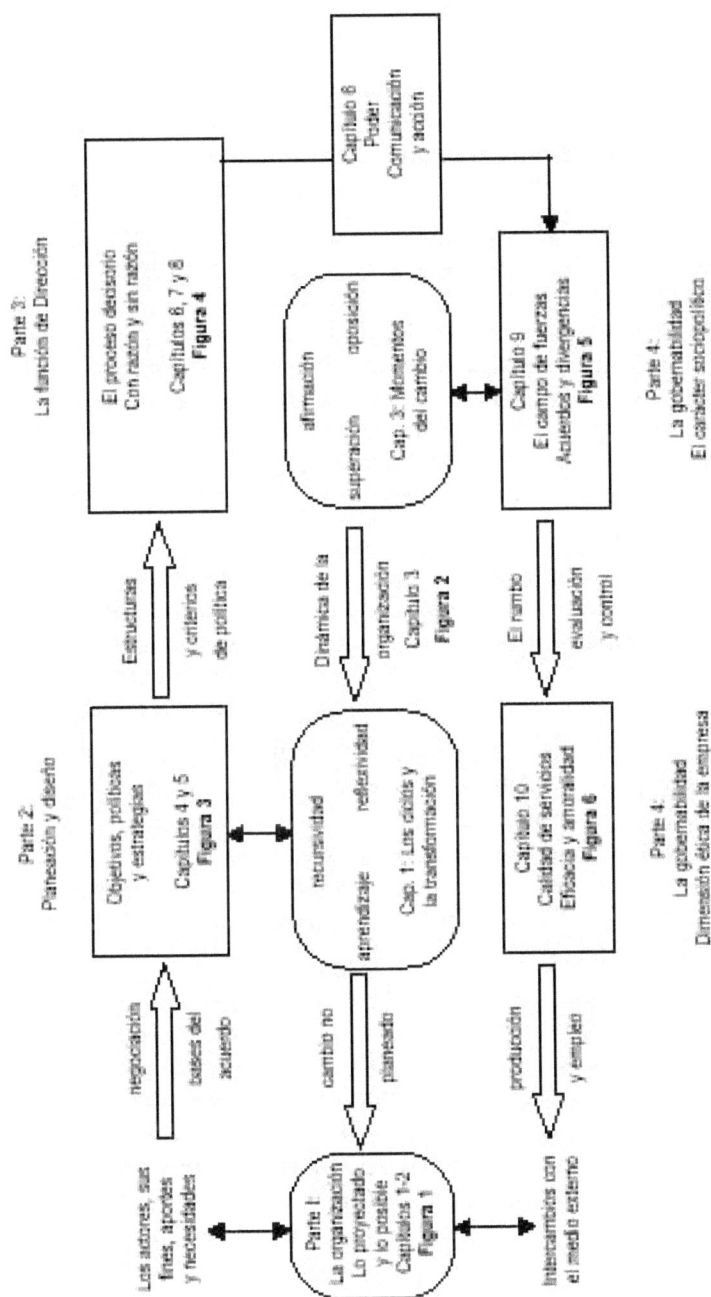

Parte 3:
La función de Dirección

Capítulo 8
Poder
Comunicación
y acción

El proceso decisorio
Con razón y sin razón
Capítulos 6, 7 y 8
Figura 4

afirmación   oposición

superación   Cap. 3: Momentos
del cambio

Capítulo 9
El campo de fuerzas
Acuerdos y divergencias
Figura 5

Parte 4:
La gobernabilidad
El carácter sociopolítico

Estructuras
y criterios
de política

Dinámica de la
organización
Capítulo 1
Figura 2

El rumbo
evaluación
y control

Parte 2:
Planeación y diseño

Objetivos, políticas
y estrategias
Capítulos 4 y 5
Figura 3

recursividad   reflexividad

aprendizaje   Cap. 1: Los ciclos y
la transformación

Capítulo 10
Calidad de servicios
Eficacia y amoralidad
Figura 6

Parte 4:
La gobernabilidad
Dimensión ética de la empresa

negociación
bases del
acuerdo

cambio no
planeado

producción
y empleo

Los actores, sus
fines, aportes
y necesidades

Parte I:
La organización
Lo proyectado
y lo posible
Capítulos 1-2
Figura 1

Intercambios con
el medio externo

Esquema conceptual del libro.

distinción entre los elementos proyectados o planeados respecto de los que surgen de las prácticas cotidianas o emergentes. Se estudian los procesos recursivos que estabilizan y mantienen a la organización cohesionada alrededor de su núcleo de identidad. También se analizan los procesos de cambio que la movilizan y le permiten cambiar sus estructuras para atender los nuevos requerimientos del contexto. Se muestra cómo las diferencias entre el orden establecido y los fines de sus integrantes crean tensiones que generan tanto situaciones de crisis como nuevas ideas y mejoras en la organización.

La parte II está destinada al estudio de los criterios disponibles para tomar las decisiones directivas que fijan tanto los resultados deseados como la elección del modelo de organización más adecuado para alcanzar dichos logros. Se estudian los factores que intervienen en la definición de los estados futuros deseados, tales como los propósitos, los proyectos, las líneas de política y las estrategias de la organización. En el plano de las estrategias, se analizan las opciones y los diferentes caminos para el crecimiento, referidos a la dimensión adecuada para la organización, las formas de integración vertical o la diversificación en las operaciones. Se analizan las formas de cooperación y de competencia en los contextos sociales y en los mercados. Se estudian las maneras de desarrollar las capacidades distintivas a efecto de obtener ventajas competitivas para la organización. En la búsqueda de esas capacidades se profundiza sobre las tecnologías vinculadas a la gestión del conocimiento, que localizan y aplican los saberes tanto implícitos como explícitos que agregan valor a la organización.

En la parte III se analizan los componentes del proceso decisorio en la tarea directiva. Se marcan los elementos racionales y los socioemocionales al establecer la relación de autoridad y en el momento de tomar decisiones. En particular, la influencia de las pautas culturales y los procesos simbólicos (imágenes, visiones) que intervienen en la apreciación de la realidad. En el plano de lo administrativo se considera la importancia de los sistemas de información confiables para tomar decisiones y en el plano de la cultura interna la necesidad de un contexto de significación compartido entre los diferentes grupos que componen la organización. Se destaca la influencia de los procesos de socialización en la apreciación de la realidad que hacen los individuos, pero también el peso de los sistemas defensivos, las resistencias y la diversidad de opiniones en las comunicaciones y a la hora de pasar a la acción. En un plano crítico se plantean las posibles brechas entre el discurso y la práctica de los directivos cuando buscan conquistar la voluntad de los individuos. Se explica cómo las imágenes y los juegos del lenguaje se emplean tanto para comunicar como para disimular las estrategias de poder.

La parte IV está dedicada a profundizar sobre la organización como un acuerdo entre la diversidad de actores sociales que conforman su base constitutiva, los cuales tienen sus derechos, plantean sus necesidades y demandan los servicios de la institución. En esta dimensión política aparecen cuestiones básicas que hacen al buen gobierno. Entre esas cuestiones se destacan la capacidad para articular un proyecto compartido que permita superar los límites de los fines sectoriales o personales, la búsqueda de consenso sobre las estrategias y formas de gobierno, la obtención de legitimidad y credibilidad para la organización y sus directivos. Se plantea el dilema de la eficacia creciente frente a la necesidad de los principios éticos que deben sostener la acción de gobierno. El concepto de buen gobierno se sintetiza como la adopción de un rumbo reconocido, la gestión transparente y participativa, el acuerdo para superar las oposiciones internas y el poner la organización en sintonía con las demandas y necesidades de la comunidad.

En síntesis, los temas básicos del libro refieren a la dirección en una realidad compleja. Se explican la unidad en la diversidad, las medidas de innovación en un entorno de incertidumbre y las formas en que la organización puede generar el nuevo conocimiento para superar sus propios bloqueos y esquemas mentales. En el texto se brindan conceptos y se analizan las formas de conducir en un entorno complejo, tanto por la diversidad de fuerzas que operan al al interior de la organización como en su contexto. Se muestra que la dirección trata de mantener un rumbo (navegar) en un ambiente incierto y cambiante, de manera que los objetivos se convierten en blancos móviles. Desde fuera, se ve a la organización intentando avanzar en varios sentidos a la vez, no siempre congruentes. Se muestra lo complejo en su relación con las ideologías, los proyectos de poder y las diferentes culturas de los grupos que forman la organización, aspectos que no son tratados como muestras de incompetencia o irracionalidad, sino como dilemas y dualidades que son propios de una realidad compleja.

Esta complejidad se analiza en el texto como una fuente de crisis y tensiones pero también en su carácter movilizador, como un origen importante de innovaciones y acciones creativas. En este sentido, el libro destaca la relevancia del cambio no planeado, del aprendizaje basado en la crítica al orden vigente y en la consideración de las ideas de los integrantes que plantean una imagen renovadora de la organización. En el nivel de la propuesta, en el texto se explican las diferentes formas de tender un puente que permita articular y superar la diversidad de criterios que operan en la organización, sin uniformarlos o quitarles la riqueza del pluralismo. Se sostiene que los criterios de racionalidad en las decisiones directivas deben ser completados con las medidas de carácter ético y político que hacen a la idea del buen gobierno de la organización, en particular en lo que se refiere a la construcción de proyectos compartidos y la búsqueda de consenso en el plano de lo interno, y el logro de legitimidad y credibilidad en su contexto social más amplio.

Las propuestas que impulso en esta obra responden a una visión ética de la organización. Lo explico en el capítulo 6, punto B, "Poder, resistencia y modos de superar la crisis". Es un lugar de encuentro y eje temático que permite entender el libro en su conjunto. Ahí presento un diálogo ético imaginario entre un supuesto directivo (el autor) y un analista externo (el lector inquieto). Destaco las diferencias entre la complejidad natural (la incertidumbre) y la derivada de los juegos del poder y la política (la intencionalidad). Explico que la complejidad no es sólo cuestión de resolver problemas operativos, sino de tomar posición para enfrentar y superar la compleja relación entre los círculos virtuosos y las tramas perversas en la organización. Un llamado a la responsabilidad social que atraviesa todo el libro y que seguramente compartimos con el lector.

PARTE I

ANÁLISIS DE LA ORGANIZACIÓN

CAPÍTULO 1

LA ORGANIZACIÓN VIABLE

A. Lo proyectado y lo posible

1. Organización, objetivos y condiciones de existencia

En la realidad vemos organizaciones que se mantienen y crecen en el marco de un contexto incierto y cambiante, para el cual producen bienes o prestan servicios. Hablamos de organizaciones en un sentido amplio, incluyendo fábricas, negocios, hospitales, escuelas, sindicatos, asociaciones civiles, fundaciones, instituciones sociales, etc. En lo visible, ellas se desarrollan a través de sus prestaciones y el intercambio de bienes con el medio. Las organizaciones aparecen realizando un esfuerzo coordinado para llevar adelante ciertos propósitos de conjunto. En ese sentido, se dice que operan con una *racionalidad finalista*. Desde lo social, ellas tienen funciones que cumplir en su medio y lo hacen a través de sus propósitos.

Pero la organización no sólo está preparada para cumplir objetivos. No sólo se mantiene si es eficaz, si cumple sus propósitos. Si funciona es porque tiene algún grado de viabilidad, es decir, posibilidad de satisfacer sus requerimientos internos o de sostenerse a sí misma. Los objetivos le dan un sentido para su desempeño, pero no son una condición de existencia. Los objetivos no son "determinantes" de su continuidad, porque el desempeño también responde a la necesidad de mantener las relaciones al interior de la organización. Muchas veces los directivos utilizan los objetivos como "retrospectiva" para buscarle o darle sentido a lo que ocurrió.

Es sabido que el valor de una empresa no está dado por el desempeño que informa su último balance, por la magnitud de sus operaciones. También vale por su cohesión y la fuerza para llevar adelante sus proyecciones. Si tiene proyectos valiosos, deberá estar en condiciones de sobrevivir para llevarlos a la práctica. El desarrollo de su potencial humano también requiere un ambiente y condiciones dignas de trabajo. En un clima hostil o poco cooperativo, dicho potencial se pierde, no se concreta. El éxito que suma ingresos en lo inmediato puede darse junto con un efecto desintegrador en el largo plazo.

La organización no existe sólo en función de la eficacia de sus estrategias y políticas. No basta con obtener recursos crecientes, porque ellos deben ser procesados de forma tal que sirvan al conjunto. El énfasis en la eficiencia y la eficacia muchas veces pone en peligro la continuidad de la organización. Recordemos que toda organización (fábrica, banco, granja familiar, proyecto social) tiene rasgos de complejidad; no es un modelo de armonía natural ni opera en un medio estable y previsible. Está formada por múltiples actores y grupos con diversidad de fines. En su interior las fuerzas se mueven en varios sentidos, no sólo hacia los objetivos. No es una máquina programada, sino un sistema que se construye a medida que crece y enfrenta situaciones que no son previstas. La pregunta es: ¿cuáles son las condiciones y qué factores la hacen viable?

El presente trabajo refiere al atributo de la viabilidad, a los procesos que les dan a las organizaciones permanencia en el tiempo. Son procesos y formas de relación o asociación que les permiten operar como conjunto, no sólo en un momento, sino a través del tiempo, porque están preparadas o dispuestas a hacerlo. En este marco, la realidad cotidiana las pone a prueba. Nos proponemos analizar las condiciones de viabilidad para mejorar la descripción y comprensión de las organizaciones y también para diseñar nuevos modelos de gestión que consideren esos rasgos que las hacen perdurables, a la vez que les permiten cumplir con sus propósitos y su función social.

Aunque no sea visible, es vital la capacidad de las organizaciones de mantener su cohesión interna y de producirse a sí mismas. La idea de organización implica que el sistema bajo análisis no está realizando esfuerzos transitorios o accidentales. Si le damos a un conjunto social el rango de organización queremos decir que su existencia no finaliza con el producto que genera en ese momento, y tampoco depende de esfuerzos aislados. El concepto nos dice que ese conjunto no es accidental ni azaroso, sino que mantiene su capacidad de seguir haciendo.

2. Procesos recursivos de la organización

El concepto de organización se caracteriza por referir a pautas de relación estables que comparten individuos y grupos, y que les permiten realizar un esfuerzo coordinado, aun cuando el contexto cambiante también requiera una adaptación en su rumbo. Importan tanto los objetivos compartidos como las condiciones de existencia del sistema (sus límites, sus necesidades). La organización es un doble intento de darle autonomía al sistema (fábrica, escuela, hospital) y también de permitir su adecuación a los cambios ambientales, sin perder identidad.

La organización es un marco de referencia, un conjunto de expectativas compartidas. Los individuos y grupos forman parte de un esquema predefinido, pero también de un conjunto que ellos mismos producen a través de la interacción y el trabajo cotidiano. No todo es producto del diseño previo. En la realidad aparecen procesos no programados que refuerzan y renuevan los esquemas (la llamada autoorganización). Pero el sistema no es sinónimo de armonía o cohesión, porque también existen divergencias y oposiciones internas. Esto tiene que ver con los procesos de cambio, pero ocurre dentro de los límites que hacen viable a la organización, porque la dinamizan pero no la destruyen.

Para tratar con las diferencias y lo imprevisto, el sistema viable dispone de procesos de autocontrol que se ponen en marcha para enfrentar realidades que lo desestabilizan. Hablamos de *autocontrol* porque sus contenidos se van ajustando a las necesidades del sistema. Junto a ellos también operan dispositivos preventivos que fijan límites. Por ejemplo, la selección de personal que opera para mantener la calidad y el compromiso de los ingresantes es un dispositivo preventivo, al igual que el mecanismo de recompensas y sanciones que busca favorecer las conductas cohesivas. El autocontrol hace que las operaciones se realicen de cierto modo y que se respeten ciertos límites. Por ejemplo, el presupuesto es una expresión de esos límites. El problema de los controles es que cohesionan, pero también operan como un rechazo a los necesarios procesos de cambio.

Desde el punto de vista de los sistemas viables, vemos que en ellos hay procesos recurrentes referidos a la identidad, la cultura y la estructura. Más concretamente, nos referimos a: 1. los procesos identificatorios, que mantienen las relaciones y los acuerdos básicos que sustentan la organización, como los procesos que permiten la libre expresión de ideas y el respeto a las minorías en la Legislatura; 2. los procesos culturales que comunican, enseñan y renuevan las ideas y los conocimientos compartidos, como las actividades de enseñanza y capacitación; 3. los procesos vinculados con el diseño y la actualización de la estructura para producir en forma eficaz bienes y servicios, como las tareas de especialización y coordinación en departamentos y unidades de negocios.

El sistema requiere articular una diversidad de actores, fines e intereses, y en este marco los procesos de organización buscan hacer previsibles las actividades y disponer de criterios compartidos para las decisiones. En un banco, la idea de organización (como pautas de relación) refiere a la solvencia, al criterio de mantener las reservas financieras líquidas que le permiten enfrentar los posibles retiros de dinero de los clientes. También son básicos, invariantes o no flexibles los procesos que analizan la capacidad de pago de los demandantes de crédito. En estas relaciones básicas no vamos a encontrar cambios en el tiempo; son elementos constitutivos del banco y tienden a resguardarlo y reforzarlo. Son relaciones que hacen más a sus condiciones de existencia que a sus propósitos o estrategias.

Los procesos de adaptación o estructurales refieren a las pautas de relación que se van ajustando con el tiempo, para que el conjunto pueda tratar con la variedad de demandas y las cambiantes presiones del medio externo; por ejemplo, el desarrollo de nuevos productos, la incorporación de nueva tecnología, las formas de hacer los intercambios, los sistemas de remuneración. La estructura trata con la variedad de demandas ambientales y los cambios no previstos, a los cuales el conjunto (banco, fábrica, sindicato) debe dar alguna respuesta, si es que desea sobrevivir o continuar operando en ese contexto. Un caso sería resolver en el plano de la estructura los nuevos hábitos en los consumidores.

Para que una organización logre continuidad, estos procesos deben operar de manera efectiva y ser congruentes en lo interno. Pero entre ellos no siempre hay una relación complementaria, porque tienen sus propias lógicas y manejan recursos distintos. El desarrollo de estos procesos tiene tiempos también diversos; por ejemplo, la incorporación de una nueva tecnología no es aceptada o entendida de inmediato en el plano de la cultura vigente, más aferrada a los conocimientos tradicionales, de manera que en la realidad es posible cierto grado de tensión y ambigüedad. Las tensiones pueden ser una señal de procesos o relaciones con problemas y que deben ser revisados o cambiados (la llamada *tensión creativa*).

Las organizaciones viables no sólo están planificadas o programadas, sino que tienen la capacidad de generar estos procesos como efecto de sus actividades cotidianas. Son recursivas porque se reiteran en aquello que les da autonomía o las mantiene vivas. No sólo se repiten en lo que las mantiene, sino también en aquello que les permite crecer. Los procesos decisorios tienen que ver con los objetivos de producto y mercado, y también preservan a la organización de los impactos externos o los intentos de dominación por parte de sus competidores.

La idea de recursividad significa que su propia producción la lleva a seguir fabricando y a generar los recursos que necesita. En el aula, el profesor al dar clase también dispara las nuevas preguntas que lo hacen seguir enseñando (en los temas que domina). Claro que lo recursivo no está garantizado; no es un elemento inevitable, sino que requiere ciertos ambientes y capacidades para cumplirse. Cuando el sistema pierde esta cualidad, exige una fuerte programación y conducción. La recursividad demuestra que existe un proceso de autoorganización.

El concepto de recursividad es la aplicación en el análisis de la organización de la idea del ciclo de vida o ecociclo de los sistemas vivientes, un ciclo donde se ponen en relación las fases del nacimiento, el desarrollo, la madurez, la crisis y la renovación de la unidad social. No olvidemos que la organización tiene una existencia que va más allá de sus integrantes. El ciclo de vida nos enseña que la organización que sobrevive lo hace porque tiene la capacidad de reaccionar ante la crisis (cultural, financiera o por exigencia de los usuarios). Pero no necesita una intervención externa para hacerlo, porque ella pone en marcha sus propios procesos de estabilización, que se disparan frente a las amenazas externas.

No es que la organización viable tenga un saber oculto que saca a relucir ante lo imprevisto, sino que puesta en peligro, también está en condiciones de crear nuevas soluciones sin renunciar por ello a sus rasgos constitutivos. Si renuncia, entonces no hay renovación sino refundación. No es que el sistema continúe, sino que se crea una unidad nueva, se corta la recursividad, no hay ciclo. En este modelo de sistemas vivientes, las tensiones y las crisis son parte del ciclo de vida; no son situaciones fuera de control, ni disfuncionales. Al contrario, movilizan y llevan a la renovación de la organización. Esto no siempre es así, porque la organización también debe disponer de adecuadas capacidades de reflexión y aprendizaje que acompañen a los procesos de reforzamiento.

Aunque existen fuerzas cohesivas que favorecen la autoorganización, el modelo de lo viviente en las unidades sociales no siempre se da. Para que este ciclo estabilizador y de renovación creativa pueda cumplirse, deben darse ciertas condiciones; para empezar, la flexibilidad en las relaciones y la disposición a cambiar los esquemas mentales. En este sentido, D. Hurst (1998) afirma que lo viviente hace necesario romper con los límites que están atando a la organización y también superar las barreras que separan a sus integrantes. La estructura debe disponer de fuerzas que evalúen su congruencia con las demandas ambientales.

El autor citado sostiene que los procesos de autoorganización deben combinarse con decisiones de política que movilicen al conjunto, que exhiban las oposiciones internas. Afirma que "si los directores no crean sus propias crisis preventivas, alguna otra cosa lo hará. Un proceso activo de renovación requiere poner en marcha un daño constructivo al *statu quo*, en todos los niveles de la organización". Esto no ocurre "naturalmente" y tiene sus riesgos (afecta las relaciones de poder vigentes), pero es una condición para la renovación de la organización en el plano de sus objetivos y estructuras y para hacerla viable en un entorno cambiante.

La metáfora de lo viviente es importante porque ofrece una alternativa y constituye una posición crítica respecto de la idea dominante en los directivos de pensar sólo en la eficacia a través de decisiones racionales. Olvidan las fuerzas sociales y el potencial creativo de los propios grupos. Como afirma Arie de Geus (1998), "no importa demasiado si una compañía está realmente viva en un sentido biológico, o si la compañía viviente es una metáfora útil. Considerar a una compañía como una entidad viviente es el primer paso para incrementar su expectativa de vida", porque implica comprender que ella "existe primero para realizar su potencial y hacerse tan grande como pueda". De acuerdo con este enfoque, son vitales no tanto las estrategias como el desarrollo de las capacidades reflexivas y de aprendizaje.

3. La organización como diseño y construcción social

Cuando hablamos de organización nos referimos a esquemas, relaciones estables y previsibles que son tomadas como referencia válida por sus miembros a efecto de realizar una actividad conjunta. Es un concepto que refiere a un atributo del conjunto y no a fines o capacidades individuales. La idea de organización se corporiza o se hace objetiva al describir sus decisiones. Entonces hablamos del comportamiento de los integrantes como partes de un orden o unidad social. Las divergencias no prevalecen por sobre el esquema establecido. Se dice que una fábrica o escuela es una organización debido a que sus actividades son previsibles, responden a un modelo y en su interior existen relaciones reconocidas y establecidas más allá de las actitudes individuales.

Como consecuencia del diseño, de la interacción cotidiana y los intercambios con el contexto, surgen varias formas que tienen el sentido de cohesionar los esfuerzos en un ambiente complejo, donde operan múltiples fuerzas. El cambio puede darse en distintos niveles. Ciertas relaciones son básicas, constitutivas o fundacionales, y son ellas las que permiten hablar de la existencia de "una" o de "la" organización. No es un arreglo transitorio; es un tejido social, con nudos muy resistentes, que incluso se refuerzan con el tiempo.

Este tejido y su trama, que están anudados y cohesionan los procesos y las prácticas en una organización, no son inalterables. No son de una vez y para siempre. Pero llegado el momento de la renovación, deberá también renovarse el consenso o acuerdo básico que sostiene a la organización. Habrá que evaluar el impacto o la resonancia de los nuevos procesos sobre la continuidad del conjunto. Cuando un banco resuelve dejar de atender a individuos para convertirse en un banco mayorista o de empresas, el cambio no es técnico, sino que requiere renovar la mentalidad de sus integrantes y de sus procesos. Continúa como "banco", pero es otro, y debe reconstruir sus procesos hacia dentro y hacia fuera. No es lo mismo que tercerizar los sistemas o abrir nuevas sucursales, decisiones que no conmueven a la organización, la hacen más eficiente.

Hablar de la continuidad quizá parezca redundante, porque el concepto de organización remite a lo estable y establecido, a aquello que permanece. Pero aquí incorporamos la idea del tiempo y ciertos rasgos específicos de identidad. Hablamos del "mismo" banco o almacén, porque perduran "ciertos" rasgos básicos que la siguen cohesionando. Por ejemplo, la relación médico-paciente, el dolor-placer, la búsqueda de curación y las definiciones sobre el modo de resolverlas son las cuestiones que están en la base, que atraviesan y que distinguen a un hospital. Cuando analizamos el centro de salud de una secta religiosa, a dichas relaciones básicas se agregan las ideas y los valores vinculados con la fe, la mística de la salvación y los preceptos del texto sagrado que allí todos comparten.

Hay una permanencia que queremos estudiar. Pero reconocemos que al mismo tiempo la organización presenta innovaciones en su tecnología, en el diseño de sus actividades, en la variedad y calidad de productos, en sus formas de dirección. También en los individuos que en ella trabajan (se renuevan). Es decir, ocurren cambios estructurales, pero todo ello no altera la idea constitutiva, los principios o las prioridades que caracterizan e identifican a la organización hacia dentro y respecto de su entorno (ello permite reconocerla). Por ejemplo, decimos que la granja sigue siendo familiar, la escuela mantiene su carácter laico o confesional, el banco es de capital nacional o continúa atendiendo sólo a las pequeñas empresas.

No son sus objetivos; son conceptos básicos que sustentan a las decisiones. Por ejemplo, en un estudio de abogados el acuerdo básico es no atender, ni defender, ni amparar a funcionarios corruptos u otras figuras del mundo del delito. Esta es "su" decisión primaria y su modo de entender la justicia como profesión. Un secreto de la permanencia de ese estudio jurídico (exitoso o no) será la forma en que se respetan dichos principios y si sus prácticas se ajustan a esas bases ideológicas. Por ejemplo, cuando se selecciona a los nuevos abogados se establecen las reglas de juego internas (las promociones), o se define la filosofía del estudio, que sus miembros toman como referencia para defender a sus clientes en los tribunales.

4. Identidad y rasgos constitutivos de la organización

En sus procesos recursivos, la organización toma como referencia y reitera sus rasgos constitutivos. La recursividad es un proceso que refiere a la invariancia y no al cambio. En un tribunal, cumplir la ley no es un objetivo, sino que se trata de un elemento constitutivo de la organización, que está en la base de todas sus decisiones. Si se omite esta condición, se desnaturaliza, pierde su legitimidad y deja de ser un tribunal. Su fuerza reside en cumplir las disposiciones legales, tanto las de su creación (competencias) como las pertinentes a los casos que debe atender. Esta legalidad lo mantiene vivo y sus sentencias no sólo resuelven casos, sino que también se incorporan como criterios para las sucesivas acciones judiciales (jurisprudencia). El tribunal, como organización, es parte de una relación circular y se desarrolla con sus propias decisiones.

En el caso de un periódico, la adopción de un manual de estilo sirve como guía para los contenidos futuros de la publicación y también es una forma de mantener la cohesión interna. Valores como la libre expresión, el respeto a la privacidad y la veracidad en la información (control de las fuentes) son factores que determinan su existencia como periódico. No sólo son una propuesta y una guía, sino que facilitan la continuidad del periódico como un medio de comunicación creíble. Las premisas influyen en las notas que se publican y permiten reconocer al medio como una realidad diferente de otras publicaciones. No es un problema de imagen: es una cuestión de existencia.

Las condiciones que constituyen al periódico se reflejan en su línea editorial, en la orientación y la forma de sus notas, las cuales a través del tiempo pueden identificarse como "del mismo diario". Es una línea que se refuerza a sí misma, que va perfeccionando los rasgos básicos a través de las publicaciones. No quiere decir que la decisión esté tomada de una vez y para siempre, porque también sobreviene la crítica interna. Pero aquí estamos destacando el proceso de reforzamiento que es característico de lo recursivo. El proceso de publicar adopta la forma (y el contenido) de una relación circular del periódico con aquello que publica y también con sus lectores, con los cuales se mantiene una suerte de "diálogo" que está sostenido en el reconocimiento mutuo.

El concepto de organización refiere entonces a lo que el periódico tiene de recurrente. Y esto no es una condena a la rigidez ni significa el triunfo de los esquemas hegemónicos (el pensamiento único), porque también ocurre el cambio a través de otros procesos que vienen a resolver las diferencias y oposiciones en la misma organización. La continuidad no se logra solamente con la recurrencia en las decisiones. La organización también desarrolla procesos (y enfrenta crisis) que la llevan a reajustar o adaptar sus procedimientos y formas de hacer, que no es lo mismo que refundarse o renovarse. Por ejemplo, el periódico, con sus estrategias y políticas, enfrenta las nuevas demandas de los lectores, el cambio en el marco jurídico y cultural, o las oportunidades de la innovación tecnológica.

Si bien se trata de rasgos "duros", los fundamentos que sostienen y sirven de guía a una organización no son inmutables, pero está claro que no tienen que ver con el "cambio continuo". La revisión de las relaciones constitutivas tiene su lógica y lleva su tiempo. Los modos de relación paciente-enfermo, docente-alumno, funcionario-ciudadano, ejecutivo-empleado, periodista-lector, etc., pueden ser cuestionados desde dentro y desde fuera de la organización respectiva. Y esto ocurre como parte de los juegos de poder y de política en las organizaciones. Los directivos pueden debatir sobre la identidad e intentar "refundar" su empresa de acuerdo con otras bases. Pero aquí no estamos analizando el concepto de refundación, sino los procesos que mantienen a la empresa cohesionada y procesando (según sus reglas internas) los cambios ambientales.

5. Ser o no ser: cambios de superficie y en profundidad

Cuando analizamos las organizaciones que se mantienen en el tiempo, sin cambios de profundidad, vemos que ello se relaciona con ciertos rasgos que operan en el marco de la recursividad: ellos no sólo existen, sino que se regeneran. Por ejemplo, la disciplina mantiene un orden. No son estrictamente factores que provienen de las decisiones estratégicas o estilos de gestión. Tampoco son el resultado de un "diseño" formal, sino de pautas compartidas, elementos que se autoconstruyen, que son aceptados y aplicados por los miembros en sus actividades de conjunto. Son formas de relación y de significación que comparten individuos y grupos en la organización, con diversos grados de aceptación.

Esta capacidad de perdurar en un ambiente turbulento, lleno de presiones y de exigencias, tiene dos derivaciones básicas: *a)* una indeseable o destructiva, que consiste en la tendencia al cierre o el aislamiento, y que lleva a la organización a tomar distancia de la realidad externa, cosa que es grave en la medida en que al mismo tiempo debe prestar servicios que la comunidad necesita, y *b)* una positiva, que consiste en los procesos que conducen a mantener las convicciones o los valores de la organización, cuando esas ideas también son aceptables en términos sociales. Por ejemplo, esto ocurre con la vigencia de los valores de la democracia en el marco de un partido político o el mantener los criterios de equidad en una institución social.

Los rasgos constitutivos se consolidan y con el tiempo operan en el plano de lo acordado y lo implícito; no hace falta declararlos. Ellos se incorporan como un componente estable de la cultura organizacional; sobre esta base se articulan los demás saberes. Perduran no sólo porque se enseñan y se transmiten, sino porque están sostenidos por relaciones de poder formales e informales. En este sentido, los rasgos constitutivos no son sinónimo de la cultura o el conocimiento en la organización. Un rasgo básico de un canal privado de televisión es que todo se hace pensando en el *rating*. Y ello tiene que ver con el poder y el interés de los accionistas, que quieren hacer rentables sus inversiones. Quizá existan otros caminos, pero este puede ser tomado como prioritario.

El peso de los rasgos constitutivos se hace visible cuando uno de los grupos con poder resuelve ignorar estos supuestos básicos; es decir, cuando ocurre una ruptura o se produce un cuestionamiento a las bases de la organización. Se plantea entonces una crisis, que no puede verse como una "discrepancia interna", sino como una fractura que es como "empezar de nuevo". Allí está claro que hay en la organización ciertas definiciones que son vitales por su influencia sobre los restantes procesos, y que no se resuelven estudiando o cambiando las normas, la tecnología o los procedimientos porque se trata de "cuestiones de principio". Por ejemplo, en ciertas organizaciones es vital saber quién tiene el poder, porque ellas se basan en la relación líder-seguidores.

Es el caso de una explotación agropecuaria donde se produce una crisis de sucesión. El hijo mayor, al volver convertido en profesional, puede cuestionar la figura y la idoneidad del padre como conductor de la empresa familiar. No se trata de una cuestión técnica, sino de un planteo con resonancias sociales, económicas y de poder. Está en juego la figura del fundador, y eso es más que un modelo de gestión. Varios principios se están poniendo en duda, y las diferencias que parecen referirse a la conducción de la empresa en realidad también están afectando el orden familiar. No estamos haciendo un análisis de lo bueno, de lo malo o de la necesidad de modernización, sino marcando una cuestión de principios.

Los cambios que tocan elementos constitutivos arrastran a la organización. Y esto puede significar mayor o menor equidad y justicia en las relaciones. Un ejemplo es el de un centro de reclusión, cuando se debate sobre la posibilidad de que los internados salgan a trabajar durante el día. Esta redefinición es profunda en el sentido de que afecta el concepto de "detención" que ha sostenido a la organización. Ella "deja de ser" un lugar de cautiverio y de control centralizado para convertirse en un centro de monitoreo y de recuperación o resocialización.

En el ejemplo de las instituciones de detención vemos los cambios de fondo y de superficie. No es lo mismo preocuparse por recuperar a un individuo que cambiar solamente las formas de reprimirlo y sancionarlo. En este sentido, M. Foucault (1983) estudió las distintas formas que adopta el discurso del poder, cuando en el fondo se mantiene la idea de emplear la fuerza en las relaciones o ejercer la dominación sobre las conductas, en especial en lo referente a los dispositivos que se emplean para "vigilar y castigar" a los reclusos. Los dispositivos representan las nuevas formas de dominación, pero no alteran el fondo represivo de la institución.

6. Cultura y estrategias de la organización

La existencia de una organización viable demuestra que ha logrado desarrollar ciertas capacidades, que no son transitorias o impensadas. El concepto de "viabilidad" refiere a que esa organización logra existir como sistema diferenciable en su entorno y crece no por un éxito accidental, sino como resultado de ciertas capacidades y principios. El concepto de "viable" también nos dice que ella tiene fundamentos (rasgos fundacionales) y que no está sujeta a la cambiante voluntad de sus directivos. Es el resultado del trabajo de individuos que se reconocen como partes integrantes de un proyecto, que comparten expectativas y realizan un esfuerzo conjunto y sostenido. No resuelven los hechos como sucesos aislados, sino que disponen de valores y creencias con los cuales entienden y procesan la realidad.

Hay muchos relatos de empresas exitosas, aunque también fugaces, por ejemplo, las que desaparecen junto con la decadencia del producto que han creado. No han logrado superarse a sí mismas. Otras se mantienen, a la vez que son creativas. Al respecto, Collins y Porrás (1995) han escrito sobre las llamadas *compañías visionarias*, que se caracterizan por ser prósperas y duraderas a lo largo de los múltiples ciclos de vida de sus productos y a través de distintas generaciones de directivos. También han servido como modelo o referencia para otras empresas. ¿Cuál es su secreto?: "el hecho de que han preservado casi religiosamente su ideología básica, con elasticidad en las prácticas, pero que no compromete los valores básicos". Esas organizaciones se preguntan en forma continua cómo pueden mejorarse a sí mismas y no se pasan repitiendo modas o recetas de éxito.

Para dichos autores, que han investigado sobre las "organizaciones que se construyen para durar", el tema no es copiar un valor en especial, sino desarrollarlo y asumirlo como propio. "Al definir una ideología, el paso clave consiste en captar lo que auténticamente creen los integrantes, no lo que otras compañías fijan o prefieren, o lo que el mundo de afuera enseña que es lo mejor." En una compañía visionaria, los valores centrales no necesitan ninguna justificación racional o externa y no se modifican frente a la coyuntura o los vaivenes de los mercados.

Las ideologías centrales son ideas que se preservan, factores internos que en gran parte son independientes del ambiente externo; por ejemplo, los valores de igualdad y solidaridad en una cooperativa, la fe y las creencias en una comunidad religiosa. En el mundo de las empresas podemos mencionar el caso de un laboratorio de productos medicinales que a través del tiempo y frente al avance tecnológico crece "sostenido por", a la vez que "sosteniendo", su proyecto de "preservar y mejorar la calidad de la vida humana, en condiciones éticas".

Lo que está en discusión es la medida en que la estrategia del cambio opera contra la continuidad de la propia organización, porque la convierte en algo ingobernable, en una estructura flexible que logra éxitos transitorios, pero que también la hace muy vulnerable. El mero afán de conquista provoca que este tipo de organización avance con el ejercicio del poder (con resistencias) y no con el consenso sobre valores. Sus directivos son capaces de imaginar o explorar escenarios futuros, pero no operan en un marco interno confiable, no saben cuál será la reacción o aceptación interna ante lasfuturas estrategias. Entonces, ellos y sus estrategias duran tanto como se los permite el poder de que disponen.

La organización viable se mantiene no sólo por sus objetivos comunes, por el respeto a la autoridad, las normas, los procedimientos, las reglas de juego y otros aspectos formales, que equivalen al orden establecido. No sólo es viable porque es ordenada. Lo es también porque procesa la realidad (entiende lo que ocurre y toma decisiones) siguiendo ideas que la propia organización genera. En este sentido, se afirma que la organización es recursiva porque hay: a) contenidos, y b) formas de relación que se reiteran en sus diferentes niveles. Esto ocurre más allá de las funciones específicas de cada división, unidad o departamento.

La reiteración de contenidos se refiere a la ideología, a los valores y principios compartidos, que están presentes en la significación de las comunicaciones y en los procesos decisorios. La reiteración de las formas de relación se refiere a los modelos y relaciones básicas del sistema. Por ejemplo, las relaciones de maestro-alumno y de enseñanza-aprendizaje son básicas en una institución educativa e influyen en todas las demás, las "atraviesan". Lo que hace la organización en sus prácticas cotidianas es confirmar estos contenidos y formas de relación. En esta reiteración la organización se mantiene y también construye su identidad.

La recursividad implica asimismo que las decisiones de cada área están "atravesadas" o tejidas (en lo formal) por un núcleo de valores comunes (en lo sustantivo). Por ejemplo, en el marco de un proyecto social destinado a las familias pauperizadas, se adopta entre los integrantes una definición básica sobre la pobreza y su relación con la educación, la salud y el trabajo. El "atravesamiento" de las prioridades, los códigos y valores compartidos, como la concepción de pobreza y de familia, es un proceso que da cohesión al proyecto. También refiere al contenido, porque permite indagar sobre los temas reforzados por las relaciones circulares. Desde fuera, decimos que en el proyecto *se piensa* de ese modo.

Esto significa que en el proyecto social cada área no sigue sus propias ideas o hace sus propias definiciones de la situación. Las unidades componentes actúan como partes de un proyecto. Esta relación de formar parte y ser formado hace que las ideas básicas se consoliden sin necesidad de una fuerza externa. Y no hablamos de una imposición porque lo recursivo "viene desde dentro". Puede decirse que esa es su virtud y también su limitante a la hora de confrontar las necesidades del contexto. El desarrollo de la organización, y no solamente su permanencia, requiere tanto la cohesión interna (entre cultura y estructura) como la congruencia externa (entre políticas y demandas ambientales).

B. Recursividad, reflexividad y aprendizaje

7. La función de transformación en el sistema

El concepto de viabilidad refiere a la posibilidad de autocontrol, esto es, de generar desde dentro las medidas correctivas de los comportamientos para enfrentar una realidad cambiante. Generar implica no estar pendiente de una orden externa. Esto reconoce la inteligencia de la organización que visualiza las diferencias entre lo vigente y lo deseable, pero también es cierto que lo hace desde su propia experiencia, y esto marca los límites a su desarrollo. Como veremos más adelante, el aprendizaje consiste en correr o ampliar estos límites.

La organización social no responde siempre de la misma manera, porque con el tiempo puede variar sus propósitos, políticas y estrategias. Pero estos cambios tienen que ver con la forma en que sus integrantes "entienden lo que pasa". Un elemento que la hace viable es que procesa las perturbaciones de modo que su continuidad no resulte afectada. Este proceso se conoce como la *función de transformación* del sistema. En términos de S. Beer (1987), mediante esta función "el sistema logra la absorción de la variedad ambiental", enfrenta la incertidumbre y puede atenuar los efectos de sucesos y acontecimientos (lo imprevisible). No es una reiteración burocrática, sino que implica la capacidad de elaborar respuestas (coherentes) frente a las demandas inciertas y cambiantes.

La función de transformación se refiere tanto a las formas como a los contenidos. En cuanto a las formas, habla de la existencia de una red de comunicaciones que da conectividad a la organización. En cuanto a los contenidos, significa la existencia de un modelo y esquema de ideas básicas que se respetan y permiten a la organización regularse y continuarse a sí misma, y que la hacen previsible; se trata de un esquema a partir del cual los individuos forman sus expectativas sobre las tareas de los demás. Estas redes y pautas de relación que se construyen como algo compartido no son sólo una cuestión de diseño o discurso directivo. No son conceptos formales o muestras de buena voluntad. También se reflejan en la significación de los individuos y en la praxis cotidiana.

En otra obra, al tratar el concepto de recursividad (Etkin y Schvarstein, 1989), hemos mostrado cómo en la organización hay una recurrencia o circularidad que la mantiene dentro de ciertas condiciones o invariancias (los llamados *rasgos de identidad*). "El cierre no se produce necesariamente por el control de salidas (por realimentación), sino por la conservación de la actividad grupal, por las actividades vinculadas con la supervivencia del agrupamiento." Ese autocontrol no tiene que ver con los planes, las metas o las estrategias que guían decisiones comerciales o financieras, sino que se refiere a los elementos constitutivos de la organización. Así, el acuerdo en la ideología es básico para un grupo político, la ecuación costo-beneficio es una condición para un banco, y el dogma de la fe lo es para una comunidad religiosa.

El concepto de recursividad no refiere entonces a los procesos que corrigen las desviaciones a una norma para restablecer un equilibrio. Las propias actividades están relacionadas y sus efectos también llevan a mantener ciertas condiciones. Tampoco es una cuestión sólo técnica, porque en esas condiciones suelen estar presentes ciertas convicciones. La recursividad indica que no se realizan (en el plano de lo racional) actividades que cuestionan estas condiciones, sino aquellas que las reafirman. En las actividades de un banco comercial siempre está presente el límite del riesgo, la solvencia del deudor, el diferencial entre costo de dinero e interés de los préstamos. Y sobre estas bases se procesan las operaciones y se interpreta la realidad. No son estrictamente propósitos ni reglas de juego.

Se trata de una realidad interna que debemos investigar porque nos permite acceder a nuevos elementos de juicio y avanzar en nuestro saber sobre las organizaciones. No es sólo nuestro interés como observadores. En el plano de la conducción, de la tecnología y las aplicaciones, el tema nos interesa porque estamos tratando de construir criterios que den cohesión y permanencia a la organización. No es el tema de la calidad de los productos, del posicionamiento en los mercados o la instalación de una imagen corporativa. Nuestro enfoque no tiene una base estratégica, comercial o financiera, sino que se ubica en el plano del análisis, el diseño y la conducción de las organizaciones como sistemas sociotécnicos.

Más concretamente, nos motivan las organizaciones viables por lo que ellas tienen que enseñarnos con su capacidad para mantenerse, pero también para renovarse y crecer en un medio cambiante, sin perder cohesión o identidad. Se trata de profundizar en los criterios y las estructuras que les permiten sobrevivir sin estar sometidas a continuos ajustes de corto plazo, que también las desestabilizan y pueden hacerlas caer. Por ejemplo, esto último ocurre cuando las reformas ineficientes (y la inoperancia) de un servicio público lo llevan finalmente a su privatización.

La cuestión de la viabilidad adquiere una dimensión política cuando hablamos de organizaciones que son la fuente de empleo o el sostén de múltiples familias, o el único hospital o escuela del pueblo, o una empresa que produce un servicio básico, o un proyecto social. Casos donde la continuidad no es sólo un problema técnico que se reduce al ámbito de la organización ni a los modelos de administración. En esos proyectos la eficacia y la continuidad tienen que ver con la esperanza y la calidad de vida de una población pauperizada, que requiere las prestaciones del sistema.

Lo viable implica entonces una mirada interna de la organización, refiere a sus capacidades y a lo que ella puede mantener como producto de su esfuerzo coordinado. Pero para ser viable, la organización no puede desentenderse de los intercambios con el entorno. Por ejemplo, un sistema que "involuciona" en sus prestaciones también es inviable. Porque el concepto de lo viable refiere a lo que no se impone por la fuerza, se subvenciona o depende de los privilegios del poder. La viabilidad es una señal de potencial creativo y también de congruencia con las legítimas demandas de los actores sociales.

8. Crisis, transición y renovación de la organización

Hablar de una organización que perdura en el tiempo implica reconocer que no todo cambia. No porque sea rígida o inflexible, sino porque su continuidad requiere mantener el núcleo de valores o principios básicos (no los fines) como un marco de referencia que permite coordinar la diversidad de grupos que la componen. En este sentido, el concepto de organización que perdura o se mantiene en el tiempo no es compatible con la idea de que "todo cambia" o de que "todo es relativo". La organización se basa en respetar los acuerdos básicos que la constituyen y sostienen. Además, no está preparada para producir cualquier objeto o prestar cualquier servicio, como tampoco puede hacerlo en cualquier contexto. Pagar a los ciudadanos para que se afilien a un partido no es una nueva estrategia; es convertir una institución política en una empresa de negocios.

La organización tiende a rearmarse en forma continua o recursiva alrededor de lo que sabe hacer, buscando un ambiente previsible. Y en este proceso de reconstrucción son importantes las regulaciones y los dispositivos de control interno. De todas maneras, también debe modificar sus formas de relación con el exterior para considerar los cambios en las tecnologías, en las expectativas y demandas de sus proveedores, clientes o usuarios. Entonces, hay procesos y estructuras que refuerzan lo existente y otras fuerzas que plantean el cambio. La falta de congruencia en los tiempos y la lógica de estas fuerzas provoca fisuras y fracturas en la organización. El cambio en la cultura en una fábrica (ideas y creencias) lleva un tiempo y esfuerzos diferentes de la modificación en los procesos de producción (tecnologías). Este es uno de los dramas de la modernización.

De modo que no es correcto afirmar que "todo sigue igual", como tampoco que "ya no es la misma de antes". Estas afirmaciones no pueden sostenerse cuando se utilizan con un sentido absoluto. La organización es un conjunto de relaciones complejo, y deberíamos aclarar a qué dimensión o dominio nos referimos cuando hablamos de su rigidez o flexibilidad. Hemos visto cómo los procesos recursivos la llevan a reiterarse, en el sentido de que las decisiones están acotadas porque no pueden escapar de las condiciones de existencia de la propia organización, de los acuerdos o principios que la cohesionan y la sostienen. No es lo mismo discutir una cláusula del convenio laboral que negar el valor del convenio como marco regulador de las relaciones en el trabajo.

Los directivos, si piensan en la continuidad, deben comprender que los valores y principios son una fuerza cohesiva, no pueden tomarse como algo relativo que se adapta a las necesidades del momento, a los planes de producción o comerciales. Los principios y los rasgos constitutivos no son materia negociable en la práctica cotidiana. Cuando en una organización estos rasgos se interpretan de diversas maneras, ello significa que no son compartidos y no son factores de cohesión; más bien están reflejando intereses e ideologías de grupos diferentes.

Lo opuesto a la continuidad es la ruptura, el cisma. Pero entre dichos extremos, en la organización se dan procesos de renovación y transición, y vamos a tratar de distinguirlos. La renovación es volver a las fuentes, luego de un período de transgresión que ha llevado a la organización a una crisis. Según D. Hurst (1998), "el concepto de renovación organizativa supone que al comienzo de la vida de una organización, en su fundación, había algo de valor, de experiencia compartida que era auténtico y significativo. Con el tiempo este sentimiento original de autenticidad y significado se desvanece o se pierde". En este contexto, la renovación implica volver atrás para recuperar los valores fundacionales.

En el caso de la ruptura aparece un nuevo concepto, junto con las bases de persuasión y de poder que lo sostienen. Aquí predomina la idea del reemplazo de las bases existentes; es un proceso disruptivo, que trae la discontinuidad porque introduce valores que no son complementarios sino contradictorios con los anteriores, con el orden instituido, con las tradiciones, con el saber existente. Es el caso de una cooperativa que está operando una escuela gratuita donde la llegada de nuevos integrantes también trae la decisión de convertirse en empresa de negocios y empezar con el arancelamiento de la educación.

En el caso de esta escuela, hay una ruptura en el sentido de que arancelar no es sólo un tema financiero, sino una de decisión que involucra (arrastra) también lo educativo y lo social. Los alumnos se hacen "clientes" y además de capacidad de aprender, en lo sucesivo ellos deben disponer de un adecuado poder adquisitivo. No estamos hablando acerca de lo bueno o lo malo, sino sobre lo continuo y lo discontinuo en la organización. En otro nivel (ético y político),

63

también es posible debatir sobre qué implica esta ruptura en términos de lo deseable e indeseable, de los valores y las necesidades del medio social.

Respecto del concepto de transición, lo utilizamos para referirnos a los cambios que se van introduciendo en el plano de las estructuras y procedimientos, en el marco de un plan o proyecto de reforma. La transición instala la problemática de la dualidad porque en ella coexisten criterios tradicionales con ideas renovadoras, un período durante el cual los directivos parecen caminar en sentidos contrarios.

Pero la organización, como concepto y como fuerza, debe ser predecible, porque es lo opuesto al caos o la incertidumbre. La transición no es interrupción, sino que demuestra la voluntad de seguir produciendo.

La transición es un reacomodamiento de fuerzas, un camino hacia las nuevas estructuras que no debería afectar los rasgos constitutivos. En ese sentido, se habla de una "transición ordenada", no por ser impuesta sino por ser gobernable. El proceso de cambio también requiere un marco de referencia mínimo y un proyecto reconocido. Esto es vital para que la organización no desaparezca junto con los problemas de la dualidad o las tensiones que son propias del cambio estructural. La transición ordenada es entonces el proceso que debe acompañar a la idea del cambio continuo.

No estamos hablando de empezar de nuevo. Por ejemplo, en la transición de las formas de gobierno que lleva a una institución desde un régimen autoritario a uno democrático, no todo está en movimiento. También en el interregno se requieren ciertos criterios sostenidos en conjunto. La idea es que el cambio no debe ser realizado "en contra de", aunque es de esperar que genere resistencias. Lo contrario es entrar en un juego de enfrentamientos y no de transiciones. En nuestro ejemplo, el cronograma de cambios acordados plantea el momento a partir del cual los cargos directivos empiezan a ser legitimados mediante alguna forma de consulta o de elección abierta. La transición ordenada no "suspende" los rasgos que sostienen a la organización.

Es cierto que en los períodos de transición se desdibujan las invariancias, porque ellas tienden a ser rodeadas o "revestidas" con nuevas políticas o estructuras. Pero aun en esta situación cambiante también hace falta definir los elementos que sostienen el puente que lleva hacia las nuevas estructuras y reglas de juego. Un ejemplo lo constituyen los procesos de apertura hacia el mercado de un servicio público que ha funcionado como un monopolio. A esto se refiere el concepto de una *transición ordenada*, no por ser impuesta sino porque tiene su lógica y requiere un acuerdo en la base. La continuidad de la organización (en procesos de cambio estructural) no admite el concepto de "identidad en duda".

En una comunidad, las creencias y los valores sustentados en la fe no pueden ser cuestionados, salvo que la intención sea fracturar la organización. *No pueden* no significa que *no deben*. Si se piensa en continuar, pero bajo otro formato, corresponde actualizar el discurso, los textos, los ritos y las ceremonias. Estarán los reformadores que intentan desarmar para empezar de nuevo, pero también los custodios de la mística que buscan cambiar la apariencia para que todo siga igual. Si hay voluntad de continuar, los predicadores tendrán que respetar los valores, al tiempo que también pueden actualizar (en otro nivel de la realidad) las formas de comunicación, los códigos y las prácticas externas del culto.

9. La fuerza de los valores y las creencias en la organización

Los contenidos o temas de los rasgos constitutivos son una función de la naturaleza de la organización. Como mínimo, esos rasgos tienen que ver con los intereses y las convicciones de los grupos que la componen. De manera que no existen "ciertos" temas o contenidos ideológicos que "deban" adoptarse o copiarse para lograr cohesión y continuidad, aunque en materia de administración siempre se han buscado conceptos "reveladores" que en teoría le otorgan permanencia a la organización y aseguran su éxito. Lo nuestro no es una prédica, sino una descripción. Decimos que la organización no es maleable y que se desarrolla sobre sus rasgos constitutivos. Conocerlos es también conocerla.

En su estudio clásico sobre la organización, P. Selznick (1957) señaló que ella se afirma en el tiempo cuando desarrolla valores que cohesionan a sus miembros, más allá de las normas y del diseño racional de las actividades. También ello le permite distinguirse y ser reconocida en su entorno. La construcción de valores hace a la llamada *dimensión natural* de la organización. Esta dimensión es parte del proceso de institucionalización. El grupo original deja de ser una forma de lograr objetivos que se imponen desde el exterior y pasa a ser una institución social, con una vida propia e identidad particular. Esta realidad no siempre resta dinámica a la organización (no es una condena), y marca la existencia de un proceso de recurrencia y reforzamiento en sus comportamientos.

La continuidad requiere más que una dirección efectiva con políticas correctas. Requiere concebir a la organización como una trama que debe ser tejida y reparada en forma permanente. En esta metáfora, el "hilo" conductor son las ideas y los significados compartidos. Al describir la forma de "organización misionaria", H. Mintzberg (1983) dice que se construye con ideas-fuerza muy claras para favorecer el compromiso y la identificación personal de los integrantes. Disponer de una base ideológica es un factor que permite a la organización "tener vida propia" y convertirse en una "institución"; es decir, con fuerzas suficientes para crecer según reglas propias y preservarse de las presiones ambientales que pueden disgregarla.

En su obra sobre la empresa como sistema viviente, De Geus (1998) sostiene que las empresas perduran cuando los directivos dejan sus modelos mecánicos de funcionamiento y ven la organización como sistema viviente, distinto de un recurso, un diseño formal y predefinido. Para dicho autor, "considerar a una compañía como una entidad viviente es el primer paso para incrementar su expectativa de vida. La empresa es una unidad con identidad, pero la gente y las subestructuras dentro de esa unidad exhiben una rica variedad". De manera que la referencia a lo viviente es ilustrativa como metáfora, pero también es limitada. La organización debe verse como una construcción social y no sólo como un sistema biológico. Esto nos permite afirmar que los procesos recursivos no son "naturales", sino que se refieren a un diseño social construido con cierta intencionalidad.

Nosotros hemos explicado cómo la continuidad y permanencia de la organización se basan en el carácter recursivo de sus procesos. Hemos mencionado la existencia de ciclos de vida o lazos que se reinician en forma permanente y se cumplen de acuerdo con pautas de relación y respetando valores del propio sistema. Esto también explica la idea de autonomía (relativa) y el carácter autosostenido de la organización, porque los elementos constitutivos y los acuerdos de base no funcionan como un "programa" predefinido desde fuera. La organización es viable cuando no depende de una decisión externa para definir sus modos de hacer y pensar.

Esta visión de la realidad organizacional explica en qué sentido se dice que una organización es la misma, o que ha crecido, o que continúa, o cuáles son los factores internos que lo permiten. La explicación más amplia o comprensiva de la organización también debe considerar los procesos de cambio en sus saberes y conocimientos, en sus estructuras y propósitos. Entonces, para explicar una organización viable no se requiere sólo el concepto de recursividad. También debemos considerar la reflexividad, o sea, la visión crítica del propio modelo de funcionamiento, y el aprendizaje, esto es, la capacidad de incorporar nuevas ideas y significados.

10. El carácter reflexivo y el impulso transformador

Aun cuando hemos destacado su carácter recurrente, la organización como sistema social no puede actuar solamente tomando como base su ideología o su núcleo de experiencia. Para construirse y perdurar, la organización debe estar en condiciones de verse a sí misma, de reconocerse y tener una representación de sus modos de funcionamiento. Esto le permitirá también plantear y evaluar sus propios límites. En la práctica ello significa que en la organización viable existen individuos y grupos que saben dónde están las capacidades (si están) para enfrentar la necesidad de innovación y las nuevas demandas del medio.

En el ejercicio de la reflexividad, un banco reconoce cuáles son los negocios que está preparado y autorizado para realizar y cuáles son los riesgos que no puede asumir. Es consciente de sus capacidades y también de sus insuficiencias. Por el contrario, un banco es irreflexivo cuando se introduce en operaciones o actividades que desconoce, sin preguntarse por la congruencia entre esas exigencias y sus capacidades internas. Lo reflexivo lleva a preguntarse por las consecuencias sociales de las exigencias crecientes hacia los individuos. Entonces, lo reflexivo no es preguntarse sobre los logros o el desempeño, sino sobre sus consecuencias respecto del modelo de funcionamiento deseado. Es la diferencia entre la capacidad reflexiva y los indicadores de eficacia.

La reflexividad no es algo natural; es un conocimiento que se construye a través del análisis deliberado de la organización. No es hablar sobre los propósitos, las estrategias o las políticas, sino sobre la calidad de los estados internos. Reflexivo es el darse cuenta de las crisis y los conflictos internos que están atando a la organización. En un proyecto social, una de las funciones de los líderes es mantener activo el debate interno sobre los modos de relación dentro de la organización, por ejemplo, preguntarse si hacia dentro de los grupos existe la justicia y la democracia que se quiere mediante los servicios en el contexto.

La reflexividad está presente en diversa medida en las organizaciones; es una parte de su cultura (el saber sobre sí misma). No basta saberlo, sino que hay que practicarlo, a los efectos de "ser" reflexivo en el momento de decidir. Esto también tiene que ver con la responsabilidad de los directivos. En algunos casos la presión del tiempo hace que ellos intenten "probar" ciertas soluciones. El ejercicio de ponerse a prueba sin estar preparado es también creer que los problemas se resuelven en la acción. Pero la reflexividad no es aprender con los hechos, sino mediante el análisis y el razonamiento. Es un componente de la subjetividad de la organización.

Aun rescatando la importancia de la praxis en la gerencia, el método de ensayo y error no es reflexivo y tampoco es congruente con la idea de la organización viable. No es que todo deba programarse o prepararse de antemano, pero sí debe disponerse de un análisis racional de los recursos disponibles. La organización implica una congruencia entre esos recursos y los propósitos. Aunque deba luchar contra lo imprevisto, la organización no es una aventura y no puede ponerse a prueba de manera ingenua. Para avanzar en un medio incierto, dispone de procesos de aprendizaje y cambio, como se explica a continuación.

La reflexividad de la organización (en particular, en sus directivos) no es sólo tomar nota de la diferencia entre las prácticas y las normas establecidas, entre las relaciones actuales y los modelos de funcionamiento acordados y compartidos. Además de reparar en las desviaciones, la importancia de la reflexividad consiste en tomar nota de las propias insuficiencias del modelo o del potencial no utilizado en la organización. Es también asumir la responsabilidad por las consecuencias no intencionales de las políticas y los efectos colaterales de las medidas de gobierno. Los directivos deberían hacer el ejercicio intelectual de salirse del escenario y mirarse desde fuera. El problema (y también la ventaja) es que se pierden datos sobre los motivos que en su momento llevaron al diseño original.

La visión reflexiva del diseño, de los modelos de operación y de los criterios decisorios es un pensamiento macro o de segundo orden. Esto implica que los actores están revisando sus imágenes o esquemas mentales. Por ejemplo, los directivos, en un ejercicio crítico, se dan cuenta de que en su origen la empresa fue creada como un espacio para innovar y prestar servicios a la comunidad y que el tiempo la ha convertido en una burocracia y en un lugar de cautiverio que sólo se cuida y se sirve a sí mismo. Lo reflexivo es la capacidad de hacer un análisis comparativo y salir del marco cotidiano.

Lo importante es señalar que esta actitud no surge espontáneamente, sino que debe ser promovida o enseñada desde la conducción. Y hay fuerzas que se oponen a ello. Ya hemos visto que en la organización operan procesos recursivos que llevan a la uniformidad y el reforzamiento del pensar vigente, de manera que recursividad y reflexividad pueden ayudarse para sostener principios y valores compartidos; por ejemplo, reflexionar si una operación se ajusta a los principios de la empresa. Pero también pueden oponerse, cuando los directivos ven que el modelo de empresa en lugar de ayudar se ha convertido en un obstáculo al crecimiento.

Dada la diversidad de fines e intereses que actúan en la organización, las fuerzas internas pueden llevar tanto a una forma de relación autoritaria como a un clima de libre expresión. Esto no es sólo una cuestión de procedimientos o tecnologías. La conciencia no se establece por decreto, sino que tiene que ver con procesos culturales y sociales internos que no están programados. Hay entonces una influencia combinada de factores estructurales y de procesos culturales. Estructurales son por ejemplo las formas de gobierno establecidas. Y culturales, las relaciones sociales que los individuos desarrollan en sus grupos de trabajo. El clima de la organización siempre representa un juego de fuerzas recíprocas entre lo establecido y lo emergente.

En un trabajo anterior sobre las formas de gobierno en las organizaciones (J. Etkin, 2000) explicamos los modelos de gestión que aceptan y dan lugar a la crítica de las decisiones directivas. Pero existen otros modelos de gobierno que se basan en el uso de la fuerza y el respeto a las normas. El resultado son distintas capacidades para

69

enfrentar situaciones imprevistas. "Si la organización está preparada para una convivencia democrática, es posible que frente a los dilemas del cambio continuo se abra a la discusión y desarrolle sus propias respuestas. De este modo evita quedar atrapada en sus propias dualidades." Esta posibilidad de renovación incluye, por tanto, la capacidad reflexiva de la organización, como también la voluntad o impulso de transformación en sus integrantes.

Como vemos, la organización dispone de una representación de su modo de funcionamiento, pero varía la capacidad para replantearse esos esquemas. En un modelo democrático, la crisis del diseño vigente es también un factor desencadenante del proceso de cambios. En un modelo autoritario hay una negación a modificar lo existente, un insistir con ese modelo y las políticas vigentes. Frente a una huelga, se afirma que la relación laboral no debe revisarse y se procede a sancionar a quienes reclaman. Esta versión autoritaria o cerrada, la falta de disposición crítica y el negarse a debatir el modelo no constituyen el tipo de reflexividad que requiere una organización viable, porque impiden a la organización considerar las demandas insatisfechas de sus integrantes, adaptarse a las innovaciones tecnológicas y las legítimas demandas del medio social.

Los procesos internos recursivos y de reforzamiento son importantes porque buscan la coherencia y sostienen la unidad en tiempos de incertidumbre y durante la transición. Pero en una organización viable esta unidad también es objeto de crítica, porque el orden contiene asimismo diferencias y desigualdades. Si pensamos en una organización viable, se requiere un análisis crítico del orden diseñado y la realidad emergente. Surge una tensión tanto por la diferencia entre lo acordado y lo vigente como por la presión de las necesidades insatisfechas. En las organizaciones que perduran podemos hablar de la existencia de tensiones y de un impulso transformador que busca el crecimiento en un marco de equidad en las relaciones. Este impulso se manifiesta en las relaciones de poder, el debate de ideas y el cambio que se produce a través de los procesos de aprendizaje.

11. El proceso de aprendizaje como factor de cambio

Para la continuidad de la organización y su sintonía con las demandas del medio social no basta con una definición y representación compartida de sus modos de funcionamiento (reflexividad). Además de disponer de principios y valores centrales que sirvan como marco de referencia estable, la organización, para crecer, debe estar preparada para actualizar sus relaciones con el medio externo. Incluso debe reconocer los límites de su propio modelo frente a las nuevas exigencias del contexto. Desde un punto de vista racional, debe disponer de capacidad para detectar las diferencias entre su esquema actual y los servicios que debe ofrecer para ser viable. Una forma racional es producir los conocimientos que necesita a través de la enseñanza y el aprendizaje, de manera que pueda renovar tanto sus estructuras como sus esquemas mentales.

El proceso de aprendizaje consiste en la incorporación y producción de nuevos saberes y conocimientos en distintos niveles, referidos tanto a los procedimientos como a la renovación en las bases conceptuales. Hemos visto cómo la reflexividad permite a la organización entenderse, ver cómo las demandas o exigencias ambientales están dentro o fuera de sus posibilidades. Ahora hablamos del aprendizaje como su capacidad de cambiar, por motivos o razones conocidas, no por accidente. Nos referimos aquí al desarrollo de una capacidad interna y no a la actitud de comprar información o introducir tecnología en forma acrítica (copiando). Estamos pensando en la organización como un proyecto educativo, que le permite evaluar sus propias necesidades y cubrirlas mediante nuevos criterios para la selección de personal, la capacitación y otras formas de inversión en el capital humano.

El aprendizaje no es sólo la transmisión o comunicación de información, sino que requiere su incorporación a las bases del comportamiento y la imaginación. Se refiere a renovar los fundamentos o la experiencia, pero también a repensar el futuro. Porque para ser viable, la organización debe estar preparada para explorar futuros e imaginar escenarios posibles (un saber metodológico). Para ser viable la organización no puede esperar a que las cosas ocurran, porque el aprendizaje basado en la experiencia es riesgoso e ineficiente. Lo viable incluye entonces un estudio sobre escenarios futuros, deseados y posibles. El aprendizaje incluye la construcción de imágenes y visiones anticipadas, que llevan a que la organización disponga de una "memoria del futuro".

El aprendizaje organizacional hace viable el sistema cuando permite renovar los modos de pensar, superar los prejuicios, los

71

bloqueos o esquemas mentales que limitan la creatividad de individuos y grupos en la organización. Esta dispone de diversas vías o momentos del aprendizaje: *a)* enfrentar crisis que requieren hallar formas superadoras, *b)* construir el futuro deseado, *c)* resolver las nuevas demandas o necesidades de los actores, *d)* la aparición de tecnologías que deben ser aplicadas, y *e)* la necesidad de comprender la realidad circundante.

En todas estas situaciones hay una diferencia que presiona para ser resuelta o una pregunta que debe ser contestada con una idea, información o método que hay que obtener o construir. Si los problemas reciben una respuesta intuitiva o sin fundamento, de modo que no puede explicarse ni transmitirse, constituyen parte de una actividad personal. Hay múltiples temas que permanecen en el dominio del saber de los individuos y no de la organización, y viceversa, de manera que el resultado es una integración en contextos concretos. El saber en el quirófano se integra con la profesión de los cirujanos, pero también con las normas y los criterios establecidos por el hospital para la práctica profesional.

La organización no aprende si el conocimiento o los procesos se pierden con la salida de los individuos, si junto con ellos se van los procesos que conducen, de suerte que la organización viable no puede estar sujeta a estos vaivenes (no fuera de límites admisibles). Pero también sabemos que la motivación o el compromiso de los individuos son esenciales, que los integrantes no son recursos pasivos ni sus conductas programadas. No son memorias "físicas", de manera que también es vital lo que "ellos" saben, aunque bajo la influencia del sistema. Los individuos hacen del saber no sólo algo personal, sino también algo creativo, aplicable. Y toman distancia de los roles impersonales definidos por la estructura oficial.

He aquí otra versión de la dialógica del individuo y la organización, de la presión hacia la uniformidad y la necesidad de ser reconocido como persona, del individuo con su capacidad determinante y con un rol determinado. Nos referimos a la coexistencia de fuerzas que son opuestas, pero operan en forma concomitante, como los economistas que en una consultoría aportan su visión personal y toman la información disponible. Ellos se ajustan a los contratos de servicios y operan en el marco de las políticas de la empresa consultora. La empresa aprende en la medida en que va reformulando sus metodologías y políticas de acuerdo con los resultados de cada proyecto. A su vez, los clientes contratan confiando en el conocimiento de la empresa consultora, junto con la calidad de los profesionales que la integran.

En la empresa consultora, cada contrato con los clientes no significa empezar de nuevo. La experiencia y el estudio permiten corregir los errores y mejorar los servicios. En cierto nivel de los servicios se transfiere tecnología actualizada. En el nivel macro, con el tiempo se replantea la forma de relación consultor-cliente. Pero esto no es "natural". En la empresa consultora deben existir mecanismos que rescaten la novedad y la conviertan en un saber disponible para los economistas que ingresan en ella. Para crecer, la organización requiere que los individuos compartan (no se apropien) el conocimiento que se va produciendo. Con la visión de la recursividad, decimos que la organización *está formada* por individuos a los cuales ella misma *debe formar*.

El proceso de aprendizaje es la capacidad de ir más allá de los programas o esquemas vigentes, aunque los efectos pueden o no ser innovadores. El proceso: *a)* le da adaptación y creatividad a la organización en nuevos contextos, y *b)* permite incorporar nuevas formas de mantener lo existente. El aprendizaje es un proceso que viene a cubrir la brecha o diferencia percibida entre el saber existente y el necesario. Esto permite corregir errores, mejorar la lectura de la realidad, o bien tomar decisiones de cambio. Es más que obtener información para guardarla en la memoria (la actualización) o resolver problemas aplicando fórmulas conocidas (la decisión de rutina). La corrección de la brecha se hace mediante un proceso razonado, no intuitivo.

Respecto de su relación con el contexto, el aprendizaje se refiere a la existencia de un proceso de adaptación o cambio adaptativo. Por ejemplo, de los planes de estudio de una escuela que incorporan las demandas de conocimiento técnico de las empresas en su medio. O el hospital que desarrolla formas de atender las enfermedades que aparecen en la comunidad. En el mundo de los negocios se habla de la *adaptación a las demandas de los mercados*. La interacción plantea necesidades que la organización resuelve ajustando sus estructuras y procedimientos. En la medida en que este proceso la estabiliza en sus relaciones con el medio y le permite incorporar nuevos servicios y productos, se dice que la organización *aprende a través de la adaptación*.

Pero este modelo del aprendizaje como cambio adaptativo es parcial. Muestra a la organización respondiendo a fuerzas externas: sólo se preocupa por la adecuación. No advierte la importancia de la visión de futuro, de la actitud crítica, y la necesidad de romper con los esquemas vigentes ("desaprender"), que son indispensables para crecer en un medio incierto y cambiante, y que no tienen por qué producirse de manera accidental o impensada. Por ejemplo, es posible instalar un ambiente facilitador para la creación de conocimiento (no la copia o adecuación). Nonaka y Takeuchi (1999) advierten que "existe el peligro de sobreadaptarse a los éxitos pasados, y el dinosaurio es un ejemplo apropiado". La misma teoría de la evolución organizacional ha señalado que "la adaptación exitosa que se cristaliza, impide la adaptabilidad". En algún momento se requiere una ruptura, y los métodos de adaptación son inadecuados para el cambio disruptivo. Esto es visible cuando aparece una innovación tecnológica que requiere repensar la organización, como las redes en Internet que generan la posibilidad de empresas virtuales.

Desde la perspectiva de los individuos, ellos tienen mucho que aprender "en" la organización, y los jóvenes ingresan para adquirir experiencia. Pero ahora nos referimos al aprendizaje "de" la organización, de su actualización y crecimiento; por ejemplo, cuando en un laboratorio se investiga y se desarrolla una vacuna para enfrentar un nuevo virus. El invento (lo aprendido) queda documentado en sus memorias. También sucede cuando se diseñan nuevos métodos de selección de personal que ajustan el perfil de los ingresantes a los requerimientos de la estructura. No por una imposición externa, sino por brechas y diferencias que la organización detecta en su estructura y funcionamiento.

En el marco de una organización viable, estos avances o mejoras en los procesos y en los modos de pensar no son accidentales, sino que surgen de las actividades de búsqueda y estudio sostenidas por la dirección. No hablamos de planes o estrategias (en un sentido gerencial), ni de controles o realimentación (en un sentido sistémico). Nos referimos a los acuerdos y las fuerzas que actúan en el momento del diseño y rediseño, cuando deciden incorporar los procesos de enseñanza en la organización como parte de su modelo de funcionamiento. En ese ambiente, las diferencias no se ocultan, se viven como tensión que debe resolverse y que lleva hacia la actividad educativa. Esas tensiones no sólo llevan hacia la educación, sino también a las crisis y conflictos (el cambio no planeado).

En el enfoque de autoorganización, el conocimiento colectivo no es la suma de saberes individuales sino que constituye un saber compartido (dentro de ciertos contextos grupales). Cuando está disponible, es conocido y se hace memoria colectiva, decimos que dicho saber es *parte* del aprendizaje de la organización. Para quienes lo reciben, se trata de información y actitudes que llegan "tamizadas" porque ellas se entienden en el marco de la organización. En este sentido la organización es un "contexto de significación", porque define pautas de relación, códigos y símbolos que orientan la comprensión de los hechos dentro del sistema. El contexto de significación es uno de los aprendizajes que realizan individuos y grupos en la organización, pero es también un contexto que ellos ayudan a construir.

12. El capital humano de la organización inteligente

Aun cuando sea necesario para la adaptación y continuidad de la organización, el aprendizaje no es un proceso sobre el cual exista un acuerdo tácito. El aprendizaje es salvar una brecha de conocimiento, pero no siempre existe la voluntad para superar dicha brecha, en especial cuando hay que terminar con una tradición o costumbre. Tal como sostiene C. Argyris (1993), el aprendizaje constituye un proceso y un ambiente que debe ser impulsado desde la dirección para vencer "las barreras organizativas". No alcanza con que "el sistema" en abstracto requiera aprender para progresar, si sus integrantes no están comprometidos con el crecimiento conjunto. Para superar esta indiferencia o resistencia, la organización debe actuar tanto en el plano de lo manifiesto (las tecnologías) como de lo subyacente (las creencias).

Para impulsar el aprendizaje, la conducción debe enfrentar: *a)* los mecanismos de defensa de individuos y grupos que tratan de mantenerse en lo que saben, o bien de sostener sus intereses y privilegios; *b)* el peso de la burocracia como grupo que resiste al cambio para mantener sus negocios en la organización; *c)* los mitos y las leyendas que tratan de imponer ilusiones y fantasías por sobre el saber fundado racionalmente, y *d)* la falta de motivación en los individuos y grupos para capacitarse, cuando ellos no se ven como parte de un proyecto compartido. De manera que si bien el aprendizaje es una condición para una organización viable, ocurre cuando también existe compromiso y voluntad de cambio.

La pregunta que surge es: ¿cómo hace una organización para saltar por encima de las fuerzas que la limitan o inhiben en su crecimiento? Si ella construye sus prejuicios, ¿por qué va a dejarlos a un lado? Ocurre que existen estos límites, pero también la intención de continuar funcionando. Para proseguir hay que tener en cuenta: *a)* que la magnitud del cambio en el contexto hace impensable avanzar sin renovar el conocimiento; *b)* que existen grupos de opinión y de interés, internos y externos, como los usuarios de servicios básicos, que se movilizan para reclamar cambios; *c)* la aparición de crisis y conflictos ideológicos que plantean la necesidad de repensar la organización para mantenerla viva, y *d)* el impacto colateral de las decisiones de política, como la apertura del capital a nuevos inversionistas, que llegan con sus propias demandas.

Para explicar los procesos de aprendizaje y los cambios en la cultura de la organización no hace falta recurrir a propósitos externos, a leyes naturales o a procesos evolutivos. Las necesidades de conocimiento y de capacitación son condiciones que hacen a la supervivencia y el desarrollo del sistema. No se trata de límites o datos inmutables; la organización no está determinada desde fuera y tiene sus fuerzas creativas. Ella puede satisfacer las demandas del contexto de múltiples maneras, sin perder viabilidad. Dentro de estos márgenes decimos que la organización aprende y construye sus propios modos de crecimiento. En un contexto incierto y cambiante necesita planes y proyectos, pero también capacidades y un diseño flexible que le permitan renovarse bajo la condición de mantener su cohesión interna y su sintonía con el medio social.

El aprendizaje y la adaptación son la base del llamado *modelo inteligente de organización*. Una pregunta es: ¿inteligente para qué? No se trata sólo del saber aplicado a mejorar los productos y servicios para desde allí también aumentar los resultados del balance. No es sólo la inteligencia aplicada a la eficacia o la rentabilidad, porque esto puede llevar a un éxito momentáneo al mismo tiempo que la organización se complica en lo interno o compromete su futuro. Entonces, además de poner en relación los servicios con las demandas externas, la inteligencia también se refiere a la capacidad de mejorar las relaciones internas, la cohesividad y los modos de funcionamiento.

Es decir, desarrollar tanto su continuidad como su potencial de crecimiento.

Un componente básico de la inteligencia y apertura de la organización es la forma en que en ella se consideran el saber, los conocimientos y las destrezas de sus componentes humanos. En esencia, si se los toma como un insumo para el proceso productivo (un recurso renovable) o como un activo intangible que es la fuente de imaginación y nuevas ideas para la organización. Cuando el factor humano es visto como insumo, se enfatiza en la sustitución de personal y la compra de la información necesaria para el cambio. Visto como activo o capital, se comprende que el factor humano no se consume sino que su aporte crece en el tiempo y hace crecer a la organización.

Desde la perspectiva del capital humano, se requiere una valoración específica del saber disponible y del potencial creativo, porque esta condición no está reflejada ni considerada en los estados financieros, donde los activos se refieren a objetos o derechos. Desde la gestión del conocimiento, la responsabilidad de la dirección es invertir en lo social, movilizar al factor humano (no limitarlo) y darle oportunidad de participar en la organización. Esto es visible en las empresas que requieren un capital humano intensivo, con alta inversión en la producción de conocimientos, porque ellas deben atender las demandas de un mercado que exige innovación continua.

La organización inteligente toma la capacitación como una inversión y el saber profesional y la experiencia como un activo intangible. Por tanto, la dirección lo protege y desarrolla en forma específica mediante la llamada *gestión del conocimiento*. Esta gestión tiene el propósito de mantener al activo y convertir el conocimiento en valor agregado para la organización. Al respecto, T. Stewart (1998) incorpora ese activo en el concepto más amplio de *capital intelectual de la organización*. En dicho capital incluye "los conocimientos, información, propiedad intelectual, experiencia, y relación con los clientes, que se pueden aprovechar para crear riqueza. Se trata de una fuerza cerebral colectiva". Este concepto se contrapone con los activos físicos, la infraestructura y el capital financiero de la organización.

Como vemos, la idea de capital intelectual es más amplia que el conocimiento personal (vinculado con el factor humano), porque también incluye el saber que se incorpora a las estrategias, estructuras y sistemas del conjunto social. Respecto del factor humano, esta parte del capital intelectual se construye con capacitación y ofreciendo oportunidades para crecer en la estructura. Se requiere un clima de motivación y participación. La gestión del conocimiento se refiere a la tarea de incorporar el saber personal a un modelo de saber articulado y compartido, que se pueda transmitir y convertir en prácticas. La paradoja para la dirección es que cuanto mayor sea el peso de individuos que aportan a la innovación, para la la organización es más difícil reemplazarlos, y se torna más sensible a las decisiones personales.

Pero la gestión del conocimiento no se limita a aprovechar o proteger el saber existente. También debe promover la innovación, instalar un ambiente que permita a los individuos desarrollar su creatividad. ¿Por qué habrían de hacerlo? Según el mencionado autor, la movilización del factor humano requiere "crear un sentido de propiedad recíproca entre el empleado y la empresa" (sensación de pertenencia). La idea es que los individuos no sean tratados como recursos y que puedan participar de los beneficios de sus propias acciones innovadoras. También como parte de la gestión del conocimiento, las empresas que desean aprovechar las capacidades de sus integrantes deben crear espacios para el debate de ideas, oportunidades para que el saber personal se vuelva público y el conocimiento tácito en la organización se haga explícito.

En el marco de la organización inteligente hemos visto los conceptos de capital intelectual y de gestión del conocimiento. Ambos están demostrando la importancia de los procesos de capacitación y aprendizaje en las organizaciones. Para que una organización sea viable importa: *a)* la capacidad del conjunto para replantear sus formas de pensar frente a las nuevas realidades y no sólo cambiar sus tecnologías; *b)* evaluar el estado del "contrato psicológico" de los individuos con la organización, incorporarlos a un proyecto compartido y darles motivos para innovar en su trabajo; *c)* explicitar los esquemas mentales que están operando como resistencias y obstáculos a las decisiones de cambio, y *d)* desde la dirección, incorporar criterios de apertura en las microculturas que aíslan a la organización, con el propósito de respetar los principios y valores que la cohesionan, pero también para ponerla en sintonía con las necesidades del medio social.

Resumen

Hemos definido a la organización como un sistema complejo de carácter sociotécnico y adaptativo; un sistema en el cual se conjugan factores de índole política, cultural, económica y social. Estos factores se relacionan entre sí en forma complementaria, pero también presentan oposiciones y procesos paralelos. Los objetivos de la organización reflejan ciertos acuerdos en el momento fundacional, y en ese sentido indican un rumbo compartido. Pero con el tiempo la influencia de los diversos grupos que operan en el sistema y las cambiantes demandas del medio ambiente hacen que la organización (sus decisiones de política) se oriente en varios sentidos a la vez. Estos conceptos son válidos tanto para las empresas de negocios como para escuelas, hospitales, sindicatos y otras organizaciones sociales. La explicación de las decisiones y del rumbo de la organización no sólo tiene que ver con la lógica o la intencionalidad de quienes la conducen. Las directivas responden a una racionalidad compuesta, donde se cruzan las visiones e intereses de los múltiples grupos vinculados a la organización.

El sentido del sistema (el *para qué* y *hacia dónde*) es una fuerza que actúa junto con otras que dan continuidad a la organización y le permiten operar en un marco incierto y cambiante. Un aspecto vital del sistema tiene que ver con su capacidad para generar las actividades que la sostienen, su carácter autogenerativo. Esta capacidad se explica mediante los conceptos de autonomía, recursividad y reflexividad. La organización viable se mantiene y crece en el tiempo, no de cualquier forma sino resguardando sus raíces, sus acuerdos básicos y sus rasgos de identidad. No sólo produce bienes y servicios para la comunidad, sino que genera los recursos y resguarda las condiciones que mantienen al sistema en el tiempo.

En el marco del análisis de la organización es posible utilizar una visión heterónoma, que destaca su capacidad de generar bienes mediante procesos de transformación. En este marco se puede hablar de su eficacia y efectividad. Pero el análisis de la organización también requiere una visión de su autonomía y continuidad. Una visión que refiere a la construcción interna de relaciones que le dan un mínimo de cohesión y le permiten operar como una entidad diferenciada en su contexto. Ambas visiones no son excluyentes, porque refieren a la misma organización, y el enfoque que se utiliza tiene que ver con el interés del observador o analista en el momento de la apreciación.

Las organizaciones no son maquinarias que se articulan para alcanzar ciertos resultados productivos, y tampoco organismos naturales cuyas partes son funcionales a la supervivencia del conjunto. En forma más amplia, son sistemas sociotécnicos complejos que operan tanto para mantener sus acuerdos de base (condiciones de existencia) como para crecer en un medio ambiente incierto y cambiante. Crecen porque son razonables y presentan procesos de aprendizaje (el cambio planeado), pero también porque procesan las crisis y conflictos internos de modo de superar sus propios errores y oposiciones. Al tiempo que producen bienes, ellas pueden estar en una transición difícil de superar. Y es allí, en sus estados de crisis, donde aparece (si lo tiene) su potencial o capacidad de reflexividad, de aprendizaje y adaptación al medio ambiente.

La organización no existe sólo por la eficacia de sus estrategias y políticas. No basta obtener recursos crecientes porque ellos deben ser procesados de forma tal que sirvan al conjunto. El énfasis en la eficiencia y la eficacia muchas veces pone en peligro la continuidad de la organización. Recordemos que toda organización (fábrica, banco, granja familiar) tiene rasgos de complejidad; no es un modelo de armonía natural, ni opera en un medio estable y previsible. Está formada por múltiples actores y grupos con diversidad de fines. En su interior las fuerzas se mueven en varios sentidos y no sólo hacia los objetivos declarados. No es una máquina programada, sino un sistema que se construye a medida en que crece y enfrenta situaciones que no son previstas.

La idea de recursividad significa que su propia producción la lleva a seguir fabricando y a generar los recursos que necesita. En el aula, el profesor al dar clase también dispara las nuevas preguntas que lo hacen seguir enseñando. Claro que lo recursivo no está garantizado, no es un elemento inevitable, sino que requiere ciertos ambientes y capacidades para cumplirse. Cuando el sistema pierde esta cualidad, exige una fuerte programación y conducción. El concepto de viabilidad enseña que esa organización logra existir como sistema diferenciable en su entorno y crece no por un éxito accidental, sino como resultado de ciertas capacidades y principios. El concepto de lo viable nos dice que ella tiene fundamentos (rasgos fundacionales) y no está sujeta a la cambiante voluntad de sus directivos. Es el resultado del trabajo de individuos que se reconocen como partes integrantes de un proyecto, que comparten expectativas y realizan un esfuerzo conjunto y sostenido.

La organización viable dispone de saberes y capacidades que saca a relucir ante lo imprevisto. En situaciones límite también está en condiciones de crear nuevas soluciones sin renunciar por ello a sus rasgos constitutivos. Si renuncia, entonces no hay renovación sino refundación, un empezar de nuevo porque se interrumpe la recursividad. Bajo la metáfora de los sistemas vivientes, las tensiones y las crisis son parte del ciclo de vida de la organización, no son situaciones fuera de control, ni disfuncionales; al contrario, movilizan y llevan a la renovación de la organización. Las soluciones no son mágicas, ya que la organización viable también debe disponer de adecuadas capacidades de reflexión y aprendizaje.

La visión reflexiva sobre la estructura vigente, o los criterios para decidir, o las formas de operación, son un pensamiento macro o de segundo orden. Esto implica que los actores están revisando sus imágenes o esquemas mentales sobre la propia organización y no analizando situaciones puntuales; por ejemplo, los directivos en un ejercicio crítico se dan cuenta de que la empresa creada para prestar servicios novedosos se ha convertido en una burocracia. Esto, si como burócratas ellos se dan cuenta de la metamorfosis. Un hogar de ancianos puede verse críticamente como un lugar de cautiverio. Lo reflexivo es la capacidad de hacer un análisis comparativo, y exige verse como parte del problema. La reflexividad también permite a la organización evaluar cómo las demandas o exigencias ambientales están dentro o fuera de sus posibilidades.

La brecha entre lo deseado o necesario y la realidad vigente se cubre con los procesos de innovación y de cambio planeado. Puede resolverse mediante el reordenamiento o nuevas tecnologías, pero también mediante la toma de conciencia y el desarrollo de nuevos conocimientos. El proceso de aprendizaje en la organización se basa en incorporar y producir nuevos saberes y conocimientos. Esto se aplica tanto en los procedimientos como en la renovación de las bases conceptuales. La organización dispone de diversas vías o momentos de aprendizaje: *a)* las crisis que requieren hallar formas superadoras; *b)* construir el futuro deseado; *c)* resolver las nuevas demandas o necesidades de los actores; *d)* la aparición de tecnologías que deben ser aplicadas, y *e)* la necesidad de comprender la realidad circundante. El aprendizaje organizacional hace viable al sistema cuando permite renovar los modos de pensar y superar los bloqueos o esquemas mentales que limitan la creatividad de individuos y grupos en la organización.

En un proceso de crecimiento, en un medio incierto, se requiere contar con un adecuado capital humano, más allá de la disposición de los individuos a cumplir con los términos de un contrato laboral. No es sólo conocer las técnicas de producción, financieras y comerciales, sino también la capacidad de enfrentar lo imprevisto. Respecto de las actitudes de individuos y grupos, el capital humano se refiere a la voluntad de cambio y la búsqueda de nuevas respuestas en un contexto cambiante. En cuanto a los métodos, el capital implica conectividad en el conocimiento, como saber visible y compartido. En una escuela (inteligente), los docentes se reúnen voluntariamente para compartir y difundir sus vivencias y nuevas ideas con el fin de mejorar tanto su desempeño como las relaciones en las aulas.

El capital humano deriva en capital social cuando a las respuestas individuales se les agrega la actitud de ayuda y colaboración, como una estrategia asumida en el plano de las relaciones internas y respecto de la comunidad (el saber responsable). Cuando la actitud es sólo especulativa y competitiva, no existe un capital en términos de la organización, sino nada más que activos y saberes individuales; quizá miembros inteligentes, pero que sólo piensan en sus fines personales, como los investigadores que únicamente estudian temas que les permitirán obtener un premio o un reconocimiento mediático. El capital humano y social no surge del mero paso del tiempo, de reunir experiencia o gente capacitada; se construye como parte de un proyecto de relaciones humanas basado en la voluntad de crecer con el trabajo y, al mismo tiempo, mejorar la organización. El capital humano no es una construcción abstracta: refiere a un potencial creativo, pero también a una capacidad explícita que se expresa en hechos concretos, como la calidad de los servicios y las prestaciones a la comunidad.

Cuestionario

1. ¿Cuáles son las semejanzas y diferencias entre los conceptos de grupo, organización, empresa e institución?

2. ¿Qué diferencias existen entre afirmar que una organización es influida por su contexto y decir que está en relación de intercambio con el medio ambiente?

3. En el caso de un centro de salud, ¿cuáles son las diferencias entre sus propósitos, sus condiciones de existencia y las demandas o presiones ambientales?

4. ¿En qué medida es correcto sostener que una organización existe porque orienta sus decisiones en el sentido de sus objetivos?

5. ¿Cuáles son los rasgos y las capacidades que hacen de la organización un sistema viable?

6. ¿Cuáles son los procesos internos que permiten a la organización coordinar esfuerzos entre los grupos internos con intereses diversos?

7. ¿Qué tipo de límites no puede superar la organización en su proceso de adaptación a los cambios ambientales?

8. ¿Qué relaciones existen entre los procesos recursivos y el concepto de ciclo de vida de la organización?

9. ¿En qué medida la capacidad reflexiva de la organización se relaciona tanto con los procesos de mantenimiento como con los cambios en la organización?

10. ¿En qué medida tiene sentido decir que en la realidad una organización funciona al margen o a pesar de sus planes y procedimientos?

11. Si en su interior operan fuerzas para conservar la estructura vigente, ¿cómo pueden desarrollarse los procesos de aprendizaje en la organización?

12. ¿Cómo se relacionan los conceptos de identidad de la organización con los procesos de adaptación y cambio en un medio incierto?

13. ¿Qué ejemplos puede dar de las tensiones y fisuras producidas debido a los criterios duales utilizados en el diseño de la organización?

14. ¿El impulso transformador es una característica genérica de los sistemas sociales o requiere ciertas capacidades especiales del sistema?

15. ¿Qué actitudes de la dirección demuestran que considera al personal como un capital humano y no solamente como un recurso productivo?

Bibliografía

Argyris, Chris, *Cómo vencer las barreras organizativas*, Díaz de Santos, Madrid, 1993.

Beer, Stafford, *The Managerial Cybernetics of Organization,* John Wiley & Sons, Toronto, 1987.

Collins, J. y J. Porrás, *Empresas que perduran. Principios exitosos de compañías triunfadoras*, Norma, Bogotá, 1995.

De Geus, Arie, *La empresa viviente*, Granica, Buenos Aires, 1998.

Etkin, Jorge, *Política, gobierno y gerencia*, Prentice-Hall, Chile, 2000.

Etkin, J. y L. Schvarstein, *Identidad de las organizaciones. Invariancia y cambio*, Paidós, Barcelona, 1989.

Foucault, Michel, *El discurso del poder*, Folios Ediciones, Buenos Aires, 1983.

Hurst, David, *Crisis y renovación. Cómo enfrentar el desafío del cambio*, Temas, Buenos Aires, 1998.

Mintzberg, Henry, *Power in and Around the Organizations*, Prentice-Hall, Nueva York, 1983.

Nonaka, Ikujiro y H. Takeuchi, *La organización creadora de conocimiento*, Oxford University Press, México, 1999.

Selznick, Philip, *Leadership in Administration: A Sociological Interpretation*, Harper & Row, Nueva York, 1957.

Stewart, Thomas, *La nueva riqueza de las organizaciones: el capital intelectual*, Granica, Buenos Aires, 1998.

CAPÍTULO 2

MODELOS DE ORGANIZACIÓN

A. La descripción y lo normativo

1. El modelo como fuerza cohesiva

La función básica de la dirección es definir y articular las actividades de individuos y grupos en la organización sobre la base de acuerdos y principios y detrás de objetivos compartidos. Las actividades se integran en el marco de la organización, considerada como una pauta de relaciones que guía las tareas individuales. Ese marco y esta visión de conjunto, que muestra las relaciones entre unidades, funciones y grupos, conforman el llamado *modelo de organización*. Muestra cómo funciona (lo actual), o bien cómo debería hacerlo (lo deseable).

El modelo es un importante elemento de juicio para la conducción, tanto en cuanto a la visión de lo actual como a la definición de lo proyectado. El director de un hospital, a la hora de resolver la firma de nuevos contratos de servicios o lanzar un plan de vacunación o una campaña de educación sanitaria, debe definir y disponer de una capacidad organizativa adecuada para llevar a cabo esas prestaciones, es decir, no sólo de una organización, sino de la organización adecuada. En un sentido más amplio, esa capacidad o fuerza de coordinación permite al sistema mantenerse y crecer en un entorno incierto y cambiante.

Las decisiones de política son racionales no sólo en función de los objetivos que se plantean, sino también considerando la capacidad de la organización para alcanzarlos, es decir, para que no queden en el plano de las buenas intenciones. Este marco es en sí mismo la expresión de una política o de una macrodecisión que "marca" al conjunto. No es lo mismo un modelo donde cada individuo es responsable personal de sus acciones que otro basado en la gestión conjunta o compartida.

El modelo de organización no es un dato o una "variable" que los directivos puedan ajustar en lo cotidiano. De ser así, perdería su utilidad como concepto. Un modelo flexible mantiene ciertas reglas de juego, ciertas relaciones fijas. El modelo es "de organización" en la medida en que se refiere a formas estables de relación, a partir de las cuales los integrantes pueden construir expectativas acerca de las respuestas esperadas de los demás, como la jerarquía y la disciplina en un colegio militar o la libertad de movimientos y de expresión en el marco de un jardín de niños.

El modelo de la organización puede definirse desde distintas perspectivas, pero siempre se refiere a las relaciones sustantivas; por ejemplo, a las formas de las relaciones entre docentes y alumnos en una institución educativa, a las maneras en que se manifiesta el compromiso y la adhesión de los creyentes con su iglesia, al contacto con los pauperizados en un programa de ayuda social, a la atención médica de los internados en un hospital. No hay un solo modo de relación, pero sí algunos que no pueden obviarse, so pena de una fractura de la organización. La comunidad religiosa no puede realizar actividades que lleven a la pérdida de fe en sus creyentes. El *no puede* significa que el modelo también marca las condiciones de la organización.

En los modelos de organización, esas relaciones estables o continuas operan como las condiciones de funcionamiento (aunque no siempre del éxito). Son las que sostienen a la organización, permiten conservar su identidad y le dan continuidad en el tiempo. Es cierto que las formas en que se producen las relaciones tienen un componente variable, pero ello está más referido a las prácticas, las tecnologías y las estructuras, que a las relaciones sustantivas; por ejemplo, las empresas racionales y que perduran se supone que siempre están orientadas hacia las necesidades del cliente, bajo cambiantes formas de comercialización y financiamiento. En los bancos hay relaciones técnicas que son vitales; por ejemplo, entre las tasas activas y pasivas.

Está claro que no hablamos del mero "dibujo" o apariencia de la organización. Cuando mencionamos el modelo "de organización" nos referimos a una visión de conjunto que es conocida, que no está reservada a la mente del conductor. Además, un modelo opera como tal (no es sólo proyecto o intención) cuando logra sostenerse, cuando tiene una lógica que lo explica. En el plano de los hechos, el modelo en uso también refleja las fuerzas de la propia organización (las reacciones al orden). El modelo no es de una vez para siempre, porque responde a los procesos de adaptación y cambio en las políticas de la organización.

En este sentido, la organización (como pauta de relaciones) es una fuerza o una capacidad instalada, un marco en el cual se desarrollan los esfuerzos individuales. Entonces, no alcanza con la experiencia y la preparación de los profesionales médicos o la disposición de los equipos físicos para prestar servicios en un hospital, o la sabiduría de los docentes en una escuela. No basta obtener noticias o redactar los artículos para que una revista sea publicada y leída. También se necesita una forma de articular los esfuerzos de modo de convertir a los planes en acciones concretas, los recursos y tareas internas en los bienes y servicios que requieren los usuarios.

El modelo de organización describe las actividades básicas, sus relaciones (hacia dentro y con el exterior), los centros responsables de las decisiones y los recursos que fluyen hacia ellos o que desde allí se aportan al proceso productivo. El modelo informa al directivo cuáles son las actividades críticas y cómo ellas están conectadas, de manera que la organización en su conjunto pueda mantenerse y crecer en un entorno cambiante. Nos estamos refiriendo a un modelo conceptual (no físico) de la organización, en el sentido que abstrae aspectos básicos o críticos de la realidad o del proyecto.

Hablamos de un modelo conceptual porque el diseño tiende a informar sobre el sentido de las relaciones, la flecha de las influencias, las causas y efectos y las relaciones de reciprocidad. Por ejemplo, en una escuela, el modelo señala la ubicación, importancia y relaciones entre las funciones de enseñanza, investigación, desarrollo cultural, trabajo comunitario, capacitación docente, gestión de recursos, acuerdos con otras instituciones, etcétera.

Cuando se trata de una descripción, el analista suele decir que el modelo es un reflejo de un dominio de la realidad. Pero también incluye un criterio para la mirada, una distinción o una toma de posición respecto de los elementos que constituyen la realidad representada. A esta influencia no declarada se refiere el concepto de reflexividad o presencia del observador en la definición del modelo, es decir, a las condiciones de su percepción. El modelo se refiere a lo existente, a las normas de funcionamiento (lo normativo), o bien a lo deseable. En todo caso, es una abstracción y una representación de la complejidad.

2. Lo pensado, lo definido y lo emergente

Nuestra intención es explicar el concepto de modelo como instrumento para el análisis de la organización y para la gestión directiva. Se trata de un concepto que se utiliza en la fase de proyección para servir como guía o para definir las formas ideales o deseables de articular las unidades, funciones y grupos en la organización. También el directivo puede construir una versión actual, que le permita saber cómo está funcionando su organización. Allí podrá observar el grado de coordinación o las fisuras en el conjunto. A partir de la observación y sus elementos de juicio (sus criterios y distinciones), el directivo formula proposiciones acerca de las variables relevantes y sus relaciones.

El modelo de organización, como descripción, no tiene el valor de una teoría con enunciados verificados o comprobados. Es una aproximación que permite contar con una visión de conjunto, formular un diagnóstico y evaluar el estado de cosas. Permite imaginar cómo el movimiento de un factor podrá influir sobre los restantes; por ejemplo, la incorporación de nuevo personal sobre el nivel de producción. El estudio del factor "en sí mismo" es objeto de otro análisis (por ejemplo, de las capacidades existentes) y no del modelo, que está focalizado hacia los efectos y las conexiones.

Disponer de un modelo representativo y confiable de la organización es un rasgo distintivo de la función de dirección. El modelo puede indicarle si la organización está preparada para llevar adelante una política o enfrentar una perturbación ambiental. Es interesante destacar que en el marco de un sistema el modelo también es afectado por las políticas que él mismo (como decisión directiva) ayuda a impulsar. En otra obra, referida a la identidad de las organizaciones (Etkin y Schvarstein, 1989), marcamos esta relación circular donde "lo estructurado (como diseño) pone en marcha lo reestructurante (como crítica)".

Saber "cómo funciona" una organización implica reconocer que los esfuerzos individuales articulados en el ámbito de grupos sociales y equipos de trabajo llevan a construir una dinámica que supera (o limita) al orden inicial, a las relaciones proyectadas. Es posible un modelo formal (el diseño) y otro que opera en los hechos (la praxis). La interacción social, la realidad con sus imprevistos y sus duras condiciones, hacen que dichos esquemas no siempre coincidan. En estos casos, y en el plano de sus estructuras internas, las organizaciones sociales son duales, porque en teoría son modelos basados en la cooperación, y en los hechos los grupos suelen confrontar sus intereses.

¿Por qué mantener esquemas que sólo son declarativos o que no reflejan los hechos? ¿Por qué retener mentalmente un diseño que refleja un ideal o un orden ilusorio? Esto ocurre porque los modelos tienen una implicación de ordenamiento conceptual. Brindan al directivo y a los otros participantes una imagen ya pensada o debatida acerca de lo prioritario y lo deseable, aunque ello no sea factible en lo inmediato. Se trata de una divergencia que moviliza, que marca diferencias entre orden y desorden, que guía las decisiones futuras, que opera como una "tensión creativa".

De manera que hay un modelo teórico o ideal de funcionamiento, y otro en uso, que es el aplicado. Esto no refleja un "error", sino un proceso de ajuste y desajuste permanente en las relaciones respecto de lo proyectado. Quizá no sea un cambio de lógica, sino en el modo de operar. En este sentido, se dice que un modelo *cierra* (se autosostiene) cuando las variables internas que han sido alteradas (una caída en la producción) también pueden regresar a sus valores normales (la ampliación de los horarios de trabajo). Esto implica que una crisis puede ser resuelta por las propias reglas del sistema.

El modelo de organización es entonces una expresión de la coherencia (buscada, lograda) en las relaciones y en el sentido de las actividades. Pero también puede exhibir las fallas o los vacíos en el sistema, porque implica haber elegido un criterio o adoptado una prioridad, postergando otras. El modelo puede mostrarnos una elección equivocada o que ha perdido vigencia con el paso del tiempo. Esto suele ocurrir con los modelos de empresas familiares, que pierden actualidad junto con el crecimiento de sus miembros pero que tuvieron su lógica y su sentido en el inicio. La discusión del modelo se traslada entonces al debate sobre los efectos del cambio en las condiciones de origen.

El modelo, como concepto, siempre es una representación de un conjunto de relaciones presentes o futuras. Tiene un componente subjetivo en cuanto a la distinción que hace el analista o directivo. Esto le da sentido al modelo, lo explica. No basta que las relaciones sigan una lógica, que sean explicables, porque también los supuestos deben ser razonables o fundados. Hay un aspecto formal del modelo, que expresa las relaciones operativas entre unidades o procesos; por ejemplo, entre el tipo de información que presentan los clientes y el crédito que otorga el banco. Pero en el plano cualitativo hay aspectos que un modelo destaca; por ejemplo, que los ascensos se relacionan con la capacitación. Sobre el mismo tema, difieren los factores relevantes. En otro modelo puede definirse que los nuevos ejecutivos se reclutan fuera.

En este sentido, E. Jacques (2000) ha señalado la importancia de reconocer los principios "naturales" que están presentes en el trabajo y en las relaciones sociales; por ejemplo, los relativos a la motivación humana, que no pueden ignorarse. Esto fundamenta el concepto de la "organización requerida", aquella que corresponde a la "naturaleza de las cosas" y a los "valores primordiales" de los individuos. Para dicho autor la organización, en tanto conjunto social, debe favorecer el desarrollo de capacidades y potencialidades individuales, la salud en los vínculos laborales y un estado de confianza mutua.

La idea de lo requerido es importante para el concepto de modelo porque lleva el análisis a la cuestión de los valores que los directivos reconocen como básicos, más allá de las circunstancias de la empresa; son básicos aunque la realidad indique que no se pueden aplicar en lo inmediato. Lo requerido se transforma en un compromiso para la dirección. Se verifica en los supuestos del modelo de organización; cuando se los desconoce, la organización es inadecuada. Podrá ser productiva, pero la desconfianza en las relaciones la convierte en una fuente indeseable de tensiones y fricciones.

3. Premisas y bases ideológicas del modelo

Los modelos, como explicación, pueden basarse en distintas premisas. La organización se supone que es: *a)* un mecanismo o máquina productiva que responde a un programa; *b)* un organismo con partes interdependientes que funcionan como un conjunto, y *c)* un sistema inteligente y adaptativo, con propósitos, capacidad de reflexionar y reformarse. Las distintas premisas o metáforas de partida también hacen la diferencia en los modos de diseñar la organización, de conducirla y controlarla. Por ejemplo, la idea de programarlo todo, o bien permitir la autogestión, dar prioridad al orden y la disciplina o impulsar la crítica y la innovación.

En este sentido, J. Thompson (1994) ha definido tres grandes líneas en la explicación de las organizaciones: *a)* el modelo racional o determinista basado en la planificación, la autoridad y el control orientado a objetivos comunes; el proceso crítico es el diseño eficiente de las tareas; *b)* el modelo del sistema orgánico con partes conectadas que cumplen funciones para la supervivencia y el crecimiento del sistema en un medio cambiante; el proceso crítico es la adaptación; y *c)* el modelo de la resolución de problemas en un ambiente incierto, donde los integrantes deben procesar información para elegir uno entre los caminos posibles, siguiendo objetivos. Es la idea del comportamiento "administrativo", que intenta ser racional. Según este enfoque, la organización es una articulación de los centros decisorios.

Asimismo, en la evaluación del modelo pesa la posición del observador, su interés y compromiso con la organización. Todo modelo es también un modo de acercamiento a la realidad; por ejemplo, el modelo de las prestaciones por medio de un hospital-escuela no siempre es lo mejor visto desde los enfermos, que no desean ser objeto de estudio sino recuperar su salud o ser "curados". No quieren ser casos o "patologías", sino "pacientes". Incluso algunas dolencias "interesantes" o atípicas para dicho modelo de hospital pueden ser injustamente mantenidas para que no se pierda el objeto de estudio.

A veces el modelo de organización no cierra (no se equilibra), o bien lo hace imponiendo condiciones a las minorías, de manera que esa insuficiencia del modelo no siempre es un obstáculo para su funcionamiento. Desde la dirección esto constituye un desafío para su mejoramiento, pero mientras tanto, también significa una fuente de exclusión o de marginación para sus componentes más indefensos. Las relaciones de poder se encargan de determinar quién paga por ello o los criterios para repartir el sacrificio. En esta situación, el modelo es la forma de expresar cómo se asume la injusticia, al menos durante la transición.

Esto significa que no hay lugar para la ingenuidad o la neutralidad al hablar acerca de los modelos de organización. No hay que limitarse a pensar que son una cuestión técnica o de diseño formal.

Un modelo es una toma de posición, al menos en el momento de la definición. Hablar de la eficacia, la eficiencia o la adaptación como rasgos de un modelo a veces oculta las consecuencias no deseadas o negativas sobre las relaciones humanas. El modelo es positivo en tanto da cohesión y coherencia a los esfuerzos. Es negativo cuando enfrenta a los individuos con la organización. Las consecuencias indirectas pueden verse en el nivel de empleo, la calidad de vida o el grado de atención a la población usuaria.

El modelo de organización que se promueve desde la dirección suele mostrarse como orientado hacia la eficacia, la eficiencia y la adaptación al medio. Visto en abstracto y desde lo alto de la estructura, esto parece razonable porque optimiza los recursos y fuerza a una mayor productividad. Pero en los hechos este modelo suele provocar reacciones o resistencias que el esquema no muestra, porque la exigencia creciente y la presión por resultados genera un clima autoritario y una reducción en la calidad de vida en la organización. Un modelo puede parecer razonable en lo técnico, pero también "estar en crisis" cuando demanda trabajar bajo una presión insostenible.

A veces, en lugar de recurrir a versiones moderadas, los directivos que no quieren ceder posiciones o perder privilegios argumentan que todo sistema o modelo es imperfecto, que es mejorable en el futuro, de manera que en lugar de revisar el modelo, ellos afirman que la organización debe asumir los costos de la transición. En estos casos "la organización" son los grupos marginados y no el conjunto; el peso no se reparte en forma equitativa. La dirección se esfuerza en construir un discurso racionalizador alrededor de un modelo que es insostenible para la organización, considerada como sistema social.

Como parte de una filosofía de gestión, el modelo de organización es una decisión de connotación política. Por ejemplo, implica tomar posición sobre la base participativa de la organización, las formas de apropiación de los recursos y la existencia de mecanismos de consulta y confrontación de ideas. Es cierto que la responsabilidad no es sólo de la dirección, porque sus decisiones están acotadas. En ocasiones el margen de alternativas no es amplio en un contexto con demandas y exigencias externas o maniobras de los competidores, que hacen peligrar la continuidad o la supervivencia. Los modelos refieren a ideales, pero funcionan en contextos con demandas concretas, no controlables.

Pero en ambientes abiertos y cambiantes no todo está determinado. En esos ambientes los directivos tienen la posibilidad de considerar la eficacia junto con la calidad de vida en la organización. Este es el espacio que sabe ocupar una dirección creativa, y esto se expresa en la sensibilidad y la inteligencia del modelo de organización. Un mismo modelo (en cuanto a sus variables relevantes) puede admitir distintas versiones, más agresivas o moderadas; por ejemplo, el esquema de la empresa competitiva y la selección a través de las fuerzas del mercado. El modelo puede sostenerse con o sin redes de seguridad social que preserven a la organización de los excesos del poder.

Frente a estas limitaciones, los directivos responsables deben preservar la organización utilizando un concepto ampliado de la eficacia y el desempeño, no sólo tomar como indicadores lo visible en el corto plazo, y tampoco razonar solamente en términos de la ecuación costo-beneficio; es más inteligente para la organización la idea de ampliar el concepto de eficacia o desempeño. Los razonamientos solamente financieros pueden provocar un impacto negativo sobre los activos humanos o sobre el capital intelectual de la organización. También, la visión basada en la optimización de recursos olvida o lleva a la marginación de otros objetivos que favorecen el crecimiento y la salud de la organización.

4. La objetividad y la subjetividad en los modelos

Al analizar, construir o proyectar un modelo de organización debemos considerar que se trata de un sistema social. Por tanto, en él actúan los factores de la subjetividad, como los fines, las motivaciones, las esperanzas e interpretaciones que se incorporan al diálogo y la interacción social. Y estas realidades influyen en el rumbo y el funcionamiento del sistema, es decir, no están "determinadas". Hay entonces una organización emergente o natural, en el sentido de que no responde a un plan previo, sino a sus propias necesidades, o a lo imprevisto. Lo *natural* se refiere a procesos que la mantienen "viva" en el sentido de renovarla y estabilizarla cuando las normas y estructuras de origen se desactualizan frente a los cambios en las demandas internas o en los factores del contexto.

Existe un diseño oficial o una visión desde la dirección, pero también los integrantes desarrollan su imagen de la organización. En tanto esquemas mentales compartidos, los modelos de la organización se convierten en parte de la cultura del conjunto (que además contribuyen a la construcción del modelo). En este sentido, la visión de la organización incluye factores de la subjetividad como los ritos, las ceremonias, los mitos, las leyendas, las creencias colectivas. Los individuos en la organización afirman: "este es el modo en que hacemos las cosas aquí" o "es nuestro modo de pensar". No son causas determinantes, pero estas premisas, supuestos y prejuicios influyen sobre las lecturas de la realidad y la elección de los cursos de acción.

Los elementos subjetivos del modelo, tales como creencias, supuestos o premisas, conforman, en términos del sociólogo A. Schutz (1980), el "mundo que se da por sentado" por los integrantes de la organización. No hace falta discutirlo porque es una suerte de acuerdo en lo implícito y explica las acciones en el plano de lo social. Se trata de un "mundo" o marco de referencia que permite formarse expectativas sobre las reacciones de los demás en las tareas de conjunto. Aunque puedan tener fines y motivos diferentes, se dispone de un modelo en el cual son preparados y educados, que permite a individuos y grupos compartir proyectos y realizar una acción coordinada.

Esta subjetividad es también la diferencia entre los conceptos de modelo de organización y estructura organizativa. En sentido estricto, *estructura* se refiere a las formas manifiestas de ordenar (o describir o formalizar) las actividades en términos de la autoridad, la especialización y las reglas de operación. En la metáfora de la actuación, la estructura se refiere a la escenografía, el libreto, la disposición y el rol de los actores. A lo sumo, con el concepto de modelo estaríamos hablando de una estructura *mental*, la representación de una forma de pensar y de hacer en cierto contexto. En términos del citado A. Schutz, el modelo se refiere a pautas de relación asumidas, a una "estructura subjetiva de sentido" que se aprende y se construye en la interacción social.

Que la capacidad de actuar en forma coordinada sea una idea no significa que la organización no sea "real" o diferenciable. Los hechos muestran que las acciones se basan en normas o pautas de conjunto. Y los individuos pueden explicar cómo esas pautas están influyendo en sus acciones, no son actos intuitivos o imprevisibles. Cuando esos individuos no están, otros pueden seguir iguales normas o criterios. No quiere decir que los criterios sean impuestos, porque ellos también son construcciones del conjunto. El conocimiento que permite coordinar esfuerzos para la siembra o la cosecha es un rasgo o propiedad de la explotación agropecuaria, se construye con el tiempo, se aprende y enseña, y se concreta en el trabajo individual y grupal.

De manera que la organización es real, pero no en el sentido de un objeto que se trae y se lleva a distintas partes. Más aún, sacado de contexto pierde sentido. Como afirma R. Hall (1996), "nuestra representación del todo, en la medida en que son imágenes compartidas, es también la organización". En este sentido, podemos hablar de los elementos de la *objetividad* y la *subjetividad* de la organización. Porque se expresa en procesos, decisiones y productos de la realidad cotidiana "objetiva", la llamada *realidad externa*. Pero el concepto también implica reconocer que los hechos son parte de una pauta común, de un esquema articulador. La acción conjunta es asimismo una idea compartida, no una capacidad oculta o un hecho milagroso.

El modelo de organización también muestra el peso de las opiniones o intereses de los asociados y afiliados a una institución social, la influencia de los proveedores o la consideración de los actores externos como usuarios y clientes o los familiares de alumnos en una escuela. Muestra si estos grupos de interés y opinión tienen o no un reflejo estructural o formalizado, si disponen de alguna forma de representación, como la posible presencia de los grupos de trabajadores en la gestión de la producción, o de los socios de la cooperativa en sus órganos de conducción, señalando tanto la presencia como la intensidad de su participación. En este sentido, el modelo puede ser objeto de un debate ideológico por sus implicaciones sobre los principios democráticos de gestión.

Visto desde los grupos e intereses que componen la organización, el modelo se refiere a las bases del acuerdo que la sostienen. No es un modelo de funcionamiento, sino del "contrato" que sustenta la organización y permite la participación de sus miembros. Este es el sentido de la teoría del equilibrio en los términos de March y Simon (1961). Los participantes acuerdan recibir una retribución o compensación acorde con sus aportes a la organización. El modelo explica los factores que hacen que los individuos permanezcan o se alejen de la organización. El problema es que no explica las oposiciones y las relaciones de fuerza en la organización; corresponde a una visión racional y "apolítica" de ella.

95

5. Valor del modelo: representación y pertinencia

En el dominio de los principios y criterios básicos se puede hablar sobre la congruencia de ciertos modelos con ciertas situaciones. Pero no es posible definir por anticipado, con carácter general, la mejor forma de organización. El alcance o la potencialidad de un modelo debe entenderse en su contexto, en su espacio y en su tiempo. Desde esa posición el analista puede calificar un modelo de congruente, pertinente o adecuado, y también si es aceptable o no en términos económicos, políticos o sociales. Esto requiere probar el diseño a la luz de prioridades internas, pero también cotejarlo con las demandas y condiciones de su contexto.

En su estudio sobre la toma de decisiones en la organización, R. Thierauf (1985) afirma que un modelo es una representación o abstracción de una situación u objetos reales, que muestra las relaciones y las interacciones, en términos de causa y efecto y de reciprocidad. "Para que sea completo como método, el modelo debe ser representativo de aquellos aspectos de la realidad que se está analizando o se quiere formalizar." El autor destaca la importancia de la "representatividad", o sea, que en el modelo se encuentren presentes las variables críticas o pertinentes de la organización (o del problema de decisión).

La propuesta de "cambio en el modelo" puede ser un intento de mejorar la descripción de la organización y sus variables críticas. También puede expresar una preferencia ideológica o el intento de ampliar una experiencia y así correr el riesgo de una generalización indebida. Porque ciertos modelos exitosos se basan en una alta calificación del personal, una infraestructura importante y altos niveles de remuneración, o bien el éxito tiene que ver con los mercados transparentes, con amplia comunicación y claras reglas de juego, que no han resultado del modelo, sino que son sus condiciones. En estos casos, la propuesta de extender el modelo "falla en su base" o "carece de sustento".

Desde la dirección, también es incorrecto plantear las exigencias de un determinado modelo, sin aplicar el sistema de recompensas o alicientes que es requerido, o ignorar las bases equitativas del modelo original en la distribución de los recursos. Esto ocurre con los modelos de organización que buscan la excelencia o el compromiso de los miembros sin otra retribución que "la satisfacción por el deber cumplido". Es esencial reconocer la naturaleza de la organización, porque un modelo o alguno de sus componentes que ha funcionado en el campo de las corporaciones no puede extenderse, sin una adecuada evaluación previa, al dominio de las empresas familiares o las instituciones del tercer sector. Las diferencias no sólo se refieren al tamaño, los recursos, la forma jurídica o las prestaciones. Se presentan también en los rasgos de identidad, en el acuerdo o la base constitutiva de la organización.

Un modelo de organización, aunque sea exitoso en el plano de los negocios, no por ello es aplicable en el campo de la salud, la educación o la justicia. Por ejemplo, en una institución bancaria prevalece la lógica de lo impersonal, de no correr riesgos y tomar decisiones "sobre bases objetivas", sin reparar en los efectos sociales de provocar la quiebra de una empresa. Este modelo racional de base sólo económica no es aplicable en el campo de la salud, la asistencia social, la educación, las asociaciones laborales o la cultura. Un modelo pertinente y eficaz debe estar conectado con la naturaleza de las prestaciones, en un contexto también determinado. No tiene mucho sentido afirmar que una cooperativa debe operar siguiendo el "modelo de empresa".

El modelo permite evaluar las conexiones o los procedimientos que los individuos no pueden resolver por sí solos cuando se requiere una visión de conjunto y pensar en los objetivos más generales. Desde el punto de vista del diagnóstico, el modelo permite analizar dónde están las insuficiencias, las fisuras o los desequilibrios en el conjunto. El modelo de organización se caracteriza o tipifica a partir de ciertos parámetros que los directivos toman como referencia de lo aceptable o deseable, lo razonable o exagerado, por ejemplo, la cantidad de niveles jerárquicos en la estructura, la distancia entre la dirección y las unidades operativas, los puntos de contacto o enlaces con los grupos externos.

En un sentido técnico o administrativo, el modelo puede mostrar el grado de formalización o burocracia en las relaciones. Muestra si la empresa se parece a una fábrica o a un ministerio, si es un espacio abierto o un lugar de cautiverio. Destaca si las comunicaciones son directas o complicadas, si hay "aduanas" o filtros por donde pasan los procesos, si las decisiones se toman en el lugar donde existe la información necesaria, si las unidades cuentan con el debido apoyo logístico, si son suficientes los controles en actividades clave, etc.

Ofrece una imagen de conjunto y evita perderse en los aspectos particulares.

La evaluación permitirá dictaminar sobre la capacidad, la aptitud, la viabilidad de la organización existente o proyectada. Para ello cuentan tanto los factores manifiestos como los estados subyacentes. En lo visible es posible analizar la productividad, las tasas de crecimiento, el grado de innovación, la adecuación a los cambios ambientales. En lo latente se pregunta por el nivel de conflicto y las oposiciones, el grado de compromiso o las tensiones existentes.

B. Distintas visiones de la organización

6. La organización como unidad en la diversidad

A medida que crecen, las organizaciones, junto con sus procesos de planificación, tienden a buscar mayores grados de certeza en sus ambientes decisorios. Se trata de que las conductas sean conocidas y previsibles para evitar la desviación de sus planes. El peligro es que la organización va asumiendo mayores grados de rigidez y tomando distancia respecto de las demandas ambientales. Su intento de controlar las fuerzas también la lleva a negar diferencias, a inhibir las tensiones y poner límites a la creatividad.

En su búsqueda de mantenerse a sí misma, de lograr "sus" objetivos, de defender a "su gente" o sostener el modo en que "se hacen las cosas aquí", la organización también se encierra y pierde contacto con el medio donde debe prestar servicios o realizar sus transacciones. En este escenario, adquiere importancia el concepto de estructura no como mecanismo uniformador, sino como forma de enlace de la organización con el medio. El concepto se refiere a la forma (cambiante) de definir las tareas en las áreas de contacto con los actores externos.

En su importante obra sobre organizaciones, Lawrence y Lorsch (1980) han presentado una investigación en torno a los diseños de estructura que hacen viables a las empresas en un medio incierto y diverso. La eficacia requiere entender y atender a los actores externos, y ello provoca una fuerte diferenciación entre las áreas específicas. Al mismo tiempo, la dirección también debe evitar el aislamiento o la desintegración, porque ese es el sentido de la "organización". Es la unidad en la diversidad. La relación entre la estructura y los diversos contextos de las divisiones o unidades de negocios es la base de la llamada *teoría contingente de la organización*. Esta teoría dice que, en abstracto, no es posible definir la mejor estructura o forma organizativa.

Los autores mencionados explican que las áreas, sectores o unidades componentes tienen que diferenciarse para atender las demandas del medio específico con que ellos tratan. En un banco no es lo mismo el área de servicio al cliente que el sector jurídico encargado de la ejecución de los deudores, porque se mueven en ambientes distintos y necesitan de sus propios lenguajes, estilos de relación, tipos de autoridad, formalización en las tareas, etc. En una fábrica, la idea del tiempo en el sector de investigación y desarrollo es diferente de la idea del tiempo de la unidad que repara la maquinaria cuando se detiene la línea de montaje.

En el extremo, puede pensarse que en una misma organización operan organizaciones en paralelo. En este marco, lo importante de un modelo viable es mostrar cómo se preserva la idea de conjunto, porque no son negocios separados, sino aspectos derivados o vinculados con el mismo propósito, producto o prestación. En un centro de salud, mientras en la maternidad se lucha por la vida, en el área de finanzas se lucha por las tasas de interés: una está orientada hacia las relaciones humanas y otra hacia los resultados financieros. En algún punto se cruzan; el modelo no sólo coordina, sino que también da señales sobre las prioridades en esa institución (si van a alimentar a los bebés o las cuentas corrientes).

Las diferencias, finalmente, pueden convertirse en divergencias, porque las unidades traen demandas incongruentes para la organización. Para orientar las decisiones y cohesionar las actividades, desde la conducción se definen políticas comunes, se instalan redes de comunicación y procesos de control. Se trata de un intento racional de integrar los esfuerzos, aportes y demandas divergentes. Pero es difícil cuando conviven criterios muy disímiles. Y los modelos deben orientar acerca de cómo tratar la complejidad. Por ejemplo, en el modelo de "diferenciación e integración" se plantea la necesidad de explicitar las oposiciones y disponer de métodos formalizados para la atención de los conflictos (aunque no para "solucionarlos", sino para "superarlos").

7. Política, estrategia y el modelo de organización

En su estudio clásico sobre la evolución de las empresas industriales, A. Chandler (1962) intentó demostrar que los cambios ambientales no son determinantes en sí mismos, sino que son mediatizados por la inteligencia de la dirección, por sus decisiones estratégicas. Son las políticas y estrategias las que resuelven qué aspectos de los escenarios futuros serán tomados como referencia para el cambio de las estructuras. Los escenarios no tienen una sola interpretación. Ellos son analizados como obstáculos o limitaciones, pero también pueden convertirse en oportunidades para el crecimiento.

De acuerdo con esta investigación, el cambio externo que ocurre en las tecnologías, las fuentes de los insumos o materias primas, o en las demandas del consumidor, adquiere sentido cuando se lo pone en relación con las prioridades de la dirección. En esta explicación, el concepto de decisión estratégica viene a destacar el peso de la innovación como un atributo o capacidad de la dirección para tratar con los cambios ambientales. Desde esta perspectiva, el modelo de organización es parte de una gestión proactiva o innovadora.

En estudios más actuales, H. Mintzberg (1990) ha analizado los rasgos de las estructuras vinculadas con la visión estratégica del negocio. Habla de las empresas unipersonales, con fuerte liderazgo de su propietario, y de las llamadas *organizaciones emprendedoras.* En ellas las formas estructurales no responden a un patrón previo, sino a las demandas del crecimiento en mercados dinámicos e inexplorados. En estos casos, "el líder conduce una organización para que responda lo más posible a sus deseos y orientaciones personales... en ella es poca la actividad formalizada y también reducido el uso de los procesos de planificación y las rutinas de capacitación" (se basa en las capacidades personales).

En las organizaciones emprendedoras el directivo desempeña el rol de un líder visionario. La idea es que la organización se articula tras un proyecto innovador. La organización "actual" es también una expresión del futuro buscado. La estructura no tiene aspectos restrictivos (no se diseña para poner límites) y el directivo se ubica cerca de los problemas operativos. Tiene la ventaja de la flexibilidad y la rápida reacción frente a las perturbaciones externas o las nuevas oportunidades. Pero también presenta los inconvenientes propios de la centralización de las decisiones, la dependencia respecto de los estados emocionales del innovador.

De estos comentarios se deriva una conclusión importante para nuestro análisis: en las realidades donde pesa la visión estratégica y existe el consenso o compromiso de los integrantes, el concepto de "modelo de organización" se acerca o es análogo al concepto de "organización real" (como una fuerza coordinadora). Se acerca por dos razones: *a)* porque ambos conceptos refieren a una representación o abstracción en la medida en que la organización es una pauta de relaciones y no un objeto, y *b)* porque en estos casos hay consenso sobre cuáles son las prioridades y modos de trabajar en conjunto, esto es, las ideas son compartidas.

Sin embargo, compartir ideas es una posibilidad, no algo inevitable, porque también pueden darse divergencias. Hay criterios que son impulsados desde la dirección y que no son aceptados por los integrantes, aunque sean aplicados. Por ejemplo, ellos pueden discrepar en cuanto a la parte que les toca en la distribución de los ingresos. También las diferencias tienen que ver con los distintos intereses y las relaciones de poder. Por ejemplo, la discusión de los médicos acerca del "modelo de hospital" no es sólo una cuestión de las prácticas médicas, sino que refiere también a la idea de salud, a los derechos de los enfermos, a la visión del profesional como un asalariado. Se cuestiona el modelo porque afirma la posición dominante de ciertos grupos de interés.

Diversos autores han estudiado la influencia del discurso del poder y la estrategia sobre el comportamiento en las instituciones. En este sentido, M. Foucault (1983) ha destacado los intentos de dominación desde los centros de poder en las instituciones cuando califican un estado, una relación o un proceso como normal o anormal, verdadero o falso, sano o enfermo, racional o irracional. En apariencia, son distinciones que respetan las diferencias entre los hechos. Desde la dirección estas definiciones se presentan como un saber fundado.

En realidad, el discurso no busca la verdad, sino que es una forma de impulsar un tipo de saber convencional, de imponer un esquema de pensamiento, un modo de ver o entender las cosas. En el mundo de las empresas tenemos el discurso competitivo, que habla de los mecanismos selectivos a través de las llamadas *fuerzas del mercado*. Es el modelo de la supervivencia del más apto. Se habla de dicho

101

mecanismo como algo natural, cuando en los hechos es un discurso que intenta legitimar las desigualdades y el ejercicio del poder.

De manera que una organización "real" puede estar operando con ciertas contradicciones que el modelo (desde la dirección) disimula. Se afirma que el individuo es lo más importante, al tiempo que se lo cambia tan pronto como deja de rendir. O que la organización está al servicio del cliente, pero lo abandona cuando se atrasa en sus pagos. Es cierto que un modelo tiene sentido como herramienta conceptual cuando mantiene una lógica o es coherente. Pero aun siendo coherente en el discurso puede diluirse en la práctica cuando se dejan a un lado sus principios, no por incompetencia, sino porque aparecen intereses que no han sido declarados o explicitados en el modelo. Aquí se produce una distancia entre modelo y organización (tal como funciona).

8. El modelo y la metáfora de lo viviente

Las actividades en la organización, desde la visión de lo natural, se presentan como procesos recurrentes, tareas y relaciones que se reiteran en el tiempo, dando lugar a los distintos ciclos que sostienen al sistema. En la figura 1 se muestran los procesos básicos en la organización, las relaciones entre ellos y respecto del medio ambiente. Se parte de ciertos propósitos y objetivos que se negocian con los grupos integrantes, considerando además los requerimientos y las posibilidades del contexto social. Esos objetivos derivan en decisiones de política y en programas de acción que se definen y comunican a los integrantes. Las actividades se cumplen en el marco de procesos psíquicos y sociales, que en la figura se muestran como los procesos de comunicación, de influencia (intentos de persuasión) y de motivación (satisfacción de expectativas). Las operaciones generan resultados que permiten obtener recursos y también evaluar si los planes son viables o deben ser corregidos (procesos de control). La dinámica incluye tanto mantener (reiterar) como renovar las relaciones y actividades en el tiempo.

La figura es una expresión de los rasgos de: *a)* recursividad, por el reinicio o reiteración de las actividades productivas en función de los propios resultados de la organización; *b)* reflexividad, porque hay procesos que analizan en forma crítica el modelo vigente, aun

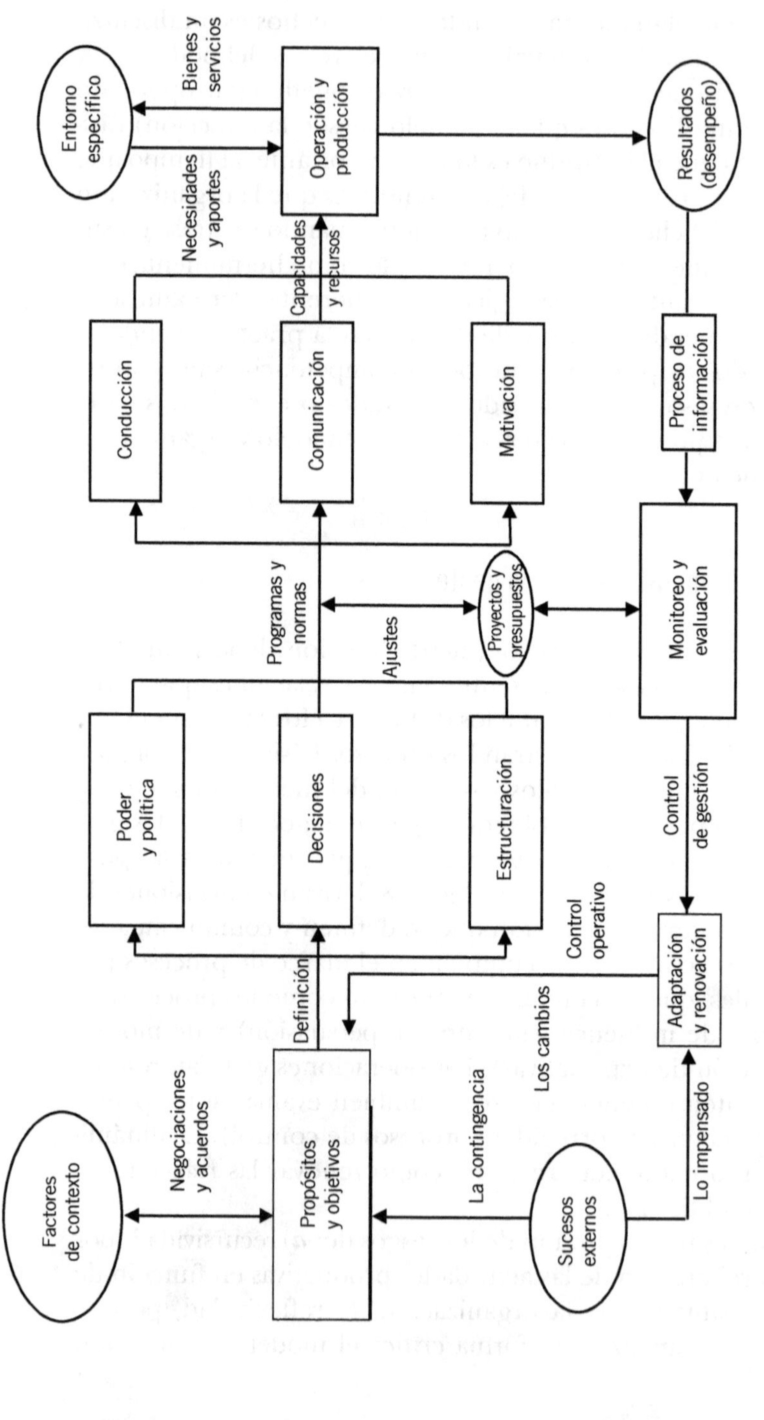

Figura 1. Procesos básicos en la organización.

cuando son parte de la misma organización, y *c)* aprendizaje, porque la evaluación de los resultados (las diferencias), las tensiones del modelo y las perturbaciones del entorno llevan a estudiar y desarrollar nuevas decisiones y modos de relación. Estos son rasgos de la organización como sistema natural y social.

En la figura sobre procesos en la organización, el esquema se refiere a un modelo de "sistema natural". Se exhibe una secuencia que va desde la fundación hasta la generación de resultados por los servicios finales. Los resultados son evaluados de manera continua para mejorar los procesos. En el modelo se destacan los procesos de evaluación y control de las variables críticas, que hacen a la continuidad y el crecimiento del sistema; por ejemplo, el grado de avance en los objetivos, la relación entre políticas y realidades ambientales, los recursos generados y que deben mantener el sistema, los efectos de la operación sobre la cohesión interna en la organización.

La característica básica de este modelo es que se refiere a una organización que tiene capacidad de autoproducción. O sea que una vez puesta en marcha no depende sólo de los programas originales, de la inteligencia de quien la ha diseñado o de las visiones personales de quienes la conducen. La organización se orienta hacia ciertos propósitos, pero también a mantenerse a sí misma, con decisiones que no están programadas. El modelo se refiere a un tipo de organización que no sólo funciona con base en los planes y el diseño, sino que dispone de procesos que la equilibran y la mantienen "viva", por ejemplo, que la restablecen cuando una crisis la conmueve.

Esto es posible porque la organización aprende con la experiencia, es decir, retiene en la memoria las respuestas que han dado buenos resultados. Pero en el modelo de lo viviente existe el análogo a la mutación. La organización está en condiciones de revisar sus propios mapas cognitivos y esquemas mentales porque son insuficientes o inadecuados (sin desaparecer en el intento). En nuestra figura ello está representado por el cambio que se induce en las bases políticas del acuerdo que sostiene a la organización. Es el caso de una escuela que "se da cuenta" de que para seguir enseñando debe incorporar a los empresarios y ofrecer la salida laboral que exigen los nuevos estudiantes.

Este proceso de "darse cuenta" requiere crisis, pero también capacidad reflexiva, como señala la figura. No es algo normal o cotidiano que pueda entenderse desde el saber existente. Se desencadena con una diferencia muy marcada, con un conflicto o tensión que pone en peligro la organización. Es difícil razonar este tipo de cambio *a priori*; más bien, se produce la conmoción y luego se incorpora al saber y las prácticas de la organización. Si bien este cambio parece parte de un ciclo de aprendizaje, en los hechos hay primero una ruptura que lleva a cuestionar la forma de pensar vigente.

Se trata de una ruptura, y como tal no hay una historia escrita que permita anticipar su ocurrencia o su trayectoria posterior. Sin embargo, se da en el marco de la misma organización que tiene la capacidad de repensarse, de leer la realidad desde otra perspectiva; por ejemplo, la conmoción por la muerte del líder fundador de la empresa, de la figura patriarcal. Una capacidad es la de explicitar los conflictos y disponer de un método para superarlos, con base en la confrontación de ideas. Por un momento, la organización tiene que "salirse" y verse desde fuera, en sus fallas frente a las nuevas condiciones de vida.

La pregunta es: ¿lo natural es un proceso presente en toda organización? No siempre. No se trata de una ley inmutable. Más bien estamos explicando cómo pasa cuando pasa y qué condiciones requiere este tipo de cambio. Es un modelo que se refiere a las organizaciones que perduran en el tiempo sin renunciar a sus servicios. No se trata de desaparecer y empezar de nuevo. Es transformarse para seguir produciendo. Es el caso de una empresa pública que es privatizada, con el cambio en los esquemas mentales que ello requiere.

Esta posibilidad de transformación como parte de un modelo natural tiene que ver con los sucesos o acontecimientos en el medio, como con el ambiente de trabajo que se impulsa desde la dirección. Son casos donde la estructura no opera como un elemento restrictivo, sino como módulos que se pueden recomponer. Es un cambio de configuración en los elementos existentes, en el marco de un proceso de aprendizaje que es cuestionador, no complaciente ni evolutivo; por ejemplo, imaginemos las condiciones de un modelo que permita reflejar el paso de una empresa familiar a una sociedad anónima.

El modelo de organización natural y autónoma es entonces una combinación de factores de diseño con relaciones emergentes. Requiere cierta preparación y capacidades en los individuos y grupos, y no es de esperar que la renovación se produzca en forma espontánea. Debe darse una coordinación entre factores externos y la capacidad, la voluntad y el compromiso de los integrantes. Quizá el modelo del sistema viviente no resuelva la cuestión política de los propósitos o la intencionalidad en las decisiones, más vinculados con las relaciones de poder, pero es un modelo que destaca las condiciones y los procesos que requieren tanto el mantenimiento como el cambio innovador en la organización.

9. Procesos y ciclos de vida de la organización

Las actividades, en la metáfora de lo natural, no empiezan y terminan sino que son recurrentes; son procesos que se configuran como ciclos que llevan hacia nuevas decisiones. En la figura 1 podemos distinguir distintos ciclos: *a)* político, que se refiere a los acuerdos constitutivos, bases del poder y criterios para la apropiación de recursos; *b)* el gobierno, relacionado con la fijación del rumbo a través de los objetivos y el control de gestión; *c)* las decisiones de conducción; *d)* las actividades de operación, vinculadas con la tecnología de producción y prestación de servicios, y *e)* la información, evaluación y control, destinados a mantener la organización en sus límites de viabilidad, que también son revisados con el tiempo.

Los ciclos tienen un componente de diseño, pero también realidades emergentes. En el marco de un modelo de sistemas se muestra cómo la organización se dinamiza, es decir, cómo aprende con la experiencia, con la reflexión y la incorporación de nuevos conocimientos. El cambio sigue un esquema que se reitera en cada ciclo. En este sentido, C. Handy (1990) ha escrito sobre la llamada *rueda del aprendizaje* en individuos y grupos. La rueda se forma con: *a)* la reflexión o percepción de una diferencia; *b)* la formulación de hipótesis y conexiones entre ideas o hechos significativos; *c)* la decisión, que implica optar por un camino, y *d)* la acción, que es actuar sobre la realidad en forma intencional, para cambiar el estado de cosas.

Pero no todos los cambios derivan de nuevas necesidades en los integrantes (replanteo del contrato), del aprendizaje (el estudio y la reflexión) o la experiencia (evaluación de resultados). También tienen que ver con el desorden creativo, los efectos de la realidad imprevista y emergente. La idea del desorden no cuestiona la importancia de este factor. Se manifiesta en las crisis, las actitudes innovadoras y el llamado *pensamiento divergente* en la organización. Este es el ámbito del cambio no planeado, que el modelo no puede definir por anticipado. Pero el modelo sí puede reflejar el espacio que la organización otorga a estas posibilidades de cambio; por ejemplo, si el modelo admite o promueve instancias para el debate y la confrontación de ideas.

En un modelo natural o de autoproducción (más de lo mismo o conocido), ¿cómo hace el sistema para transformarse? ¿Cómo hace para superar sus propios límites de viabilidad? Una respuesta sencilla es que los sistemas vivientes aprenden, incorporan nuevos conocimientos. Pero no basta la voluntad de hacerlo. Los directivos deben, en términos de C. Argyris (1991), "desaprender" o intentar superar sus defensas y sus propios esquemas mentales. Una forma convencional de referirse a este problema es hablar del *cambio cultural.* Y muchos relatos se refieren a la llegada de un líder visionario. Más allá de la mitología y el voluntarismo hay ciertos hechos que dan esperanzas sobre la posible autocrítica (buscada o no) del propio sistema.

La posibilidad de "recrearse" tiene que ver con el carácter abierto del modelo de organización, esto es, su continuo contacto con la realidad ambiental, donde se dan múltiples procesos distintos o divergentes de los programados. Un replanteo y no sólo una actualización del saber es posible cuando: *a)* se produce una crisis que cuestiona la continuidad de la organización en los términos actuales, *b)* hay una presión desde el exterior que impone nuevas condiciones, *c)* hay una voluntad política y de poder para producir los cambios, y *d)* los integrantes tienen capacidad imaginativa para plantear nuevos escenarios.

Que estos factores de cambio "externo" lleven (o no) a un nuevo modelo o esquema mental y a una acción transformadora dependerá de las condiciones en que ocurran los hechos. La organización deberá estar preparada para cambiar el rumbo, para confrontar o debatir y estar abierta a las nuevas propuestas (aun las dolorosas). En otro trabajo (J. Etkin, 1996) hemos explicado el cambio basado en la "dialéctica del suceso y la estructura", es decir, el juego de oposiciones entre lo inesperado (la muerte del dueño) y la tendencia a la negación o incomprensión (seguir como si nada hubiera pasado). Un juego de final abierto, que no puede predecirse. Una compleja relación de fuerzas hace que algunos eventos impacten y otros no logren prosperar.

Desde el punto de vista de la administración, en la figura 1 es posible distinguir las actividades que integran el ciclo de dirección o gerenciamiento. Este ciclo opera a partir de las definiciones de poder y política de los órganos de gobierno. La dirección toma decisiones racionales orientadas hacia los objetivos del conjunto. Para ello *a)* articula los esfuerzos a través de una estructura y procedimientos efectivos; *b)* instala una red de comunicaciones por la cual circulan órdenes, instrucciones, sugerencias e informaciones; *c)* trata de motivar y comprometer a los integrantes con sus actividades; *d)* hace el seguimiento y control de los resultados, y *e)* corrige el diseño de estructura para actualizarlo a las condiciones del contexto.

Cuando hablamos de procesos nos referimos a las actividades recurrentes que siempre están presentes, que tienen un fundamento y una función, como el trabajo en el aula de una escuela, la atención de pacientes en un hospital, la creación de imágenes en una agencia de publicidad, la campaña electoral en un partido político o la obtención e inversión de fondos en un banco. Los procesos tienen un sentido propio (sus rasgos identificatorios) y una explicación en cuanto a su contribución directa a los fines de la organización.

Hablar de los procesos en la organización implica no sólo definirlos, sino también mostrar sus rasgos diferenciales. Hay diversos criterios para hacer la distinción. Nosotros tomamos como base la relación de las actividades con el ciclo de vida de la organización (la metáfora de lo viviente). Vista la organización como un sistema natural, sus procesos refieren a las fases de creación o nacimiento, al mantenimiento, el crecimiento, la adaptación y renovación. En algún momento deja de ser un diseño o plan predefinido y se convierte en un ciclo que se actualiza y reitera dentro de ciertos límites que le permiten sobrevivir y crecer.

Esta visión es válida para instituciones con distintos objetivos, no sólo para empresas de negocios. Ellas serán viables si dichos procesos se hallan diferenciados, son eficaces (operan o funcionan) y están en relación como elementos de un sistema autosuficiente dentro de ciertos límites y un contexto. No son partes de un mecanismo programado, de un dispositivo físico o mecánico incapaz de aprender o reaccionar frente a lo imprevisto. Este no es un modelo racional en el sentido de que todo funcione a partir de las decisiones de la dirección. Hay en el modelo procesos que operan en forma autónoma, en particular los ajustes frente a los cambios ambientales. No siguen instrucciones, sino que restablecen los equilibrios, y no necesariamente los anteriores.

En la metáfora del sistema natural, la organización genera actividades no programadas, pero que son funcionales al conjunto. No es sólo racional respecto de ciertos objetivos, sino que se renueva para sobrevivir. Es una capacidad de aquellas que perduran. Pero esta analogía con lo viviente no contempla las actividades propias de la realidad social, como los procesos políticos, las luchas por el poder, los procesos de significación o interpretación de signos y símbolos.

Para disponer de un modelo representativo de la organización es necesario reconocerla como un contexto de significación compartido. Ya no se trata solamente de tomar decisiones de conjunto, sino de compartir cierta interpretación de la realidad y de los proyectos. En la organización confluyen el orden del diseño (los planes, lo racional), de lo natural (la realidad emergente) y de lo simbólico (la significación, lo connotado, lo imaginado). Un modelo comprensivo de la organización admite la coexistencia (complementaria y opuesta) de estos procesos, algunos derivados del diseño y otros de la interacción social interna y respecto del contexto.

10. Estabilidad y dinámica en los modelos

Desde el punto de vista del tiempo y el espacio en que ocurren las relaciones y procesos, el concepto de modelo también permite distinguir entre lo estático y lo dinámico. Existe una representación de las relaciones para un lugar y tiempo determinados, que opera bajo la metáfora de "una foto" o "un mapa". Y también es posible disponer de modelos que muestran los procesos que llevan al cambio en la organización, los factores que se disparan y van ajustando las relaciones internas y externas en el tiempo; por ejemplo, cómo se modifica la calidad del personal empleado.

Los modelos dinámicos muestran los cambios de dimensión de la propia organización y su adecuación en las formas de producción. Son modelos que refieren a la existencia de ciclos, fases o momentos de la evolución, en un entorno también cambiante. El modelo no crece en cualquier sentido, sino siguiendo los criterios pensados; por ejemplo, sin modificar la inversión en activos fijos. Así, pongamos por caso, los modelos de abastecimiento en un sistema muestran cómo emitir órdenes de compra, o eliminar excedentes o atender demandas imprevistas. Definen cómo la organización se redimensiona o recurre a la tercerización frente a un cambio de magnitud en las operaciones.

Hay un momento de diseño o definición de la estructura, que es una decisión de la dirección como parte de sus atribuciones de conducción. Este diseño puede ser más o menos participativo; no estamos pensando en una decisión arbitraria o localizada en "la cima". Digamos que este momento corresponde a la "versión oficial" y marca las prioridades y políticas de la organización en cuanto a funciones y atribuciones de sus componentes. En otros momentos de la gestión, la dirección se enfrenta con el diseño de origen y debe evaluar cómo las fuerzas internas y ambientales están operando sobre las relaciones.

El bajo desempeño de un modelo puede ser una muestra de su ineptitud o su falta de actualización frente al contexto. Es clásico el problema de la falta de congruencia entre la dinámica de los deseos y las necesidades de los clientes o usuarios y la rigidez de la estructura interna de la empresa. Es también el problema del atraso tecnológico (el peso de la tradición) y su alejamiento respecto de las legítimas demandas de la población. En estos casos, los modelos están "fuera de lugar" o les falta sincronía con las fuerzas de la actualidad; por ejemplo, un modelo de capacitación que se basa en la obediencia a las reglas, cuando los alumnos luego de graduados deberán, en soledad, tomar sus propias decisiones.

Los problemas pueden estar en la incorrecta aplicación, en las fallas de diseño o en la insuficiencia de los recursos, no en el modelo elegido. Por eso frente al bajo desempeño a veces se afirma que el problema es la falta de aplicación del modelo en todos sus términos. También los modelos deben enfrentar sus dualidades y sus propias contradicciones; por ejemplo, el modelo de la empresa competitiva, cuando opera sin una red de seguridad social, trae no sólo la lucha por mejorar sino también temor y ansiedad en los integrantes. Las llamadas *reglas de juego* son atractivas, pero también muy duras. En lo subyacente, el efecto de este modelo es una organización ambivalente.

Resumen

Tanto para el análisis como para el diseño y la conducción de organizaciones es importante el concepto de "modelo de organización". El concepto se refiere a una representación de la organización que muestra sus componentes (sectores, unidades, funciones, servicios) y las relaciones entre ellos a través de procesos y tareas recurrentes (comunicación, autoridad, operaciones técnicas). El modelo puede reflejar lo existente (una visión actual), o bien referirse a una propuesta o idea de futuro. El análisis de lo actual permite al directivo evaluar su correspondencia con lo deseado o necesario, encontrar las brechas de estructura que impiden una correcta operación del conjunto, como la existencia de islas, la desconexión con el contexto, la duplicación de funciones y otros aspectos disfuncionales de la organización. En el texto hablamos sobre la trama de la organización en su conjunto y no de los modelos de sistemas específicos, como los financieros, comerciales o de abastecimiento.

Desde el punto de vista del tiempo y el espacio en que ocurren las relaciones y los procesos, también el concepto de modelo permite distinguir entre lo estático y lo dinámico. Respecto de lo estático, es una representación de las relaciones para un lugar y tiempo determinados, que opera bajo la metáfora de "una foto" o "un mapa" de la organización. Esto vale para un diagrama gráfico (organigrama) como también para una idea que sintetiza el estado de la organización. En cuanto a la visión dinámica, refiere a los modelos que marcan la evolución o transformación de la organización. Se destacan los procesos que llevan al cambio y los factores relevantes que operan para ajustar las relaciones internas y externas en el tiempo; por ejemplo, cómo juegan las funciones de control o los procesos de capacitación para mantener y hacer crecer la organización.

Los modelos dinámicos muestran la evolución de variables críticas o vitales en la organización, como el personal empleado, la tecnología, el volumen de producción o la presencia en los mercados, y su vinculación con las dimensiones y estados de la organización. No sólo las variables, sino también la configuración o formas internas de funcionamiento, como el grado de centralización o la delegación de operaciones en las unidades de negocios. La visión dinámica muestra la relación entre las estructuras y los procesos respecto de los proyectos y las estrategias que desarrolla la organización. Las variaciones en los estados también mostrarán la correspondencia entre la trama o los modos de relación internos respecto de los cambios en las demandas del contexto; por ejemplo, se mostrará la tendencia a la tercerización o la incorporación de nuevos negocios.

El modelo nos informa o refleja los criterios que se han seguido para la división y la coordinación de funciones, procesos y tareas; si se ha optado por centralizar a través de la jerarquía, o por el trabajo en forma de redes, o se ha seguido la idea de privilegiar la existencia de proyectos con fuerte grado de autonomía. En el modelo se reflejan las intenciones de construir un marco democrático o autoritario de gestión, de otorgar libertades o imponer controles burocráticos, de aplicar una fuerte especialización o asignar funciones amplias, de concentrar el poder o delegar autoridad en centros de responsabilidad, de cerrar la organización o permitir la existencia de consejos con representantes de grupos de interés y opinión externos (proveedores, clientes, asociaciones civiles). También, el modelo muestra la importancia que se reconoce a ciertas funciones, como la capacitación, la seguridad industrial o la protección ecológica.

Deseamos plantear que la elección de un modelo no sólo responde a cuestiones técnicas, sino que está mostrando una toma de posición en el plano de las estrategias y políticas.

Los modelos se diseñan y construyen sobre bases de mayor o menor acuerdo o consenso; pueden resultar de un proceso de consultas, o bien de una estrategia que se define en el espacio de la dirección. Esto es importante porque el modelo fija condiciones para las relaciones laborales y porque establece prioridades para la asignación de recursos. El modelo de organización no es una cuestión formal o técnica porque está reflejando las ideas que prevalecen, las relaciones de poder e influencia en el momento de definir los modos de operar. Por ejemplo, la discusión de los médicos acerca del "modelo de hospital" no es sólo una cuestión de las prácticas médicas, sino que refiere a la idea de salud, a los derechos de los enfermos y sus familiares, a la visión del médico como profesional con criterio propio o bien como un empleado jerarquizado y sujeto a políticas centralizadas.

Un modelo de organización, aunque exitoso en el plano de los negocios, no por ello es aplicable en otras instituciones sociales. El modelo de empresa no es sinónimo de esquema deseable para las organizaciones en general, aunque en ellas también se requieren formas racionales de operación. Por ejemplo, en una institución bancaria prevalece la lógica de lo impersonal, de no correr riesgos y tomar decisiones "sobre bases objetivas", sin reparar en los efectos sociales que derivan, por ejemplo, de provocar la quiebra de una empresa.

Este modelo racional de base sólo económica no es aplicable en el campo de la salud, la asistencia social, la educación, las asociaciones laborales o la cultura. Un modelo pertinente y eficaz debe estar conectado con la naturaleza de las prestaciones, en un contexto también determinado. No tiene mucho sentido afirmar que una cooperativa tiene que operar siguiendo el "modelo de empresa".

A veces el modelo de organización no es equilibrado en el sentido de que plantea formas de relación que desestabilizan al conjunto; son una fuente de conflictos, por ejemplo, las unidades de negocio que utilizan su poder y autonomía para hacer desaparecer a otros sectores de la empresa (necesarios para el conjunto). El modelo puede ser una fuente de exclusión o marginación para algunos grupos componentes, que quedan aislados o indefensos frente al poder central, o frente a las tendencias a la burocracia, que permiten a los funcionarios armar su propio negocio dentro de la organización. Esto significa que no hay lugar para la ingenuidad o la neutralidad al hablar sobre los modelos de organización. En su diseño intervienen criterios no siempre congruentes. Hay una necesidad de reconocer las diferencias y particularidades de cada sector, pero ello también lleva al desarrollo de espacios con subculturas poco integradas, que tienden a aislarse y construir sus propios dominios, dificultando el crecimiento de la organización.

Un modelo es una toma de posición en el plano de lo económico, político y social en la organización, tanto en el momento de la definición formal como al sostener su vigencia en lo cotidiano (a pesar de las tensiones o conflictos emergentes). Esto está claro cuando se habla de la "necesidad de mantener el modelo", como también de hacer "los ajustes necesarios" para sostenerlo. Hablar de la eficacia, la eficiencia o la adaptación como rasgos de un modelo a veces oculta las consecuencias no deseadas o negativas sobre las relaciones humanas. Las consecuencias del modelo pueden verse en el nivel de empleo, la calidad de vida o el grado de atención a la población usuaria. A veces, en lugar de recurrir a versiones moderadas, los directivos que no quieren ceder posiciones o perder privilegios argumentan que todo sistema o modelo es imperfecto, que es mejorable en el futuro. En estos casos, la dirección se esfuerza en construir un discurso racionalizador alrededor de un modelo que es insostenible para la organización considerada como sistema social.

113

Cuestionario

1. ¿Cuáles son las condiciones que se requieren de un modelo como instrumento para las tareas de análisis o diseño de la organización?

2. Si el modelo de organización representa la imagen o las preferencias de quien lo define, ¿qué sentido tiene decir que un modelo es mejor que otro?

3. ¿Cuáles son las diferencias entre un modelo racional y otro orgánico de la empresa?

4. ¿Cuáles son las características del modelo de sistemas que puede ser utilizado para la descripción de las organizaciones?

5. ¿Qué significa sostener que una organización funciona como un sistema sociotécnico complejo y cuál es su diferencia respecto de un modelo mecanicista?

6. ¿Qué quiere decir que los integrantes de la empresa comparten un modelo de organización, cuando tienen visiones y ocupan diferentes espacios en el sistema?

7. ¿Cuáles son los procesos básicos que permiten a una organización funcionar como una unidad en la diversidad?

8. ¿Qué significa sostener que la organización aprende con la experiencia?

9. ¿Qué posibilidad tiene un sistema social de cambiarse a sí mismo cuando sus miembros actúan según un modelo mental que filtra sus visiones de la realidad?

10. ¿Cuáles son los límites para la aplicación de la metáfora de lo viviente a la operación de los sistemas sociotécnicos?

11. ¿En qué medida una organización es un contexto de significación que comparten sus integrantes?

12. ¿Cuáles son las diferencias entre los modelos de organización que se refieren a los estados estables y aquellos que hablan de la dinámica en el tiempo?

13. ¿En qué medida los modelos de organización influyen en los comportamientos de los individuos y grupos que la integran?

14. ¿Qué ejemplos puede dar de empresas donde sus directivos toman decisiones que llevan a cambiar el modelo de organización vigente?

15. ¿Cuáles son los contenidos y las formas que diferencian un modelo de estructura respecto de un modelo de procesos en la organización?

Bibliografía

Argyris, Chris, "Killed incompetence", en *Harvard Business Review*, Boston, septiembre 1991.

Chandler, Alfred, *Strategy and Structure: Chapters in the History of Industrial Enterprise*, The MIT Press, Cambridge, 1962.

Etkin, Jorge, *La empresa competitiva, su grandeza y decadencia*, McGraw-Hill, Chile, 1996.

Etkin, J. y L. Schvarstein, *Identidad de las organizaciones. Invariancia y cambio*, Paidós, Barcelona, 1989.

Foucault, Michel, *El discurso del poder*, Ediciones Folios, Buenos Aires, 1983.

Hall, Richard, *Estructuras, procesos y resultados*, Prentice-Hall, México, 1996.

Handy, Charles, *The Age of Unreason*, Harvard Business School Press, Boston, 1990.

Jacques, Elliot, *La organización requerida*, Granica, Buenos Aires, 2000, 2004.

Lawrence, P. y J. Lorsch, *Organización y ambiente: dirigiendo la diferenciación e integración*, Labor, Barcelona, 1980.

March, J. y H. Simon, *Teoría de la organización*, Ariel, Barcelona, 1961.

Mintzberg, Henry, *El proceso estratégico. Conceptos, contextos y casos*, Prentice-Hall, México, 1990.

Schutz, Alfred, *El problema de la realidad social*, Amorrortu, Buenos Aires, 1980.

Thierauf, Robert, *Investigación de operaciones*, Limusa-Wiley, México, 1985.

Thompson, James, *Organizaciones en acción*, McGraw-Hill, Bogotá, 1994.

CAPÍTULO 3

DINÁMICA DE LA ORGANIZACIÓN

A. La misma, pero distinta

1. El cambio y la dinámica de lo impensado

La realidad de una organización incluye múltiples estados y procesos, no siempre congruentes, que existen y operan en múltiples sentidos. Desde fuera, decimos que la organización se orienta hacia el logro de sus propósitos. Pero esta frase cubre un aspecto declarativo, no se refiere a lo que realmente ocurre. De hecho, la organización avanza en múltiples frentes a la vez, reflejando la diversidad de intereses que la componen. La coexistencia no sólo tiene que ver con las decisiones de política de la dirección, sino que también está en la naturaleza compleja de toda organización social.

Las actividades de una organización a través del tiempo permiten reconocerla desde dentro y desde fuera como una entidad diferenciada y distinta de otras en su medio ambiente. Pero también hay algo en ella que está cambiando. Se reitera y se reforma a través de sus procesos operativos. Es la misma y es distinta, a la vez. Un hospital está cambiando en el plano de lo tecnológico, renueva su plantel médico o modifica la relación con los laboratorios. Al mismo tiempo mantiene sus rasgos de identidad más profundos, como su dedicación a la población pauperizada o su compromiso con las tareas de investigación.

Hay una explicación de la dinámica de la organización que se basa en esta diversidad de factores y de las fuerzas que operan en múltiples sentidos. También las influencias del contexto la llevan hacia caminos no pensados o previsibles. Claro que la organización no responde en forma pasiva a estas influencias o determinaciones. Hablamos del cambio que no es previsible en cuanto a sus efectos finales, pero que se produce en el marco de los recursos y las capacidades de la organización. No pensamos en un proceso de aprendizaje o una reprogramación de tareas, sino en el cambio que deviene del cuestionamiento al orden establecido.

La dinámica a la cual nos referimos no es entonces la del cambio planeado que se basa en la gestión de los directivos, que modifican el rumbo para crecer o atender las variaciones en el ambiente. Hablamos de una dinámica que deviene de las fuerzas internas de la organización, vista como un sistema que produce, enfrenta y supera sus dilemas de funcionamiento. Un sistema con diferencias y desigualdades que ya están presentes en el inicio o que se activan luego de firmarse los acuerdos o contratos, o también cuando se definen los planes o se diseña la estructura.

Hay desequilibrios entre los grupos iniciales que luego se activan como resultado de los juegos de poder. La diversidad de intereses o la posición dominante de ciertos grupos y opiniones hacen a la dinámica de la organización, que también debe responder a las perturbaciones que provienen de las fuerzas del contexto. Hay oposiciones que se relacionan con cambios en los puntos de partida, porque se modifican las demandas o no se cumple con lo pactado (convenio laboral), y también con las crecientes presiones de actores externos sobre la organización (sindicatos, bancos, acreedores). La organización cambia de distintos modos. Y en el modo que resulta del juego de oposiciones, los avances de ciertos grupos o prioridades también significan el retroceso de otros, en un proceso o ciclo que se reinicia de manera continua.

2. Enfoque técnico y visión estructural del cambio

Desde una perspectiva racional-técnica se afirma que el desorden interno se ataca y se resuelve con una dirección efectiva (por lo práctica) y capacitada (por lo preparada). Se reconoce que todo sistema productivo tiene limitaciones o imperfecciones, pero que ello no le impide operar en forma satisfactoria, porque las partes pueden entender esas limitaciones y, por tanto, aceptan operar dentro de esas condiciones que son conocidas o convenidas. Respecto de lo impre-visto, la dirección tiene la función de corregir las desviaciones al rum-bo definido.

La versión racional-técnica explica que al comenzar hay un acuerdo sobre los objetivos y políticas, pero también un reconoci-miento de los márgenes de desviación aceptables en la práctica; por ejemplo, las demoras que se consideran "lógicas" o "razonables" en la prestación de los servicios o la fabricación de los productos. Tam-bién hay márgenes o flexibilidad para asumir alguna superposición de funciones en la estructura administrativa. El sistema de controles se encarga de que esta realidad no se desborde, de que el desorden sea contenido.

La versión racional sostiene que las llamadas *imperfecciones* se re-suelven en el plano de la tecnología de conducción, con nuevos sis-temas de información y control (integrados), con procesos de apren-dizaje, con negociación y mejor adaptación al medio. Este es el enfoque de los sistemas, de la dirección por objetivos o de la mejora continua en los procesos. Se agregan factores que hacen a la subjeti-vidad y los mitos de la conducción: la visión del directivo, su capaci-dad de motivación y liderazgo, y su aptitud para tomar decisiones en situaciones de cambio. Las tensiones se resuelven porque (o cuando) los directivos están preparados para enfrentar lo imprevisto.

Existen otros enfoques posibles, además del estratégico, el edu-cativo o el sistémico. La visión llamada *estructural* nos advierte que hay otros problemas, además de los errores, las incapacidades o los imprevistos. Este enfoque habla de las divergencias, las dualidades y oposiciones que pueden darse en la base del acuerdo constitutivo o en las relaciones entre el individuo, los grupos y la organización. Se advierte que en el momento de partida hay divergencias que son pos-tergadas, silenciadas, disimuladas, esperando que en la práctica pue-dan resolverse. O que no impidan la organización. Esta idea rescata a la organización como la unidad en la diversidad.

Estos dilemas de carácter estructural no tienen remedio satisfac-torio a través de las medidas técnicas, tales como los planes de racio-nalización o reingeniería. Los cambios técnicos o administrativos ata-can los problemas vinculados con la eficiencia o la eficacia de las operaciones, pero quedan en pie las diferencias de interés o de ideo-logía que están en la base de las relaciones. Entonces, la organización funciona con tensiones que pueden llevarla a crisis y conflictos. La tensión significa que las tareas se cumplen no porque exista coincidencia, sino porque se utiliza la autoridad y se controlan las actividades y recursos.

3. Momentos de afirmación, oposición y superación

La explicación del cambio desde la visión estructural supone aplicar un enfoque dialéctico de los procesos y las relaciones en la organización. Se refiere a los cambios que resultan de diferencias y divergencias entre los individuos y grupos que integran la organización o influyen en ella desde fuera. Hay exigencias contradictorias desde la dirección hacia los niveles operativos, y también existen oposiciones horizontales entre diferentes áreas de la organización. Son relaciones desiguales entre partes que sostienen a la misma organización: unidad en la diversidad.

El enfoque destaca tres momentos en el proceso de cambio, que tienen que ver con la naturaleza de las decisiones, de las prácticas y relaciones de poder. El *momento de la afirmación* se refiere a las decisiones sobre los planes, las políticas y los procedimientos formales. La dirección establece un régimen de carácter general e impersonal para todos los actores, dando prioridad a los fines del conjunto por sobre las expectativas de sus componentes. Esta uniformidad hace que en la práctica los planes y las estructuras sean cuestionados por los individuos, que los ven como un avance sobre sus aspiraciones.

La resistencia y las prácticas no previstas configuran el *momento de la negación*. La oposición al orden establecido no es destructiva, sino que pone de manifiesto las divergencias y controversias entre los componentes y respecto de los planes oficiales. Es una oposición que afecta las relaciones, las desestabiliza y lleva a situaciones de crisis y conflicto. El ciclo cierra con el *momento de la superación*, que se refiere a la actividad de negociar para buscar un denominador común que considere la diversidad de intereses en juego y permita la continuidad de la organización.

El primer momento corresponde al concepto de la organización planificada. Se trata de un conjunto de esfuerzos donde se supone que están privilegiadas las normas por sobre las posiciones personales. En la organización siempre opera una visión que se refiere a lo establecido y lo deseable desde la dirección. Es un orden que tiene que ver con las bases del acuerdo sobre el cual se ha establecido la organización. El orden es una expresión de dicho acuerdo; no la única, pero sí la dominante. También expresa la función de la organización respecto del medio social más amplio.

El segundo momento (otra mirada a la misma organización) es una distinción que se refiere a la llamada *organización emergente* o *práctica*. Este concepto se centra en el modo en que operan las relaciones y los procesos en la realidad cotidiana, en sus actores concretos (no en los roles formales). En esta realidad aparecen aspectos no planeados, como los esquemas defensivos, la resistencia a las órdenes y las prácticas informales. La negación no es sinónimo de destrucción, porque enfrentar las normas puede servir para mostrar sus fisuras o su inaplicabilidad. En este sentido, la negación (vista desde los individuos) también puede ser un intento de innovación o renovación.

Un tercer momento (de superación) se refiere al diseño e implementación de la llamada *organización requerida* y *en transición*. *Requerida* porque considera la naturaleza de los procesos sociales y no sólo las intenciones de los directivos. También porque hay condiciones que cumplir para la continuidad de la organización; por ejemplo, cierto grado de cohesión en las tareas, información sobre el futuro o expectativas compartidas. Es el momento de la praxis (de lo viable y sostenible) porque se consideran las demandas concretas de los individuos y grupos que han sido marginados por los planes generales.

Una mirada sincrónica (estado actual) nos muestra cómo algunos aspectos de los tres momentos coexisten. Algunos nuevos planes se están comunicando, vemos que hay divergencias respecto de las condiciones actuales y también existen medidas de cambio en marcha. Por ejemplo, se ha definido un nuevo programa de producción, al tiempo que en la fábrica los operarios están reclamando nuevas condiciones laborales y negocian una propuesta por medio del sindicato.

Una mirada diacrónica nos muestra los momentos del cambio como una secuencia en el tiempo (desde la organización planificada a la práctica o emergente, y de allí al cambio requerido para superar las oposiciones). En este sentido, J. Pfeffer (1993) afirma que "una de las tareas clave para gestionar de forma productiva la dinámica del poder es determinar en qué fase debería estar la organización y cómo hacerla funcionar con efectividad en esa fase considerando el tipo de decisión y acción que es necesario". La medida de política es evitar que la organización quede atrapada en una de las fases.

Un aspecto importante por considerar es que los momentos tienen sus propias razones de cambio interno, esto es, tienen su vida interna. El momento no es una duración que se mide con el reloj, sino una fase transitoria, siempre presente. Es un nivel de análisis de la realidad; por ejemplo, cuánto hay de programado en las acciones, y no los mismos programas porque ellos se renuevan. Pero (con mayor o menor intensidad) siempre hay una organización que se está moviendo detrás de sus objetivos.

En los momentos también hay factores que los dinamizan y producen cambios en su interior. Esos factores tienen que ver con: *a)* la falta de consistencia entre los múltiples objetivos (su ambigüedad), que llevan a debatir qué es lo deseable o prioritario en casos concretos; *b)* los continuos movimientos en las relaciones de poder (las negociaciones y alianzas), y *c)* los cambios en las demandas o exigencias del contexto específico en que actúa cada tipo de organización (planificada, emergente o requerida).

Esto implica que no hay unanimidad en cada fase. Por ejemplo, las oposiciones en la fábrica (la negación de los procedimientos) hacen caer la producción y con ello también las remuneraciones. No todos los operarios se oponen porque la crítica al orden tiene un costo que ellos no quieren asumir. En el momento (o mirada) de la negación hay quienes critican el orden vigente, pero también quienes cuestionan las críticas a ese orden. Otro ejemplo son las luchas internas por el poder que ocurren dentro del grupo que se está oponiendo a la dirección.

De esta manera, el concepto de momento o fase en la dinámica del cambio no es algo uniforme y monolítico. En el caso de la organización planificada o momento de afirmación, no todas las fuerzas convergen hacia un proyecto único. Al principio se realiza una discusión sobre los términos del acuerdo y los alcances de los objetivos, y ese debate o negociación no finaliza, porque se toman decisiones para llevarlos a la práctica. Algunos actores pueden dejar la alianza original o modificar sus reclamos de participación, como los bancos, los proveedores o las asociaciones gremiales.

También los actores externos hacen a la dinámica del cambio en cuanto a sus demandas de nuevos productos o servicios que no están considerados en el proyecto original y tampoco en la crítica interna a la dirección; por ejemplo, los familiares de los estudiantes respecto de la enseñanza que sus hijos están recibiendo en la escuela. Y esto no tiene que ver con las divergencias internas, pero señala que la organización está distante de las demandas del medio. En el marco de una dinámica de las controversias y oposiciones corresponde analizar tanto el devenir de las decisiones de política como las dualidades al interior de las fases del cambio.

4. Las brechas que no terminan de cerrar

Los momentos son parte de una explicación dialéctica en el sentido de que las fuerzas aparecen y condicionan la realidad, para luego retroceder y volver a hacerse presentes en el proceso de cambio. En términos de G. Lappassade (1985), "el empleo del término *dialéctica* se justifica cuando designa una lógica del inacabamiento, de la acción siempre recomenzada". La visión dialéctica se refiere a la dinámica basada en las ideas y los intereses que son postergados o marginados en el diseño de la organización y que vuelven (bajo otras formas) a través del rediseño.

Cada momento del proceso se relaciona con lo pasado y lo futuro, pero además debe entenderse en el contexto en que ocurre. El ambiente de la planificación se refiere al orden y a los escenarios futuros. Difiere del ambiente de la negación, donde la realidad se refiere a las acciones no previstas. El contexto de la superación tiene como marco las negociaciones para buscar nuevos acuerdos. Esto no implica que el contexto sea un escenario fijo o que se repite. El ambiente de lo planeado puede ser una reunión de directorio o una asamblea de accionistas; allí también hay diversidad y fuerzas. El contexto tiene su dinámica y es una fuente de tensiones dentro de cada momento.

En la organización planificada se ubican las decisiones sobre objetivos y políticas, el diseño de la estructura y los procedimientos, la definición del presupuesto y las formas de control. En la organización práctica o emergente se ubican las formas en que las tareas se llevan a cabo en la realidad, dentro de las normas y fuera de ellas. Incluye las pautas informales, las influencias que no vienen de la autoridad, los mecanismos de defensa frente al orden impuesto, la derivación de recursos hacia negocios no autorizados.

En la organización requerida y en transición se ubican las propuestas de cambio que permiten superar las fallas y oposiciones internas. En el plano de las relaciones son procesos de acercamiento, negociación y transacción política. Ellos se manifiestan en los nuevos esquemas de poder y acuerdos que reconocen los reclamos impostergables de las partes que han sido marginadas por la organización. Esto no implica una solución, sino encontrar formas de coexistencia aceptadas por las partes y que le dan continuidad y hacen viable a la organización.

La lógica o el modo de razonar en la organización planificada se basa en la relación entre medios y fines. Cada elemento se justifica por su funcionalidad como parte de un orden establecido. La lógica en la organización emergente o práctica se basa en considerar los intereses y las condiciones de los individuos y grupos en la organización. Ellos se superponen a las normas y los procedimientos oficiales. La lógica de la organización requerida se basa en hallar los puntos de acuerdo que permitan la coexistencia entre los individuos, los grupos y la organización, y otorguen viabilidad al sistema.

La llamada *organización requerida* y *en transición* se refiere a los intentos de las partes por hacer viable al conjunto. Se busca una forma social, una estructura que otorgue cierta estabilidad a las relaciones. No es sinónimo de resolver una diferencia, sino de negociar una salida a la crisis. La organización no logra la armonía, sino que sigue teniendo aspectos duales, diferencias y opiniones encontradas. El personal sabe que la organización lo necesita, pero también que los requerimientos del conjunto están por encima de los motivos individuales. Para algunos, "así es el sistema"; para otros, esta asimetría es una falta de equidad que se proponen enfrentar en el tiempo.

Hablamos de la transición porque aun en el marco de un pacto superador subsiste cierta dosis de dualidad no solucionable. La relación entre el individuo y la organización o entre el orden establecido y las motivaciones individuales constituye una brecha o fisura que puede reducirse, pero que no termina de cerrarse. Y esa brecha, que lleva la diferencia a niveles tolerables, representa un acercamiento pero también queda en la agenda como un tema movilizador de nuevos debates. En el plano de las relaciones de individuo-organización, queda como una asignatura pendiente.

El debate que lleva a revisar objetivos y definir nuevas estructuras es una actividad de índole política más que técnica; es decir, se refiere al poder, las ideologías y las formas de gobierno. Como señalamos en otra obra (J. Etkin, 1999), es de carácter político porque "su intención es focalizar y tomar decisiones utilizando una mirada superadora por encima de intereses de grupo o sectoriales". El tema no es el plan o la estrategia, sino los intereses que en ellos son representados y los fines que satisfacen. Se trata de acercar a las partes y evitar su aislamiento o su actividad disgregadora; por ejemplo, nuevas formas de gobierno, más abiertas, que incluyan a diversos grupos de opinión y que permitan instalar y legitimar un equilibrio aceptable en las relaciones de poder.

5. Factores que movilizan a la organización

La explicación del cambio desde la visión estructural se muestra en la figura 2 (pág. 127) sobre la dinámica de la organización. Este proceso, por su naturaleza crítica, lleva a cuestionar y revisar los puntos de partida. Esto significa que no tiene un final, porque también se cuestionan o se erosionan los acuerdos que se van logrando en el tiempo. Nada es para siempre. La dialéctica se refiere a una relación que tiene la capacidad de renovarse en sus bases y en sus formas. Lo nuevo (que tiene un rasgo superador) también lleva la impronta de diferencias que emergerán en el tiempo (en el siguiente ciclo).

En la figura es posible distinguir tres formas de "diálogo y debate" entre las distintas organizaciones que allí se mencionan. El diálogo *(a)* entre lo planificado y lo práctico es un ida y vuelta que refiere a la necesidad de ajustar los objetivos porque las capacidades disponibles no son las adecuadas; o bien a revisar las prácticas para adecuarlas a lo dispuesto en las normas. El **diálogo** *(b)* entre lo práctico y lo requerido es una interacción que refiere a la necesidad de mejorar los procesos, porque así como están no es posible seguir; o bien, para resolver las relaciones conflictivas entre los componentes. El diálogo *(c)* entre lo requerido y lo planificado es una relación que plantea el cambio en las políticas y los programas para hacerlos posibles o practicables, para sacarlos del plano de la teoría.

ojo ilación

Un ejemplo de la relación *(a)* es adecuar los planes de fabricación o los sistemas de remuneración a las exigencias de los grupos. En sentido inverso, reforzar la autoridad de los jefes. Un ejemplo de la relación *(b)* es adecuar las prácticas a las condiciones que imponen la nueva tecnología o los pedidos de los clientes. En sentido inverso, adecuar la tecnología a las demandas de los gremios. Un ejemplo de la relación *(c)* es un programa de mejora en el diseño de los puestos de trabajo o un programa de capacitación de los supervisores para prepararlos a operar una nueva tecnología. En sentido inverso, es reconocer y formalizar los cambios que en la práctica han introducido los propios operarios.

En el marco de un enfoque dialéctico, estas formas de diálogo y de superación están basadas en la existencia de crisis y tensiones internas y con el exterior. La tensión en sí misma no resuelve los contenidos, no es mágica. Pero es un factor que dinamiza las relaciones, que las mantiene activas hasta que se encuentren los cambios que permitan superar las diferencias. Esto no significa un consenso o acuerdo global, como tampoco una condena. Es el caso del proveedor que en la práctica recibe presiones que ponen en peligro no sólo el contrato, sino la continuidad de su propio negocio. Necesita el contrato, pero no puede cumplirlo en esas condiciones. Entonces se moviliza tras sus reclamos, los cuales deben enfrentar las fuerzas basadas en el interés y los recursos del comprador.

En la base y en lo manifiesto de estas relaciones hay una cuestión de poder que influye sobre el sentido en que se inclina la balanza de fines e intereses. El cambio en el marco de la crisis no es planificado; es creativo e imprevisible. Es un proceso con avances y retrocesos respecto del orden establecido, que lleva a revisar los programas existentes y las condiciones mínimas en lo político, lo social y lo técnico. En una escuela, es un proceso que cuestiona los programas de estudio y a los docentes burócratas, pero que no puede llevar a una situación donde las partes actúen en forma personal. Hay que reconstruir la organización sobre otras bases y en ese cambio hay dualidades y estados de transición, pero ello no equivale al caos.

La visión estructural del cambio en la organización reconoce la existencia de diferencias y divergencias como un factor que es propio de su constitución. La capacidad de la organización de tratar con un entorno cambiante y con diversidad de demandas en la población tiene que ver con esa diversidad en la composición. No es tanto porque los hombres de ventas piensan de manera distinta de los supervisores en la fábrica o los empleados de finanzas. Las fisuras vienen de los intentos de avanzar con sus visiones sectoriales sobre la conducción de la organización.

La diversidad no es sólo cuestión de enfoques profesionales o técnicos. Se trata de la existencia de posiciones distintas y no compar-

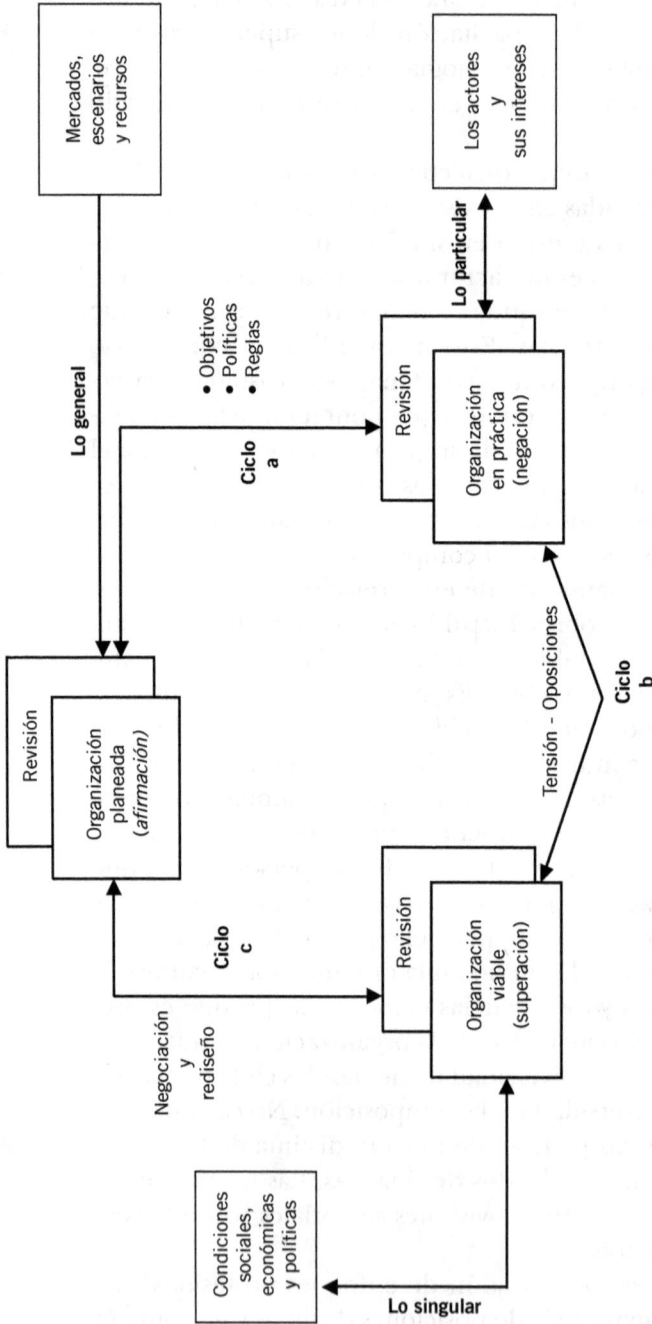

Figura 2. Dinámica de la organización: ciclos y momentos.

tidas respecto de las formas de gobierno (el tema de la participación), de los fines disímiles y las constantes discusiones sobre la mejor forma de apropiar los recursos de la organización (la cuestión de la equidad). Las divergencias de fondo no se relacionan con los aspectos técnicos (las formas de hacer el trabajo), sino con los espacios que los grupos quieren ocupar en la estructura, o sea, la cuestión de las bases y los alcances del poder.

En lugar de hablar del mejor orden o el más productivo, de la tensión creativa o la excelencia, el enfoque estructural lleva a pensar en las relaciones inestables entre orden-desorden, invariancia-cambio y acuerdo-divergencia. Son imágenes que instalan cierta dosis de incertidumbre y operan como factores movilizadores de la organización (además de los planes, la educación o la crítica). Tal como afirma R. Lourau (1991), "la institución es la represión y el consenso, que están indisolublemente ligados". Hay en la realidad de la institución una relación entre el acuerdo fundacional y la imposición del orden requerido. Estos factores se conectan en una relación que no es complementaria.

El enfoque estructural no se refiere a una dinámica donde la oposición es necesaria. Ello dependerá del tipo de acuerdo sobre el cual se construye la organización. Pero aun en un ambiente democrático o participativo, las diferencias hacen a los individuos y grupos (tienen su especificidad) y operan como un factor del cambio. De manera que hay tensiones que movilizan la organización y no implican una relación de fuerzas, la disparidad de intereses o la imposición de normas desde el poder.

La dialéctica es un proceso que lleva hacia equilibrios precarios o transitorios. No se dispone de una salida preparada ni se conoce el final de la historia. Ello se debe a que hay una crítica constante a lo vigente. El proceso es parte de un orden por fluctuaciones, en el sentido de que se producen cambios en la estructura sin una ruptura definitiva del sistema. Se ponen en discusión propósitos, fines e intereses, de modo que este proceso lleva hacia la revisión de los acuerdos básicos que sostienen a la organización.

El cambio que estamos analizando no sigue un camino programado y muestra la capacidad reflexiva y creativa de la organización. Aparecen crisis que operan como advertencias y manifestaciones de un estado de cosas no sostenible; por ejemplo, cuando los alumnos o docentes empiezan a abandonar la escuela o los clientes dejan de comprar. Los mecanismos de regulación demuestran insuficiencias. Como dice J. Freund (1980), no hay un enfrentamiento sino "una crisis debida a las exigencias divergentes y las opiniones contradictorias que instalan un estado de duda e incertidumbre en las decisiones".

La estrategia de una dirección inteligente frente a la cuestión de las oposiciones es intentar la explicitación de las dualidades. Mostrar que ellas no surgen de las estrategias de poder, sino de las exigencias de un ambiente competitivo y una realidad cambiante. La idea es no insistir con el disfraz o el ocultamiento de las diferencias no deseables. Se trata de ir más allá del discurso o del manejo de los símbolos para construir una imagen confiable de la organización.

En el plano del análisis y diagnóstico hay que señalar los factores de la organización que se mantienen porque se imponen a través del poder, por sobre los fines y motivos individuales. Ellos son una fuente de la negación, porque la provocan y luego también deben enfrentarla, como el sistema de recompensas y sanciones en la relación laboral. Hay que analizar críticamente esos factores, en el sentido de si vienen de presiones externas a la organización (las exigencias del mercado) o si son políticas de personal que pueden redefinirse en términos menos agresivos.

En el plano del diseño de la organización, una conducción inteligente (no conflictiva) debe incorporar en la estructura y los procedimientos redes suficientes de contención y de seguridad social para los integrantes que resultan afectados por exigencias que son contradictorias, como las que resultan del modelo de la "lucha competitiva". El enfoque dialéctico o de las oposiciones se refiere a las reacciones en esta lucha, y el rol de la dirección no es avanzar con el proyecto y esperar los conflictos para negociar lo mejor posible. También es responsable de tomar medidas de política creativas, que eviten las desigualdades que derivan de ese mismo proyecto.

B. Diferencias, tensiones y sucesos

6. La explicación dialéctica del cambio

Una lectura del cambio con el enfoque dialéctico se basa en destacar las relaciones de oposición, en ciertos contextos, entre actores o procesos de la misma organización, como ocurre entre la creciente presión para aumentar la producción y la reacción de los empleados para defender sus condiciones laborales. No lo planteamos como un acto agresivo de la conducción, sino como una demanda que es propia del crecimiento de la organización, en un contexto cada vez más exigente.

El enfoque destaca cómo esta relación moviliza las acciones de las partes en un proceso recurrente que no sigue un plan, sino que se renueva a sí mismo. Se refiere a motivos, fines o intereses que, aunque son opuestos, también se necesitan. A pesar de las diferencias, las partes requieren mantener el marco (una forma de estructura) en el cual realizan sus relaciones y donde también producen bienes y servicios finales, como los medicamentos de un laboratorio o la enseñanza en el aula.

Uno de los aspectos de la visión dialéctica en la explicación del cambio en las organizaciones es la connotación política del enfoque. La visión se asocia con cierta temática no económica, como las disputas de índole ideológica, la lucha por ocupar posiciones en los niveles de gobierno, las alianzas a espaldas de los jefes, las relaciones basadas en el ejercicio de la fuerza y no de las razones. Son factores que desplazan de la escena el análisis de la racionalidad económica y los objetivos de la organización, temas que son prioritarios para los niveles de conducción.

Sin embargo, la confrontación no tiene por qué asociarse con factores irracionales como la fuerza, el dogma ideológico o las ambiciones del poder. También puede verse como parte de un proceso constructivo y no necesariamente como un enfrentamiento que termina con vencedores y vencidos. La divergencia no tiene por qué ser sinónimo de exclusión. La confrontación habla de la existencia de posiciones críticas en el marco de un debate de ideas para mejorar (superar) los planes y la estructura vigente, y no para hacer caer al sistema.

Además, la visión dinámica de las oposiciones advierte sobre las contradicciones presentes en el propio sistema de relaciones, que afectan su eficacia y la calidad de vida de sus partes, como un esquema de autoridad que impone las decisiones a través de la vía jerárquica, que instala el orden y la certeza a las relaciones. En ese diseño está la semilla de la desvalorización y la falta de crecimiento para sus empleados. El descontento hace necesario que los jefes deban reforzar las órdenes y los controles, hasta que la crisis lleva a redefinir la relación. Como vemos, en el fondo se trata de replantear la legitimidad y las condiciones del poder.

En sus fundamentos, el concepto de dialéctica se refiere al modo de superar los límites del propio modelo de pensamiento o razonamiento vigente (en nuestro caso, de quienes conducen). En términos de E. Kant (1990), "no es la dialéctica del ignorante por su falta de conocimiento, o que es inventada por algún sofista para confundir a la gente sensata. Es una dialéctica que ni aun después de descubrir su propio espejismo, deja su constante incitación al error". La crítica y las prácticas emergentes vienen a cuestionar el espejismo de los directivos que creen que sus planes son la referencia continua y aceptada de las acciones individuales en la organización.

La visión dialéctica es también una toma de posición de los analistas o los directivos. Significa reconocer el carácter complejo de la realidad (*complexus*: lo tejido en conjunto). Es una visión y un modo de pensar que señala las dificultades inherentes a la intención de conducir a la organización solamente poniendo orden. Esto suele intentarse a través de la autoridad, los planes, las políticas y normas centralizadas. Están claras las razones de las dificultades cuando pensamos en un entorno incierto y cambiante y una composición interna que conjuga fuerzas que se mueven con orientaciones muy diferentes.

El enfoque estructural reconoce una lógica de la afirmación o la planificación. Se basa en aquello que debe ocurrir según los propósitos del conjunto (la empresa), y que se instala desde la dirección. Pero la realidad indica que también es esperable (no es algo irracional) una reacción de aquellos factores que, siendo parte de la empresa, han sido postergados en dicha definición del deber ser. Las reacciones u oposiciones también tienen "su lógica" cuando se observa la realidad no desde la dirección, sino desde la mirada de los individuos y grupos de trabajo.

En el momento de la negación hay una ruptura con el contrato psicológico que las partes formulan al inicio de la relación laboral (sus expectativas). Un momento en el cual se expresan la frustración, la ansiedad y la disconformidad que han crecido en el marco de los planes, las políticas y los procedimientos oficiales, demasiado abstractos o generales como para reconocer los derechos individuales o los rasgos propios de ciertos lugares de la organización. La negación puede verse como una omisión, y desde otra perspectiva como un rechazo del damnificado. En todo caso, es un momento en el cual la disconformidad no se oculta: se manifiesta en la crítica y las prácticas informales.

Para entender la reacción o el cuestionamiento debemos incluir en el análisis de la realidad tanto lo manifiesto como lo subyacente, porque la crisis en el proceso de cambio no es sólo una falla en los planes. Es también una irrupción de factores (como los estados de ánimo) que se han mantenido en el nivel de lo latente. Para el analista implica ir más allá del discurso y del mundo de las apariencias, de los mitos y las imágenes que se intentan manejar desde la dirección. Es el momento en que salen a la superficie las divergencias que se han silenciado en los planes y las políticas oficiales. Muestra los límites del acuerdo.

La oposición no sólo es una reacción en el plano de la acción, como un hacer que toma distancia de las órdenes. También opera en el dominio de las ideas y el lenguaje. Según R. Barthes (1990), respecto del discurso la dialéctica funciona como un coloquio de opositores. La estrategia consiste en "arrinconar a un rival hasta que se contradiga a sí mismo, y de esa manera reducirlo, sacarlo de la discusión o neutralizarlo. Entonces el orador debe dejar de responder o abandonar sus argumentos, para no contradecirse". Los actores son parte de una relación comunicativa, y en ese marco no pueden abandonar el debate hasta que la posición original queda replanteada o superada.

El concepto de dialéctica significa que hay diferencias que no sólo coexisten, sino que también se contraponen. En cuanto a los grupos, se los analiza como "un movimiento siempre inacabado, donde la unificación interna es un proceso que no termina en la unidad" (J. P. Sartre, 1960). O sea, que no hay un final escrito y el camino se construye. Los grupos en su vida interna se reestructuran por afinidades y rechazos (no todos piensan igual), y en ese proceso continuo también generan cambios hacia el exterior. Los cambios vistos desde fuera parecen orientados hacia un fin, pero en realidad pueden ser una expresión de las brechas y divergencias que no terminan de cerrarse.

7. La organización dual y sus tensiones

Con un enfoque estructural, las fisuras en la estructura, como también las crisis y disfunciones en el sistema, ya no se explican como errores de diseño o falta de información. Las desviaciones son aspectos de una realidad donde se conjugan el orden y el desorden, la razón y la sinrazón. En términos de E. Morin (1994), en su estudio sobre el pensamiento complejo, "se requiere utilizar un paradigma que permita distinguir sin desarticular, asociar sin identificar o reducir". Se trata de ordenar la mirada, pero sin excluir la contraparte; por ejemplo, la resistencia y las prácticas informales de los grupos que enfrentan las normas burocráticas son tanto transgresión como colaboración. Le permite funcionar a la organización "a pesar" y no "debido" al orden establecido.

El enfoque estructural o de las oposiciones nos advierte que la realidad en las organizaciones se mueve en distintos niveles, dominios o lógicas. Estos dominios, en la medida en que operan al interior de la organización, están relacionados entre sí, pero también tienen una tendencia o fuerzas que los llevan a mantener una lógica diferenciada. Esto puede afectar la cohesión de las actividades e implica cierta dispersión de las energías. Nos enseña que la organización es un esfuerzo compartido, pero también un espacio de divergencias (aunque desde la dirección "no debería" serlo). La organización es un límite a las divergencias que operan en su interior, y en ello radican el concepto y la práctica del control.

Al hablar de los dominios nos referimos a diferentes ámbitos: *a)* los procesos económicos y tecnológicos, que están relacionados con el manejo eficiente y eficaz de los recursos escasos aplicados al proceso productivo; *b)* el dominio de lo social, vinculado con la formación de grupos basados en necesidades humanas que se cubren a través de la comunicación y la interacción (ayuda, protección, colaboración) en el trabajo, y *c)* el dominio de lo político, relacionado con la construcción de espacios y proyectos de poder.

Estos dominios no son autosuficientes; se necesitan y tienen vasos comunicantes, pero ello no implica que se encaminen hacia una coincidencia. Los puntos de encuentro (negociados o impuestos) se logran en una posición que está alejada de las conveniencias de la organización y de sus objetivos. La relación entre dominios se establece de manera que se dejan brechas o disfunciones respecto de los objetivos de la organización. Un ejemplo es que distintos grupos en la estructura operan en forma opuesta, unos impulsando y otros resistiendo un nuevo producto, el nombramiento de un jefe o el convenio que viene a cambiar las condiciones de trabajo.

133

Que la realidad sea compleja y cambiante no significa que la dirección tenga una mirada pasiva o que corra detrás de los hechos. La función de la dirección es el diseño de una estructura viable y tomar decisiones de política para coordinar y dar un rumbo compartido a estos dominios. El problema es que la dirección tiene sus propias visiones y está condicionada por los intereses de los accionistas (al menos en cuanto a la utilidad requerida). Esto puede llevarla a definir políticas que son resistidas y que movilizan las desviaciones en lugar de evitarlas o corregirlas.

Esta explicación no debe tomarse como una ley o algo inevitable. Se trata de una realidad posible, donde es aplicable el modelo de la dinámica de las oposiciones y lo impensado. La visión dialéctica sobre la organización lleva a destacar su carácter de dual, ambigua y tensionada. Pero este contexto no la condena a ser ineficaz. Más bien pone de relieve las condiciones y los dilemas que debe superar para crecer. La problemática del crecimiento no se ataca solamente con programas de cambio basados en la capacitación, el diseño de estructuras adaptables y estrategias efectivas. También plantea la necesidad de asentar la organización sobre un nuevo equilibrio de fuerzas y una base compartida de poder.

8. Proceso de cambio y relaciones de poder

Según el enfoque estructural, las oposiciones en las ideas, en las relaciones y en las prácticas son un factor de cambio. Y esto no es accidental, sino que ocurre en el marco de un proceso recurrente que moviliza pero que también pone límites al crecimiento de la organización. Acortar las brechas de diferencias y oposiciones tiene el "costo de la transacción", o sea, arreglos que sirven al equilibrio del poder antes que a los objetivos de la organización. Pero esta transacción entre fuerzas es también un proceso donde aparecen propuestas de cambio que no se dan por la vía de la planificación.

La explicación del cambio desde la dinámica del poder no es un enfoque crítico de la organización, es decir, no se refiere a una realidad peligrosa o indeseable, sino a la complejidad de las relaciones. En términos de J. Pfeffer (1993), "hablar del grado de conflicto que puede existir en una organización saludable también es reconocer que no todos los conflictos son perjudiciales. Las diferencias de opinión son útiles e importantes para formar juicios sobre la base de toda la información y puntos de vista disponibles".

El concepto de conflicto se refiere a las contradicciones del diseño (las exigencias contradictorias) y a la negación y oposición de los individuos y grupos que quedan marginados por los planes centrales de la organización. El resultado es la visión de la organización ya no como una coordinación de esfuerzos, sino como un espacio donde operan múltiples fuerzas que cuestionan los propósitos definidos desde la dirección. Los cuestionamientos son un límite para las decisiones de planificación, pero también marcan los aspectos que deben ser repensados para hacer viable a la organización.

Para la dinámica basada en las controversias, el poder no es un recurso que se concentra en la cúspide de una pirámide ni se sostiene sólo con la autoridad formal y los controles. En el marco de una realidad compleja, el poder no es un objeto que se ubica en cierto lugar central, sino más bien una configuración y una trama. Las bases del poder (diferentes) están distribuidas entre distintos actores y procesos a lo largo de la organización; por ejemplo, el disponer de una materia prima exclusiva diferencia al proveedor. Para un sindicato, es la capacidad de negociar un convenio. Las bases y las condiciones de contexto explican las desigualdades y asimetrías en las relaciones.

La trama o configuración de poder representa las relaciones que mantienen los diversos actores en la organización: los socios, proveedores, inversionistas, gremios, tecnócratas, directivos, usuarios. Los juegos de poder en la organización se dan en múltiples niveles, que no siempre dependen unos de otros sino que construyen sus propios espacios de influencia. El orden de la organización se busca a partir de ciertas estrategias y criterios dominantes que atraviesan las funciones, sectores o proyectos. Ejemplos de esos criterios son "las políticas de empresa", que son equivalentes a las llamadas *cuestiones de Estado* en el ámbito público.

Desde la visión estructural, el orden en la organización se refiere a la idea de la unidad en la diversidad. Las relaciones de poder se establecen en diferentes niveles con recursos que son desiguales (en dimensión y calidad). En lugar de la imagen de la pirámide, M. Foucault (1985) ha desarrollado los conceptos de *microfísica del poder* (para destacar la dispersión) y de *diagrama de fuerza* (para marcar la relación de fuerzas). Según dicho autor, "el poder no es algo que se adquiera, arranque o comparta, algo que se conserve o se deje escapar; el poder se ejerce a partir de innumerables puntos y en el juego de relaciones móviles y no igualitarias".

De acuerdo con este punto de vista, tanto la imposición como la resistencia se dan en múltiples puntos de la organización. Es decir, no operan sólo desde el centro a la periferia, de arriba abajo en los niveles de la estructura. En la realidad de las relaciones hay una matriz formada con diversos centros de poder e intereses diversos. Hay múltiples confrontaciones que se están realizando al mismo tiempo. Y esto no equivale al caos, porque el ejercicio del poder se refiere tanto a las acciones que protegen o limitan (inhibidoras) como a las que promueven el cambio (productivas).

En esta dinámica del cambio, no todo surge de las reacciones o la resistencia al orden establecido. También hay construcción y creatividad en lo que se denomina la *dinámica de lo impensado*; por ejemplo, los grupos de trabajo desarrollan sus propias formas de hacer y pensar, y en ese sentido son "instituyentes". Avanzan con sus prácticas y formas de influencia, que pueden o no ser compatibles con las políticas y normas oficiales. En el llamado *análisis institucional* (R. Lourau, 1991), esta dinámica se sintetiza en la idea de un proceso dialéctico entre lo instituido (desde el contexto y la dirección) y lo instituyente (desde los grupos de trabajo).

9. Intereses contra principios e ideologías

El nivel de conflictividad en la organización y, por tanto, la explicación dialéctica del cambio son parte de la realidad compleja de la organización. Esto no significa que dicho enfoque sea la explicación más importante sobre la dinámica interna. Su relevancia tiene que ver con múltiples factores y aquí estamos señalando las raíces estructurales de las oposiciones internas, sus relaciones con la "política de empresa". Una base del conflicto es la actitud de las empresas de imponer condiciones laborales no aceptables, aprovechando los estados de necesidad de los individuos o la amenaza del desempleo.

Un factor estructural del cambio es la posible existencia de una base autoritaria en la organización. Esto se manifiesta en la actitud (el poder) de imponer ciertos intereses por sobre los fines de los diversos grupos que componen la organización. Se establece una racionalidad dominante que atraviesa al conjunto, de manera que ciertos objetivos no sólo son guías, sino que también se convierten en condiciones para la existencia de la organización; por ejemplo, el peso excluyente de las ganancias, la rentabilidad y el razonamiento financiero por sobre los demás objetivos y criterios, en el caso de las empresas de negocios.

La gestión basada en principios es un enfoque que se opone a la visión de las empresas que están dispuestas a modificar sus compromisos tantas veces como sea necesario, es decir, se proponen adaptarse sin límites a las necesidades del momento. En este último enfoque, los directivos deciden con una actitud pragmática y oportunista, negociando con las fuerzas del momento y pensando en los resultados del corto plazo. Esos directivos se preocupan por las divergencias cuando estas afectan la producción o las ventas, y entonces suelen enfrentarlas haciendo uso de los dispositivos del poder.

Una realidad diferente (menos orientada al conflicto) es visible en organizaciones que se construyen siguiendo principios o ideologías compartidas. En ellas pesan los acuerdos y la comunicación basada en factores de orden cultural y simbólico como el credo, la misión de la organización. Esto es más notorio en las asociaciones civiles, cooperativas, fundaciones y otras entidades que necesitan la acción solidaria, pero también en empresas que tienen la voluntad política de crecer sobre la base de una imagen reconocida en lo interno (la visión compartida). En ellas se busca que la empresa se sustente en el compromiso con las ideas de base y no sólo con el interés de hacer negocios.

El tema de los principios no es sólo una cuestión de idealismo, sino que también tiene que ver con el crecimiento y la continuidad de la empresa. En su obra sobre las organizaciones que perduran (*Empresas que perduran. Built to last*), Collins y Porrás (1995) han señalado las razones del éxito sostenido (no accidental) en las empresas influyentes y reconocidas en su medio. "Nosotros no encontramos que maximizar la riqueza de los accionistas o maximizar las utilidades sea la fuerza impulsora dominante en la historia de las compañías visionarias." Los estudios muestran que ellas han mantenido una ideología central que va más allá de los intereses económicos.

Está claro que el tema de la ideología también puede operar como un factor de la oposición, cuando se utiliza como verdad revelada o no discutible, que se toma o se deja. En ese caso, es un factor del orden establecido y una fuente de imposiciones, un elemento del momento de la negación. La ideología actúa como factor cohesivo cuando tiene una base de consenso y es más que un discurso, una abstracción o una declaración de buenas intenciones. Las consideraciones ideológicas pierden legitimidad cuando se hacen parte de una estrategia de poder.

Más allá del discurso, los principios declarados deben visualizarse en acciones concretas, con su impacto también visible de carácter cohesionador. Para estos fines, la ideología debe ser expresada en forma operativa respecto de los productos, los servicios y las decisiones de política en la organización. Por ejemplo, se requieren claras definiciones en cuanto al criterio para fijar las remuneraciones, la participación en las formas de gestión, la calidad de los productos o la constante preocupación por atender las legítimas demandas de clientes y usuarios.

10. Tensión creativa y crisis provocada

Las ideologías son una fuente de bloqueo a la hora del análisis y la explicación de las tensiones en la organización. Hay ciertos temas que "por definición" los directivos tradicionales consideran que están fuera del ámbito de la administración. Para una gestión eficientista preocupada sólo por el desempeño y la productividad, los conflictos en la empresa se consideran como un desorden, algo que está fuera de lo racional. Es un desorden que molesta a la producción y debe combatirse con medidas técnicas, con racionalización y nuevos sistemas de recompensas y sanciones. Esta posición se corresponde con una idea de la organización programable (como recurso o aparato para producir).

Este prejuicio ideológico ignora el rol de las divergencias entre los actores o grupos internos de la organización y las toma como una falla que debe ser corregida desde la dirección, preocupada por combatir sus efectos sobre el rendimiento del conjunto. Esta posición lleva a sancionar las actitudes opositoras y trabajar más sobre los efectos que sobre las causas de las divergencias. En realidad, como hemos visto más arriba, no son "causas", sino componentes estructurales de la organización, elementos que hacen el carácter social de la organización. El enfoque de gestión eficientista no se detiene a analizar las razones de las oposiciones (de ideas e intereses) entre grupos o funciones en la organización. Se las considera de "naturaleza política" y, por tanto, fuera del ámbito del *management*.

Los procesos de poder y política son considerados una amenaza para los criterios de racionalidad económica que predominan en la gestión empresarial que considera a la organización como un medio para generar resultados. Una forma común de exorcizar los juegos de poder en la organización consiste en derivar la explicación de las oposiciones hacia factores que están en el contexto, como las "fuerzas del mercado", la "competitividad" o las "reglas de juego". Allí ocurre una confrontación, pero no al interior de la organización. La mirada convencional sostiene que hacia dentro no hay contradicciones, sino problemas de planificación y coordinación entre múltiples sectores con funciones diferentes.

En el discurso de los directivos tradicionales predominan la racionalidad y el orden como ideas dominantes, que excluyen la posibilidad de oposiciones. Hay un rumbo y debe ser compartido. La empresa efectiva y eficiente es una comunidad de esfuerzos. Claro que se reconoce la existencia de diferencias de opinión, pero se resuelven con el diálogo y la comunicación. Incluso el crecimiento exige incorporar nuevos gerentes con ideas renovadoras, pero esas diferencias no salen del plano técnico, financiero o comercial. Se reconoce cierta lucha entre grupos internos para mejorar sus posiciones en la empresa, y se considera como un incentivo en el marco del modelo competitivo.

En la dirección convencional suele darse una preferencia por no politizar la gestión. La lectura de los problemas se hace en términos de la racionalidad técnica, hablando de las normas, los contratos, los pedidos de los clientes, la tecnología de procesos, la capacidad financiera, etc. La tarea de los directivos convencionales frente a los dilemas de la estructura es "poner orden". Ello también significa "tomar partido", porque en la realidad es el orden establecido el que está fallando. Hace tiempo que la bibliografía de administración habla de los directivos diciendo que ellos toman decisiones de política (como guía y prioridad). La decisión de tercerizar el transporte o brindar servicios en lugar del sindicato, aunque se explique en términos de costos o resultados, también afecta y es influida por la trama de poder en la organización.

Pero también hay modelos de gestión que se construyen desde una visión compleja de la organización y que rescatan el rol del directivo como articulador y superador de posiciones enfrentadas. Por ejemplo, en su obra sobre la organización pensante, M. Rubinstein (2001) sostiene que "las organizaciones deben encontrar una vía para oscilar entre el caos y el orden, un proceso que fomente el pensamiento creativo... En esencia existen dos extremos, una estructura excesiva, que reprime la creatividad, y un caos excesivo, que puede producir creatividad individual pero no llega a brindar servicios finales". Esta dicotomía da lugar a una tensión creativa que trae innovación a la organización, caminando desde el caos hacia un estado más estructurado para volver a comenzar.

La utilización de las controversias como forma de gestión no puede considerarse una metodología normal, entre otros motivos porque es difícil comprender las propias insuficiencias. Esta situación de crisis no se establece por la vía de una decisión unilateral porque también necesita de un ambiente de debate, donde se puedan explicitar tanto las fuerzas que apoyan el cambio como las que lo resisten. Además, promover la situación de crisis es entrar en una zona de riesgo, en la medida en que los directivos suelen ser arrastrados por la misma corriente que ellos ponen en marcha. De todas maneras, la idea es que si no lo hacen ellos, "alguna otra cosa lo hará".

En su estudio sobre los procesos de cambio en empresas, D. Hurst (1998) ha destacado la relación entre la crisis y la renovación de las estructuras y procesos. Explica que los cambios importantes no son lineales; no siempre resultan de un proceso racional, de un programa o una estrategia pensada. No alcanza con el aprendizaje de lo existente (más y mejor de lo mismo), sino que el cambio requiere capacidad de cuestionamiento de la propia organización, que suele actuar como aparato que contiene y pone límites. No debemos olvidar que muchas limitantes y oposiciones culturales operan en el plano de lo implícito, de manera que la crisis debe ir más allá de lo superficial; por ejemplo, para transformar los modos de pensar y superar los bloqueos mentales.

Los autores que critican el modelo de administración convencional destacan que una tarea de los directivos es aceptar cierto desorden creativo, promover situaciones de crisis para conmover a los integrantes y sacar a la organización de la telaraña burocrática. En estos casos, ellos hablan de la *crisis preventiva provocada*. No ocurre por accidente o imprevisión, sino como parte de un proceso de renovación buscada; por ejemplo, ordenar al sector comercial que defina un plan de ventas relegando los productos exitosos pero de bajo margen, para colocar en su lugar a los artículos más rentables y con mayores dificultades de venta, es una situación que va a enfrentar distintos intereses dentro de la empresa (vendedores) y fuera ella (clientes).

El modelo de la crisis provocada tiene en sí mismo algunas reservas simbólicas porque puede asociarse con una situación de caos o descontrol que no es deseable. De manera que los límites de la perturbación también son importantes, al menos desde la mirada de la dirección de empresas. Según el citado D. Hurst, "el término *destrucción creativa* es perturbador. En las organizaciones humanas es probable que la destrucción parezca creativa sólo a aquellos que están o un nivel por encima del sistema que está siendo renovado, o bien totalmente fuera de la situación". Entonces, como modelo de cambio se refiere a la alta dirección o a los reformadores externos, mientras que la tensión (como hecho) puede darse en todas las áreas de la empresa.

Este enfoque de la crisis buscada parece más profundo en sus consecuencias cuando se lo compara con el modelo de la "tensión creativa", que es más propio de la dinámica de los sistemas. En este último caso, la idea es que el directivo vive la sensación de una diferencia que tiene que corregirse dentro del sistema. Hay una disfuncionalidad que resolver con el conocimiento disponible. A diferencia de ello, ahora estamos hablando de una posición crítica respecto del esquema de pensar y las relaciones vigentes, no del problema de restablecer el equilibrio. El enfoque de la crisis habla de renovación y no de restablecimiento.

Promover la crisis no es una acción adicional o un acto de violencia, como despedir a un caudillo de la fábrica. Significa dejar que una contradicción se exprese y disponer de la capacidad necesaria para orientar las fuerzas que se enfrentan, en un sentido innovador. Es crear un ambiente donde la innovación tiene posibilidades de crecer y no de ser reprimida. En este sentido, A. Grove (1997), comentando sus experiencias como director general de Intel, destaca la importancia de "la dinámica dialéctica" en una organización que enfrenta lo imprevisto o no pensado. Una dinámica que surge de las divergencias entre los actores en la organización respecto del rumbo que se va a seguir en situaciones de crisis y que él identifica como puntos de inflexión estratégica.

La llamada *dinámica dialéctica* se refiere a la oposición entre: *a)* las denominadas *acciones ascendentes*, impulsadas por quienes están en la línea y deben enfrentar los desafíos de competidores y las nuevas demandas de los clientes, y *b)* las acciones descendentes, que son impulsadas por los altos directivos, quienes suelen hacer planes y tomar decisiones con una visión más abstracta y alejada de las nuevas exigencias del mercado. La oposición pierde su efecto creativo cuando alguno de los actores intenta imponer (no debatir o confrontar) sus visiones sobre el cambio. Se trata de una oposición en el plano de las ideas y acciones divergentes, pero no implica el uso de la fuerza o la lucha por la apropiación de recursos compartidos.

En términos del mencionado directivo: "si los directores de alto nivel son capaces de dejar alternativamente reinar el caos y después dominarlo, esa dialéctica puede llegar a ser muy productiva. Después que aparecen las acciones divergentes en la base, y se puede apreciar la necesidad de un nuevo rumbo, corresponde al nivel superior dominar el caos". Hay un efecto pendular entre dejar avanzar el caos y dominarlo con decisiones de cambio. Se trata de construir a partir del debate, en un marco metodológico donde la oposición es parte de un proceso y no un intento de anular al adversario. Se llega a un nuevo rumbo que era difícil de visualizar antes de la transición dialéctica.

11. La estrategia y el proceso dialéctico

No siempre el discurso y los enfoques de la dirección toman distancia de los procesos de poder. También existen modelos de gestión que desde la visión de lo económico y lo administrativo reconocen que las contradicciones están presentes en la estructura y los procesos. Ellos aceptan que el camino es mejorar las formas de gestión, no sólo para hacerlas más efectivas, sino para disminuir las tensiones en la organización, e incluso para que las tensiones sean un factor de innovación y movilización de recursos. Es el caso del enfoque estratégico de la gestión de organizaciones. Se trata de un modelo de dirección que entiende la organización no como un recurso programable, sino como un sistema pensante y creativo.

El enfoque estratégico supone analizar los factores del contexto en que se mueve la organización, como también los escenarios futuros. En ese contexto se evalúan tanto las oportunidades como las amenazas al crecimiento de la organización. El éxito en el logro de las metas también depende de que la organización en lo interno tenga la capacidad estratégica necesaria. En su reconocida obra sobre dirección, Johnson y Kevan (2001) dicen que esa capacidad estratégica "depende de tres factores principales: los recursos disponibles, la competencia o calidad con que se realizan las actividades y el equilibrio (la armonía) entre los recursos, actividades y unidades de negocios en la organización".

El análisis de los recursos y las competencias que hacen a la capacidad estratégica requiere un diagnóstico sobre las debilidades y fortalezas de los aspectos clave. Esto se refiere tanto a los factores materiales (el proceso productivo) como a los no tangibles, tales como el conocimiento o la capacidad de innovación. La capacidad interna se evalúa, y la intención es desarrollar las fortalezas para obtener o mantener una ventaja competitiva en el producto y respecto de otros oferentes en el mercado; por ejemplo, intervenir en "las actividades de rediseño para mejorar la cadena de valor en los procesos" (Hamel y Prahalad, 1998).

Un interés del enfoque estratégico de la gestión empresarial radica en que no asume que hay un orden establecido o planificado que sea el mejor. No se trata tanto de si los procesos se ajustan a un orden, sino de evaluar la congruencia con las demandas y posibilidades ambientales (clientes, proveedores, competidores), en particular considerando los posibles escenarios futuros. No es sólo una cuestión de técnicas, sino también la actitud permanente de repensar la organización en función de su propia potencialidad y de las condiciones de contexto, actuales y futuras, no solamente para adaptarse a los hechos, sino también para anticiparse a las demandas y posibilidades del medio al actuar con sentido proactivo.

Hay ciertos aspectos comunes entre el enfoque estratégico y el análisis dialéctico del cambio, tal como a continuación se señalan:

a) la idea de la organización en movimiento, no como respuesta a un suceso sino como actividad sostenida;

b) la importancia de la crítica de los procesos, mostrando las debilidades propias y de carácter estructural;

c) la idea de la crisis no como desorden sino como una manifestación de la necesidad de tomar decisiones de cambio;

d) el manejo del poder en un sentido constructivo y no como factor represivo;

143

e) pensar en que no hay una mejor forma, sino múltiples escenarios donde las relaciones productivas pueden crecer;

f) buscar en el contexto nuevas oportunidades para que los problemas de la organización puedan ser superados, para salir del encierro de las estructuras internas;

g) la mirada a la organización como una red de procesos y una trama de fuerzas y no como una pirámide o relación de medios a fines;

h) concebir a las posiciones opuestas como una fuente de tensiones creativas y no como luchas para obtener recursos, y

i) distinguir la gestión por su capacidad de maniobra y no por la facultad de establecer planes definitivos.

En la síntesis hemos forzado algunas coincidencias, en particular porque el análisis dialéctico se refiere más a los movimientos de ideas en el plano de lo social que a los problemas de la gestión de empresas. Pero es importante rescatar los enfoques en administración que tratan de superar la imagen convencional del ejecutivo que decide en un marco de armonía o actúa siguiendo planes predefinidos. Los enfoques críticos prefieren ubicar el problema de la gestión en un marco de tensiones, crisis y exigencias contradictorias, tanto al interior de la organización como respecto de su contexto.

Pero hay diferencias destacables entre lo dialéctico y lo estratégico. Este último es un enfoque asociado al modelo de la empresa competitiva, donde se da prioridad a la eficacia en el desempeño y la lucha por conquistar espacios en los mercados. Lo competitivo se orienta hacia los esfuerzos aislados más que a los esquemas colaborativos o solidarios. Y esto tiene costos considerables en el plano de la cohesión social tanto para la propia organización como para el desarrollo de sus integrantes, porque la empresa y las presiones del mercado finalmente prevalecen por sobre las motivaciones personales. Domina la racionalidad económica y no hay margen para el compromiso o la adhesión de los individuos.

Este problema no es ignorado por las formas avanzadas del enfoque estratégico. En estos nuevos enfoques no se habla de fuerzas o grupos de interés, sino que los actores internos y externos se identifican como *stakeholders*. El concepto se refiere a individuos y grupos cuyo crecimiento está relacionado con el funcionamiento de la organización. La relación es recíproca porque también ellos influyen en el desarrollo de la organización. Es más que una relación interesada, porque una relación equitativa entre ellos deriva en mejores servicios al medio social más amplio.

En medida variable, también de la calidad de esta interacción depende la continuidad de la organización. Los *stakeholders* son considerados por la organización debido a sus aportes o porque tienen ciertos derechos reconocidos y no porque sean parte de una relación de poder. Desde este enfoque, la organización es vista como un acuerdo y una red voluntaria de influencias internas y externas, integrada por socios, accionistas, afiliados, empleados, gremios, inversionistas, proveedores, clientes, usuarios, oficinas públicas de control externo y otros interesados directos.

La idea en el plano de la estrategia es la búsqueda de puntos de acuerdo, que son posibles porque a todos convienen. En su obra sobre la dirección estratégica, Johnson y Kevan (2001) afirman: "dado que las expectativas de los grupos de *stakeholders* difieren, es normal que existan conflictos dentro de las organizaciones respecto de la importancia o adecuación de muchas facetas de la estrategia. En la mayoría de las situaciones será necesario conseguir un compromiso entre las distintas expectativas que no pueden alcanzarse de forma simultánea". El compromiso se refiere a la búsqueda de un enfoque superador de las oposiciones.

Desde las buenas intenciones, nadie duda de que el compromiso sea necesario. Pero la cuestión pendiente es su posibilidad en el marco de una organización que impone exigencias contradictorias a sus integrantes. Contradictorias porque los somete a una relación inestable que instala un ambiente de ansiedad y duda, pero al mismo tiempo demanda a esos integrantes un esfuerzo creciente y una mejora continua en sus actividades. En este ambiente, la idea de compromiso pierde su atractivo porque en lugar de ser un proceso voluntario se transforma en una negociación obligatoria.

La idea de los *stakeholders* es un avance conceptual, pero no evita la presencia de intereses y racionalidades dominantes en la toma de decisiones, en especial cuando se trata de competir para ganar posiciones. Siguen vigentes cuestiones básicas. ¿Puede la empresa crecer de acuerdo con un esquema de colaboración en un entorno agresivo? ¿La apropiación de recursos es materia de debate o una condición establecida? ¿Existe en la empresa un mecanismo compartido para resolver las diferencias injustas? ¿En qué medida los intere-

145

ses están reflejados en las formas de gobierno de la empresa? Estos temas nos llevan al campo de la política, la cuestión de la gobernabilidad y los valores sociales, asuntos que no suelen estar presentes en la agenda estratégica.

Y es aquí donde aparece la importancia de la visión ética aplicada a la gestión empresarial, a las decisiones de política y los modelos de organización. Porque el enfoque dialéctico habla de la superación, incluyendo una crítica al estado de cosas en el plano de lo ético. La crítica se construye pensando en los valores sociales que están reprimidos en la organización por las conveniencias del poder. La superación no es una forma técnica de salvar la crisis. Es la búsqueda de un acuerdo sobre la base de los intereses compatibles que permite remover las diferencias no justificadas y mejorar tanto las prestaciones como la calidad de vida en la organización.

La presencia de la ética en la gestión implica decidir considerando valores sociales, que a manera de síntesis tienen que ver con la justicia, equidad, libertad, igualdad y dignidad del trabajo. Aquí la idea de estrategia como capacidad de maniobra o como adaptación al medio tiene un campo limitado. Las estrategias tienen que ver con lo factible y lo conveniente. En cambio, los valores no tienen otra intencionalidad que la de su propia vigencia. En este contexto, no es válido afirmar que la ética mejora la competitividad. El tema no es cómo alinear valores tras los objetivos del negocio. Los valores son tales cuando operan como condiciones bajo las cuales se toman las decisiones de política.

Resumen

La organización, vista desde fuera, parece cohesionada por el hecho de ofrecer un producto o servicios que suponen actividades articuladas. Pero esa realidad incluye procesos que no siempre son congruentes, que la movilizan y la orientan en múltiples sentidos. Decir que la organización se dirige hacia el logro de sus propósitos declarados suele ser un discurso que no se refiere a lo que realmente ocurre. Como sistema complejo avanza en múltiples frentes a la vez, por la diversidad de intereses que la componen. También juegan las influencias del contexto que llevan a la organización hacia caminos no pensados o previsibles. El sistema no responde en forma pasiva a estas influencias. Los cambios tienen que ver tanto con las presiones o demandas del contexto como con los recursos y las capacidades de la propia organización y sus dilemas internos.

Existen distintos enfoques del cambio, como el estratégico (por la visión directiva), el educativo (por aprendizaje), el sistémico (por realimentación). La visión llamada *estructural* fija su atención en las divergencias, las dualidades y oposiciones que existen en la trama de relaciones entre los individuos, los grupos y la organización. Esta idea rescata a la organización como la unidad en la diversidad. En el momento de partida hay acuerdos, pero también divergencias que son postergadas, silenciadas o disimuladas, esperando que en la práctica puedan resolverse, o que no impidan las actividades de conjunto. La explicación del cambio desde el enfoque estructural destaca que con el tiempo las oposiciones emergen, cuestionan el orden vigente, crean un ambiente de tensiones y dualidades en el cual aparecen ideas tanto críticas como de renovación.

El enfoque estructural, utilizando el método dialéctico, destaca tres momentos en el proceso de cambio. Los momentos tienen que ver con la naturaleza de las decisiones y las relaciones de poder. El *momento de la afirmación* se refiere a las decisiones sobre los planes, las políticas y los procedimientos formales. La dirección establece un régimen de carácter general e impersonal para todos los actores, dando prioridad a los objetivos del conjunto por sobre los fines de sus componentes. Esta uniformidad hace que en la práctica los planes y las estructuras sean cuestionados porque individuos y grupos los ven como una amenaza hacia sus expectativas. Los reclamos y las resistencias no previstas configuran el *momento de la negación*. Esta oposición al orden establecido no siempre es destructiva, sino que exhibe las divergencias y controversias de las partes respecto de los planes oficiales. Es una oposición que afecta las relaciones, las desestabiliza y lleva a situaciones de crisis y conflicto. El ciclo cierra (y se renueva) con el *momento de la superación*, donde las partes enfrentadas (a través de la dirección) negocian para buscar un denominador común que considere la diversidad de los intereses en juego y permita la continuidad de la organización (que todos necesitan).

En lugar de hablar del mejor orden o el más productivo, de la tensión creativa o la excelencia, el enfoque estructural lleva a pensar en las relaciones inestables entre orden y desorden, invariancia y cambio, acuerdos y divergencias. Son relaciones que traen incertidumbre y que operan como factores movilizadores de la organización (además de los proyectos, la educación o la creatividad). La dialéctica es un proceso que lleva hacia equilibrios precarios o transitorios; no existe una solución porque tampoco trata con problemas, sino con dilemas. El proceso es parte de un orden por fluctuaciones, en el sentido de que se producen cambios en la estructura sin una ruptura o discontinuidad del sistema. Se ponen en discusión propósitos, fines e intereses, de manera que este proceso lleva hacia la revisión de los acuerdos básicos que sostienen la organización. Frente a la cuestión de las oposiciones, la estrategia de una dirección inteligente es aceptar el debate, explicitar las dualidades y buscar puntos de encuentro que contemplen los requerimientos básicos de las partes en conflicto. Antes que una estrategia de poder, esta negociación requiere una predisposición a revisar las bases del acuerdo que sostiene a la organización. Esto no significa politizar la organización, sino buscar la unidad en la diversidad propia de los sistemas sociotécnicos complejos.

Para la dinámica basada en las controversias, el poder no es un recurso que se concentra en la cúspide de una pirámide ni se sostiene sólo con la autoridad formal y los controles. En el marco de una realidad compleja, el poder no es un objeto que se ubica en cierto lugar central, sino más bien una configuración y una trama. Las bases del poder (diferentes) están distribuidas entre distintos actores y procesos a lo largo de la organización; por ejemplo, disponer de una materia prima exclusiva diferencia al proveedor. Para un sindicato es la capacidad de negociar un convenio. Las bases y las condiciones del contexto explican las desigualdades y asimetrías en las relaciones. El nivel de conflictividad en la organización y, por tanto, la explicación dialéctica del cambio es parte de la realidad compleja de la organización. Esto no significa que dicho enfoque sea la explicación más importante sobre la dinámica interna. Su relevancia tiene que ver con múltiples factores y aquí estamos señalando las raíces estructurales de las oposiciones internas, sus relaciones con la "política de la empresa". Una base del conflicto es la actitud de las empresas de imponer condiciones laborales no aceptables, aprovechando los estados de necesidad de los individuos o el entorno de desocupación.

Una realidad diferente (menos orientada al conflicto) es visible en organizaciones que se construyen siguiendo principios o ideologías compartidas. En ellas pesan los acuerdos y la comunicación basada en factores de orden cultural y simbólico como el credo, la misión de la organización. Esto es más notorio en las asociaciones civiles, cooperativas, fundaciones y otras entidades que necesitan la acción solidaria. Pero también en empresas que tienen la voluntad política de crecer sobre la base de una imagen reconocida en lo interno (la visión compartida). En ellas se busca que la empresa se sustente en el compromiso con las ideas de base y no sólo con el interés de hacer negocios. Este problema no es ignorado por las formas avanzadas del enfoque estratégico. En los nuevos enfoques no se habla de fuerzas o grupos de interés, sino que los actores internos y externos se identifican como *stakeholders*. El concepto se refiere a grupos de influencia cuya existencia y crecimiento están relacionados con el funcionamiento de la organización, como clientes, proveedores, inversionistas o sindicatos.

El enfoque dialéctico habla de la superación incluyendo una crítica al estado de cosas en el plano de lo ético. La crítica se construye pensando en los valores sociales que están reprimidos en la organización por las conveniencias del poder. La superación no es una forma técnica de salvar la crisis. Es la búsqueda de un acuerdo sobre la base de intereses compatibles, que permite remover las diferencias no justificadas y mejorar tanto las prestaciones como la calidad de vida en la organización. La presencia ética en la gestión implica decidir considerando valores sociales, y ellos tienen que ver con la justicia, equidad, libertad, igualdad y dignidad del trabajo. Aquí la idea de estrategia como capacidad de maniobra o como adaptación al medio tiene un campo limitado. Las estrategias tienen que ver con lo factible y lo conveniente. En cambio, los valores no tienen otra intencionalidad que la de su propia vigencia. El tema no es cómo alinear valores tras los objetivos del negocio. Los valores son tales (y no discurso) cuando operan como condiciones bajo las cuales se toman las decisiones de política.

Cuestionario

1. ¿Qué sentido tiene afirmar que la organización que estamos analizando es la misma en el tiempo, pero también es distinta?
2. ¿Cuáles son los contenidos y las formas que diferencian al cambio planeado del cambio no planeado en la organización?

3. ¿Qué relación existe entre los comportamientos racionales y las realidades no racionales en los procesos de cambio de la organización?

4. ¿Qué papel desempeñan las realidades impensadas o contingentes en los procesos de crecimiento de la organización?

5. ¿Qué sentido tiene hablar de los equilibrios o estados estables en la organización cuando esta actúa en un medio incierto y cambiante?

6. ¿Cuáles son las diferencias entre la organización planificada, la posible y la requerida, considerando las relaciones de poder entre los grupos que operan en ella?

7. Puesto que la organización requiere una estructura que coordine tareas diferentes, ¿qué sentido tiene hablar del cambio continuo?

8. ¿Por qué los elementos del orden formal establecido pueden ser factores que hacen necesario poner en marcha los mecanismos del cambio en la empresa?

9. ¿Las tensiones y dualidades entre sectores y actividades de la empresa deben entenderse como errores o fallas de diseño, o reflejan diferencias inevitables?

10. ¿Cuáles son los factores de diseño y emergentes que llevan a la ambigüedad en las relaciones y los procesos de una organización?

11. ¿El concepto y las situaciones de crisis en la práctica se refieren a una debilidad o insuficiencia de la organización, o también a desajustes entre sectores dinámicos?

12. ¿El desorden es un concepto negativo para la organización o tiene alguna implicación positiva en términos de su crecimiento?

13. ¿Cuáles son las diferencias entre los cambios de procesos o procedimientos y la renovación de la organización, y cuáles sus consecuencias?

14. ¿Qué tienen que ver los procesos de poder y política con la realidad de los cambios en las organizaciones y hasta dónde son un problema o un aspecto constructivo?

15. ¿Qué significa y cómo se puede llevar a la práctica la idea de que las crisis en la organización dejan enseñanzas para el futuro?

Bibliografía

Barthes, Roland, *La aventura semiológica*, Paidós, Barcelona, 1990.

Collins, J. y J. Porrás, *Empresas que perduran. Built to last*, Norma, Bogotá, 1995.

Etkin, Jorge, *Metáfora y doble discurso político*, Eudeba, Buenos Aires, 1999.

Foucault, Michel, *El discurso del poder*, Folios, México, 1985.

Freund, Julien, "Observaciones sobre categorías de la dinámica", en *Crisis y conflicto*, Ediciones Megápolis, Buenos Aires, 1980.

Grove, Andrew, *Sólo los paranoides sobreviven*, Granica, Barcelona, 1997.

Hamel, G. y C. Prahalad, *Strategic Flexibility*, John Wiley & Sons, Nueva York, 1998.

Hurst, David, *Crisis y renovación*, Temas, Buenos Aires, 1998.

Johnson, G. y S. Kevan, *Dirección estratégica*, Prentice-Hall, Madrid, 2001.

Kant, Emmanuel, *Crítica de la razón práctica*, Porrúa, México, 1990.

Lappassade, Georges, *Grupos, organizaciones e instituciones*, Gedisa, México, 1985.

Lourau, René, *El análisis institucional*, Amorrortu, Buenos Aires, 1991.

Morin, Edgar, *Introducción al pensamiento complejo*, Gedisa, Barcelona, 1994.

Pfeffer, Jeffrey, *El poder en las organizaciones*, McGraw-Hill, Madrid, 1993.

Rubinstein, Moshe, *La organización pensante*, Oxford University Press, México, 2001.

Sartre, J. P., *Crítica de la razón dialéctica*, Gallimard, París, 1960.

PARTE II

PLANIFICACIÓN Y DISEÑO

CAPÍTULO 4

OBJETIVOS,
POLÍTICAS Y ESTRATEGIAS

A. Los propósitos declarados

1. Bases de la racionalidad decisoria

Una de las características de las organizaciones (como empresas, ministerios, cooperativas o sindicatos) es la presencia de cierta racionalidad en sus comportamientos. En el momento del pensamiento y la acción concreta, sus integrantes siguen ciertas bases aceptadas y conocidas, que sirven como marco y guía para sus elecciones. Las bases se refieren a definiciones previas, como las misiones, los objetivos, las estrategias y políticas de la organización. No decimos que estas sean las únicas referencias (también están las normas de los grupos), pero son las condiciones mínimas para lograr un accionar previsible y con sentido colectivo (no estrictamente personal).

Los criterios de racionalidad son múltiples, como el análisis financiero, comercial o técnico de los problemas. Esos criterios tienen su lógica, de manera que no siempre actúan en un sentido armónico. Ello es visible en las decisiones complejas; por ejemplo, cuando se discute el diseño de una nueva planta o la política de precios. Pero también hay áreas de contacto o puntos en común, que hacen a la continuidad de la empresa, como la necesidad de recuperar el capital invertido. Es difícil identificar un objetivo último que esté por encima de todos los demás. Como no hay una pirámide, tampoco puede hablarse de objetivos que siempre sean los más importantes. Pero algunos son condiciones para la existencia de ciertas organizaciones (como el superávit en un banco), mientras que otros objetivos tienen una importancia variable.

Los elementos de la racionalidad son una guía en cuanto a las prioridades, y también permiten a los individuos formarse una expectativa fundada sobre el sentido de las acciones de los otros componentes de la organización. Tanto el sentido final de las decisiones (los objetivos) como las expectativas compartidas sobre las tareas de cada grupo (sus funciones en la estructura) son la base de una acción coordinada. Por tanto, la racionalidad no es una opción o una cualidad, sino una base para el concepto y la práctica de la organización.

Desde la óptica de lo racional, en la organización coexisten varios criterios que deben estar presentes en la acción conjunta: *a)* la razón finalista, que pone en relación las acciones con los propósitos de conjunto (la efectividad); *b)* la lógica, relacionada con la magnitud y pertinencia de los recursos empleados en las acciones (la eficiencia), una evaluación de la disposición de los recursos requeridos por las nuevas decisiones (factibilidad); *c)* una lógica que se refiere a la búsqueda de congruencia entre la estructura y las demandas del contexto (la adaptabilidad), y *d)* el criterio de mantener la articulación y continuidad de la organización, frente a las decisiones de cambio (cohesividad).

La racionalidad está presente, aunque no siempre es la determinante de las acciones, porque en los hechos operan otros factores de índole emocional y fuerzas que no pueden evitarse. Visto desde la dirección quizá no sea lo deseable, pero la realidad organizacional muestra juntas a la razón y la sinrazón (dentro de los límites de su viabilidad). El comportamiento de individuos y grupos en la organización es una conjunción de la razón (finalista, instrumental) y la sinrazón asociada con factores emocionales o simbólicos (las motivaciones e ilusiones).

Al hablar de organización se supone que hay cierto acuerdo y una idea compartida sobre la tarea esperada de sus integrantes. Pero en los hechos, los componentes pueden intentar utilizar al conjunto social para sus fines o motivos personales. Aun así, necesitan de la organización en marcha, con sus acciones esperadas; por ejemplo, los médicos tienen sus fines, pero aun en la divergencia necesitan de un hospital funcionando, como también de los pacientes, familiares, laboratorios y proveedores de equipos.

Hay momentos y lugares de la organización donde los objetivos y las políticas no son tomados como referencia cuando se decide, pero ello no implica el caos. Esta realidad también tiene su explicación si sostenemos la idea de la organización como una configuración. Ocurre que la organización reúne diversos grupos de interés, de representación y opinión; en este contexto es de esperar que se produzcan diferencias respecto de lo deseable (para unos y otros).

Pero aun en un ambiente de diversidad, las diferencias tienen sus límites. Se requieren ciertos propósitos comunes y por el camino de la divergencia se llega a la antiorganización y el sinsentido. Vista desde la óptica de la dirección, esa diversidad debe ser reconocida (en el marco del pluralismo), pero también enmarcada si se quiere una organización y no un agregado temporal de fuerzas. No estamos hablando de "alineamientos" que uniforman, sino de puntos de contacto que hacen viable al conjunto.

Otra fuente importante de racionalidad es la estructura administrativa, que establece los criterios para la especialización de funciones y los procedimientos que definen la forma de realizar el trabajo. La "definición de tareas y puestos de trabajo" otorga facultades y fija las responsabilidades de las posiciones, buscando la coordinación de esfuerzos. También se orientan o definen los comportamientos a través de las relaciones de poder que son instituidas por las propias estructuras. Es el poder que no se expresa en los objetivos o políticas formales, pero que opera a través de la autoridad de quienes conducen y fijan prioridades para las situaciones concretas (decisiones operativas).

En las secciones que siguen vamos a profundizar en los factores de la racionalidad finalista y en el análisis de su congruencia con las demandas (y oportunidades) del contexto presente y futuro. Veremos la manera en que operan las misiones, los objetivos, las estrategias y políticas en tanto diseño previo que conforma un marco para las decisiones y acciones operativas. Pero también hay estrategias y políticas que emergen de las decisiones recurrentes que se construyen en la práctica y se instalan como una pauta compartida. En cambio, las misiones y los objetivos se refieren a un estado futuro deseable, no son líneas de acción (aunque las generan).

Si en los hechos un banco no concede créditos a la rama textil o sólo acepta garantías reales, aunque no haya una definición previa al respecto, también se trata de una política. En este caso, es una política emergente, en el sentido de que los gerentes la adoptan como referencia y guía para sus decisiones. Ellos son racionales porque siguen pautas reconocidas y establecidas, aunque no sean predefinidas. Se puede ser racional respecto de una norma, o bien respecto de un estado futuro deseable (objetivos). Y se es razonable considerando los factores que operan en una situación concreta, o sea, cuando hay razones que justifican la acción.

A continuación veremos cómo estas bases para la racionalidad se definen en niveles y con perspectivas distintas y con diversos grados de participación. Difieren en los componentes de poder que los sustentan, en su mirada interna o externa, en su alcance temporal. La idea es que una organización viable requiere que esta multiplicidad de factores, a la vez que sirve como marco de referencia, también mantenga cierto grado de cohesión entre sí. Son conceptos que explican las diferencias y áreas de contacto entre las funciones de política, de gobierno y gerencia en la organización.

2. La creación y la operación cotidiana

Las organizaciones no surgen naturalmente, sino que se crean o construyen en forma deliberada, aunque luego desarrollen comportamientos no pensados. En su momento fundacional se definen los fines que van a orientar su actividad futura, tanto en el plano del discurso como de la intención concreta. No estamos hablando de una opción (tener o no fines), sino que se trata de una condición para hacer posible la organización. Lo opuesto sería una reunión accidental de individuos, sin nada que hacer juntos. La idea de organización se refiere a un esfuerzo coordinado que lleva a los resultados en un sentido conocido.

En la operación de la organización aparecerán otros procesos, no todos racionales o con un sentido final, como las relaciones en los grupos sociales al interior de la misma. También las fantasías, ilusiones y creencias que no tienen que ver con los fines. Es importante establecer una diferencia entre el momento fundacional y los procesos siguientes, donde la realidad muestra una conjunción de lo racional y no racional, de lo programado y lo emergente.

Aun cuando la racionalidad se complica en la práctica, de todas maneras la organización (en tanto conjunto social) opera con ciertos fines declarados y es viable dentro de ciertos límites. Los límites se refieren a que los recursos son escasos y que es difícil que una escuela sobreviva sin enseñar. No decimos que "ciertos" fines sean mejores o peores porque no hablamos aquí de su legitimidad. La posibilidad de actuar en forma coordinada, como organización, no es producto del azar sino que necesita de los fines (múltiples y a veces ambiguos). La organización siempre tiene componentes de planificación, de diseño y de praxis.

Los fines necesitan expresarse en términos operativos y respecto del tiempo, para ser utilizables. Para R. Ackoff (1999), "lo que las organizaciones desean, es decir, sus fines, se dividen en tres tipos: ideales, objetivos y metas". El ideal es un fin al cual se tiende en forma continua, pero que nunca se alcanza por completo. El objetivo es un fin que puede alcanzarse en el largo plazo, mientras que las metas son fines operativos que se pueden lograr en el corto plazo. El ideal de un centro de salud es mejorar la calidad de vida de la población y sus objetivos son brindar atención médica a todos los miembros de las familias. Sus metas pueden ser estar operando en un año, con su propio plantel médico, en sus propias instalaciones.

En las organizaciones, los ideales, las creencias y valores se pueden expresar en forma manifiesta a través de la llamada *declaración de principios*. Estas son sus bases ideales, que se relacionan con el contexto cultural en el que operan. La empresa declara compartir y perseguir los valores asociados a su propia naturaleza según se trate de una empresa de negocios, una cooperativa, asociación civil, empresa pública, etc. Esto es lo distintivo y que tiene sentido comunicar en público. En cuanto a los valores generales, se supone que son compartidos en tanto la organización es parte del medio social más amplio en el cual se propone operar.

La declaración de principios hace referencia a la relación entre la organización en concreto y los valores y las instituciones sociales. Por ejemplo, puede comunicar cómo su existencia tiene que ver con el desarrollo de las libertades individuales, la propiedad privada o social, los mercados y la función reguladora del Estado, el acceso a nuevas fuentes de trabajo, a la salud, la justicia y la educación. La organización explica su adhesión a esos ideales.

La organización también puede explicar cómo va a contribuir con sus servicios y su funcionamiento al respeto y la promoción de esos ideales sociales. Para ello se comunica la misión de la organización, que hace referencia a la función que ella viene a cumplir; por ejemplo, una empresa de transporte en primer lugar tiene que ver con el trabajo, la libertad de movimientos, la ayuda en la producción de riqueza y en el mejoramiento de la calidad de vida de los ciudadanos. La misión es también un documento que señala la responsabilidad social y el compromiso que significa formar parte de la organización.

En algunos casos, la expresión de los valores y de la misión puede tener una importancia especial; por ejemplo, en una corporación mundial, la instalación de una filial en un nuevo país requiere aclarar en forma pública la congruencia entre sus principios y los valores y creencias que son apreciados en ese nuevo contexto. Para una institución de ayuda o bien público, también resulta importante su declaración de principios porque es un indicador de los criterios o las prioridades que guiarán su ayuda.

3. El sentido de misión

La definición de la misión expresa la razón de ser de la organización, intenta explicar sus bases de legitimación, o sea, qué función deberá cumplir o qué necesidad (socialmente reconocida) viene a cubrir. Obviamente, no alcanza con tener recursos o disponer de poder suficiente. En la misión se habla de los mercados o segmentos de la sociedad que la empresa u organización se propone atender (para desarrollarlos), la importancia social de sus productos (necesidades que satisfacen) y la calidad de la relación deseada con clientes, usuarios e instituciones del medio.

La idea central en la declaración de una misión es mostrar que la empresa está orientada por las legítimas demandas de los clientes (satisfacer sus necesidades), antes que por fabricar y vender productos (transacción comercial); por ejemplo, se refiere a prestar el servicio de transporte (no sólo fabricar aviones), favorecer la comunicación a distancia (no sólo fabricar teléfonos), ofrecer entretenimiento (no sólo realizar películas), brindar atención y mejorar la salud (no sólo hacer cirugía), el cuidado de la ecología (no sólo la recolección de residuos).

Un problema de la misión consiste en que suele dar prioridad a una visión al hablar del *propósito básico* o de la *razón de ser* o las *necesidades* de un sector de la sociedad. Esta tradición suele mencionar alguno de los grupos de interés de la empresa como si se pudiera ignorar a otros que, si bien no son un objetivo, condicionan el crecimiento de la organización. Dicha tradición ignora la teoría de los *stakeholders* (actores externos que influyen sobre la empresa), visión según la cual no existe una misión organizacional, sino varias misiones. Como afirman Davis y Donaldson (1998), frente al problema de la complejidad ambiental y la influencia de los *stakeholders*, "la unimisión se torna cada vez menos útil y no es tan representativa como la declaración de las multimisiones que necesita proponerse la organización".

La misión no habla de los grupos de interés internos, sino que presenta a la empresa como una comunidad de prestadores de servicios detrás de un interés general que involucra a otros actores sociales. Puede ser "nominal" o sincera. La misión puede operar como una capacidad distintiva de la organización o como un elemento solamente declarativo o parte del discurso de la dirección. Es una capacidad cuando refleja un compromiso asumido y compartido por los integrantes de toda la organización. Para ello debe tener un sustento sincero (no ser una estrategia de comunicación) y, por tanto, definirse sobre la base de un consenso.

La función cohesiva de la misión ha sido destacada en múltiples estudios sobre la continuidad y el crecimiento de la organización, en particular, empresas que han perdurado en el tiempo a pesar de actuar en entornos turbulentos y enfrentar fuertes cambios en sus modos de operación. Respecto de esas empresas, De Geus (1997) dice que "tienen un gran sentido de identidad. Cualquiera que fuese el grado de diversificación que ellas tienen, sus empleados (y aun sus proveedores) sienten que son todos parte de una entidad. Las historias evaluadas muestran repetidamente que los fuertes lazos con los empleados también han sido esenciales para sobrevivir durante un cambio". Aquí nosotros estamos afirmando que un factor de identificación (entre otros) es la misión de la empresa.

Sin una clara definición de la misión, los actos de la empresa en el corto plazo pueden ser opuestos a sus intereses de largo plazo. Desde el punto de vista del proceso decisorio (en el nivel del gobierno o la alta dirección), la misión es un marco necesario para la definición de los objetivos y las estrategias de la organización. En su aspecto racional, brinda un sentido a las comunicaciones internas y externas, como también a las decisiones que se entienden a la luz de la misión declarada; por ejemplo, cuando la empresa (por la vía de su misión) expresa su rechazo a las tecnologías que dañan el medio ambiente o afectan la calidad del trabajo, hace una declaración, pero también brinda una base ideológica para guiar las decisiones comerciales y de producción.

No hay una fórmula para expresar la misión, pero su utilidad tiene que ver con sus contenidos orientadores y movilizadores. Si la expresión es ambigua, no ayuda en el momento de darle un sentido a las decisiones de conducción, en particular a las prioridades. K. Albrecht (1996) insiste en que la misión debe aclarar el propósito y el sentido de los esfuerzos. Respecto del programa Apolo (realizado en su tiempo), se puede decir en forma ambigua que se propone "conquistar el espacio mediante tecnología espacial de punta". Pero también de manera más contundente: "la propuesta es poner un hombre en la Luna antes de que termine esta década".

Como orientación, la misión es clara cuando muestra una idea central y comunica una determinación. El autor mencionado propone para la misión la metáfora de emprender un viaje juntos. "Este es nuestro tren al norte. Es la dirección que hemos elegido y no otra. Si alguien no lo desea, puede tomar otro tren. Pero el nuestro va al norte y espero que todos los que lo aborden comprometan sus energías en este viaje." Aunque sea una metáfora, debemos señalar que la misión no puede resultar de la autoridad o la falta de alternativas. Si la misión es motivadora, también se requiere un acuerdo sobre la necesidad del viaje.

4. La organización misionaria

Hay organizaciones cuyos valores y creencias impregnan fuertemente sus estructuras, sus formas de gobierno y los criterios para la apropiación o distribución de los ingresos y recursos, lo que implica tanto una declaración de ideales como también criterios para la praxis cotidiana. Y compartirlos es asimismo una condición de permanencia para sus integrantes. Es el caso de cooperativas, comunidades y otras asociaciones civiles sin fines de lucro que funcionan como "organizaciones misionarias". Ellas no son necesariamente religiosas y tampoco siguen los dictados de un líder visionario.

En las organizaciones misionarias los símbolos y las creencias son básicos, y respecto de ellos hay una continua tarea de esclarecimiento y divulgación. Pero también tienen una base racional: ellas se proponen producir y crecer a partir de ciertos valores que no son negociables y que las cohesionan. De manera que no utilizan los valores sólo como discurso o como parte de una campaña de imagen. Los aplican.

En la organización misionaria tanto las creencias internas ("la empresa es nuestra y la sociedad nos necesita") como los valores compartidos (solidaridad, equidad, libertad) no sólo explican, sino que le dan sentido a las decisiones directivas, porque la dirección no sólo debe razonar en términos de dichos valores, sino que debe orientarse a lograrlos. La equidad en la retribución no es sólo una forma de pensar sobre lo mejor, sino que obliga a diseñar sistemas donde dicho valor sea practicado.

En la organización misionaria (una cooperativa de trabajo, el periódico de un partido) hay una ideología compartida. No opera como un dogma, sino como manifestaciones del acuerdo sobre el cual se construye y funciona la organización. No es un instrumento de la administración, sino un rasgo constitutivo de la organización (no negociable). Esto marca una diferencia respecto de los grupos de interés que se reúnen por conveniencia y para resolver fines particulares. En este último caso, la coordinación requiere autoridad, control y adoctrinamiento.

La idea de misión no se limita al campo de la religión o la política, sino que también importa en el mundo de los negocios. En un contexto incierto y cambiante, también se requiere un sostén ideológico entre las partes, además del económico y tecnológico. En su estudio clásico, P. Selznick (1957) enseñó que disponer de una ideología compartida y sostenida a través del tiempo hace de la empresa "una institución social viviente", que se distingue por tener un carácter y una "vida propia". Estos rasgos cambian en su intensidad según las organizaciones. En algunas prevalece el interés financiero y la conveniencia de las partes. En otras se desarrollan fuertes lazos ideológicos y ellas se convierten en "instituciones sociales". No estamos sugiriendo que esto sea bueno o malo, sino que es un factor por considerar a la hora de evaluar la presencia y el peso de la cultura sobre las actividades cotidianas.

Hablar del carácter implica decir que la empresa tiene una fortaleza adicional que la sostiene más allá de los resultados circunstanciales. Son instituciones en el sentido de que representan (al interior y exterior) algo más y también diferente del mero agregado de las partes que las componen. Así, el Congreso es más que los bloques políticos que lo componen. Este carácter opera como una expectativa compartida y no como un fin concreto. De manera que las decisiones directivas no se toman para "lograr" dicho carácter (no está programado, es emergente). Pero esa idea compartida está presente en el compromiso, la actitud y la orientación de quienes deciden como integrantes de una organización.

La misión es una fuerza motivacional para la organización. Es más que considerar la organización como una articulación de intereses personales. El compromiso emocional de los integrantes reduce la importancia de la autoridad y los controles administrativos para orientar los esfuerzos individuales. La misión es un factor que cohesiona y también una guía que está presente a la hora de tomar decisiones que afectan al conjunto; por ejemplo, saber que toda decisión en materia de trabajo y remuneración debe hacerse (por un acuerdo explícito) considerando valores tales como la equidad, libertad e igualdad de oportunidades.

Sin embargo, también las ideologías tienen sus límites, porque pueden convertirse en esquemas mentales rígidos que lleven al aislamiento de la organización. Es el caso de las tradiciones frente al avance de la ciencia y la tecnología. Muchas veces, proteger las creencias tradicionales o las ideas fundacionales constituye un límite a la renovación necesaria frente a las nuevas demandas del contexto. Pero tampoco se puede transformar o manejar la ideología desde la dirección, como si fuera una estrategia, porque ello le quita sustento a la organización y puede fracturarla debido al "cisma de ideas".

Esta ambivalencia de tener que renovar los valores a la vez que mantenerlos se supera cuando dichas ideas no son dogmáticas, son amplias y otorgan un margen de libertad para las elecciones cotidianas; por ejemplo, cuando la misión se refiere a elevar la calidad de vida de la población, mejorar la salud y la cultura, difundir la verdad o buscar la excelencia en los servicios. Otro camino (poco sincero) en las empresas de negocios es disponer de una misión "discursiva" para hacer creer a los individuos que su esfuerzo es parte de una cruzada. Se arma una imagen social y un discurso que oculta, en muchos negocios, los objetivos prioritarios de aumentar las ganancias e imponerse en los mercados.

Esta maniobra en el campo de las imágenes externas de la organización (utilizar el disfraz de una misión compartida) tiene que ver con la estrategia de comunicaciones que se maneja desde la dirección. Del lado de los empleados y otros actores de la organización, según H. Mintzberg (1983), "la identificación puede ser calculada, no porque coincidan o hayan sido socializados, sino simplemente porque la identificación con la escala de valores les permite acceder a una retribución". Pero este compromiso es débil y se diluye tan pronto como aparece una racionalización administrativa o una mejor oportunidad laboral para los individuos.

La diferencia entre valor compartido y estrategia de imagen es posible señalarla desde nuestra posición de observadores o analistas externos. O sea, porque la estudiamos o la vemos en la práctica de ciertas empresas. Pero la cuestión es que los integrantes pueden desconocer la existencia de una maniobra o la intención oculta de los directivos. En los hechos este disfraz dura hasta que la realidad pone en evidencia que los directivos no deciden pensando en los valores, sino en sus propios intereses. La organización pierde entonces la potencia de una misión, que no sólo debe ser creíble, sino también compartida y practicada.

5. Objetivos: armonías y disonancias

En el marco de la misión se entienden los múltiples objetivos de la organización, lo cual no quiere decir que dependan de la misión. Hay una conexión emocional y lógica entre ellos, puesto que las misiones pueden lograrse de múltiples maneras, manteniendo las creencias y los valores que las sustentan; por ejemplo, la misión de educar en libertad puede realizarse construyendo escuelas o capacitando a docentes. Lo importante es reconocer que la organización no es una hoja al viento, sino que se construye con un sentido, y es racional en la medida en que se orienta en ese sentido. Pero esto no excluye que su realidad también nos muestre actividades no previstas, que surgen más de la interacción social y la creatividad que de los planes predefinidos.

Los objetivos se refieren a los resultados esperados, a los estados deseados, a las actividades proyectadas para lograr sus propósitos más generales de sobrevivir y crecer. La organización, considerada como un sistema racional y también sociotécnico, requiere objetivos: *a)* que cubren distintas necesidades de orden económico, político y social; *b)* que tienen diferentes alcances en el tiempo, buscando la relación entre resultados en el corto y el largo plazo, y *c)* que son expresados en forma cualitativa (calidad, imagen corporativa) y también cuantitativa (porcentaje de mercado, retorno del capital invertido). Los objetivos son parte del acuerdo sobre el cual se construye la organización en sus inicios. Con el tiempo se ajustan a la dinámica de las relaciones internas (por cambios en los grupos de interés) y también a las demandas del medio externo.

Los objetivos más generales se refieren a los propósitos de crecimiento, estabilidad y continuidad de la organización. Los objetivos más específicos se refieren a los propósitos de las áreas funcionales, divisiones y unidades de negocios; por ejemplo, los objetivos operativos concretos que se establecen para el área de finanzas (como la liquidez y rentabilidad), de producción (niveles y calidades del producto o servicio), de personal (el objetivo de capital humano), de comercialización (mercados y productos por desarrollar). Los objetivos más concretos se conocen como las metas para un contexto y tiempo determinados, las cuales suelen expresarse por sector o producto; por ejemplo, el nivel de inventarios deseado o el segmento del mercado que va a ocupar la empresa.

El resultado es que la organización en marcha dispone de objetivos múltiples, tanto generales como específicos, expresados de distinta manera; la calidad de vida (visión social) es una cosa y la rentabilidad (visión financiera) es otra. Pero en algún punto tienen que encontrarse, no pueden estar enfrentadas al extremo de negarse mutuamente. Esa es la tarea de la planificación de objetivos. No para armar una pirámide de medios a fines (se compra para producir, que sirve para vender, que permite ganar, etc.), sino para buscar una relación compatible entre ellos.

En la tarea de planificación de los fines, es una cuestión teórica buscar cuál es el fin último al que todos deben servir. Hay varios que son igualmente importantes y entre ellos no encontramos un denominador común: no todos pueden expresarse en dinero o en cantidades o en productos tangibles. Hay factores de subjetividad; por ejemplo, en una empresa familiar, la voluntad del padre de construir una empresa para dejarla en manos de sus hijos. También es difícil hablar del fin último cuando la organización es una realidad política, con distintos grupos de influencia, de representación e interés que presionan por avanzar con sus propios fines. De acuerdo con este enfoque, los objetivos resultan de una negociación más que de una planificación formal.

La complejidad de la organización (en cuanto a sus propósitos) requiere entonces distinguir entre los ideales y los fines posibles. Hay condiciones que la organización debe cumplir para sostenerse y crecer en un medio exigente; por ejemplo, son condiciones la remuneración satisfactoria de los factores productivos o la atención a las legítimas demandas de la población en los mercados. Eso explica decisiones que parecen no tener sentido en términos de los objetivos vigentes, pero que vienen a responder a demandas concretas que afectan planes y propósitos; por ejemplo, el futuro que se discute en la mesa de negociaciones con el sindicato.

Los objetivos son una de las bases para la decisión racional de los gerentes. Fijan los estados deseables referidos a producto, mercados, inversión, rentabilidad, composición del personal, etc. Pero no son una guía única ni certera porque son múltiples y no siempre congruentes entre sí. Los objetivos de alta calidad plantean ciertas condiciones en cuanto a la materia prima o la maquinaria, que también hacen crecer la inversión y los costos en fábrica. Y esto no siempre es congruente con los objetivos de productividad y optimización de los procesos de producción. Los objetivos de motivación del personal no siempre son compatibles con las exigencias de una productividad creciente (no remunerada).

De tal manera, la decisión de los gerentes que se guían por dichos objetivos es racional, pero en un sentido limitado. Porque se optimiza dentro de un sector específico, pero ello implica que al mismo tiempo se están afectando otros objetivos en otras áreas. En una residencia, la idea de cuidar a los ancianos choca con su libertad de movimientos. El *rating* buscado en la televisión (objetivo financiero) atenta contra la calidad de sus programas (objetivo cultural). En un banco, los objetivos de colocar los fondos disponibles chocan con la idea de minimizar los riesgos del crédito. No estamos hablando de errores o conjuras, sino de dualidades que son propias de una organización sometida a fuerzas heterogéneas y demandas contradictorias. Buscar un punto medio también significa que hay zonas no racionales (que se oponen a objetivos declarados).

Esta realidad interna se complica porque los diferentes grupos de interés que componen la empresa encuentran que sus fines personales no están vinculados con el logro de los objetivos de la organización. Y aparece el problema de los negocios o proyectos individuales, no compatibles con el proyecto mayor que es la empresa.

Los médicos quieren capacitarse, pero el centro de salud los ubica en servicios de rutina donde no pueden aprender. Los maestros en una escuela deben cumplir con un plan de estudios oficial que no les resulta atractivo y tienden a formular sus propios programas de contenidos. Que los médicos dediquen mayor esfuerzo a patologías que les interesan personalmente es irracional en términos de las necesidades de los pacientes graves pero con enfermedades menos interesantes en un sentido científico.

De manera que la intención de los integrantes de actuar en forma racional se enfrenta con la propia ambigüedad en la relación entre los fines individuales y los objetivos del conjunto. Si bien la organización se diseña como una coordinación de actividades, en los hechos la diversidad de presiones y condiciones hace que se convierta en una red de unidades diversas (no dispersas) que aportan a ciertos procesos comunes. El diseño de la organización puede verse como un intento de llevar al máximo dichos aportes; por ejemplo, la dirección debe enfrentar la tendencia de la fábrica a producir en los términos que mejor le convienen. La idea es ponerla en relación con el tipo de producto que los clientes (y el área comercial) requieren.

La organización también debe hacer frente a las demandas contradictorias que provienen del medio externo, porque los requerimientos de los proveedores en cuanto a la provisión de sus materiales no siempre son compatibles con los tiempos de la demanda del producto terminado y, además, ninguno de los actores quiere asumir el costo financiero de esta brecha temporal. Tanto por razones internas como externas, lo racional ya no se refiere a "lograr los objetivos" porque no son sumables. Se trata entonces de decidir dentro de ciertos límites y siguiendo las prioridades o criterios de política que define la dirección. Hay más de una manera de ser racional dentro de estos límites. Esto nos lleva a la cuestión de las políticas que orientan y enmarcan la capacidad decisoria de los gerentes.

B. Prioridades y líneas de acción

6. La dimensión política de la empresa

En los inicios, la actividad política en la empresa tiene que ver con la búsqueda de acuerdos entre las partes que la constituyen a los efectos de definir los objetivos compartidos, las formas de gobierno y los criterios que se utilizarán para hacer aportes y retirar los recursos que la empresa genera con su actividad productiva. Esa búsqueda de coincidencias para sentar las bases de un acuerdo aceptable para las partes no es un proceso técnico, sino que implica el debate de ideas y proyectos, como también el ejercicio de múltiples formas de influencia y de poder desde y hacia la dirección.

Desde la mirada política, las misiones y objetivos están representando los intereses y las ideologías de los grupos que integran la organización. Aun cuando se logra un acuerdo o contrato fundacional en el plano formal, siempre hay lugar para una diversidad de visiones. No todos tienen la misma influencia, de manera que en el equilibrio inicial están presentes los factores de inestabilidad, que también van a dinamizar la organización. Algunas diferencias son previsibles (capacidades individuales) y otras resultan de la posesión de distintos recursos económicos.

Con el tiempo, la diferencia de intereses y recursos, así como la diversidad de proyectos individuales, llevan a que se armen grupos que articulan sus esfuerzos para mantener o incrementar sus espacios de poder y llegar al gobierno de la organización. La lectura política permite distinguir entre los fines de las partes y los objetivos del conjunto, las razones de sus coincidencias y divergencias. La actividad política incluye los métodos para tratar las oposiciones o los conflictos entre grupos para que la empresa pueda funcionar en forma estable y las partes orienten sus esfuerzos hacia un rumbo compartido.

Es posible distinguir entre la visión macro de la política y los aspectos micro o sectoriales. Lo macro se refiere a temas vinculados con el conjunto, como la definición de propósitos, las ideologías dominantes, las formas de gobierno, la negociación con otras instituciones (bancos, sindicatos, oficinas del gobierno, proveedores, etc.). En un sentido macro, la política se refiere a la articulación de los fines particulares hacia un propósito más general. La visión técnica del gerente es insuficiente, porque en estas cuestiones se requieren un análisis y una acción del directivo en su rol de gobernante.

La visión micro de la política se refiere a las cuestiones de poder dentro de sectores, que no comprometen la continuidad del conjunto. Cuestiones que hacen a la llamada "interna del poder", como la lucha por obtener ventajas en el presupuesto. También los esfuerzos de un grupo para mejorar su posición en la estructura, cuestionar la autoridad de los jefes, reclamar mayores remuneraciones o elevar las condiciones de trabajo. La política tiene que ver con el análisis de la legitimidad de esas demandas. Corresponde un análisis político porque no son problemas técnicos, sino que se basan en la defensa de derechos, la disparidad de intereses y visiones.

La actividad política se refiere a los métodos vinculados con la articulación de proyectos comunes, el manejo del poder y la superación de conflictos entre sectores. Son métodos encaminados a la formación de pactos y alianzas, el debate y confrontación de ideas, la discusión en asambleas, los mecanismos de participación en la gestión, o la elección de representantes para los órganos colegiados. Es también política la actividad de resolver las discrepancias mediante el mecanismo de consultas y votaciones para conocer y respetar la opinión de mayorías y minorías en la organización. Estas acciones tienen que ver con la búsqueda de un denominador común en el plano de las ideas, antes que con la optimización en el uso de los recursos económicos (lo que no significa que sean criterios opuestos).

La presencia de los mecanismos de política y los procesos de politización varía con las organizaciones, no por vocación de sus integrantes, sino porque su necesidad es diferente. No es lo mismo un sindicato que un jardín de niños, que una secta religiosa, que un banco, que un hospital, que una fundación. No siempre el orden tiene un lugar prioritario en las relaciones, como tampoco la necesidad de una comunidad de ideales. La política tiene un rol dual porque se asocia con la idea de establecer o instituir ciertas prioridades desde la autoridad de la dirección, pero también se asocia con la necesidad de lograr el compromiso de los integrantes. En este sentido, recordamos haber definido a la organización como la unidad en la diversidad.

7. Las políticas de empresa

Las políticas son prioridades y líneas de acción que derivan de los objetivos de la empresa y resultan congruentes con sus principios más generales. Si los principios declaran el respeto por los derechos humanos, las políticas de personal no harán discriminación de ningún tipo, salvo reconocer las diferencias de capacidad profesional o adecuación a las demandas del cargo. Si hay un objetivo de desarrollo del capital humano, habrá una política de no utilizar tecnologías que conlleven riesgos para la salud de los trabajadores.

Así como los objetivos definen los estados futuros deseados (recuperación del capital, producción de ciertos bienes, elevación de la calidad de vida), las políticas vienen a informar los caminos y criterios prioritarios para lograr dichos propósitos. El tema es que los objetivos pueden alcanzarse de múltiples formas; por ejemplo, la rentabilidad puede lograrse con diferentes grados de riesgo, en plazos también distintos. Una empresa razonable busca generar beneficios a la vez que intenta preservar y desarrollar su capital humano. Pero también hay negocios que se proponen ser altamente rentables sin reparar en los conflictos con su personal.

Las políticas se establecen para fijar una línea de acción preferida (las prioridades) y también para establecer límites a las decisiones cotidianas; por ejemplo, la política de autorizar solamente los proyectos que incluyen un mecanismo que les permite financiarse. Para R. Ackoff (1999), una política "es una norma para seleccionar un curso de acción, una norma para decidir"; por ejemplo, en el área comercial: "no establecer nuestros precios por encima de los competidores", o no disminuir la calidad de los productos frente a la necesidad de reducir los precios. En tanto normas para las decisiones, las políticas no se definen para casos particulares, sino que se refieren a situaciones que son normales o previsibles. Para ellas son pensadas y no para las situaciones de excepción (que se tratan fuera de las políticas).

Según su alcance y contenidos, las políticas pueden ser: *a)* de empresa o corporativas, como crecer sobre la base del capital propio sin recurrir a endeudamiento externo; *b)* funcionales, referidas a ciertas áreas como personal o producción: designar directivos entre los gerentes internos, o dar prioridad a la calidad por sobre los costos, y *c)* de negocios, que se refieren a ciertos mercados, productos o servicios. En una institución financiera, un ejemplo es el criterio de otorgar créditos sólo sobre la base de garantías reales.

Las políticas son una base para las decisiones racionales porque traen información sobre los criterios reconocidos y aprobados, de manera que evitan elecciones contradictorias ante los mismos problemas. Para ello son legitimadas y comunicadas desde la dirección. Además, implican una mirada de conjunto de la organización, buscando reforzar sus aspectos complementarios, de modo que no pueden ser establecidas en forma aislada desde posiciones separadas de la estructura, porque afectarían la coherencia y el rumbo de la empresa. Por ejemplo, no es razonable seguir la política de promover unidades de negocios autónomas junto con la política de mantener el poder decisorio en la oficina central. Si en lo comercial hay una actitud de apoyo y servicio al cliente, no se lo puede (no se debería) castigar con intereses de usura desde el lado financiero.

La racionalidad indica que debe existir el intento de coherencia entre criterios y prioridades, en especial entre las áreas específicas (comercial, finanzas, producción, personal). Pero ese intento choca contra la propia complejidad o ambigüedad de la organización. En los hechos la respuesta de la dirección no suele ser eliminar la oposición (que es estructural), sino reducirla en lo posible para que no afecte la continuidad o el crecimiento de la organización. Es como un proceso de negociación interna entre objetivos y también entre políticas. En este sentido, en *management* no se habla de optimización, sino de racionalidad limitada y soluciones satisfactorias.

Las políticas muestran la racionalidad de conjunto de la propia organización, en el sentido de que ella no se contradice a sí misma en sus prioridades y preferencias. De todas maneras, hay políticas en el nivel del discurso (sólo declaraciones) y políticas que son tales porque se respetan en las acciones reales; por ejemplo, hablar de la política de atender a todos los necesitados (según declara el hospital), cuando en los hechos sigue el criterio de brindar asistencia solamente a quien pueda pagarla. La brecha no marca una falta de racionalidad, sino la dualidad en la conducción de esas organizaciones. Otro caso es el de un periódico que declara su prioridad por la objetividad e independencia, cuando de hecho tiene la política de apoyar al gobierno de turno.

8. Procesos de politización interna

Las organizaciones son entidades políticas en el sentido de que articulan los intereses de grupos diversos, que encuentran un punto de conveniencia y coincidencia desde donde avanzar juntos. De manera que las decisiones referidas a objetivos, políticas o estrategias no operan en el vacío de poder, aunque quieran presentarse como definiciones técnicas o económicas. En su conocida obra sobre dirección estratégica, G. Johnson y K. Scholes (2001) afirman que "los diferentes grupos de interés o *stakeholders* pueden estar en conflicto, presentar diferencias respecto de la posición de los directivos y accionistas". Según dichos autores, "hay que evitar que estas diferencias se resuelvan recurriendo a pactos y negociaciones que afecten a los objetivos de la organización".

Las políticas internas tienen el peligro del aislamiento, porque la empresa es un sistema abierto y las líneas internas suelen repercutir sobre las relaciones con los diversos actores externos. Las definiciones de política pueden establecer preferencias, o bien exclusiones respecto de dichas fuerzas institucionales; por ejemplo, la idea de acercarse o de confrontar o de permanecer distantes respecto de dichas fuerzas. Así surgen las políticas respecto de los competidores, los sindicatos, los organismos públicos, las asociaciones civiles, etc. Una empresa puede afirmar que su política es no presentarse en licitaciones del sector público, o que no interviene en las políticas internas de los sindicatos, o que está dispuesta a desarrollar a sus proveedores o incorporarlos como socios de la empresa.

El concepto de *stakeholders* implica que, desde el punto de vista político, la diferencia entre lo interno y lo externo es peligrosa porque establece una división que en los hechos no es sostenible. Corresponde a una visión autónoma de la organización que afecta su sintonía con el contexto. La idea de una politización interna nos advierte sobre la existencia de diversidad de opiniones (pluralismo) en la organización, pero también debemos evaluar los peligros de las desviaciones, como las intrigas de palacio o la búsqueda del poder en sí mismo, desvinculado de los proyectos de crecimiento.

Desde una visión política de la organización, es responsabilidad de los directivos considerar la trama de intereses en su contexto. Por ello es interesante la idea de *stakeholders* para recordar la presencia e influencia de los clientes, proveedores, acreedores, grupos comunitarios, oficinas públicas de regulación y promoción. Ellos pueden crecer junto con los negocios. Son grupos que pueden apoyar a la empresa en sus proyectos, o bien con derechos que deben ser respetados, o que corren riesgos con las actividades de la organización (la cuestión ecológica).

Este análisis de la trama contextual de intereses nos advierte que las políticas de la empresa deben considerarlos y también sumarlos a los nuevos proyectos. El contexto no se reduce a las fuerzas competitivas. Como afirma T. Thomas (1997), "el modelo de negocios debe combinar los rigores del mercado con el agregado de las relaciones cooperativas con los *partners* naturales de las compañías". Esta es una idea cooperativa que puede incorporarse al *management* de las empresas competitivas. Además, tiene relación directa con el tema de la responsabilidad social de las empresas.

Con bases amplias ("trama abierta") o estrechas ("la interna"), las políticas no son temas oscuros o ambiguos, sino que ellas expresan (en el discurso y la práctica) la racionalidad dominante en la organización. Algunas decisiones que parecen una opción técnica también se basan en los intereses de ciertos grupos internos o externos a la organización. Las políticas para la operación o producción, desde la mirada técnica, tienen que ver con la búsqueda de una mayor productividad o el uso racional de los recursos. Pero en su elección también hay un proceso de negociación donde ciertos grupos y ciertos intereses van a resultar beneficiados o protegidos (la oficina de personal, los sindicatos, los grupos informales). Los argumentos técnicos ocultan los juegos de poder subyacentes.

Hemos visto que los objetivos son múltiples y no siempre congruentes; por ejemplo, la búsqueda de excelencia no siempre es compatible con los fines de optimizar las finanzas de la empresa. En estos casos las políticas vienen a fijar qué es lo más importante, o bien a poner límites a las decisiones; por ejemplo, no bajar de ciertos niveles de calidad aun cuando se eleven los costos (la inversa también es posible). Claro que las políticas no resuelven por completo las oposiciones, porque también son múltiples y en ciertos casos ambiguas. Las políticas de ayuda y desarrollo de proveedores se oponen a la presión para reducir los precios de los insumos. Las políticas no le dicen a un gerente cómo tiene que decidir, pero le ofrecen una guía o un marco que legitima esas decisiones.

Hay otros factores que hacen a las políticas y que no tienen que ver con las relaciones de influencia y poder, sino con la búsqueda de una acción coordinada para lograr eficacia en las operaciones. Se habla entonces de las *políticas* y los *procedimientos* que sigue la empresa. Estos criterios más bien técnicos derivan del análisis económico y social de la organización; por ejemplo, en los bancos, la política de seguridad y privacidad respecto de los datos de los clientes y las operaciones tiene que ver con un análisis jurídico y comercial del negocio.

La diversidad de objetivos, la presencia de múltiples grupos de influencia e interés y su intención de acceder a la conducción de la empresa son fuentes de la actividad política. La gestión de la empresa puede representar más los intereses de un grupo minoritario dominante que el pluralismo de ideas y fines que existe en la organización, considerando la diversidad de actores y grupos que la componen. No por ser dominantes los grupos son esclarecidos, ni protegen la organización, ni permiten el desarrollo de su capacidad creativa.

Dichos grupos pueden enfatizar en los resultados de corto plazo y comprometer el futuro de la organización. Esta es la problemática de la politización en las decisiones y acciones cotidianas. Este problema se refleja en las políticas comerciales, financieras y productivas de la empresa; por ejemplo, incorporar familiares para sacar ventajas en la trama de poder de la organización. O cuando las compras se derivan no hacia los mejores oferentes, sino hacia los proveedores asociados con quienes conducen la empresa. O hacer un diseño de estructura burocrático, pero que preserva a la cúpula de gobierno.

Además de las políticas (como criterios o líneas de acción) podemos distinguir las decisiones de política. Se trata de una posición tomada por la empresa respecto de un tema, en la cual se consideran los intereses en juego y el mapa de poder. Esa decisión es importante porque se refiere a la empresa (o la división o unidad de negocio) en su conjunto; por ejemplo, la firma de un convenio laboral, la decisión de adquirir una empresa competidora o cerrar una planta que tenga conflictos de personal. Es una decisión particular, pero con efectos amplios y en la cual intervienen consideraciones que hacen al gobierno de la empresa.

Las políticas adecuadas o inadecuadas, mejores o peores, correctas o incorrectas, se entienden en el marco de los propósitos de la organización, las relaciones de poder y las cambiantes demandas en su medio ambiente. Si bien las políticas traen estabilidad, también tienen su dinámica, en conexión con los cambios en el contexto (por ejemplo, con las nuevas leyes). Respecto de la diferencia de objetivos, también son distintas las políticas de una cooperativa en comparación con una empresa de negocios o una dependencia pública, por ejemplo, en cuanto a las políticas para distribuir los ingresos o los criterios para fijar la escala de remuneraciones del personal. En una cooperativa, en momentos de crisis la política no será despedir personal para reducir costos, sino buscarle otra ubicación donde su trabajo sea importante.

Una característica de las políticas es que se expresan en forma positiva, por lo que permiten y también niegan, por lo que inhiben o sancionan. De manera que respecto de las políticas siempre es importante ver sus aportes y restricciones y las bases de su legitimidad.

Ver qué tienen de integradoras, pero también de excluyentes. La prioridad de política indica los caminos por seguir y (en una segunda lectura) las alternativas o los criterios que se dejan a un lado; por ejemplo, la política de la empresa frente a los reclamos salariales de los empleados, las condiciones de ingreso a una escuela o centro de salud, la información que se va a difundir en un periódico, las formas de publicidad de un laboratorio. Hay que evaluar cuánto de estas políticas implica aceptar o rechazar, informar o desinformar, imponer o dejar en libertad.

9. El manejo de los tiempos

Hemos explicado cómo las oposiciones juegan en la dinámica de la organización. Pero no son los únicos factores estructurales que la movilizan. Hay otras fuentes de tensión que no provienen de las divergencias entre grupos, sino que se relacionan con la necesidad de la organización de mantener sus procesos (la continuidad), al tiempo que debe flexibilizarlos para responder a los cambios ambientales y a sus propios proyectos de transformación. A esta fuente de tensión la podemos identificar como la "diversidad temporal" de la organización.

El problema para los directivos es que ellos deben decidir hoy, pero pensando en la organización en distintos momentos a lo largo de su eje temporal (pasado, presente y futuro). Por ejemplo, discontinuar un producto obsoleto que afecta la imagen y le quita actualidad a la empresa, aunque dicho producto está generando fondos que son necesarios para cubrir deudas y también útiles para el desarrollo de nuevos modelos. Esta coexistencia de efectos deseables e indeseables en el tiempo (que suele ser natural o inevitable) opera como una tensión entre objetivos diversos; por ejemplo, cuando la necesidad de inversiones afecta la liquidez financiera de la empresa. Y las tensiones requieren definir prioridades de política, para establecer las prioridades y explicar las postergaciones.

Siguiendo estos conceptos, no es que se avanza a medida en que pasa el tiempo, sino que hay que avanzar en los diferentes tiempos en que se mueve la empresa. Una cosa es el eje temporal o vida de la empresa, con sus fases de inicio, de expansión o decadencia, y otra distinta son los ciclos que operan al unísono en dichas fases. Es la idea de trabajar en "varios frentes a la vez". No todos los procesos (las

finanzas, la producción, la comercialización, la capacitación) demandan o se desarrollan en los mismos tiempos. Y la organización, como
sistema, necesita de todos ellos. De manera que en la organización
hay un juego de adelantos y retrasos, en ella se están insumiendo recursos para cubrir brechas (inventarios), o bien no se puede avanzar
hasta que un ciclo genere los recursos necesarios (cobranzas). Respecto de estas brechas también se requieren decisiones políticas, financieras, comerciales y productivas.

Pero además hay que tomar posición acerca del grado de actualización o adaptación de la empresa en un entorno cambiante. En su
análisis del cambio, J. Flaherty (2001) señala que en la empresa juegan tres tiempos, que se derivan de "las decisiones que se basan en el
pasado (tradiciones), las decisiones de adaptación a nuevas demandas (transición) y las decisiones de futuro (transformación)". No se
trata de una secuencia ni de un avance lineal (evolutivo), sino de una
relación problemática, que aparece instalada en la misma organización. Esto significa que las tensiones no se solucionan o resuelven, sino que permanecen con diferentes intensidades que las hacen manejables o las ponen en estado de crisis.

En su obra clásica sobre *management*, P. Drucker (1959) destaca
que el ejercicio de la dirección requiere conocer y definir la naturaleza del negocio en que opera la organización. Un banco tiene que
ver con un negocio financiero que comprende la seguridad, el crédito y el interés para las inversiones. Así como hay preguntas sobre el
negocio, también los directivos deben reflexionar y actuar sobre la
cultura, la tecnología, los escenarios, los activos intelectuales o la
imagen de la empresa. Esta definición debe hacerse para los distintos tiempos en que actúa la organización y no sólo para el estado de
cosas actual. Es decir, incluye necesariamente una visión de futuro
con una definición de cómo habrán de cambiar las prestaciones en
el tiempo. Al respecto, la dirección debe disponer de políticas en el
corto, mediano y largo plazos. El problema es que habría que empezar hoy mismo con cambios que afectan las prestaciones actuales. O,
visto desde otro ángulo, que las tradiciones afectan la definición de
nuevos proyectos, es decir, sostienen la empresa, pero también limitan su crecimiento.

En lo que toca al tiempo presente, los directivos deben plan-
tearse y estar en condiciones de obtener consenso sobre la pregunta: ¿cuál es nuestro negocio? El citado P. Drucker sostiene que la

identidad corporativa no pasa por el producto tal como se ofrece en sus aspectos visibles, sino que se define por las necesidades del cliente al que satisface. "No es el producto el que determina cuál es nuestro negocio, sino el cliente. El negocio no lo define el objetivo declarado o los estatutos de la compañía, sino el deseo que el cliente satisface cuando compra un producto o servicio."

Respecto de la dimensión de la transición, los directivos deben hacerse la pregunta: ¿cuál será el negocio? Aquí la idea es que las demandas de los clientes y las ofertas de los competidores son cambiantes y obligan a pensar sobre las respuestas en el marco de un proceso de cambios, pero donde la reforma no puede ser total en el corto plazo. El negocio en tiempo de transición implica la modificación de la oferta actual a partir de las capacidades existentes, sometidas a un proceso de adaptación o adecuación a la novedad tecnológica. Es una visión de la continuidad en el marco de reformas más profundas; por ejemplo, el inicio de un nuevo plan de estudios mientras se mantienen las carreras vigentes para quienes no han terminado. También es el caso de las instituciones financieras que resuelven cerrar parte de sus oficinas de atención y pasar a los sistemas de banca electrónica.

En lo concerniente a la dimensión temporal que corresponde al proceso de transformación, la pregunta que el directivo se hace es: ¿cuál debería ser el negocio? Aquí no se trata de salvar lo existente o razonar a partir de la experiencia, sino de ignorar lo existente, de superar los bloqueos mentales bajo la visión de tener que comenzar de nuevo. Es un proceso que se relaciona con la idea de la metamorfosis y no la adaptación. En el caso de un periódico, pensar que el futuro del negocio pasa por Internet. La edición ya no será diaria y el producto se redefine como un proceso de actualización continua. El proceso de distribución se hace virtual; la información no se entrega por separado, sino que se ubica en un sitio y desde allí se hace parte de una red de comunicación digital. También podría hacerse por suscripción, con lo cual permanecería la identificación del lector. Más que una adaptación, aquí hay una redefinición también publicitaria del negocio de la información.

Los cambios que hemos mencionado no se suceden uno al otro en una secuencia lineal, y este aspecto hace compleja la gestión de empresas en crecimiento. El periódico siempre tendrá en marcha momentos de realidad, transición y proyecto, con decisiones que se refieren a los tres tiempos aquí explicados. La enseñanza es que cada tiempo tiene sus aportes al crecimiento de la empresa, pero plantea exigencias incongruentes porque se refieren a contextos también distintos (otros mercados y clientes). También implican visiones diferentes de la empresa. A ello debe agregarse la influencia de los hechos contingentes que no tienen un tiempo previsible (una devaluación o la quiebra de un cliente) que la empresa debe enfrentar a través de la llamada *gestión de la incertidumbre.*

Los presupuestos, la programación y la planificación son intentos de articular estas decisiones y estos escenarios. Pero los planes o estrategias no empiezan de cero ni sus predicciones son certeras, de modo que también requieren sus ajustes. Las decisiones de política se refieren a situaciones futuras pero, en la medida en que la empresa es una continuidad, no eliminan las líneas de acción presentes que se orientan a satisfacer las demandas (contratos, compromisos) que son actuales; por ejemplo, a los lectores del periódico siempre habrá que atenderlos con la tecnología disponible y no es lógico discontinuar la relación hasta que llegue el futuro (se instalen nuevos equipos).

Los planes se insertan en la realidad organizacional de diversos modos. Pueden tener su propio financiamiento, avanzar en paralelo, o bien empezar tomando una parte de los recursos comunes para efectuar las inversiones necesarias. Las decisiones de planificación no siempre significan una extensión o un complemento de las actividades actuales. La dirección tiene la función esencial de articular la asignación de recursos para obtener resultados en tiempos diferentes (actuales, futuros), con demandas que se contradicen; por ejemplo, debe mantener la capacitación en temas que serán superados por la misma tecnología que la empresa está decidiendo aplicar en el futuro.

Este análisis de la dimensión temporal permite comprender que el largo plazo o las estrategias no son decisiones postergadas, que se van a aplicar más adelante. El futuro de la empresa también se refiere a decisiones en el aquí y el ahora, que comienzan en el momento actual y tendrán efectos duraderos (construir una fábrica, plantar para obtener un bosque). Con este enfoque, los planes no son decisiones que se van a tomar en el futuro, sino una toma de posición en el ahora, que moviliza recursos y capacidades actuales cuyos resultados se verán más adelante. En este sentido, debería hablarse del carácter futuro de las decisiones actuales, incluyendo en esta definición a los planes; por ejemplo, no se trata de las decisiones para resolver una problemática actual, como sería una demanda de aumentos en los salarios o la decisión de revisar los contratos de trabajo y las relaciones con el sindicato.

El carácter de largo plazo lo da el período durante el cual la decisión tiene efectos sobre la empresa, pero también el hecho de que dicha decisión y sus efectos no serán fácilmente reversibles una vez que esta sea tomada (ya que implican una inversión o inmovilización). P. Drucker (1959) ha enseñado que la dirección no tiene más remedio que anticipar el futuro y plasmarlo en planes. Pero la definición del futuro (estrategias, proyectos, programas) también requiere tomar decisiones en lo inmediato. "Todo lo que se planea se convierte en trabajo y compromiso inmediatos... A menos que el largo plazo esté incluido y se base en decisiones de corto alcance, aun el más complicado de los planes será un ejercicio inútil."

Frente a esta diversidad temporal, lo ideal sería alinear las actividades cotidianas referidas a las compras, producción, ventas, cobranza y pagos, dentro de una secuencia única que lleve a lograr los objetivos generales de la organización. Pero no todo es programable ni las decisiones se complementan entre sí. Además, llegar a los objetivos requiere ciertos cambios que llevan tiempo y no se pueden resolver en lo inmediato (las nuevas capacidades y conocimientos). Aparece entonces la figura de la transición, fase durante la cual las decisiones directivas buscan un equilibrio entre: *a)* el aquí y ahora, con las demandas de la realidad actual, y *b)* las metas de futuro, que requieren comenzar los cambios, aun con resistencias o capacidades insuficientes.

Las llamadas *tensiones* o *brechas temporales* representan los problemas de sincronía entre los procesos que reproducen lo actual (la tecnología del diario impreso) y las necesidades propias de los procesos de cambio (la tecnología del diario en Internet). Frente a esta realidad puede decirse que la organización funciona con diversidad de ciclos internos, considerando que los procesos tienen sus propios tiempos y no todos pueden ponerse en sincronía. La existencia de inventarios o el déficit financiero son ejemplos de ello. Además, el ciclo necesario para recuperar lo invertido no cierra con el acortamiento en los tiempos de la innovación tecnológica. La presión de la demanda exige renovar equipos y conocimientos que han representado fuertes inversiones, y que aún tienen vida útil para la empresa.

La necesidad de mantenerse competitivos lleva a convertir en obsoletos los propios productos.

Las tensiones no sólo se refieren al cambio tecnológico en los procesos productivos. También ocurren incongruencias debido a la coexistencia de culturas internas que difieren en sus visiones sobre los comportamientos deseables; por ejemplo, entre las ideas y creencias tradicionales frente a las posiciones renovadoras. La tarea de la dirección es fijar un rumbo compartido en una realidad compleja, donde no es posible acordar con todos los grupos al mismo tiempo. Ello implica que la dirección tiene una función negociadora, debe mantener las tensiones internas y las presiones externas en un nivel tolerable y cuidar que las brechas (tecnológicas, culturales) no afecten relaciones que son vitales para la continuidad de la organización.

C. El concepto de estrategia

10. Formas de sobrevivir, crecer y renovarse

El concepto de estrategia se refiere a una visión de futuro (de largo plazo), a la formulación de prioridades y los caminos por seguir para lograr la continuidad y el crecimiento de la organización. En la versión más amplia, el concepto incluye la definición de los propósitos y su ajuste en el tiempo. En este sentido, podemos recordar el enfoque de A. Chandler (1962), para quien "la estrategia refiere a los objetivos básicos a largo plazo de una compañía y las formas en que sus directivos desarrollan acciones y asignan recursos para alcanzarlos". En una empresa, la estructura sigue a la estrategia y esta constituye el plan general o marco de referencia para las decisiones operativas. Las estrategias son una expresión del cambio planeado en la organización, que también incluye formas de flexibilidad o ajuste frente a las contingencias.

El concepto de estrategia se relaciona con la problemática de actuar en un entorno cambiante y que plantea desafíos. En el campo de las empresas se refiere a las decisiones de futuro en un contexto competitivo, con oportunidades para aprovechar y obstáculos por superar. Con el objetivo de sobrevivir y crecer, la dirección debe elegir una postura estratégica para tratar con la incertidumbre. Según H. Courtney (2001), el problema es cómo enfrentar "una variedad de futuros, desde los conocibles hasta los imposibles de predecir". Las alternativas según el medio pueden ser: *a)* tomar un rol de liderazgo y desarrollar una demanda propia en el mercado; *b)* adaptarse y actuar con agilidad para aprovechar las oportunidades latentes en el mercado, y *c)* realizar inversiones que otorguen a la empresa una posición de privilegio en el futuro. A estas posturas estratégicas les siguen movimientos y maniobras concretos, considerando los escenarios en que debe actuar la organización.

Un enfoque más específico del concepto no se refiere a los objetivos, sino que habla de la necesidad de imaginar oportunidades, desarrollar capacidades competitivas y posicionarse en los mercados. Este enfoque limitado de la estrategia (orientada al posicionamiento) habla de la combinación deseable de productos, la identificación y satisfacción de los clientes, la diferenciación en los mercados y las maniobras para enfrentar a los competidores. No se trata de los objetivos generales, sino de imaginar y definir el negocio en el cual quiere estar la empresa y cómo hará para instalarse en él. Al respecto, Wright *et al.* (1992) señalan que "las estrategias derivan de los planes de la alta dirección para obtener resultados compatibles con las misiones y objetivos de la organización". Se trata de decisiones que establecen pautas y guías para la acción futura, en un ambiente de incertidumbre.

El concepto de estrategia, además de responder a enfoques de distinta amplitud, también se ejemplifica en distintos niveles. Puede verse: *a)* como una decisión compleja cuyos contenidos se refieren a las formas de lograr la supervivencia y el crecimiento de la organización (la estrategia corporativa o de conjunto); *b)* como una visión o un enfoque que privilegia la cuestión de ser proactivo y renovarse en un entorno con demandas crecientes (el cambio estratégico), y *c)* como una forma de gestión, que se caracteriza por el desarrollo de las capacidades distintivas que agregan valor a los productos y a la empresa (la dirección estratégica). A lo largo del presente capítulo veremos ejemplos de estas perspectivas, destacando qué hay en ellas de "estratégico".

Desde el punto de vista de las decisiones directivas, la estrategia incluye las siguientes fases: *a)* el análisis del entorno, los posibles escenarios y la exploración del futuro para plantear alternativas; *b)* la elección de los caminos deseables o líneas de acción, y *c)* la implantación y el seguimiento de la decisión para evaluar sus resultados y revisar las posturas originales. La evaluación es muy importante. La empresa requiere no sólo un diseño coherente, sino también estrategias efectivas o aplicables. En este sentido, se producen cambios sobre la marcha, adecuaciones que tienen lugar en la base, donde los ejecutivos deben atender cambios no previstos por los planes originales. Así como hay una formulación, también existen las estrategias emergentes, que son parte de un proceso de aprendizaje e innovación. A diferencia de los planes y programas, las estrategias tienen esta cualidad de adaptación a las nuevas demandas.

La estrategia define las posiciones que la empresa se propone ocupar en el futuro (elemento de la racionalidad finalista) y también sirve como marco para darle coherencia a las decisiones de los gerentes (elemento de la racionalidad cohesiva). El concepto de estrategia conlleva la idea de actores, escenarios y reglas de juego. En una economía de mercado, la estrategia se refiere a decisiones donde está presente la necesidad de confrontarse con otros competidores para lograr colocar la producción de la empresa y satisfacer la demanda de clientes y usuarios. Estas decisiones estratégicas se toman con una visión amplia del negocio y sus enlaces con el exterior. Incluyen tanto los propios intereses y capacidades como los acuerdos y la trama de relaciones que es necesario y conveniente establecer con otras organizaciones, como las fusiones, asociaciones y alianzas.

Las estrategias son decisiones complejas porque sintetizan o contienen muchas otras decisiones. Se toman desde una mirada amplia (no parcializada), en la cual se conjugan y articulan factores de política, económicos y sociales. Son complejas también porque implican una toma de posición que compromete y moviliza múltiples áreas de la organización. Se definen para el conjunto de la organización (la estrategia corporativa), para sus divisiones o unidades de negocios (las estrategias competitivas) y para sus áreas funcionales (estrategias de producción, financieras, comerciales, de comunicación, de personal).

La decisión estratégica es pensada para fijar un rumbo y suele abarcar un amplio campo temático (no una cuestión específica o actual). En este sentido, es estratégica la decisión de un banco de cerrar sus locales en la ciudad y pasar a desempeñarse como banco en planta o dentro de empresas. O dejar la atención al público y los clientes para derivar todas las operaciones hacia la banca electrónica. O la decisión de expansión de una empresa de transporte para incorporarse y crecer en el negocio del turismo y la hotelería. La estrategia no es sólo un tema de tecnologías y mercados, porque también incluye las consideraciones de poder y política; por ejemplo, la dirección de un periódico que revisa su orientación a la luz de los resultados esperados en elecciones futuras (se pasa del oficialismo a la oposición).

De acuerdo con los rasgos mencionados, se dice que hace falta una estrategia para negociar con los proveedores o para enfrentar a los competidores. También se afirma que un gerente está ocupando una posición estratégica en la empresa, porque sus funciones tienen que ver con los negocios futuros. O que la incorporación de una nueva tecnología es una cuestión estratégica, porque permite el posicionamiento de la empresa en el mercado. En el campo de las relaciones con clientes y proveedores, un cambio estratégico es la idea de asociarse con ellos, en lugar de hacer transacciones aisladas para obtener ventajas unilaterales.

El cambio de tecnología o en los procesos comerciales es estratégico cuando se relaciona con la construcción de una ventaja comparativa que permita agregar valor a la empresa o revisar su posicionamiento en el mercado. Un ejemplo lo constituyen las estrategias de asociación entre los pequeños almacenes que deben enfrentar el desafío de los grandes supermercados. Dichos almacenes se proponen mejorar su posición competitiva mediante una gestión unificada en las compras a los proveedores o buscando la concentración en las tareas de distribución.

De todas maneras, las oportunidades o el margen para decidir sobre el futuro no son iguales para todas las empresas. Los directivos deben articular las capacidades internas con las posibilidades y demandas del entorno, como también definir el riesgo que la empresa está dispuesta a asumir. Al respecto, Nonaka *et al.* (2001) se refieren a la existencia de un diálogo interno o "conversación estratégica" entre: *a)* las estrategias de supervivencia, que buscan neutralizar las amenazas y dominar el ambiente de negocios para mantener la rentabilidad vigente, y *b)* las estrategias de renovación, que se sostienen en una visión de futuro, el desarrollo de los conocimientos y las cualidades necesarias para incrementar el poder de negociación y posicionarse en los negocios emergentes.

Respecto de esta "conversación estratégica", debe remarcarse que las fuerzas que operan en el contexto competitivo suelen imponer la necesidad de hacer cambios en la organización. Estas fuerzas (y oportunidades) pueden requerir cambios de distinta intensidad, que llevan o no a modificar las estrategias de fondo de la organización. En un hospital no es lo mismo actualizar el equipamiento que dejar las prestaciones médicas y convertirse en un seguro de salud (negocio financiero). En el mundo de las empresas, las estrategias tienen que ver con la posibilidad de mantener las ventajas competitivas y aprovechar nuevas oportunidades. La estrategia de supervivencia explota las fuentes vigentes de diferenciación como patentes, localización o acceso a materias primas. Las estrategias de renovación explotan futuras fuentes de ventajas competitivas como las derivadas de la investigación de nuevos procesos.

En la relación supervivencia-renovación, debe señalarse que pocas ventajas competitivas son permanentes. Una empresa productora de aluminio puede disfrutar de bajos costos porque dispone de una planta de energía propia, mientras sus competidores deben comprar electricidad en el mercado abierto. Las inversiones necesarias le hacen mantener la ventaja, pero también es cierto que los precios de energía varían y en algún punto la situación puede revertirse. En esta relación también pesa la experiencia y la búsqueda de certeza, que es una actitud normal en las decisiones de la administración. Respecto de la supervivencia, Nonaka y Takeuchi (1999) señalan que los horizontes de los directivos se ven influidos por las necesidades inmediatas de los participantes: accionistas, clientes, empleados, que desean y necesitan ver los resultados en el corto plazo.

Desde el lado de la renovación, el factor de obsolescencia tecnológica es importante. En este sentido, J. Ollila (1996), directivo ejecutivo del grupo Nokia (electrónica), afirma que "con el paso de los años, el período de vida de las ventajas competitivas de esa compañía se ha reducido a la mitad". A modo de síntesis podemos decir que en el nivel político, con visión de futuro y evaluando los escenarios posibles, deben definirse las prioridades de la organización. Sobre esta base, el desafío para la dirección es encontrar un razonable equilibrio entre las estrategias de supervivencia y de renovación. Lo "razonable" implica considerar tanto las oportunidades de contexto como las capacidades propias y la particular configuración de fuerzas en la organización.

En la figura 3 (pág. 187) se muestran las etapas del proceso estratégico. A partir de la visión, la misión y los propósitos de la

185

organización y la consideración de las fuerzas ambientales, se analizan los escenarios posibles (mercados) para llegar a una formulación de las estrategias. La formulación refiere a las líneas básicas de acción: *a*) la integración vertical de actividades relacionadas dentro del mismo negocio (como producir la materia prima); *b*) la diversificación de las inversiones en distintas áreas de negocios, y *c*) la concentración en forma de alianzas o fusiones dentro del ramo. La etapa de implementación se expresa en la definición de proyectos concretos, asignación de recursos y ejecución en un contexto cambiante. Los resultados de las decisiones se evalúan para generar las medidas correctivas necesarias, incluyendo tanto la actualización como la redefinición de las líneas estratégicas. En la figura 3 se destaca que la permanente lectura de los cambios ambientales, el análisis del propio potencial (competencias) y la capacidad de corregir el rumbo son elementos salientes de una concepción estratégica de los negocios.

11. Estrategia y contexto: los escenarios

La estrategia es un concepto que se refiere a la necesidad y la voluntad de enfrentar no sólo lo inesperado (el momento), sino también lo desconocido (en cuanto al tema o la fuerza). Parece una contradicción enfrentar lo inesperado, pero de eso se trata. La estrategia no es una definición para un caso aislado; es una pauta para el futuro. La empresa intenta lograr sus objetivos a pesar de los factores inciertos en el entorno. En su contexto operan las fuerzas competitivas del sector económico, las cambiantes demandas de usuarios y clientes, y otras variables del medio ambiente social y político, que no son controlables.

El concepto de estrategia se refiere a la capacidad de adaptación de la empresa, pero no a la autoorganización. Es decir, se trata de cambios pensados, deliberados, en el marco de un plan general. No son respuestas de momento que se ajustan en forma impensada a las necesidades de supervivencia y continuidad de la empresa. Si bien hay decisiones que flexibilizan los planes o que reajustan los objetivos, esto no ocurre por procesos desconocidos que se articulan naturalmente entre sí. Respecto de la estrategia, la metáfora de lo viviente es de aplicación limitada.

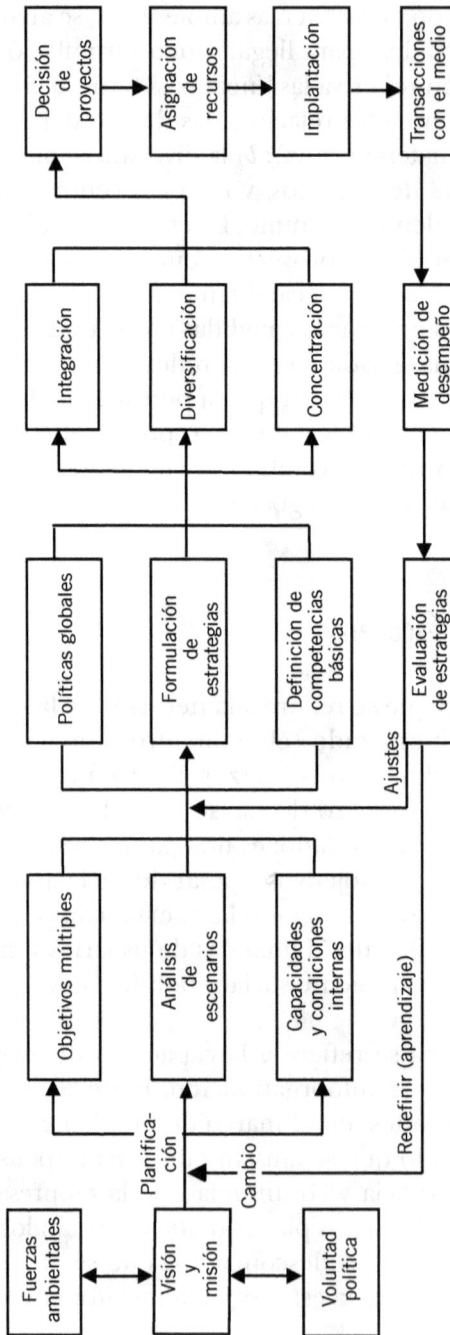

Figura 3. El proceso estratégico.

Las estrategias no se aplican para ambientes programables; no son rutinas para resolver problemas ya experimentados. Se refieren a un ambiente donde la empresa debe enfrentar los desafíos de las fuerzas competitivas que actúan en mercados que "tienen sus reglas", es decir, que no son cautivos. No hablamos de la existencia de una supuesta mente o fuerza de los mercados como si fueran una entidad pensante. Pero sí advertimos la existencia de reglas y de una interrelación de factores que son externos a la empresa y que a sus directivos les resulta difícil desarticular o reorientar.

La estrategia no se formula como un compuesto químico, porque sus componentes deben adecuarse a las condiciones ambientales. Digamos que son decisiones únicas, no programables. La eficacia de la estrategia tiene que ver con la inteligencia de la dirección, en cuanto a la riqueza o creatividad de los cursos de acción planteados. Pero también la eficacia se relaciona con los cambios en el entorno. Como el contexto no es previsible, la imaginación o visión del directivo desempeña un rol primordial. Esto no es magia o adivinación; tiene que ver con la capacidad de repensar las propias experiencias en un ambiente complejo.

En el enfoque estratégico, el contexto suele identificarse con las fuerzas que compiten y sostienen o colaboran con la organización. La pertinencia de una estrategia (si es o no correcta) depende del peso relativo de los factores que juegan en el análisis: *a)* los productos y las demandas de los clientes, usuarios y otros actores del entorno social, económico y jurídico, y *b)* los productos y servicios que la empresa está dispuesta y preparada para ofrecer en su contexto. La estrategia refleja entonces una toma de posición (una opción entre las disponibles) que se construye sobre la base de las influencias y capacidades internas, en conjunción con las demandas del contexto, el cambio tecnológico y las ofertas de otras organizaciones del medio. Lo pertinente en el campo de las estrategias se refiere entonces a una doble mirada, interna y externa, del presente y las formas de llegar al futuro proyectado.

De manera que la estrategia es una decisión compleja que requiere una adecuada lectura y exploración de las capacidades internas analizadas en el marco del entorno pertinente a la organización (y su futuro). ¿Qué puede hacer un periódico frente a los cambios en las tecnologías de comunicación que hacen obsoleta la idea tradicional de "imprimir el diario" sobre papel? ¿Qué decisiones tomará una escuela frente a las nuevas demandas relacionadas con la educación a distancia? ¿Cómo hará el pequeño almacén de comestibles para enfrentar al supermercado? ¿Cuál será la respuesta de la empresa que produce combustibles frente al avance de las fuentes alternativas de energía? La idea de fondo en estas cuestiones es que la empresa no puede evadir las "olas de cambio" que atraviesan el ambiente y que avanzan en varios frentes a la vez.

El contexto hace que la dirección deba tomar decisiones de futuro de carácter general (redimensionar la empresa), como también asumir posiciones concretas (fabricar o comprar). En un entorno con una demanda estable, competidores conocidos, productos con largo ciclo de vida y cambio tecnológico lento, la estrategia sigue a los objetivos y puede expresarse por medio de planes detallados; por ejemplo, es posible especificar el momento y la forma de invertir en equipos, de contratar personal y asumir compromisos financieros. En este ambiente son más aplicables los conceptos de planificación estratégica, desarrollo de capacidades distintivas y posicionamiento.

Pero cuando el entorno se modifica en forma continua, los cambios son imprevistos y aparecen nuevos competidores, entonces la noción de estrategia se hace más cambiante y ambigua, de manera que no puede expresarse mediante planes detallados de futuro. En el marco de la incertidumbre y lo imprevisible, el concepto de estrategia está más asociado con la idea de lo flexible o cambiante, como el hacer maniobras, los movimientos de fuerzas, los pactos y negociaciones con otros actores en el mercado. Las decisiones de futuro en ambientes inciertos buscan evitar las inversiones atadas a un solo objetivo y, en general, las elecciones que son difíciles de revertir en el tiempo.

Es también en la incertidumbre donde la estrategia tiene más que ver con el aprendizaje y la adaptación. En este ambiente de duda e incertidumbre es visible que las estrategias implican opciones entre caminos posibles. Opciones, porque los directivos deben asumir riesgos y dejar a un lado alternativas que también tienen sus ventajas. O sea, varios caminos son posibles o razonables, no son excluyentes y tienen que ver con los criterios dominantes en el momento de la decisión. Las opciones tienen que ver con las prioridades antes que con lo mejor o lo peor; se refieren a una decisión macro o genérica; por ejemplo, la cuestión de producir o tercerizar, importar o fabricar, mantenerse o expandirse.

Es cierto que toda decisión, y no solamente la estratégica, tiene alternativas, costos y resultados. Pero no todas son una pauta o un criterio que condiciona los comportamientos futuros de muchos directivos y sus áreas de negocios. Despedir a un delegado no es lo mismo que tomar la decisión de no negociar más con el sindicato para en el futuro hacerlo directamente con los obreros. Un acto aislado de poder no es análogo a poner en marcha un movimiento de fuerza detrás de un objetivo de largo plazo.

En el caso de la estrategia, la elección afecta objetivos y acuerdos importantes para la continuidad de la organización. La decisión de mantener precios siempre por encima de la competencia y llegar a un segmento de alto poder adquisitivo no es solamente una cuestión financiera, porque también afecta los planes de otras áreas y el crecimiento de la empresa en forma global. Tampoco todo ocurre en un ambiente previsible o planeado. Si bien la estrategia es una decisión pensada, hay situaciones que calificamos como estratégicas en el momento en que se presentan, cuando las analizamos y vemos sus implicaciones; por ejemplo, cuando se plantea el tema de la sucesión del fundador en una empresa familiar.

Por todo ello, en el campo de las estrategias es difícil hablar de la mejor alternativa. Se hace referencia a la decisión que es pertinente o adecuada al escenario en que la empresa habrá de actuar, como las estrategias de personal que se definen para un contexto de desocupación y crisis creciente. Otras veces, la propia estrategia genera un estado de cosas que escapa al control de los directivos; por ejemplo, la agresividad que se plantea respecto del entorno (ganar o ganar en los mercados), luego se convierte en una cultura de confrontación en el ambiente interno. Y en este ambiente de lucha es difícil coordinar los esfuerzos. Si bien las estrategias son pensadas con la mirada puesta fuera, los directivos deben cuidar que esas decisiones también permitan algún equilibrio interno de fuerzas.

La definición de escenarios no sólo está contenida en el análisis estratégico. También es una manifestación del proceso más amplio de aprendizaje en la organización, un proceso donde los directivos imaginan la relación entre el estado actual y la capacidad para procesar los cambios que se acercan (o se consideran deseables). El análisis de escenarios permite a los ejecutivos reexaminar las premisas actuales y organizar las visiones sobre el futuro. Permite pasar a "pensar lo impensable", es decir, cambiar las expectativas o el conocimiento tácito de los ejecutivos, por ejemplo, sus premisas, sus valores y creencias.

Si el análisis es parte de una reflexión crítica y lleva al cambio, puede hablarse de nuevo conocimiento y aprendizaje. Este proceso admite distintas intensidades. Considerar las demandas del futuro puede llevar, en una organización pensante, a la adaptación o también a la renovación; por ejemplo, frente al avance en las redes de comunicación, incorporar nuevos programas de capacitación o un nuevo modo de hacer negocios (hacer el *e-business* o empresa virtual). La renovación se refiere al hecho de modificar las "percepciones o mapas mentales" de los directivos acerca de la realidad actual y los entornos futuros.

Este análisis de escenarios no se refiere solamente a las variables que son predecibles o pueden pronosticarse (como la evolución de la demanda o el clima). Lo importante desde una visión estratégica es el funcionamiento de las *incertidumbres clave* o *fuerzas motrices*, así denominadas porque tendrán fuerte incidencia sobre el negocio; por ejemplo, una crisis política en los países que proveen la materia prima, la innovación tecnológica o la irrupción de nuevos competidores en el mercado.

Respecto de la aplicación de este método en la empresa Shell, el experto Van der Heijden (1994) explica que "los gerentes y planificadores trazan dos o tres escenarios y los utilizan en extensas reuniones con los directores, para converger en una representación compartida del contexto y un consenso sobre las posibilidades de la empresa en ese nuevo medio ambiente". El método, al construir y cambiar la llamada *percepción corporativa*, también lleva hacia nuevas opciones estratégicas; por ejemplo, el petróleo crudo varía según la región geográfica, por lo que una refinería diseñada para procesar crudo proveniente de una fuente no necesariamente es capaz de trabajar con el crudo procedente de otra. Los costos y la productividad de las refinerías también son diferentes. Imaginar las posibles crisis políticas y de relación con las regiones (o las fuentes) es un ejemplo de incertidumbres clave para las decisiones de inversión.

12. La estrategia como diseño

Nos referimos al diseño en el sentido de que una estrategia es una forma que se construye desde el gobierno de la empresa o la alta dirección. Para ello sigue criterios objetivos como la tasa de retorno, y también subjetivos, como la visión del directivo. En el diseño es posible distinguir entre: *a)* la formulación de la estrategia, donde se analizan y se definen las opciones, y *b)* la programación operativa e implementación, donde se considera la factibilidad y se establece la forma de movilizar los recursos y las capacidades tras las opciones elegidas. La lógica dominante es que la estructura sigue a la estrategia.

En cuanto al análisis de las opciones, antes de inclinarse por una elección particular los directivos deben valorar los puntos fuertes y las debilidades de la compañía, junto con los recursos disponibles y la posibilidad de ampliarlos, fortalezas considerando los futuros esperados. Esto lleva a distinguir entre su capacidad actual, sus posibilidades potenciales y los nuevos recursos que serán necesarios para aprovechar las oportunidades del mercado y enfrentar las fuerzas competitivas. El análisis muestra la brecha "estratégica" entre la tendencia de la empresa y las demandas del futuro.

El concepto de estrategia se refiere a la definición de un patrón (como guía decisoria) y a un modelo sobre el futuro deseado (la coordinación entre diversos proyectos). El modelo integra los propósitos y las políticas con las acciones encaminadas a lograrlas, para imprimirles un sentido o rumbo compartido. De manera que un punto clave de la estrategia es darles coherencia a las decisiones de la organización. Decir que una organización dispone de una definición estratégica implica que en ella no se toman decisiones aisladas, sino que sus ejecutivos se ajustan a pautas sobre el futuro y las prioridades compartidas.

En cuanto al método de diseño, K. Andrews (1980) explica que no existen decisiones estratégicas que siempre sean las mejores, en cualquier entorno. La estrategia tiene sus propios criterios o condiciones de lógica, que la hacen más o menos correcta. Ellos son: *a)* la consistencia, porque "la estrategia no deberá presentar metas ni políticas inconsistentes entre sí"; *b)* la consonancia, porque "debe representar una respuesta adaptativa a los cambios relevantes en el medio externo", y *c)* la factibilidad, "porque la estrategia no debe agotar los recursos disponibles o crear demandas técnicas que no son solubles".

De acuerdo con un esquema racional, los directivos no pueden actuar en forma meramente reactiva, contestando en forma impensada. Ellos se encuentran con realidades inciertas que requieren innovación y creatividad. Y para eso deben prepararse y disponer de una orientación o un marco que también les permita integrar los resultados de la experiencia. El análisis estratégico implica determinar y focalizar los planes alrededor de las variables críticas del futuro de la empresa. El concepto de estrategia se refiere a ese análisis de futuro y la elección de la opción deseable y posible, pero también al hecho de seguir una línea de acción conocida y aceptada en la relación con los mercados.

Las estrategias conocidas no son las mejores en toda situación. Lo importante es que sean compatibles con la naturaleza de la organización, su entorno y sus recursos potenciales. El análisis de las opciones se refiere a las formas necesarias para crecer, pero también a las alternativas posibles y adecuadas. La idea de innovación, que está en la base de la estrategia, expande el concepto de lo posible. En el caso de las pequeñas empresas, una estrategia compatible incluye las siguientes decisiones: diseñar estructuras flexibles, concentrarse en productos especializados, realizar negocios localizados, ofrecer productos que requieren alto grado de habilidad y proporcionar servicios personales a los clientes.

Las opciones estratégicas tienen su criterio o razón dominante, que les da sentido. En una empresa pequeña, la idea de fondo puede ser armar un nicho poco expuesto para no competir directamente con las grandes empresas. Pero este razonamiento "no es una ley" estratégica; es una opción. De hecho, también una pequeña empresa puede intentar confrontar y atraer a los clientes de los grandes competidores ya establecidos, no como un acto de heroísmo, sino porque el emprendedor pequeño ha diseñado formas adecuadas para diferenciar los productos o servicios, ofrecerlos a un bajo precio y hacerlos elegibles en el mercado.

Las estrategias se definen en un marco organizativo; no son arbitrarias ni actitudes personales. El marco se refiere a los acuerdos de base o constitutivos que sostienen la organización y que pertenecen al ámbito de lo político o de las relaciones de poder. Son límites a la flexibilidad de la decisión estratégica, o bien, la apertura a nuevas oportunidades. En un centro de salud, el marco tiene que ver con los acuerdos entre los médicos (asociados) y los requerimientos de las prestaciones de salud. En los medios de comunicación hay políticas en cuanto al manejo de la información, relacionadas con la imagen, la credibilidad y el respeto a la privacidad. Son cuestiones de política que estrictamente no dependen de la evolución de la tecnología o el cambio en los mercados, como la necesidad de reforzar los lazos con los sindicatos y el gobierno.

Respecto del manejo de los tiempos, la actitud estratégica implica ganar la iniciativa y anticipar los posibles movimientos de otros actores en el contexto. Según Handscombe y Norman (1993), en lugar de reaccionar ante el hecho consumado o proyectar lo conocido, la dirección debe aplicar un "liderazgo estratégico". Este liderazgo aplica un razonamiento anticipador porque debe imaginar los escenarios posibles, y también es proactivo porque se moviliza en dirección de los resultados deseables (los promueve). Por ejemplo, imaginando los efectos de las nuevas redes informáticas, el líder reconsidera la empresa de modo que en el futuro los empleados y los clientes puedan conectarse desde sus hogares ("empresa virtual").

Vista desde la racionalidad administrativa, la estrategia es también el resultado de una actitud coordinadora, de búsqueda de sinergia. Puede darse como una orientación que articula y resume los enfoques parciales (y sobre el futuro) que están operando en las áreas de finanzas, producción y comercial. En estos casos, la estrategia opera como un factor integrador que permite optimizar esfuerzos, sacarlos de su aislamiento y ponerlos en relación con los objetivos globales y las cambiantes demandas ambientales. La organización necesita un ambiente de innovación y creatividad para compensar el peso de las rutinas y procedimientos. También requiere pautas compartidas y una clara orientación para enfrentar la complejidad y la incertidumbre. Como veremos más adelante, el concepto de dirección estratégica es un intento de reconocer la importancia de esta función creativa e integradora.

13. La estrategia emergente

En el proceso de creación de una estrategia se suele distinguir entre las etapas de análisis, elección e implantación. Sin embargo, en la realidad las estrategias también surgen de la interacción con la realidad, sin responder a un diseño previo. La idea de lo emergente se refiere a decisiones no planeadas, pero que se instalan como condiciones o pautas para el futuro. No afectan los propósitos o el área de negocios de la empresa, pero significan nuevos caminos no pensados, distintos de las intenciones originales; por ejemplo, una devaluación o nuevas leyes aduaneras e impositivas hacen que la decisión original de una empresa de importar vehículos desde su casa matriz se transforme en una decisión de comenzar a producirlos o ensamblarlos en una fábrica local.

Estas decisiones emergentes pueden surgir de la iniciativa (interna) de gerentes intermedios o de sucesos (externos) no previstos en la estrategia original. En todo caso, son parte de los procesos de cambio no planeado; por ejemplo, los centros de estudios de una región deben repensar sus estrategias de enseñanza cuando las empresas que llegan para instalarse en el lugar plantean nuevas demandas de capacitación para su personal. Los planes tradicionales de estudio ya no sirven y las estrategias deben orientarse a la firma de acuerdos con las empresas. No se trata de una adaptación, porque hace falta armar una nueva orientación.

En la medida en que lo emergente se refiere a una decisión innovadora, no se trata de una "reformulación", un mero reajuste o adaptación de lo existente. Es una decisión creativa que se produce en un escenario no imaginado. Las empresas pueden disponer de un enfoque abierto y de un ambiente de trabajo permisivo respecto de esta creatividad *in situ*, en el momento oportuno. Este enfoque considera que la organización se construye a sí misma no sólo desde sus planes, sino también desde su relación con un entorno cambiante. Al respecto, Van de Ven (2001), en su estudio sobre la cultura de la innovación afirma que las organizaciones creativas "tienen estrategias que son lo suficientemente abiertas como para dar lugar a lo inesperado, de modo de estar en condiciones de manejar situaciones que se modifican a gran velocidad".

Hablar de lo emergente implica que ciertas estrategias se construyen mediante un proceso de aproximaciones y no a través de la planificación centralizada. El carácter emergente de las estrategias no significa que la empresa opera a la deriva, buscando nuevas oportunidades; de todos modos hay un marco que le da sentido a lo impensado. La novedad es congruente con los propósitos de la organización y el marco de los negocios. Pero esta congruencia no significa que existe una racionalidad global, de forma que la nueva estrategia, para funcionar, deba primero ser incorporada a una pirámide de planes.

Lo emergente implica que en la organización hay "varias iniciativas y líneas argumentales" que la movilizan, y esto no debe entenderse como un problema, sino como la descripción de factores que dinamizan la organización. En este ambiente complejo, la estrategia corporativa no es exclusiva de la alta dirección. Según la tesis de R. Burgelman (1986), los ejecutivos medios logran desarrollar las llamadas *conductas estratégicas autónomas* para los negocios que ellos mismos impulsan en sus áreas de influencia. Se trata de estrategias que se crean "en la acción" para resolver los vacíos en los planes oficiales.

Respecto de las estrategias creadas en la acción, en un entorno incierto y cambiante, la dirección debe controlar: *a)* que las iniciativas no se opongan entre sí, y *b)* que sean compatibles con la ideología o los valores centrales de la organización. Sin estar premeditadas, las decisiones importantes deben seguir siendo congruentes; por ejemplo, las decisiones de un fondo de inversión que actúa en un mercado convulsionado pueden cambiar de rumbo en las inversiones planificadas, pero sin abandonar los criterios de rentabilidad, seguridad y confiabilidad en sus operaciones.

La realidad del cambio no planeado muestra la importancia de los gerentes que operan en contacto con el medio ambiente, y no aislados en las oficinas centrales. En este sentido, tal como afirman Noda y Bower (1996), "las iniciativas estratégicas emergen básicamente de las actividades de los jefes intermedios y de menor nivel que por lo general tienen conocimientos específicos de la tecnología y que están más cerca del mercado". Pero dichos autores también reconocen que los directivos superiores ejercen una influencia crítica sobre estas actividades no planificadas, estableciendo el contexto estructural en que se toman tales decisiones. El contexto se refiere a la definición de los objetivos corporativos, la asignación de recursos y la arquitectura de la organización.

El concepto de lo emergente se relaciona con la idea de la organización como sistema que debe procesar las continuas perturbaciones de un contexto turbulento y no predecible. En términos de R. Stacy (1995), "la estrategia se construye como parte de un orden emergente del caos". En el plano de los conceptos, la estrategia se refiere al intento de ponerle racionalidad o darle un sentido al cambio. Pero la teoría del caos y la complejidad enseña que decisiones importantes se toman sin considerar los planes. Más bien se negocia con fuerzas no controlables o desconocidas o en un entorno donde las reglas son cambiantes.

En este marco, el orden resultante es posible porque el sistema tiene capacidad para hacer que lo imprevisto no provoque su ruptura o una catástrofe; es la capacidad de procesar la perturbación para que no se superen los límites de la viabilidad. Son realidades y capacidades que corresponden a las llamadas *organizaciones innovadoras*. No porque se lo proponen, sino porque son llevadas a serlo. No es sólo la lucha por mantenerse, sino también la capacidad de la organización y sus directivos para cuestionarse o renovarse a sí mismos.

El tipo de organización que calificamos de innovadora no logra un equilibrio estable interno o externo. Según D. Levy (1994), la teoría del caos enseña que ellas "nunca logran pasar por el mismo estado más de una vez". En estas organizaciones, el orden no es algo previsible sino una realidad "sorprendente". La idea de la innovación también incluye la actitud de los directivos de perturbar o conmover la propia estructura y los procesos, para movilizarlos y evitar que se cristalicen; por ejemplo, remover la plana mayor como método. En la organización innovadora las estrategias son de plazos reducidos y muy flexibles. No son el resultado del análisis o la reflexión, sino de la presión en un cuadro de tensiones que requieren decisiones novedosas (la experiencia no alcanza).

En el marco de las organizaciones innovadoras, las estrategias son una explicación de las decisiones tomadas, una formulación retrospectiva. Después de hallado el camino para superar la crisis o la emergencia, se les encuentra sentido a las decisiones. "Nuestra posición ha sido dejar que se produzca la huelga para poner en evidencia a los dirigentes reconocidos y a los burócratas." En un entorno de crisis o de exigencias contradictorias (proveedores, clientes, gobierno), es común que el pensamiento siga a la acción. No es lo mejor, pero tampoco hay tiempo o experiencia aplicable. En términos de K. Weick (1995), no es posible aprender sin actuar. La organización descubre sus propias virtudes al aplicarlas. La función de la estrategia es conservar para el futuro las decisiones que la realidad muestra como deseables o razonables (mirada retrospectiva para encarar el futuro).

El peso de lo emergente en una organización tiene límites. Una idea es reconocer la existencia de los cambios no planificados en la empresa y otra es predicar lo impensado como forma de crecimiento. La idea del cambio constante es atractiva y también tiene algo de necesario (según el entorno y la organización). Pero es una idea que "debe" utilizarse en un marco de referencia ideológico y con una orientación directiva compartida. *Debe*, si la intención es una acción cohesiva y con comportamientos previsibles, y no solamente exitosos.

197

Mirar en silencio las decisiones emergentes es entonces una actitud que se opone al concepto de "política de empresa".

La estrategia también tiene connotaciones de política. Desde la organización no sólo se intentan maniobras de poder en las relaciones con el contexto (competidores, proveedores o clientes), sino que también existen planteamientos en el plano de las relaciones internas por la presión de los grupos de interés. En este sentido, H. Mintzberg (2003) afirma: "nosotros pensamos que las estrategias pueden emerger de los procesos políticos, y de hecho lo hacen. Una sola decisión a la que se ha arribado en forma política sienta un precedente y establece un patrón para el futuro". En particular, este enfoque es pertinente cuando se considera a la organización como una arena política donde se negocian fines e intereses grupales.

La existencia de un entorno incierto y con exigencias cambiantes hace que la dirección deba buscar un equilibrio entre condiciones no negociables y flexibilidad en la orientación. Lo emergente desestabiliza a la organización cuando su funcionamiento pasa a depender de una sumatoria de tácticas o racionalidades locales. Confiar en las estrategias emergentes es riesgoso en organizaciones con alto impacto social y que exigen una fuerte cohesión en sus decisiones, como ocurre con los aeropuertos, los hospitales o las plantas de energía nuclear. En cambio, para las empresas que desarrollan alta tecnología, el riesgo, la novedad y la rápida respuesta son parte del negocio.

Muchas veces la dura realidad de una amenaza impensada (un producto sustituto) o la presión de las fuerzas competitivas son una conmoción que lleva a replantear las estrategias. Pero los escenarios cambiantes no son suficientes como disparadores del cambio, ni los sucesos llevan siempre a una respuesta oportuna o pertinente. Para una decisión inteligente, también se requiere disponer de un potencial creativo en la organización; por ejemplo, la incorporación de nueva tecnología no es un camino viable si no existe la posibilidad de entenderla y procesarla. De manera que la estrategia emergente no es puro accidente, sino que también refleja el conocimiento y la capacidad creativa de la organización. Si lo emergente no es rechazado y se convierte en una pauta para el futuro es porque tiene que ver con el proceso de aprendizaje en la organización, tal como se analiza en la sección siguiente.

14. Estrategia y proceso de aprendizaje

Cuando la estrategia es un diseño reservado a la dirección o a las oficinas centrales de planificación, es común que existan dificultades en la aceptación y la implantación, por tratarse de un producto "de laboratorio". En el otro extremo, la definición de la estrategia puede darse como una tarea de equipo en interacción con las nuevas oportunidades en el contexto. Esta forma de planificación interactiva tiene que ver con el aprendizaje sobre la marcha que resulta de enfrentar lo inesperado y de evaluar los propios éxitos y fracasos. El aprendizaje no es algo natural, sino un método y una capacidad que las organizaciones deben desarrollar para entender los cambios ambientales y lograr que sus estrategias sean efectivas en la práctica.

En un contexto incierto, cambiante y retador, la posibilidad de tener variantes o versiones se constituye en un rasgo vital de la planificación y las elecciones de futuro. La estrategia no es un camino que lleve a un solo lugar, ni se toma de una vez y para siempre. En este sentido, Arie de Geus (1997) en su libro sobre la empresa viviente sostiene que el concepto de estrategia suele ser mal empleado. "No debería ser un sustantivo; uno no debería tener una estrategia, como un documento al cual se ajusta la organización. En realidad, la estrategia debe ser tomada como un verbo, algo que se realiza, en vez de algo que se tiene." Este comentario advierte que la estrategia no es tanto un plan en abstracto como una línea de acción que va incorporando la experiencia que adquiere la empresa en su interacción con el medio.

Aunque se refiere a medidas en el futuro, la estrategia no es lo mismo que un plan formalizado. Según Johnson y Scholes (2001), "la estrategia es la orientación a largo plazo que sigue la organización, no un documento en el cajón de un directivo... El otro peligro de la estrategia es convertirse en un mero ejercicio intelectual". Es decir, la estrategia efectiva no es una orientación predefinida desde una oficina central. La decisión estratégica es articuladora de distintas visiones e intereses. Recoge las iniciativas que están siendo generadas en diversas áreas y la experiencia que los directivos incorporan a través de las sucesivas decisiones de cambio.

Desde la perspectiva del aprendizaje, J. Quinn (1980) ha sostenido que la estrategia no deriva de la planificación y que esta sólo tiene un rol informativo o explorador de futuros. Afirma que "la verdadera estrategia tiende a evolucionar en la medida en que las decisiones internas y los sucesos externos fluyen juntos para crear un consenso nuevo para la acción, compartido entre los principales miembros del equipo directivo". En este proceso interactivo, los directivos tienen la función de generar credibilidad y ampliar la base del consenso. La construcción de estrategias desde la interacción requiere un clima de apoyo político que permita negociar las oposiciones y respaldar las iniciativas renovadoras.

La definición de una estrategia no siempre es una actitud reflexiva o producto de un largo análisis de las oportunidades. Tal como advierte A. Grove (1997) desde su experiencia en Intel: "una parte cada vez mayor de nuestros recursos de producción fue aplicada al naciente negocio del microprocesador, no como consecuencia de una dirección estratégica específica de los altos directores, sino como el resultado de las decisiones cotidianas de los ejecutivos medios, los planificadores de la producción y el personal de finanzas".

El aprendizaje implica que hay un proceso de evaluación de los cambios ambientales para darles respuesta y no sólo para registrarlos. Muchas veces, los ejecutivos de las áreas de operación son quienes se enteran y se conectan primero con los cambios inminentes. Ellos también desarrollan cierta capacidad específica que les permite entender las señales del contexto, es decir, ven amenazas y oportunidades, no sólo hechos aislados. Información que parece inocua es tomada en la línea como un indicador de cambio que debe atenderse de inmediato. Debido a esta lectura y a la acción reactiva de los mandos medios, los sucesos en los mercados tienen efectos menos drásticos (más graduales) sobre la empresa.

El concepto de estrategia incluye la posibilidad de hacer maniobras frente a lo imprevisto, y esto da flexibilidad y factibilidad a los planes de largo plazo. Las alternativas y maniobras son necesarias porque la estrategia se proyecta y se realiza en un contexto donde operan fuerzas competitivas. De todos modos esto no ocurre de manera caótica, porque los ajustes se hacen en el marco de lo viable políticamente y para mantener el rumbo decidido. El factor clave de las estrategias es que permiten alcanzar los objetivos de múltiples modos, sin por ello incumplirlos o contradecirlos, sin necesidad de cambiar el rumbo en forma drástica.

Por ejemplo, a partir de los objetivos de crecimiento y expansión, los directivos de una escuela pueden intentar el camino de aumentar la oferta (educación a distancia), incorporar otro nivel (universitario), integrar otros servicios (de inserción laboral), realizar alianzas con otros prestadores, proyectarse en otros ambientes (en el extranjero). La decisión es compleja y requiere análisis, pero hay múltiples caminos para crecer. Importa que la organización pueda leer esas nuevas posibilidades y las integre a las definiciones estratégicas.

El contexto incierto requiere estrategias dinámicas. Ya no se trata de una "guerra de posiciones" donde las empresas intentan ocupar espacios como si fueran cuadros de un tablero de ajedrez. Tal como sostienen Stalk *et al.* (1992), "ahora la competencia es una guerra de movimientos, un proceso que resulta más parecido a un juego interactivo de video que al ajedrez". Al referirse a la empresa Honda, dichos autores comentan que "no alcanzó el éxito sólo por los diseños innovadores de sus productos, sino también por la habilidad de la compañía para apoyar a su red de distribuidores con políticas de mercadotecnia". Destacan la capacidad de la empresa en la llamada *administración de distribuidores del producto*. La creación y aplicación de habilidades distintivas pasan a ser un factor crítico para la dirección estratégica.

Con un enfoque dinámico, la esencia de la estrategia no es solamente luchar para lograr posicionarse en una estructura de mercado, sino también desarrollar habilidades y capacidades distintivas que le permitirán a la empresa diferenciarse en dicho mercado. Las capacidades son las fuentes que dan ventajas competitivas sostenibles a las empresas frente a sus adversarios; por ejemplo, es importante el diseño de los productos, pero también la capacidad de la empresa para generar conocimientos. Esta idea corresponde al enfoque de estrategias orientado hacia las capacidades y habilidades distintivas. Es diferente del enfoque estructural de la estrategia, que se preocupa por el posicionamiento de la empresa considerando el grado de atracción y la relación de fuerzas que operan en el sector de la industria (M. Porter, 1980).

Otra crítica al enfoque estructural consiste en que se limita a las ventajas objetivas o manifiestas que devienen de los procesos técnicos o comerciales. Lo manifiesto se refiere a los métodos, los costos, precios o marcas que permiten establecer diferencias y agregar valor a los productos. Desde la gestión del conocimiento, Nonaka y Takeuchi (1999) sostienen que el saber implícito es una fuente de competitividad para las empresas. A pesar de ello, "la estrategia convencional no puede tratar con cuestiones de valores y creencias... la preocupación por la información explícita hace que los estrategas ignoren el papel creativo de la visión, los sistemas de valores y otros activos intangibles".

El saber implícito que no consta en documentos oficiales y los factores humanos no cuantificables (como la imagen o visión compartida) no suelen considerarse en los procesos de planificación estratégica porque presentan un alto componente de subjetividad. Sin embargo, dichas visiones o la actitud proactiva de los integrantes son parte del activo intelectual e intangible de la organización. Se trata de un activo que debe aplicarse a los procesos estratégicos a través de la gestión del conocimiento. Disponer de estrategias efectivas requiere no sólo métodos correctos e información valiosa, sino también considerar tanto el conocimiento como la capacidad de aprendizaje como ventajas distintivas y como una fuente de valor para la organización.

Resumen

Las organizaciones no surgen de manera natural o espontánea, sino que se crean y construyen en forma deliberada, aunque luego desarrollen comportamientos no pensados. En su momento fundacional se definen los propósitos generales que van a orientar su actividad futura, tanto en el plano más abstracto del discurso como en las intenciones concretas de producir bienes o servicios. En el momento del pensamiento y la acción dentro de una organización en marcha, sus integrantes siguen ciertas bases aceptadas y conocidas, que sirven como marco y guía para sus elecciones. Las bases se refieren a definiciones previas, como las misiones, los objetivos, las estrategias y políticas de la organización. Los elementos de la racionalidad son una guía en cuanto a las prioridades y también permiten a los individuos formarse una expectativa fundada sobre el comportamiento del conjunto. Tanto el sentido final de las decisiones (los objetivos) como las definiciones de las tareas de cada grupo (sus funciones en la estructura) constituyen la base de una acción coordinada.

Desde la óptica de lo racional, en la organización coexisten varios criterios que permiten una acción conjunta: *a)* la razón finalista, que pone en relación las acciones con los propósitos de conjunto (la efectividad); *b)* la lógica relacionada con la magnitud y pertinencia de los recursos empleados en las acciones (la eficiencia), una evaluación de la disposición de los recursos requeridos por las nuevas decisiones (factibilidad); *c)* una lógica que se refiere a la búsqueda de congruencia entre la estructura y las demandas del contexto (la adaptabilidad), y *d)* el criterio de mantener la articulación y continuidad de la organización frente a las decisiones de cambio (cohesividad). Otra fuente importante de racionalidad es la estructura administrativa, que establece criterios para especializar las funciones y define la forma de realizar el trabajo. La definición de tareas y puestos de trabajo otorga facultades y fija las responsabilidades de las diferentes posiciones. También se orientan o definen los comportamientos a través de las relaciones de poder que son instituidas por las propias estructuras. Es el poder que no se expresa en los objetivos o las políticas formales, pero que opera a través de la autoridad de quienes conducen y fijan prioridades para las situaciones concretas (decisiones operativas).

Hay momentos y lugares de la organización donde los objetivos y políticas no son tomados como referencia cuando se decide, pero ello no implica el caos. Esta realidad también tiene su explicación si sostenemos la idea de la organización como una configuración. Ocurre que la organización reúne diversos grupos de interés, de representación y opinión; en este contexto es de esperar que se produzcan diferencias respecto de lo deseable (para unos y otros). Aceptando la existencia de un ambiente de diversidad, las diferencias internas tienen sus límites fijados, por ejemplo, por la escasez de recursos o los peligros de la desarticulación. Visto desde la óptica de la dirección, esa diversidad debe ser reconocida (en el marco del pluralismo), pero también enmarcada, si se quiere una organización y no un agregado temporario de fuerzas. No estamos hablando de "alineamientos" que uniforman, sino de puntos de contacto que hacen viable al conjunto. Aun cuando la racionalidad se complica en la práctica, de todas maneras la organización (en tanto conjunto social) opera con ciertos fines declarados y es viable dentro de ciertos límites.

En las organizaciones, los ideales, las creencias y los valores pueden expresarse por medio de la llamada *declaración de principios*. Estas son sus bases ideales, que se relacionan con el contexto cultural en el que operan. La empresa declara compartir y perseguir los valores asociados a su propia naturaleza, según se trate de una empresa de negocios, una cooperativa, asociación civil, empresa pública, etc. Esto es lo distintivo y lo que tiene sentido comunicar en público. En cuanto a los valores generales, se supone que son compartidos en tanto la organización es parte del medio social más amplio en el cual se propone operar. La organización también puede explicar cómo va a contribuir con sus servicios y su funcionamiento al respeto y la promoción de esos ideales sociales. Para ello se comunica la misión de la organización, que hace referencia a la función que ella viene a cumplir; por ejemplo, una empresa de transporte en primer lugar tiene que ver con el trabajo, la libertad de movimientos, la ayuda en la producción de riqueza y en el mejoramiento de la calidad de vida de los ciudadanos. En ciertas organizaciones los valores y creencias impregnan fuertemente sus estructuras, sus formas de gobierno y los criterios para la apropiación o distribución de los ingresos y recursos. Implica tanto una posición ideal como criterios para la praxis. Compartirlos es también una condición de permanencia para sus integrantes, como en cooperativas, comunidades y otras asociaciones sin fines de lucro que funcionan como "organizaciones misionarias".

En el marco de la misión se entienden los múltiples objetivos de la organización, lo cual no quiere decir que ellos dependan de la misión. Las misiones pueden lograrse de múltiples maneras, manteniendo las creencias y valores básicos. La misión de educar en libertad puede realizarse construyendo escuelas o capacitando a docentes. Los objetivos se refieren a los resultados en áreas específicas para concretar los propósitos más generales de ofrecer bienes y satisfacer ciertas necesidades de la población. La organización, considerada como un sistema racional y también sociotécnico, requiere objetivos: *a)* que cubren distintas necesidades de orden económico, político y social; *b)* que tienen diferentes alcances en el tiempo, buscando la relación entre resultados en el corto y el largo plazos, y *c)* que son expresados en forma cualitativa (calidad, imagen corporativa) y también cuantitativa (porcentaje de mercado, retorno del capital invertido).

Las organizaciones son entidades políticas en el sentido de que articulan los intereses de grupos diversos, que encuentran un punto de conveniencia y coincidencia desde donde avanzar juntos, de manera que las decisiones referidas a objetivos, políticas o estrategias no operan en el vacío de poder, aunque quieran presentarse como definiciones técnicas o económicas. Desde la mirada política, las misiones y objetivos están representando los intereses y las ideologías de los grupos que integran la organización. Aun cuando se logra un acuerdo o contrato fundacional en el plano formal, también existe la diversidad de visiones. No todos tienen la misma influencia, de modo que en el equilibrio inicial ya están presentes los factores de inestabilidad que van a dinamizar la organización.

Con el tiempo, la diferencia de intereses y recursos y la diversidad de proyectos individuales hacen que aparezcan grupos que articulan sus esfuerzos para mantener o incrementar sus espacios de poder en la organización. La lectura política permite distinguir entre los fines de las partes y los objetivos del conjunto, las razones de sus coincidencias y divergencias. La actividad política incluye los métodos para tratar las oposiciones o los conflictos entre grupos para que la empresa pueda funcionar en forma estable y las partes orienten sus esfuerzos hacia un rumbo compartido. *Política* se refiere a los métodos vinculados con la articulación de proyectos comunes, el manejo del poder y la superación de conflictos entre sectores. Alude a la formación de pactos y alianzas, el debate y la confrontación de ideas, la discusión en asambleas, los mecanismos de participación en la gestión o la elección de representantes para los órganos colegiados. Estas acciones tienen que ver con la búsqueda de un denominador común en el plano de las ideas antes que con la optimización técnica en el uso de los recursos económicos.

Las posiciones ideológicas, los intereses y las estrategias de poder se expresan en la gestión a través de las decisiones políticas. Las políticas se establecen para fijar una línea de acción preferida (las prioridades) y también para establecer límites a las decisiones cotidianas; por ejemplo, la política de autorizar solamente los proyectos que incluyen un mecanismo que les permite financiarse. Las políticas son prioridades y líneas de acción que derivan de los objetivos de la empresa y son congruentes con sus principios más generales. Si los principios declaran el respeto por los derechos humanos, las políticas de personal no harán discriminación de ningún tipo, salvo reconocer las diferencias de capacidad profesional o adecuación a las demandas del cargo. Si hay un objetivo de desarrollo del capital humano, habrá una política de no utilizar tecnologías que conlleven riesgos para la salud de los trabajadores.

Así como los objetivos definen los estados futuros deseados (recuperación del capital, producción de ciertos bienes, elevación de la calidad de vida), las políticas vienen a informar los caminos y criterios prioritarios para lograr dichos propósitos. El tema es que los objetivos pueden alcanzarse de múltiples formas; por ejemplo, la rentabilidad puede lograrse con diferentes grados de riesgo, en plazos también distintos. Una empresa razonable busca generar beneficios a la vez que intenta preservar y desarrollar su capital humano. Pero también existen negocios que se proponen ser altamente rentables sin reparar en los conflictos con su personal. La consideración de la diversidad de actores, de los escenarios futuros y las fuerzas ambientales lleva al concepto de las decisiones de estrategia en la función de gestión.

La estrategia define las posiciones que la empresa se propone ocupar en el futuro (racionalidad finalista) y sirve como marco para dar coherencia a las decisiones de los gerentes (racionalidad cohesiva). El concepto de estrategia conlleva la idea de actores, escenarios y reglas de juego. En una economía de mercado, la estrategia se refiere a decisiones para confrontar con otros competidores, colocar la producción de la empresa y satisfacer la demanda de clientes y usuarios. Estas decisiones estratégicas se toman con una visión amplia del negocio y sus enlaces con el exterior. Incluyen tanto los propios intereses y capacidades como los acuerdos y la trama de relaciones que es necesario y conveniente establecer con otras organizaciones, como las fusiones, asociaciones y alianzas. El concepto de estrategia incluye la posibilidad de maniobrar frente a lo imprevisto, y esto da flexibilidad y factibilidad a los planes de largo plazo.

Las estrategias son decisiones complejas, porque implican muchas otras decisiones. Se toman desde una mirada amplia que articula factores políticos, económicos y sociales. Son complejas también porque implican una toma de posición que moviliza múltiples áreas de la organización. Se definen para el conjunto de la organización (la estrategia corporativa), para sus divisiones o unidades de negocios (las estrategias competitivas) y para sus áreas funcionales (estrategias de producción, financieras, comerciales, de comunicación, de personal). Cuando la estrategia es un diseño reservado a la dirección o las oficinas centrales de planificación, suelen darse dificultades en la aceptación e implantación, por tratarse de un producto "de laboratorio". La estrategia también puede lograrse como una tarea de equipo frente a las nuevas oportunidades del contexto. Esta forma de planificación interactiva tiene que ver con el aprendizaje sobre la marcha que resulta de enfrentar lo inesperado y evaluar los propios logros. Este aprendizaje no es algo natural, sino un método y una capacidad que las organizaciones deben desarrollar para entender los cambios ambientales y lograr que sus estrategias sean efectivas en la práctica.

Cuestionario

1. ¿En qué sentido los propósitos definidos en la organización tienen que ver con los comportamientos racionales de sus integrantes?
2. ¿Cómo logra la organización mantener la racionalidad de sus decisiones, considerando que en ella operan grupos de interés y sus miembros persiguen fines personales?
3. ¿Cuáles son los mecanismos básicos por los cuales la organización puede avanzar en un marco de objetivos múltiples y en un entorno incierto y cambiante?
4. En el plano de los conceptos, ¿qué diferencias existen entre misión, propósitos y objetivos de la organización?
5. ¿Cuáles son las características de las organizaciones misionarias y en qué se diferencian de las empresas enfocadas hacia los negocios?
6. ¿Hasta dónde las ideologías son criterios para fijar prioridades y hasta dónde son esquemas que limitan las decisiones?
7. ¿Qué factores permiten diferenciar la visión compartida como estrategia de imagen y como un acuerdo voluntario en la organización?
8. ¿Qué elementos de la realidad organizacional llevan a que en la organización se produzca una armonía, pero también una disonancia en cuanto a sus objetivos?
9. ¿En qué sentido la actividad política interna es algo natural en las organizaciones y cuándo se convierte en un factor que las desestabiliza?
10. ¿Qué tipo de contenidos caracterizan las políticas de empresa y en qué se diferencian de los objetivos de la organización?

11. ¿Qué factores hacen que los conflictos internos entre grupos requieran una salida política y no sea suficiente con las decisiones directivas de orden administrativo?
12. ¿Cuáles son los mecanismos de que dispone la dirección para evitar que las divergencias se conviertan en un factor de ruptura o colapso de la organización?
13. ¿Cuáles son las características que permiten distinguir a las llamadas *estrategias* respecto de otras decisiones de planificación?
14. ¿Cuál es la relación entre las políticas de empresa, su orientación estratégica y el diseño de las estructuras internas?
15. ¿En qué sentido las estrategias son una formulación que hacen los directivos, o bien el resultado de la experiencia en las relaciones con el medio ambiente?

Bibliografía

Ackoff, Russell, *Recreación de las corporaciones*, Oxford University Press, México, 1999.

Albrecht, Karl, *La misión de la empresa*, Paidós, Barcelona, 1996.

Andrews, Kenneth, *The Concept of Corporate Strategy*, Richard Irwin, Nueva York, 1980.

Burgelman, R. y L. Sayles, *Inside Corporate Innovation: strategy, structure, and managerial skills*, The Free Press, Nueva York, 1986.

Chaffee, Ernest, "Three models of Strategy", *Academy of Management Review*, núm. 10, Nueva York, 1985.

Chandler, Alfred, *Strategy and Structure*, MIT Press, Cambridge, Massachusetts, 1962.

Courtney, H. y J. Kirkland, "Estrategia con incertidumbre", en J. Magretta (comp.), *La administración en la nueva economía*, Oxford University Press, México, 2001.

Davis, P. y J. Donaldson, *Co-operative management. A philosophy for business*, New Harmony Press, Londres, 1998. (En castellano: *El management cooperativista, Una filosofía para los negocios*. Granica, Buenos Aires, 2005.)

De Geus, Arie, *La empresa viviente*, Granica, Barcelona, 1997.

Drucker, Peter, *Practice of Management*, Harper Collins, Nueva York, 1959.

Flaherty, John, *La esencia de la administración moderna*, Prentice-Hall, México, 2001.

Grove, Andrew, *Sólo los paranoides sobreviven*, Granica, Barcelona, 1997.

Handscombe, R. y P. Norman, *Liderazgo estratégico. Los eslabones perdidos*, McGraw-Hill, Madrid, 1993.

Johnson, G. y K. Scholes, *Dirección estratégica*, Prentice-Hall, Madrid, 2001.

Levy, Donald, "Chaos theory and strategy", en *Strategic Management Journal*, Nueva York, 1994.

Mintzberg, Henry, *Power in and Around Organizations*, Prentice-Hall, Nueva York, 1983.

——, *Safari a la estrategia*, Granica, Buenos Aires, 2003.

Noda, T. y N. Bower, "Strategy making as iterated processes of resource allocation", en *Strategic Management Journal*, núm. 17, Nueva York, 1996.

Nonaka, Ikujiro *et al.*, *Facilitar la creación de conocimiento*, Oxford University Press, México, 2001.

Nonaka, I. y H. Takeuchi, *La organización creadora de conocimiento*, Oxford University Press, México, 1999.

Ollila, Joma, Discurso en la Conferencia de la Comunidad Europea de Escuelas de Administración, St. Gallen, Suiza, 1996.

Porter, M. E., *Competitive Strategy*, The Free Press, Nueva York, 1980.

Quinn, James, *Strategies for Change*, Richard Irwin, Nueva York, 1988.

Selznick, Philip, *Leadership in Administration: a sociological interpretation*, Harper y Row, Nueva York, 1957.

Stacey, Robert. *Managing Chaos. Dinamic business strategies in an impredictable world*, Kogan Page, Londres, 1995.

Stalk, G., P. Evans y L. Shulman, "Competing on capabilities: the new rules of corporate strategy", *Harvard Business Review*, marzo de 1992.

Thomas, Terry, "Inclusive partnership: the key to business success", en *Journal of Co-operative Studies*, Londres, marzo de 1997.

Van der Heijden, Kurt, "Shell's Internal Consultancy", en *The firth discipline fieldbook*, Doubleday, Nueva York, 1994.

Van de Ven, Andrew H. *et al.*, *El viaje de la innovación*, Oxford University Press, México, 2001.

Weick, Karl, *Sensemaking in organizations*, Sage Publications, Thousand Oaks, 1995.

Wright, Peter *et al.*, *Strategic Management. Text and Cases*, Allyn and Bacon, Needham Heights, MA, 1992.

CAPÍTULO 5

ESTRATEGIAS
DE CRECIMIENTO

A. La estrategia de conjunto

1. El negocio y los planes de expansión

El concepto de estrategia se aplica en distintos niveles de la organización. Es posible definir estrategias en el nivel global, como también para las áreas funcionales y las divisiones o unidades de negocios. En el sentido más amplio (temporal, espacial y de productos), existe una definición de la estrategia global que se ubica en el nivel de la alta dirección, porque allí se reúnen los criterios y la información necesarios para dicha decisión. También en este nivel se articulan las líneas de acción e inversiones que se aplican en las diversas unidades de la compañía. La articulación no significa que se uniforman, sino que en la alta dirección se coordinan las diferencias o ventajas comparativas de cada división o unidad de negocios.

La estrategia corporativa implica "una mirada desde la cima" para una organización que se estructura en una trama que reúne a diversas unidades estratégicas de negocios. En este sentido, R. Tomasko (1996) señala que el enfoque de la planificación estratégica tiende a imaginar la corporación como una cartera de empresas individuales: algunas nuevas sin experiencia, otras en crecimiento y que requieren inversiones, otras que generan fondos y también aquellas en su ocaso, pero que están cubriendo sus costos. El sistema de información identifica la contribución de esas unidades al valor de la empresa en el mercado. La idea es que la combinación (cartera) de unidades permita el aumento de ese valor global del paquete accionario.

De acuerdo con este modelo, la dirección central se preocupa por la asignación de los recursos financieros a las diversas unidades; esto permite actuar en varios mercados a la vez y buscar ventajas competitivas en cada uno de ellos. Este encuadre tiene sus ventajas y sus problemas. Puede llevar a la tendencia de crear recursos redundantes cuando cada división trata de incorporar todas las funciones y el personal que considera necesario para su autonomía. De manera que la oficina central debe buscar un inteligente equilibrio entre la coordinación y la descentralización de los negocios. La cuestión es que el valor de mercado (el potencial de la corporación) también debe equilibrarse con la creación de valor para los consumidores (en la actualidad).

La estrategia global responde a preguntas primarias para la marcha de la organización; por ejemplo: ¿cuáles son los negocios que es posible y deseable realizar para darle continuidad y crecimiento a la empresa? ¿Cómo crear y obtener los recursos futuros necesarios o buscados? ¿Dónde aplicar o invertir los recursos que generan los negocios? Por ejemplo, en las empresas petroleras existe un movimiento hacia la diversificación en los propios productos, debido a la investigación pero también a la presión de las medidas de protección ecológica. Esta presión lleva a desplazar las inversiones buscando nuevas fuentes de energía, por ejemplo, desde los yacimientos geológicos hacia los derivados de los productos agrícolas, con el objetivo de producir los llamados *biocombustibles*. Del mismo modo, las empresas tabacaleras deben pensar en el continuo avance de las medidas de protección a la salud pública.

Más allá de cierta dimensión de la organización, el crecimiento requiere avanzar sobre nuevas áreas de negocios, en las cuales se pueden aplicar los excedentes o evitar los riesgos de una exposición excesiva en un solo mercado. Es el sentido por el cual una empresa de construcciones adquiere una institución de crédito para financiar operaciones, incluyendo a los compradores de viviendas. De la misma manera, los fondos de inversión pueden entrar en el negocio de la salud o los seguros de vida. En otros casos, la inversión tiene el sentido de ingresar en negocios nuevos, con alto potencial de crecimiento. En términos estratégicos se plantea la opción de concentrar los esfuerzos en un área conocida o buscar ampliar el campo de actividades.

La ampliación de las actividades básicas de la empresa más allá de sus negocios tradicionales puede concretarse de muchas formas.

La expansión incluye las estrategias básicas siguientes: *a)* de integración, que consisten en sumar al negocio actual la fabricación de las materias primas, o entrar en la venta minorista mediante una red de comercios propios; *b)* de diversificación de actividades, incorporando productos distintos de los actuales y que están destinados a otros mercados, y *c)* de adquisición o control de la operación de otras empresas ya establecidas, o bien el desarrollo de nuevos emprendimientos utilizando las capacidades propias.

En la definición del negocio es importante razonar en términos de conceptos o funciones, en lugar de pensar en los productos específicos que se ofrecen actualmente (aunque sean exitosos). Pensar en las competencias centrales y las capacidades potenciales es relevante a la hora de construir el futuro. Un corredor de bolsa puede pensar que su negocio es moverse en el mercado de acciones, pero con esta definición tan estrecha seguramente será afectado por Internet, tecnología que permite a todos acceder a la misma información sobre la bolsa (sin estar en ella). Dicho profesional tendrá mayor futuro si redefine su visión y piensa que su negocio es el mercado de la planificación financiera. Del mismo modo, una empresa de auditoría puede ampliar su mirada y entender que su negocio es ofrecer seguridad y no sólo instrumentos de control contable.

Una mirada estratégica implica aprovechar los conocimientos o las competencias centrales de la empresa para cubrir un espectro más amplio de necesidades en la comunidad. Esto tiene que ver con las *estrategias inteligentes*, así llamadas porque se refieren a la plena utilización del capital intelectual de la empresa. Este enfoque implica emplear todos los conocimientos, incluida la inteligencia emocional, para agregar valor y ampliar los negocios. El concepto de inteligencia se refiere no sólo a la aplicación del conocimiento, sino también al desarrollo del potencial creativo de la organización, orientado hacia las nuevas necesidades y oportunidades en los mercados; por ejemplo, la firma de consultoría KPMG sostiene que su objetivo más amplio es convertir el conocimiento en valor, tanto para sus clientes como para el personal y la comunidad social.

De manera que la planificación lleva a imaginar la corporación como una trama de unidades estratégicas para cuyos directivos la pregunta vital es entender en qué negocio se encuentran, las necesidades que vienen a satisfacer y la posibilidad de ser rentables en esos mercados. Este es el enfoque de la creación de rentabilidad y de valor corporativo. Pero también hay otros enfoques de la estrategia que van más allá de la estimación de los posibles rendimientos y se preguntan por el potencial de la empresa, por las competencias o aptitudes básicas que distinguen a la organización y que le permitirán mantenerse y crecer en el futuro. En este sentido, Prahalad y Hamel (1990) consideran que debe verse a la empresa como un conjunto de competencias que se refuerzan entre sí, antes que considerarla como una colección de negocios aislados.

Dichos autores destacan que lo más significativo es el cultivo y la potenciación de las fuentes actuales de ventajas comparativas, que les dan valor agregado a los productos, como también su potencialidad para mejorar dichas aptitudes en el tiempo (la disposición al aprendizaje). No se trata de ventajas derivadas de premios, descuentos o campañas publicitarias, sino de rasgos de la propia organización. Se habla de *capacidades nucleares* en el sentido de que son distintivas de la empresa y también cruciales para los clientes. En una explotación agropecuaria puede tratarse de su capacidad para generar alimentos orgánicos con altos estándares de calidad. En un laboratorio son la atención personal y la realización de los análisis por los propios responsables de la empresa, reconocidos como profesionales de excelencia.

Estas competencias básicas no son inamovibles (se actualizan) y también son múltiples, es decir, las empresas pueden desarrollar varias ventajas al mismo tiempo, no reproducibles por sus competidores. En un sentido estratégico, lo importante es que puedan mantener las aptitudes que las diferencian y les permiten generar valor, que sean sustentables porque no están sujetas a la coyuntura o una demanda del momento. Son pocas las empresas que pueden imponer esa diferencia y, por tanto, las aptitudes también deben relacionarse con los movimientos en las demandas de los clientes. Esta posibilidad de mantener y actualizar sus competencias básicas se pone de manifiesto en el ciclo de vida de la empresa, en sus períodos de auge y decadencia.

2. La integración y diversificación

Las decisiones de diversificación de los negocios traen como lógica consecuencia la necesidad de integrar las unidades o divisiones en un plan global basado en la mirada de la empresa como un conjunto económico. La estrategia corporativa busca preservar e incrementar el valor del conjunto para los accionistas; por ejemplo, en la estructura de negocios no deben existir eslabones tan débiles que por sí solos puedan arrastrar a los restantes. Estos riesgos deben estar equilibrados con las fortalezas de otras divisiones. También se busca compensar los negocios maduros con los emergentes o se adquieren empresas rentables que sólo necesitan nuevos capitales y una gestión eficiente.

En el nivel de la corporación se integran diversos valores: aumentar la rentabilidad, disminuir el riesgo global, compensar los ciclos de vida de los negocios, aprovechar las economías de escala. En términos de un trabajo clásico de M. Porter (1982), debe darse una integración entre la estrategia competitiva (unidad de negocios) y la estrategia corporativa (integración): "la corporación debe implicar una ventaja competitiva significativa para la nueva unidad o la nueva unidad debe representar un potencial de ventajas significativas para la corporación". La empresa matriz no sólo aporta capital, sino también tecnología administrativa y de gestión.

La estrategia corporativa intenta crear valor a través de la relación de la casa matriz con cada una de sus unidades o divisiones autónomas. Se crea valor con el sinergismo o fuerza que proviene de ser un conjunto económico; por ejemplo, cuando entre las unidades pueden compartirse las actividades de los equipos de venta, los sistemas de distribución o la logística. También cuando se trata de empresas diversas (partes de un conjunto económico), pero que comparten cierta experiencia y conocimiento porque todas son proveedoras del Estado. Desde el enfoque estratégico, la ventaja radica en que se pueden transferir habilidades y capacidades entre dichas unidades.

Una fuente de problemas para la estrategia de integración se suscita cuando las unidades de negocios, buscando su autosuficiencia económica, se ponen a competir entre sí. En este caso, cada empresa intenta desarrollar sus propias actividades de valor para obtener y sostener sus ventajas competitivas. Pero también pueden darse problemas en el nivel corporativo por la falta de complementariedad entre las adquisiciones e inversiones en nuevos productos y mercados. Es difícil incrementar el valor del conjunto cuando la empresa se expande realizando adquisiciones que no se relacionan con su giro o negocio medular.

La estrategia corporativa se basa en conocer cuáles son los rasgos más potentes del negocio medular. Si la definición del "tema corporativo" es inadecuada, ello deriva en errores a la hora de la diversificación. El citado M. Porter (1982) señala el caso de la CBS, que se definió como una "compañía de entretenimiento" y desde allí emprendió una serie de negocios relacionados con el tiempo libre. CBS ingresó en la industria del juguete, los instrumentos musicales, equipos deportivos y aparatos de sonido. Pero ninguno de estos negocios constituía una oportunidad para compartir actividades o transferir habilidades respecto del negocio medular (grabación, radio y teledifusión), de modo que la estrategia terminó por dañar el valor de las acciones de la corporación.

El concepto de estrategia corporativa no puede aislarse de otras decisiones de planificación de la empresa, con las cuales interactúa, como la misión, los objetivos y las políticas de la organización. Estas decisiones están relacionadas. En su importante obra sobre estrategia corporativa, K. Andrews (1980) la define como "un patrón o modelo de decisiones que integra objetivos, propósitos y metas; un modelo que define las principales políticas y planes para lograr dichas metas, y la esfera de negocios a la que aspira una compañía". Es un plan que implica comprometer significativos recursos para el largo plazo, en un entorno cambiante.

La estrategia general o corporativa (*corporate strategy*) es un concepto extensible a un amplio espectro de organizaciones cuyo desarrollo requiere avanzar en varios frentes a la vez, donde operan múltiples actores o fuerzas ambientales. Las fuerzas se refieren a los grupos que condicionan o pueden influir en su crecimiento, como los clientes y usuarios, los proveedores, inversionistas y oficinas de regulación o control público. Es el caso de una escuela que para ampliar sus ámbitos de operación o crecer en sus servicios necesita acordar, convenir, pactar o asociarse con otras instituciones del medio que disponen de recursos o capacidades complementarias. La estrategia corporativa se refiere a la negociación de conjunto, como unidad o sistema, frente a los actores externos.

La estrategia corporativa implica tomar posición respecto de las opciones de futuro que mejoran a ciertos actores y postergan a otros. La estrategia no es sólo una cuestión técnica o comercial, porque se relaciona con un acuerdo de índole política. En su definición intervienen las necesidades y los fines de distintos actores internos y externos, no sólo los accionistas, directivos y empleados. Se habla de los *stakeholders* para hacer referencia a los grupos internos y externos con intereses e influencias sobre la organización, cuyos aportes y demandas legítimas la dirección no puede ignorar. Además de los mencionados, el concepto incluye a los proveedores, clientes, inversionistas, empresas asociadas y organismos de regulación.

Cuando una empresa decide ampliar la cantidad de sucursales a través de las cuales coloca su producción, es visible que está resolviendo expandirse o crecer en el negocio. Eso le permitirá aumentar sus ventas, obtener las ventajas de la economía de escala y disponer de bocas de salida para otros productos que resuelva comercializar. La estrategia se refiere a la relación entre productos y segmentos de la clientela que se quiere atender, a la ubicación y el estilo de los locales, las redes de distribución, la localización de depósitos intermedios, etc. Estos son elementos de una estrategia global o corporativa en el sentido de que involucra, intenta darle sentido y cohesionar las decisiones de los diversos sectores o unidades de negocio.

La estrategia global es integradora. Busca la coordinación de esfuerzos en lo interno y es un enfoque que busca diferenciarse y adaptarse en relación con los factores del medio externo. En este sentido, su ámbito de aplicación del concepto es más amplio que el de las empresas de negocios. Es también un enfoque e instrumento válido para la gestión en un sindicato, una fundación, una junta vecinal, un hospital público o un partido político. Estas instituciones, desde su gobierno, deben analizar las opciones de integrarse con otras, de diversificarse o redimensionarse en el tiempo.

Un ejemplo de estrategia corporativa es el cambio que se proponen los sindicatos en un entorno laboral donde hay una tendencia (y razones) para reducir la contratación de trabajadores y donde también crece la figura del contrato transitorio. Los sindicatos se enfrentan con un proceso que reduce las fuentes de fondos, al tiempo que ellos deben aumentar y mejorar las prestaciones a sus afiliados. Una estrategia posible es la de ampliar su carácter de instituciones sociales e incorporarse a la actividad privada. Ellos pueden desarrollar proyectos empresariales con el propósito de generar beneficios financieros y compensar la caída en los fondos por las menores cuotas de los afiliados.

217

3. La formación de alianzas

El diseño de una estrategia no se basa solamente en la necesidad de enfrentar los movimientos de los adversarios o atender los desafíos de la naturaleza. Es una decisión que también incluye una actitud integradora, un intento de complementar capacidades y esfuerzos mediante acuerdos de cooperación, asociaciones y alianzas. En estos casos, se trata de mejorar la competitividad ya no con la confrontación, sino con el mutuo respaldo de las capacidades disponibles, en particular las tecnologías y los conocimientos.

Desde la perspectiva evolutiva, llegado cierto punto las empresas no pueden seguir creciendo sobre la base de los propios recursos, aunque dispongan de alguna ventaja competitiva. La amenaza de los monopolios externos, las nuevas demandas y los mercados ampliados requieren reforzar las capacidades y acceder a otra escala o dimensión de operaciones. Quizá se requiera articular los fondos para invertir en investigación y desarrollo de nuevos productos. Un modelo posible es la fusión de empresas; por ejemplo, dos periódicos en uno o la unión de pequeños bancos en uno nuevo para sumar sus depósitos y créditos. Otro modelo, la alianza, implica una relación colaborativa o hacer aportes a una nueva empresa que preserva las firmas originales.

Según el enfoque de las alianzas, las empresas hacen acuerdos donde se establecen sus aportes de activos y esfuerzos al nuevo proyecto, por ejemplo, construyendo una nueva asociación con los competidores, clientes, proveedores, agencias del gobierno, sindicatos, universidades y otras entidades con capacidades que se consideran valiosas para el emprendimiento. No se trata de comprar o vender paquetes accionarios para invertir o lograr el control de empresas, sino de construir nuevos proyectos; por ejemplo, entre compañías que requieren investigación sobre sus productos y la universidad, que dispone de científicos y laboratorios para hacerlo, pero que también necesita de las relaciones empresariales para crecer en su función educativa.

El campo de las alianzas estratégicas lleva a redefinir los límites de la organización, porque los acuerdos significan crear administraciones conjuntas, activos compartidos y planes coordinados en el largo plazo. También es cierto que la alianza implica cierta pérdida en la autonomía decisoria. La alianza se basa en una relación de empresas donde las fronteras se hacen borrosas porque a través de ellas fluyen el conocimiento y los recursos necesarios para el nuevo emprendimiento. Cada empresa busca cubrir sus carencias con los excedentes de la otra. De no formalizarse el acuerdo, las empresas deberían salir a comprar los recursos necesarios o desarrollarlos por sí solas.

Una de las fuentes de las alianzas es aprovechar las diferencias en los costos comparativos entre países para mejorar la situación competitiva de los productos. En este sentido, J. Badaracco (1993) se refiere a los *vínculos de productos*, acuerdos mediante los cuales se entrega a un aliado exterior la manufactura de algunos componentes. Los asociados (fabricantes externos) se benefician con los aportes de capital, los métodos de producción y la posibilidad de ingresar sus componentes a nuevos mercados. "Estas razones de costo movieron a General Motors y otras empresas a hacer inversiones de participación en fábricas de coches japonesas, que proporcionaban, además de esos componentes, sus autos y camiones pequeños para comercializar en EE.UU." Otra opción se basa en instalar *vínculos de conocimiento*, o sea, alianzas que permiten a las firmas en el exterior aprender o crear nuevas capacidades. No sólo se producen las piezas, sino que ocurre una migración de conocimiento (diseño, software, tecnología).

En el marco de estos acuerdos para la acción conjunta, una nueva firma o proyecto puede incorporar los componentes de las asociadas (como sus patentes, tecnologías o sistemas) para desarrollar nuevos productos, o bien para hacerlo en una escala diferente de la actual. No se trata de una adquisición o la contratación de un servicio externo, sino de integrar recursos y capacidades entre empresas. La alianza lleva a ventajas mutuas y resultados que son compartidos según las fórmulas de participación convenidas. Uno de los temas estratégicos es la negociación referida al traslado del poder de decisión de cada socio a la conducción del nuevo emprendimiento.

Las razones más comunes para crear alianzas son: *a)* potenciar la presencia en los mercados mediante acuerdos que limitan el número de oferentes o permiten enfrentar a competidores poderosos; *b)* compartir el riesgo siempre presente en los grandes emprendimientos; *c)* complementar capacidades distintivas respecto de productos y mercados comunes, y *d)* superar barreras económicas, por ejemplo, asociarse con empresas locales para ingresar a mercados protegidos. Como relación de fuerzas, la estrategia de alianzas tiene que ver con aumentar la presencia en el mercado o buscar mayores seguridades (una actitud de consolidación). Como actitud creativa tiene que ver con nuevos emprendimientos.

Más allá de sus efectos financieros, comerciales o fabriles, una alianza es estratégica porque: *a)* la decisión mejora la situación de los socios en términos de sus respectivos planes de crecimiento, y *b)* implica un valor agregado en cuanto a los activos y las capacidades preexistentes en las partes; por ejemplo, la asociación permite disponer de mayores activos, que como avales permiten a su vez acceder a créditos que necesita el nuevo emprendimiento, o bien fortalecer el poder de compra ante los proveedores. La alianza genera una posibilidad o ventaja antes inexistente. Además, la asociación puede realizarse para enfrentar con mayores recursos la competencia de otras firmas en el mercado.

La asociación se considera estratégica porque el nuevo negocio tiene que ver con los anteriores, necesita de sus aportes. Y no se trata de una decisión aislada, sino de un movimiento que se razona en un tablero más amplio y con una perspectiva de largo plazo. Empresas con productos distintos, mediante el recurso de instalar una red de distribución en el extranjero, mejoran su capacidad individual de generar ganancias. La red es en sí misma una nueva fuente de negocios, partiendo de la demanda asegurada de sus socios.

En la concreción de alianzas estratégicas intervienen factores financieros, comerciales y políticos, pero también es vital lo vinculado con el desarrollo y la integración del capital humano y los activos intelectuales de las empresas. Las alianzas son una forma de integrar el saber disponible en otros lugares y que es comercializable. Desde los conocimientos, las alianzas son expansivas en el sentido de que permiten a las empresas superar los límites de la propia experiencia y acceder a las capacidades de otras organizaciones con procesos actualizados. Pueden acoplarse con productos novedosos para compensar la madurez de los propios.

La estrategia de alianzas implica, por tanto, una redefinición de la empresa, en particular en cuanto a su identidad y el control de los recursos que pasan a ser conjuntos. Las alianzas convierten a la firma aislada o amurallada en parte de una trama de relaciones. Se produce un doble juego donde la firma, sin perder identidad, pasa a ser un elemento de una compleja red de negocios. El salto de empresa aislada a elemento de una red puede verse como el resultado de un enfoque estratégico para el crecimiento de los negocios en un entorno con demandas crecientes.

En su estudio acerca de las nuevas fronteras del *management*, R. M. Kanter (1999) señala que las alianzas traen consigo una "ventaja colaborativa", y la nueva sociedad o relación implica un activo empresarial basado en la posibilidad de integrar o complementar experiencias (y no sólo sumarlas). En el estudio indica que las alianzas de éxito presentan estas características: *a)* si bien deparan beneficios a los socios, no todo se limita a esas ganancias. Son sistemas vivos que evolucionan progresivamente en sus posibilidades por cuanto significan una apertura de puertas para las partes; *b)* hay una creación de un nuevo valor: el colaborativo, más allá del mero intercambio de intereses, y *c)* la acción conjunta requiere una densa red de contactos interpersonales y procesos de aprendizajes mutuos, antes que de organigramas o sistemas formales de conducción.

Los acuerdos de colaboración entre distintas empresas varían en intensidad. A veces se trata de una unión que permite a los socios acceder a una tecnología muy costosa. En el otro extremo, las partes pueden conservar alguna autonomía de operaciones y desempeñar gran variedad de papeles. El autor citado ofrece el ejemplo de los 65 socios de Inmarsat, consorcio que dirige un satélite de telecomunicaciones, donde se dan actividades conjuntas y también en paralelo. Los socios "son al mismo tiempo *propietarios* que invierten capital, *clientes* que utilizan los servicios del satélite, *proveedores* de tecnología al consorcio, *reguladores* de las políticas de comunicaciones y *competidores* que ofrecen algunos servicios análogos a los de Inmarsat". Ellos disponen de una ventaja colaborativa en los servicios del satélite y también de una ventaja competitiva como jugadores en el negocio de las comunicaciones.

4. La planificación estratégica

En un contexto de cambios continuos, la planificación no puede basarse solamente en la experiencia y las capacidades históricas. Se requiere no sólo aplicar los recursos a los objetivos predefinidos, sino también disponer de una capacidad de adaptación a nuevas demandas e incorporar nuevos conocimientos. En ese ambiente de riesgo e incertidumbre, las empresas deben disponer de una forma estratégica de pensar y actuar. Ello implica llevar adelante una actitud de innovación y creatividad permanentes. Al mirar hacia el futuro, no sólo estimar los recursos necesarios para seguir un camino conocido, sino también plantear la posibilidad de repensar el rumbo de la organización, pero no como una transgresión, sino como una capacidad interna.

En un entorno de ciclos y tiempos de cambio cada vez menores, los planes de evolución en el largo plazo no son suficientes. Hay que disponer de la capacidad de atender la discontinuidad o los puntos de inflexión (los sucesos en los mercados). Una gestión basada en el cambio sobre la marcha implica una reacción tardía. Aunque no todo puede imaginarse, la actitud estratégica implica una combinación de exploración y anticipación del futuro con el conocimiento que brinda la respuesta cotidiana a lo imprevisto, una combinación de capacidad de respuesta a las demandas actuales con un análisis continuo de las señales del contexto que anuncian próximas rupturas en los mercados.

El enfoque estratégico se preocupa por tomar decisiones sobre el futuro en el nivel de los fines y no de los medios o las formas técnicas de producción. En este sentido, R. Ackoff (1972) distingue lo estratégico, lo táctico y lo operativo. El ámbito de lo estratégico incluye: *a)* planes de largo plazo, con actividades por un tiempo prolongado y decisiones articuladas que son difíciles de revertir, como una fusión o la construcción de una nueva planta; *b)* una perspectiva amplia en cuanto al nivel de las funciones y tareas afectadas por el plan; por ejemplo, la imagen de la empresa y no la campaña para un producto, y *c)* la evaluación de los fines más generales de la empresa y su grado de adecuación o congruencia con los cambios y las demandas en el entorno.

Lo estratégico implica una fase de análisis y planificación que necesariamente se coordina en el plano de la alta dirección, porque requiere una mirada amplia de las variables económicas, políticas y sociales a través del tiempo. Pero también hace falta definir cómo se expresan las decisiones de planificación en términos operativos, para servir de guía y orientación a los ejecutivos. No basta proyectar la expansión de la empresa hacia el exterior. Si no hay una conversión de los planes, entonces serán los ejecutivos quienes deberán decidir (desde su mirada parcial) los cambios no planeados, con la virtud de aprovechar oportunidades o responder a las demandas de los mercados. Lo estratégico requiere una coordinación de estas perspectivas.

La planificación estratégica es efectiva cuando logra ser algo más que un ejercicio de imaginación. A. Grove (1997) ha señalado que "la estrategia de una corporación se formula a través de las acciones de cambio mucho más que a través de la convencional planificación que va de arriba abajo. Esta manera de planear se convierte en declaraciones que rara vez logran tener una verdadera influencia en el mundo real de la firma". Dicho autor destaca que los planes estratégicos suelen formularse en un lenguaje que no tiene significado concreto, excepto para los directivos. Entendemos que estos comentarios críticos no implican la negación del instrumento, sino la necesidad de darles flexibilidad a sus contenidos y dotarlo de una expresión operativa.

Sí, la planificación estratégica no es sólo una predicción o un pronóstico de futuro. Tiene un fuerte componente de intencionalidad. Es pensar qué debe ser la empresa sin atarse a las insuficiencias actuales. Una pregunta básica es: si hoy no estuviéramos comprometidos con estas actividades, ¿las mantendríamos? Otra: para llegar a los resultados deseados, ¿qué deberíamos empezar a hacer hoy? Respecto del futuro, no se trata de encontrar los cursos más probables de los hechos para adaptarse a ellos, sino de modificar esas posibilidades en el sentido más conveniente para el crecimiento de la empresa, con las innovaciones que sean necesarias.

La planificación a la que nos referimos no es un mero ejercicio intelectual, sino parte de un proyecto de transformación concreto y que hace al conjunto de la empresa (no se trata de una actualización tecnológica). La utilidad del plan no consiste en lograr mayor coordinación o un nuevo conocimiento sobre el futuro, sino que se trata de poner en marcha un cambio estratégico. Y no son decisiones por tomar en el futuro, porque ese futuro requiere poner en marcha cambios en la actualidad; por ejemplo, si se trata de una transformación en la imagen de la empresa, está claro que habrá que empezar en lo inmediato con los mensajes y las acciones concretas que forman parte de una campaña que llevará un largo tiempo hasta que sus efectos sean completados.

La planificación es una decisión con una fuerte connotación temporal, o sea, implica un manejo de los tiempos y la coordinación de las decisiones que tienen efectos sobre distintos momentos y fases de la vida empresarial. En este sentido, P. Drucker (1975) ha escrito que "la planificación estratégica se ocupa del carácter futuro de las decisiones actuales... La decisión es una máquina del tiempo que sincroniza en el presente un elevado número de actividades con períodos de tiempo divergentes". Lo estratégico se refiere a las decisiones que se deben empezar a tomar en la actualidad (período de gestación) para implantar cambios en un ambiente incierto, con la intención de lograr resultados deseados y definidos en el plan. No es una decisión para hacer más adelante, sino que el compromiso y los riesgos que asumen desde ahora son más y afectarán las actividades y los resultados durante largo tiempo.

5. Las premisas y proyecciones

Hemos visto que el concepto de estrategia corporativa se refiere a las decisiones básicas de la empresa respecto de su continuidad en el futuro. Esas decisiones pueden referirse a las formas de crecimiento preferidas, a integrarse o diversificarse en sus actividades, con una perspectiva de largo plazo. Es un concepto que alude a la coordinación de la diversidad de proyectos y áreas de negocios que coexisten en la empresa. La estrategia global está reflejando una toma de posición central, un marco de referencia o una política de empresa.

Pero en el plano de la dirección, la incertidumbre en un entorno cambiante requiere también tomar decisiones para enfrentar lo imprevisto. Los factores de discontinuidad en los mercados, como los cambios en la demanda, los oponentes y las nuevas tecnologías, hacen necesaria la planificación estratégica. Es un plan que se caracteriza por el análisis de las expectativas de crecimiento, la exploración de futuros alternativos y los escenarios posibles para la empresa. Se trata de evaluar los caminos alternativos frente a la diversidad del ambiente.

En el marco de la planificación estratégica no se espera necesariamente que el futuro sea mejor que el pasado, ni se supone que pueda extrapolarse. Como afirma I. Ansoff (1996), el primer paso es "un análisis de las expectativas de la empresa, el cual identifica las tendencias, amenazas, oportunidades y sucesos innovadores que pueden cambiar las tendencias históricas". Este análisis implica una exploración y una comparación con las capacidades presentes y potenciales de la empresa (análisis de las brechas entre ellas). Surgen ideas sobre el desarrollo propio, y también los cambios que se aproximan y no pueden obviarse o ignorarse (el crecimiento del comercio electrónico, por ejemplo).

La planificación incluye tareas de análisis, de diseño de alternativas y también de definición de una propuesta. Hay diversidad de orientaciones o fuerzas que influyen en esta tarea de planificación corporativa, como las consideraciones de carácter político o la presión de los intereses financieros o comerciales. En este capítulo vamos a profundizar en la orientación y los contenidos que son de índole estratégica. Pero el enfoque estratégico no es un tema exclusivamente comercial referido a productos, imágenes y mercados.

El enfoque estratégico de la planificación se aplica en diversos niveles, uno de los cuales es la organización en su conjunto, la llamada *planificación corporativa*, con la definición de condiciones o políticas comunes a las unidades de negocios. El enfoque estratégico lleva a explorar los movimientos de los competidores y las alternativas de futuro (como expandirse o diversificarse). Pero en el nivel de la corporación, estos caminos deben considerar las condiciones que los socios y accionistas establecen o aceptan para sostener a la empresa (los acuerdos de base). La estrategia no puede dejar a un lado los movimientos en las fuerzas o los grupos de interés internos.

En la fase de estudio, la planificación corporativa trabaja sobre: *a)* las premisas para el futuro que los gerentes toman para armar sus planes operativos por área funcional o división, como la participación deseada en los mercados; *b)* la exploración de los escenarios futuros en los cuales la empresa debe tomar sus decisiones financieras, comerciales y técnicas (la fuerza de los competidores); *c)* la estimación de la evolución de las variables críticas para la empresa, como los precios o los sustitutos de sus materias primas, y *d)* las opciones o alternativas para enfrentar los futuros imaginados (por ejemplo, fusiones, alianzas o el desarrollo de nuevas tecnologías).

El análisis no puede reducirse a la situación interna en el sector o la industria donde opera la organización. La mirada es necesariamente más amplia porque los sectores con el tiempo muestran puntos de contacto, en particular los impactos de las nuevas tecnologías que atraviesan varios mercados. En su estudio sobre la visión del futuro, M. Rubinstein (2001) advierte que "en los últimos cincuenta años, casi todos los cambios importantes en muchas industrias se originaron fuera de ellas. Provinieron de personas y organizaciones que no eran clientes, proveedores, aliados ni competidores que tuvieran un interés en el espacio propio de la empresa".

Además de la mirada de futuro (largo plazo) se requiere conocer las innovaciones que están ocurriendo en otros sectores de la economía, con posibilidades de impactar sobre el propio mercado. Es el caso de la revolución informática y su influencia en los servicios de salud o en los medios de comunicación. La mirada de futuro ya no es estrictamente una tarea de planificación de largo plazo, sino una lectura atenta y actualizada de los impactos potenciales de las innovaciones en marcha. Se puede decir que hay una lectura estratégica de las novedades en los procesos económicos.

6. La exploración de futuros

El pensar estratégico también se caracteriza porque considera los posibles movimientos de otros jugadores con los cuales se debe competir para ocupar un lugar en el mercado (nuevo o ampliado). Al respecto, J. Quinn (1980) señala que "toda una serie de conceptos nuevos en la planificación deben utilizarse cuando algunas personas o grupos deciden oponerse a los propósitos de la empresa". No es sólo tenerlos en cuenta como información del contexto, sino también considerar cómo esos jugadores pueden afectar los resultados buscados por la empresa. Esto incluye el análisis de alianzas, adquisiciones y fusiones, definiendo los espacios de competencia.

Los nuevos conceptos, como explorar e imaginar escenarios futuros, distinguen la formulación estratégica respecto de los planes y programas tradicionales. Un plan convencional también analiza y anticipa los cambios en el entorno, pero la propuesta de futuro se diseña a partir de objetivos predefinidos (no ajustables). El enfoque estratégico se pregunta también por los ajustes en los objetivos. Un plan con alternativas es necesario cuando las acciones potenciales o las respuestas de un contrincante inteligente pueden afectar de manera sustancial el resultado deseado.

Los planes estratégicos se hacen en el convencimiento de que se puede mejorar el futuro mediante una intervención activa actual. En la fase de análisis estratégico se consideran los puntos fuertes y débiles de la empresa, tanto en cuanto a los proyectos de crecimiento como respecto de los riesgos y las oportunidades en el entorno. No se trata de hacer una simple proyección o una predicción sobre el comportamiento de las variables críticas del sistema. Tampoco es la simple asignación de valores previsibles a los factores actuales. El enfoque estratégico se basa en actualizar los futuros y evaluar la relación entre las capacidades de la empresa y las demandas y oportunidades futuras.

El enfoque estratégico no es una etapa del plan, sino un marco de referencia que se integra al proceso. Es una forma de pensar que considera los desafíos de los mercados, las nuevas áreas de negocio y la renovación de los actores en el contexto. Lo estratégico requiere una visión de futuro compartida que es de orden cualitativo y también una definición más concreta sobre los cambios propuestos; por ejemplo, cómo ven los directivos a su universidad en los próximos 10 años, en un ambiente de innovación en las formas de comunicación, los mercados y las demandas laborales, y no sólo en el saber científico.

El enfoque estratégico se propone elaborar una expresión concreta sobre los caminos que va a seguir la empresa. Esta actitud se integra con las fases de la planificación. Hablamos de una toma de posición que influye sobre la planificación y de esa manera la hace estratégica. En general, todo proceso de planificación tiene una fase de premisas y de análisis ambiental, una fase de formulación (fijar prioridades) y una expresión de las decisiones a través de planes operativos. Sobre estas fases actúa el enfoque y concepto estratégico. Les otorga flexibilidad, en el sentido de que lleva a pensar alternativas ante los cambios ambientales.

En el marco de estas fases de planificación, la estrategia es un enfoque que se basa en la definición de líneas de acción y proyectos de cambio. En este sentido, K. Albrecht (1996), en su modelo de planificación estratégica, distingue entre: *a)* la visión de futuro, donde se exploran los cambios ambientales y en los mercados, y su incidencia sobre los objetivos; *b)* la planificación, que define los indicadores de crecimiento, establece las metas y compromete los recursos necesarios, y *c)* un modelo de la empresa que hace falta construir. Los cambios de orientación son las iniciativas estratégicas con sus indicadores de crecimiento y áreas clave de resultados.

El análisis estratégico permite imaginar el entorno y evaluar las posibilidades de la empresa. El paso siguiente es estudiar las opciones o los caminos que la empresa puede encarar para el futuro. Estas opciones pueden ser, por ejemplo, producir los insumos en lugar de comprarlos a terceros, contratar servicios en lugar de tenerlos dentro de la empresa, desembarcar en mercados externos, entrar en el negocio minorista, reinvertir las utilidades en lugar de tomar capital ajeno, etc. El ejercicio de estudiar opciones se hace recorriendo las funciones de la empresa a lo largo del proceso productivo, comercial y financiero. Lo estratégico no es sólo mejorar lo actual, sino que implica considerar nuevos negocios.

De manera que en la empresa competitiva coexisten dos series de metas: las estratégicas y las de rendimiento en el corto plazo. Se dispone de metas, presupuestos y programas de acción que orientan a las unidades operativas para generar rendimientos en forma continua, y también de proyectos estratégicos (con las inversiones requeridas) que se preocupan por el rendimiento en un contexto de mediano y largo plazos. Para esto último también se requiere incorporar la planificación de las capacidades necesarias en el futuro. Con el tiempo, las metas operativas van incorporando y ajustando los planes estratégicos.

La necesidad de formalizar las opiniones (que obliga a simplificar) y la voluntad de afirmar algo que es improbable son aspectos frágiles de la planificación estratégica. Como señala H. Mintzberg (2003), hay cierta contradicción "en intentar hacer una previsión de las discontinuidades". La cuestión de la incertidumbre no admite una reconversión a la certeza por medio de planes o estrategias. En un entorno turbulento, el medio ambiente presenta rupturas o discontinuidades no previsibles. No es posible insistir con los puntos fuertes del pasado, y ello es una limitación para el enfoque estratégico.

La incertidumbre requiere incorporar en las empresas alguna forma de "redes de anticipación". Estas previsiones n del análisis de la contingencia o de los sucesos posibles (no previsibles). Es un enfoque que imagina la organización, no como recursos detrás de un objetivo definido, sino como una capacidad múltiple, una estructura flexible que tiene más de una respuesta. Es una capacidad que puede rearmarse sobre la marcha para enfrentar lo imprevisto. Es el caso de una consultora que rearma sus servicios profesionales frente a demandas inesperadas.

Estas consideraciones sobre el intento de formalizar apreciaciones o visiones personales y la dificultad de anticipar sucesos en una época de cambios continuos han llevado a relativizar la importancia de la planificación estratégica, pero también a reconocer su valor como ejercicio movilizador de la dirección. La anticipación lleva a formarse imágenes del futuro y a la búsqueda de respuestas innovadoras. La planificación también promueve una evaluación crítica de las prioridades vigentes en función de las demandas del futuro.

Los resultados de la planificación estratégica son prioridades que llevan a tomar decisiones financieras y operativas. Las prioridades se expresan a través de la definición explícita y formal de proyectos, programas de acción, presupuestos de inversión y estimación de las capacidades por desarrollar e incorporar en la empresa. Las estrategias planificadas (como prioridades o líneas de acción) se instrumentan en los planes operativos que van a tomar una forma detallada en las respectivas áreas funcionales, divisiones y unidades de negocio , cada uno en sus ambientes diferenciados.

El carácter financiero y económico del análisis estratégico se refleja en el criterio de la "creación de valor" para la empresa, lo cual también deriva en mayor valor para los accionistas. La variable crítica para la evaluación y el control de las alternativas es la magnitud y el retorno de las inversiones requeridas. La visión financiera muestra la intención de la planificación estratégica en cuanto a instalar un proceso de control centralizado sobre las decisiones en una empresa diversificada, con múltiples divisiones y unidades de negocio. Los intereses del grupo dominante se controlan a través de los parámetros fijados por las oficinas centrales, tales como las cuotas del mercado, la rentabilidad y las cifras de ventas.

La aplicación de los planes estratégicos requiere definir un proceso de conversión de las capacidades instaladas (conocimientos, tecnologías, sistemas) hacia los recursos que requieren las nuevas decisiones. La instrumentación de la estrategia también trae el problema de la transición, un tiempo durante el cual se mantienen decisiones anteriores mientras se avanza con las medidas de cambio que están contenidas en las nuevas estrategias.

El problema de la decisión reactiva es que el tiempo que demanda la corrección del rumbo (frente a una discontinuidad en el ambiente) es lento, considerando las nuevas exigencias del mercado. A veces las empresas suelen resistir el cambio ambiental negándole importancia o contestando con servicios tradicionales, hasta que la caída de la rentabilidad se hace sentir. Los desfases y las respuestas tardías pueden dejar a la empresa fuera del nuevo mercado, de manera que se requiere una actitud de revisión continua de los planes, que es el sentido de la llamada *planificación interactiva*.

En un escenario cada vez más complejo, donde se acortan los tiempos de cambio, también se afecta la capacidad de predecir y pronosticar. Si la planificación depende de la exactitud de la predicción está condenada al fracaso. En cambio, el sentido de la planificación proactiva e interactiva es crear el futuro considerando las capacidades potenciales de la empresa, sus limitaciones (no levantables) y las posibilidades del contexto. Importa mantener un proceso innovador en marcha, antes que establecer "el mejor" de los planes.

Cuando se aplica una actitud proactiva, los controles son importantes. R. Ackoff (1999) afirma que "la finalidad de todo plan es modificar la posible conducta de los clientes, los proveedores, el gobierno y otros actores que influyen en las actividades de la empresa, para tratar de que ellos se conduzcan más favorablemente para la organización". Desde el enfoque interactivo, se considera la realidad (actual y futura) como un sistema de problemas que interactúan. Con esa visión, la tarea del analista es sistematizar, o sea, relacionar las fuerzas que actúan en los futuros imaginados. Lo hace para ver una trama o tejido y de ese modo no dejarse llevar por el comportamiento de variables aisladas.

La base del método interactivo de planificación es concebir el futuro mediante suposiciones y posibilidades, y no predicciones o pronósticos (que finalmente van a ser incorrectos). La actividad no empieza y termina con un plan aprobado, sino que se trata de un proceso continuo. Para lidiar con lo imprevisto, el enfoque interactivo incluye en los planes el diseño de las formas de seguimiento de los proyectos, mediante controles de realimentación, o monitoreo de los avances. Este cotejo permite detectar errores y corregirlos, de manera que el cotejo entre planes y resultados deriva en un aprendizaje hacia adelante, y ayuda a no reiterar errores y mejorar las decisiones.

7. La fase de inflexión estratégica

La actitud estratégica intenta crear los ambientes favorables a la organización; no es meramente reactiva ni corre detrás de los hechos. Tiene el sentido de anticipar las demandas y promover las decisiones que hagan crecer a la empresa. Lo ideal es que la organización también esté preparada para hacer frente a las demandas no programables. Precisamente, la planificación estratégica es un intento de instalar capacidades flexibles que permitan reconfigurar los esfuerzos, disminuir los costos y los tiempos de reprogramar actividades frente a lo imprevisto. En la metáfora de los caminos, es tener la posibilidad de seguir avanzando frente a un desvío no representado en el mapa.

La anticipación y la mirada al futuro son básicas para formular las estrategias, pero hay sucesos o cambios imprevistos que también llevan a buscar nuevas estrategias. Ya no se trata de cambiar las expectativas o los escenarios, sino que el directivo toma nota de que en ese momento se está produciendo un cambio importante; por ejemplo, esto ocurre con la aparición de un producto sustituto o un competidor imprevisto. Este momento es llamado por A. Grove (1997) el *punto de inflexión estratégica*, porque desde allí en lo sucesivo nada es igual para la empresa. Cuando se analiza el evento, surge que en realidad no se trata de "un punto", sino de una lucha difícil y extensa.

Dicho autor, como director general de la empresa Intel, describe la incompetencia de esa gran corporación (proveedora de fabricantes de ordenadores) cuando tuvo que atender y satisfacer miles de demandas de los usuarios debido a la falla de un chip Intel en los ordenadores. La estrategia de crecimiento de una enorme corporación había negado el impacto que ese error podría traer a la compañía. Y además no estaba preparada para atender fuerzas distintas de las conocidas. "Todas las empresas se rigen por un conjunto de reglas tácitas; a veces esas reglas cambian de manera muy significativa. Ninguna señal titilante anuncia los cambios, sino que ellos se avecinan en forma encubierta, sin aviso previo."

La inflexión en el mercado ocurre porque aparece un nuevo equilibrio de fuerzas y las estructuras y productos anteriores ya no son útiles. Ocurre que "la curva de vida de la empresa cambia de manera profunda (ya no crece), y nunca regresa al estado anterior" (no se recupera); por ejemplo, el impacto de la inauguración de un supermercado sobre las pequeñas tiendas de la ciudad, o el efecto de la aparición del contenedor sobre el negocio del almacenamiento en los puertos. No es sólo la sustitución del producto o servicio, sino también el efecto de los nuevos productos asociados a la ruptura; por ejemplo, el cambio en el combustible que necesitan los autos o el software que utilizan los nuevos ordenadores.

Las contingencias a las cuales refiere la planificación estratégica son también los llamados *puntos de inflexión* o *eventos en los mercados*. Ocurren debido a las crisis económicas, las nuevas leyes, la innovación o nuevas tecnologías, la ruptura del equilibrio entre fuerzas (como el poder de los gremios), momentos en los cuales en el mercado irrumpen nuevas variables económicas, sociales y políticas, cuyo comportamiento no es previsible. Como resultan de una convergencia de factores y no de la tendencia de una sola variable, es difícil imaginarlos para la empresa.

En este ambiente, adquiere sentido el concepto de administración de la contingencia. El concepto indica que la organización debería estar preparada para atender estas rupturas o puntos de inflexión. O sea, disponer de estrategias de crecimiento, pero también de la posibilidad de reaccionar ante el factor sorpresa en los mercados. Esto implica que la empresa debe disponer de estructura y capacidades flexibles que le permitan enfrentar la novedad en forma adaptativa, con un costo asimilable y sin que ello implique discontinuidad en sus operaciones.

B. Opciones en un entorno competitivo

8. La ventaja competitiva sustentable

El enfoque de la estrategia global como orientación y pauta para la acción se convierte en una estrategia competitiva cuando el propósito es lograr una posición en el mercado y sostenerla. El problema es que en dicho mercado operan fuerzas no controlables y una variedad de adversarios y competidores que se proponen avanzar en el mismo espacio económico. La visión estratégica incluye el manejo de los tiempos, a los efectos de anticiparse a los movimientos de otros oferentes.

La idea básica de la estrategia para crecer en los mercados es desarrollar ventajas competitivas que permitan diferenciar la empresa y desplazar a los competidores de los segmentos preferidos. Las ventajas se construyen y se logran mediante el desarrollo de las capacidades distintivas de la organización que se convierten en una fuente de valor en el mercado. Ejemplo de factores que hacen a las ventajas del lado de la empresa son la capacidad gerencial, la localización, la experiencia en el negocio, el acceso a mejores fuentes de abastecimiento o las formas exclusivas de distribución.

Bajo los supuestos del modelo competitivo de empresa y de las fuerzas del mercado, la condición de existencia y crecimiento de la empresa es la rentabilidad de los negocios. Ello requiere una empresa cuyos costos de funcionamiento sean menores que el precio que el mercado está dispuesto a pagar por sus productos y servicios. Al respecto, el enfoque estratégico tiene una mirada más amplia que los resultados del balance, porque relaciona los intereses de los socios con las demandas del mercado en un horizonte de largo plazo. Desde lo estratégico, la rentabilidad se basa en disponer de un producto valorado por los clientes, y desde allí la capacidad de crear valor para los accionistas.

La estrategia competitiva se refiere a la lucha por ocupar un espacio (real o virtual) en el que se realizan las transacciones que son la fuente de ingresos para la empresa. En el espacio y en los segmentos elegidos está el poder de compra del mercado, y es allí también donde la empresa concentra sus esfuerzos. El posicionamiento se expresa por la aceptación de los productos y el reconocimiento de la empresa. La diversificación lleva a repetir este esquema a través de unidades de negocio separadas, situación en la cual la empresa compite en varios frentes a la vez y requiere una estrategia corporativa.

La rivalidad entre los competidores en el mercado suele explicarse como un juego por las posiciones. En dicha confrontación, los participantes recurren a múltiples tácticas de avance y retroceso, agresivas y defensivas. Los movimientos se realizan en el marco de las reglas de juego que protegen al sistema de las tendencias monopólicas e impiden las prácticas desleales. Las tácticas derivan en el manejo de precios, las campañas de imagen y publicidad, el atractivo de la marca y los nuevos modelos, las recompensas por la lealtad de los compradores y otros alicientes para conquistar la voluntad de los clientes.

La situación de competencia en una industria tiene que ver con las fuerzas básicas que actúan en el sector. El grado de competencia no sólo se relaciona con la cantidad y calidad de los oferentes, sino también con otras fuerzas que operan en cada sector económico. En el modelo competitivo, la definición de la situación incluye los siguientes factores: *a)* la relación de fuerzas entre las empresas que operan en el mismo sector; *b)* la posible entrada de nuevos competidores; *c)* el riesgo por la aparición de nuevos productos sustitutos, *d)* el poder de negociación de los clientes, y *e)* la capacidad de negociación de los proveedores.

Estos factores representan una estructura o equilibrio de fuerzas y procesos que marcan el grado o la intensidad competitiva del sector. También son condiciones que influyen en la rentabilidad de las operaciones. Son los factores críticos de contexto (en lo actual y lo futuro) que se consideran a la hora de formular las estrategias. En cada industria o mercado existen fuerzas clave; por ejemplo, en la industria de los buques-tanque, la fuerza clave la constituyen las empresas petroleras, por ser los compradores más importantes y estar en condiciones de regular la demanda. Otros factores son críticos, como el estado del tiempo en el negocio de cereales, pero no se trata de una "fuerza competitiva".

Respecto de este medio ambiente competitivo, el estratega corporativo busca establecer una posición, defenderla y ampliarla. El estratega puede adoptar: *a)* una actitud confrontadora con el fin de alterar los equilibrios existentes, en la llamada *lucha competitiva; b)* intentar sacar ventajas de la anticipación en los cambios previsibles del sector, por ejemplo, en cuanto a las tendencias del cambio tecnológico, y *c)* negociar dentro del mapa de fuerzas conocidas (maniobras estratégicas), por ejemplo, desarrollando nuevos proveedores o integrándolos al negocio. Claro que estas alternativas no están al alcance de todos porque se relacionan con las capacidades distintivas de la empresa, su potencial y sus posibilidades de cambio.

De cara a las fuerzas que actúan en su sector, los estrategas competitivos deben identificar y evaluar los puntos fuertes y las debilidades de su empresa. Del análisis surgen líneas de acción para desarrollar sus capacidades actuales y potenciales, como también para revisar los procesos que pueden dejarla fuera de mercado. Las fortalezas tienen que ver con las llamadas *competencias nucleares* o *básicas* de la empresa (su experiencia más fuerte). A partir de ellas pueden desarrollarse las ventajas competitivas de la organización. Es el caso de una escuela que es reconocida y se diferencia por la calidad y experiencia de sus profesores (incluida la figura de su fundador), por sus métodos pedagógicos o la actualidad de sus planes de estudio.

Respecto de las formas en que se intentan lograr las ventajas competitivas, M. Porter (1982) ha propuesto las llamadas *estrategias genéricas*. Se trata de formas que permiten diferenciarse y enfrentar con éxito a otros oferentes en el mercado. Otros autores han planteado la necesidad de incorporar el concepto de *opciones estratégicas* (G. Johnson, 1987). La idea de opciones considera la diversidad de intereses que coexisten en la misma organización, de manera que la estrategia "genérica" es más bien un modelo global, que en la práctica se realiza como una decisión compuesta. Se trata de una combinación que trata de articular las opciones (producción, finanzas, mercadotecnia) que pugnan por ganar espacios en la empresa. De manera que lo "genérico" en el nivel de la corporación puede incluir enfoques no complementarios. Las formas básicas de buscar ventajas competitivas incluyen los caminos siguientes:

a) Intentar el liderazgo en costos, sobre la base de una alta eficiencia o productividad de las operaciones; por ejemplo, manteniendo inventarios reducidos. El sentido es llegar con precios más bajos al mercado. Con ese margen también es posible aplicar más fondos para investigación y desarrollo, o bien ofrecer más servicios al cliente de modo de obtener una ventaja respecto de otras ofertas disponibles en el mismo mercado.

b) La diferenciación por medio de una oferta que es única en alguna dimensión, con atributos que distinguen al producto o servicio de la empresa; por ejemplo, la calidad, la marca, el diseño, la imagen, la distribución, la ubicación, la confiabilidad. Esto no siempre implica disfrutar de un precio más alto, ya que la diferenciación también puede orientarse a la obtención de una mayor cuota de mercado.

c) La segmentación o definición de cierto grupo de clientes a los cuales se llega con una oferta específica o producto preparado para ellos (estrategia de nicho). Es posible que ello requiera una mayor inversión para distinguir al producto. La condición es que el atributo ofrecido también sea considerado de valor para el cliente o usuario, que exista un "valor agregado percibido". Esta opción permite acceder tanto a una demanda estable como a un precio más alto por el producto.

En términos de K. Andrews (1980), "no es una exageración decir que la estrategia competitiva es el arte de generar o explotar aquellas ventajas que son las más notables, eficaces, duraderas y difíciles de duplicar o imitar". No responde tanto a la pregunta sobre cómo se puede desempeñar bien una función, sino "¿cómo es que nosotros podemos desempeñarla mejor que, o cuando menos, en lugar de nuestros rivales?". Es una actitud continua y no un logro aislado. El citado autor recuerda que American Motors, luego de lanzar con éxito al mercado su nuevo auto compacto, tuvo que forjar una fuerte estrategia competitiva porque otras firmas copiaron el concepto básico del producto.

9. Cooperación y competitividad en empresas

La idea de las fuerzas que actúan en cada sector económico se refiere a las relaciones de poder, el juego de amenazas, las barreras de entrada al mercado, los obstáculos que han de vencer los competidores y también a los incentivos para actuar en los mercados (las fuerzas de atracción). Hay una figura que se refiere a la lucha por entrar y permanecer, pero esto no es todo. También puede darse una realidad no agresiva en los mercados o el entorno competitivo donde actúa la organización. La ayuda o el esfuerzo concertado no solamente ocurre en el marco de las instituciones cooperativas o en un contexto con planificación centralizada. También dentro del modelo de competitividad se producen relaciones de complementación entre empresas, tal como se explica a continuación.

Las crecientes facilidades de las su tecnologías de comunicación permiten las transacciones directas por Internet, la utilización de bases de datos y conocimientos compartidos. En este sentido, D. Conklin (2000) marca las limitaciones del modelo convencional en la parte que se refiere a la lucha y las fuerzas en los mercados. Señala que "muchas estructuras organizativas del siglo XXI permanecerán centradas tanto en la cooperación como en la competencia. Un cierto número de corporaciones trabajarán juntas para expandir el valor añadido de su grupo". Mientras que el grupo como conjunto se enfrenta a la competencia de otros grupos, la dinámica organizativa dentro de cada grupo busca mejorar los resultados de todos los participantes. Un caso práctico es la formación de un consorcio para hacer una oferta conjunta en una licitación pública.

La forma de enlace directo va más allá de los casos puntuales o temporales. La apertura de los espacios económicos hace que muchas empresas deban articular sus esfuerzos para desembarcar juntas en nuevos mercados utilizando lo mejor de cada una, su logística, su conocimiento técnico, su capacidad de crédito, su productividad o tecnología de punta. También las empresas pueden unirse (como socias de un proyecto) para el diseño y lanzamiento de un nuevo producto. La innovación requiere hacer contactos (y organizarse) con quienes tienen la capacidad requerida para sumarse al proyecto. Otras veces se necesita una capacidad de oferta o una economía de escala de la cual las empresas no disponen en términos individuales.

En la economía digital, la articulación no requiere disponer de inversiones o activos físicos propios, sino que la oferta puede armarse contratando recursos (tercerizando), asumiendo el diseño de las llamadas *empresas virtuales*. Esta virtualidad también se logra sobre la base de enlaces y no de nuevas corporaciones. En este sentido, D. Tapscott (2000) habla de la *comunidad e-business* o EBC (*e-business community*). "Por ejemplo, en la industria de software las principales EBC son Wintel (de Microsoft e Intel) y Java (de Sun, Oracle y Netscape). A menudo una empresa es miembro de dos o más EBC que compiten entre sí. Al mismo tiempo, IBM, Oracle y Netscape participan activamente en la EBC Wintel."

La empresa virtual puede reunir las unidades dispersas que quieren desarrollar sistemas que permitan a todas acceder a nuevos canales de comercialización. En términos del citado autor, esta dinámica origina la llamada *tela de araña creativa* (*creative web*), que es un modelo organizativo alternativo al de corporación única o integrada verticalmente. La tela de araña se refiere a que se coordinan las capacidades de distintos actores, que están en distintos lugares, con funciones también diferentes (proveedores, clientes, inversionistas, distribuidores, vendedores, etc.). La relación es una fuente de valor agregado para el grupo y de beneficios para sus componentes, que ellos no lograrían actuando por separado.

La característica de estos enlaces es que las empresas mantienen su condición de partes o socias; no se diluyen en una nueva corporación centralizada. El modelo de enlaces entre unidades productivas puede incluir no sólo las fábricas o los prestadores del servicio, sino también a otros actores del medio, como los clientes o proveedores estratégicos. La articulación puede darse por la conexión directa o intercambio de servicios entre ellos, o también aportando ideas a un proyecto conjunto. Los periódicos pueden integrar sus fuentes de información o sus canales de distribución en todo el mundo. Las universidades pueden reunir sus capacidades para lanzar una nueva carrera de maestría sobre un mercado ampliado.

Un ejemplo de telaraña o enlaces corporativos lo constituyen las redes creadas para operar en el mercado de la energía eléctrica. Allí es necesario articular las empresas que atienden, cada una, las áreas de generación, transmisión, distribución, mantenimiento y atención de los clientes. Dada la interacción entre los productos de estos actores en el mercado de la electricidad, los proyectos de inversión o ampliación de la oferta deben ser tratados en conjunto. Se requiere articular las innovaciones en cada área (para que sean aplicables) y no basta con el diálogo, sino que se requiere organizar dichos esfuerzos. La trama muestra una relación directa entre las partes (de allí la *tela de araña*), pero también es necesario un organismo de enlace o unidad de coordinación. En la industria automotriz, las fábricas encaran con los proveedores algunas innovaciones que se arman como negocios en sí mismos; por ejemplo, los nuevos motores de bajo consumo o los ordenadores para orientar e informar al conductor.

De acuerdo con esta modalidad de contacto y complementación, el concepto de construcción de valor también es distinto del tradicional. No se piensa en una cadena que une los eslabones del proveedor, productor, distribuidor, minorista y cliente o usuario final; más bien se piensa en una trama de relaciones. Según el modelo de los enlaces, la relación entre ellos no es secuencial sino directa, e incluso pueden existir partes que son cambiantes (como proveedores alternativos, en distintos países). También el valor agregado puede resultar de la creatividad que genera la posibilidad de conexión directa de los clientes con los fabricantes. Esto se logra en el marco de una actividad conjunta para detectar nuevas necesidades y encarar cambios de diseño, en la cual los usuarios también están implicados.

La idea del enlace supone un acuerdo sobre objetivos básicos, más allá de los intereses sectarios. En el campo de la salud puede pensarse en una trama organizada, formada con los prestadores, las compañías de seguros, los laboratorios, las farmacias, las asociaciones de médicos, los institutos de capacitación, los grupos de usuarios o demandantes. En esta trama existen procesos compartidos, y la relación hace posible producir mejoras en la prestación de la salud como concepto de conjunto (no como producto final); por ejemplo, el valor que representa para los enfermos poder elegir entre una amplia gama de prestadores asociados. En el mundo de los negocios, las empresas en red pueden generar operaciones entre sí, de acuerdo con los inventarios de los que cada una dispone o su mejor acceso al lugar de la demanda. Es el caso de una red de productores agrícolas (interconectados) que abastecen (organizados) a una diversidad de mercados. Antes que una figura de rivalidad entre competidores, en estos casos el éxito depende de un modelo basado en el acuerdo y la complementación.

10. La creación de valor físico y virtual

La lógica de la estrategia competitiva se basa en la entrega de valor y la creación de riqueza como un proceso continuo. Para ello se requiere no tanto una empresa fuertemente articulada, sino una organización que sea inteligente, con capacidad de aprender en el tiempo tanto de sus errores como de las cambiantes demandas de los clientes y las amenazas de los competidores. En esta organización, la capacidad distintiva surge del intelecto y del conocimiento (el capital intelectual), es decir, no depende solamente de la productividad de la planta o el equipo físico.

En su obra sobre los rasgos de la empresa inteligente, J. Quinn (1980) afirma que "en su esencia, la mayoría de las empresas exitosas se caracterizan por aplicar sus recursos intelectuales a una cadena de servicios que se integran en la forma que resulta más útil para ciertos clientes". En este esquema de relaciones con el mercado se supone que las expectativas de los clientes no se refieren tanto a los productos físicos como a los servicios que brindan y las necesidades que satisfacen dichos productos. De manera que la eficacia en los procesos (la productividad) no es algo bueno en sí mismo, sino que debe analizarse en función de los nuevos servicios que resultan del proceso.

En el enfoque estratégico, las decisiones de producto tienen un sentido final: generar valor para los compradores y rentabilidad para la empresa (el margen). La base de esta actitud consiste en crear un producto valioso para los clientes. Para ello es necesario analizar el flujo productivo como una serie de actividades que no sólo se distinguen por su función específica (planear, comprar, transportar, almacenar, etc.), sino también por el valor que dichas actividades añaden a lo largo del proceso, tanto en el aspecto físico (tamaño, color, forma) como respecto de la imagen y calidad del producto.

Los procesos agregan valor en la medida en que aportan ventajas al producto (lo mejoran) en términos de sus cualidades, de las necesidades que satisfacen y de las expectativas del cliente; por ejemplo, a través del diseño o multiplicidad de modelos, la tecnología de punta, los tiempos de entrega, las garantías, los cursos de capacitación, la posibilidad de probar el producto, la eficacia de los canales de distribución, la atención personal al consumidor, las ventajosas formas de financiamiento. Tal como sostiene J. Canals (1991), "una buena estrategia exige la adecuada combinación entre los recursos que aplica la empresa y las oportunidades que ofrecen el entorno y los mercados; cuando más congruente sea esta combinación, también será mayor la contribución a la creación de valor".

La calidad del producto, su promoción y distribución son actividades por medio de las cuales la empresa intenta crear valor en el mercado. A su vez, la política de fijación de precios es el intento de la firma por capturar parte de dicho valor en los beneficios que obtiene. A esto se refiere la idea de posicionamiento, en cuanto a que el producto aparece dando satisfacción a ciertas necesidades o brindando ciertos servicios específicos o no comparables, no como una oferta o promesa, sino como una imagen instalada, un dato reconocido por los clientes y usuarios.

La orientación estratégica no es sólo la de producir valor, sino también recuperarlo (financieramente) en el momento de la venta o prestación del servicio. Pero el cliente debe percibir que está recibiendo un valor equivalente al precio que acepta pagar por el producto. En términos de Nagle y Holden (1998), "la fijación estratégica de precios apunta a encontrar un equilibrio entre el deseo de los clientes de obtener un buen valor y la necesidad de la firma de cubrir los costos y obtener beneficios". En lugar de indagar qué precio está dispuesto a pagar el cliente, la visión estratégica pregunta: ¿qué vale nuestro producto para este cliente y de qué manera podemos comunicar mejor ese valor, justificando así el precio?

Considerar la valoración de los clientes pone en evidencia la falacia según la cual "los precios deben fijarse en función de la competencia". En la medida en que hay una ventaja o una diferenciación y la posibilidad económica de sostener un precio, pierde vigencia el concepto de competencia como determinante de la política de precios; ya no es un limitante la idea de no estar por encima de otros. En cambio, la competencia sí importa para analizar el valor (comparable) que están ofreciendo otras empresas en el mercado.

El producto no se valora en una sola dimensión. Sus atributos físicos o técnicos se refieren a la utilidad, la práctica y la funcionalidad del producto. Pero también hay un valor agregado que opera en el plano de lo imaginario o lo simbólico, vinculado con factores tales como el prestigio o la marca. Podemos hablar del *valor percibido* para incluir estos aspectos imaginarios que se entienden desde el lado del cliente, desde sus deseos e ilusiones. Dentro de ciertos límites culturales, la empresa opera en esa dimensión subjetiva, por ejemplo, por medio de mensajes publicitarios y la construcción de imagen del producto.

El producto imaginario puede tomar distancia de los aspectos objetivos y mejorarlos. Pero la influencia de las apariencias también tiene límites y está acotada por factores concretos como la posibilidad económica del cliente y los precios de la competencia. El cliente puede apreciar (y esto lo desalienta) que el precio que debe pagar está por encima de las satisfacciones esperadas, tanto en la dimensión de lo objetivo como de las apreciaciones subjetivas.

En síntesis, el valor percibido por el cliente deriva de una combinación de elementos técnicos, económicos y emocionales. En función del perfil de los clientes (no depende sólo de los componentes de la oferta), cada uno de dichos factores finalmente tiene distinto peso en el valor percibido. En síntesis, desde una perspectiva estratégica, se trata de lograr una relación entre dichos factores que ofrezca una ventaja al cliente y permita a la empresa obtener un beneficio competitivo.

La creación de valor no se refiere únicamente a los aspectos físicos, la calidad, la funcionalidad del producto o la productividad de los procesos. En la era de la economía digital, el valor también tiene que ver con la información y el conocimiento que los individuos aportan durante el proceso o que se brindan al cliente. Para agregar este valor, la empresa requiere disponer de capacidades humanas, de adecuados sistemas de información y redes de comunicación. Se requiere no tanto "la mano de obra" como el intelecto de los empleados que vuelcan su capacidad para el diseño y la preparación del producto.

La información del producto no es "un objeto adicional", sino un servicio que deriva del capital intelectual de la empresa. En este sentido, el conocimiento constituye la base de creación del valor; por ejemplo, el valor agregado a través de los sistemas que se incorporan en el diseño del producto y le dan mayor funcionalidad o adecuación al perfil del consumidor. Como un programa de compras que ayuda a la decisión del cliente en sus operaciones en Internet,

241

un dispositivo en el tablero del automóvil que orienta al conductor para elegir el camino más corto, una prenda de vestir que regula su nivel de abrigo en función del clima, o un tractor que informa al agricultor sobre los rendimientos del terreno que está recorriendo durante la cosecha. Es información que se procesa pensando en los criterios y las necesidades del usuario, considerando el momento y el lugar donde se encuentra.

En el marco de la economía digital, la unidad económica se hace empresa cognitiva, un lugar donde se produce y se comercializa, pero también se enseña y se aprende. En términos de Davis y Botkin (1994), "el valor de una empresa se determina en función de su aporte cognitivo. Las empresas que sepan cómo transformar la información en conocimiento para el cliente serán las más exitosas". Incluso el conocimiento creado en una empresa es valioso y rentable en sí mismo, una fuente de beneficios identificable. En la medida que los productos son inteligentes, los clientes son tratados en forma personal, reconociendo sus diferencias. Y como parte del diálogo que propone el sistema, ellos también son llevados a participar de un proceso educativo.

Las actividades de la "cadena de valor", tales como las compras, el financiamiento o la distribución, son elementos en un proceso que lleva al producto final apreciado por el cliente. Pero también cada uno de los componentes de dicha cadena tiene sus procesos, su lógica y sus propios interlocutores. Es el caso del sector de compras respecto de los proveedores, o de finanzas con las instituciones de crédito. Estos sectores se convierten en sí mismos en una fuente de servicios o unidades de valor. Y esto es particularmente importante y posible en la economía digital.

Las partes del proceso productivo pueden convertirse en unidades de negocio o de servicios diferenciados a la clientela; por ejemplo, un periódico puede verse como una empresa con actividades integradas verticalmente (desde el papel al periodista) para llegar con su producto final al lector. La era digital permite que los interesados puedan conectarse con la parte del proceso que les interese y armar "su" propio periódico. En este entorno, cada parte del proceso deberá prepararse para ser valiosa. Del mismo modo, disponer (por la vía de la red) de su historia clínica permite al paciente articular la relación con sus médicos en un centro de salud, según sus propias posibilidades.

El proceso de reconfiguración de la cadena de valor no sólo implica un cambio en la estructura de la empresa, sino que también altera las fuentes de las ventajas competitivas. En su obra sobre la creación de valor en la economía digital, D. Tapscott (2000) advierte sobre las consecuencias estratégicas para la empresa: "las cadenas de valor existentes se pueden fragmentar en múltiples empresas, cada una de las cuales contará con sus propias fuentes de ventaja competitiva". Y cada paso de la cadena de valor puede desarrollar sus mercados y la economía de escala necesaria.

Respecto de esta fragmentación, no se trata de un accidente sino de una oportunidad. Un caso es la concesionaria de automóviles donde el sector comercial aporta el sistema para armar con el cliente la forma de financiamiento, considerando las ofertas de los bancos incorporados al sistema, que además le ofrecen seguros y otros productos. Este servicio especializado, sobre una plataforma informática, también puede ofrecerse al mercado. En una escuela de negocios, la unidad de biblioteca puede armar con los graduados una relación específica que se extienda más allá de las materias de su carrera. En forma continua, puede brindarles información actualizada y de apoyo para los informes que esos graduados preparan en sus empresas de consultoría.

En estos ejemplos vemos cómo los pasos para agregar valor son virtuales, en el sentido de que se preparan y se brindan por medio de la información, el conocimiento y las redes de comunicación. Se trata de ofrecer y divulgar servicios informáticos o poner en contacto a las partes; por ejemplo, a través de la red de comunicaciones el negocio de comestibles puede ofrecer información sobre los productos que satisfacen los requisitos de diferentes dietas alimentarias. Compañías de transporte y agencias de turismo agregan valor virtual al informar a sus clientes (junto con la transacción en red) sobre los climas, la moneda, el idioma y otros datos útiles sobre sus lugares de destino (datos que también apoyan al negocio medular de la empresa).

El resultado desde el punto de vista estructural o de conjunto es que la empresa dispone de una cadena de valor física y una virtual (relacionadas). En una librería, lo físico (respecto de los servicios) tiene que ver con la existencia de la obra, su precio y formas de entrega; lo virtual, a través de los sistemas, es ofrecer información y conocimiento que permitan establecer una relación entre el deseo del lector y la ubicación del libro más adecuado. La posibilidad de establecer una comunidad de lectores con igual interés temático es también un valor virtual que aporta la librería a sus servicios y a sus clientes. En síntesis, en su definición de la estrategia competitiva la dirección debe considerar tanto las cadenas físicas ocomo las virtuales, articuladas en una estrategia de valor.

11. El conocimiento como fuente de valor

En las secciones anteriores hemos visto cómo los sistemas de información se convierten en un recurso que permite incorporar ventajas a los productos y servicios diferenciados a los clientes. Ahora bien, esa información puede obtenerse mediante acuerdos con las empresas que desarrollan tecnologías de sistemas, como es el caso de los contratos con los proveedores de soluciones informáticas. Pero también hay un considerable aporte de las propias capacidades de la empresa. En este último caso, no es suficiente disponer de personal calificado al interior de la organización, sino también realizar una "gestión del conocimiento" que permita obtener ventajas competitivas sostenibles en el tiempo.

Cuando hablamos de conocimiento nos referimos a un concepto más amplio que la información, los medios y la tecnología utilizada para transmitir datos. La información se refiere a los datos organizados con un propósito, que son significativos o tienen un sentido para quienes los reciben, y los mueve a realizar alguna acción. El resumen de cuenta corriente es información para el deudor, que algo hará con ella (manejar sus fondos). El nivel de inventario (mínimo, normal, máximo) es información generada para mover las decisiones de producción. Para que estos mensajes tengan sentido, los datos se organizan según una forma conocida, responden a códigos compartidos y se entienden en el marco de ciertos contextos; por ejemplo, el contexto puede ser un contrato, una transacción o un acuerdo entre las partes que fija derechos y obligaciones.

El conocimiento es un concepto que se refiere a la capacidad de encontrar sentido en la información y hacerla parte de un análisis, reflexión o comportamiento decisorio. El concepto se aplica a una capacidad intelectual disponible y utilizable por la empresa (no reservada). En el plano de los individuos incluye el saber razonado (que puede explicarse), la experiencia formada acerca de ciertos temas, las ideas asociadas con esos temas, los conceptos incorporados por medio de la capacitación y los procesos de aprendizaje. En el nivel de la organización, el conocimiento se refiere al saber que se forma con los principios, objetivos, valores, políticas, métodos, procedimientos y prácticas cotidianas. Estos elementos del saber organizacional no son opiniones personales, sino que funcionan como expectativas o pautas reconocidas por los integrantes de la empresa. Este conocimiento forma parte del capital intangible o intelectual de la organización.

En cuanto a la dimensión temporal, el conocimiento es un saber que se refiere a lo pasado, presente y proyectado. Se expresa, refleja y transmite en las comunicaciones, en las prácticas, en las memorias y los registros de la empresa. El conocimiento también se forma con las imágenes que hacen al orden simbólico de la organización, por ejemplo, en lo referido a los mitos, las creencias y los modelos mentales que comparten (en lo implícito) los individuos en su trabajo. Ese componente cultural tiene que ver con el conocimiento (simbólico) disponible en la empresa. Más adelante veremos que el crecimiento de la organización requiere que esas imágenes y creencias también puedan ser revisadas con un sentido crítico para superar las ataduras internas que impiden conectarse con una realidad incierta y cambiante (la gestión del cambio no planeado).

En el comportamiento de los individuos en la organización no todo son fines, motivos o saberes aprendidos. También opera la llamada *inteligencia emocional*, las actitudes y los sentimientos que son movilizados para el logro de proyectos compartidos. Lo emocional importa porque refleja un compromiso hacia la organización y por lo que tiene de creativo. Se refiere a lo espontáneo y no a lo programado; muestra la existencia de una disposición positiva y de actitudes favorables al cambio. El concepto de lo emocional o no racional (que no responde a un método o programa) enseña que el llamado *activo intelectual* de la empresa no es suficiente si no está acompañado de un ambiente donde el individuo pueda expresar sus sentimientos y ejercitar su voluntad de innovar.

El saber no se arma en el vacío; existe y se practica en un contexto que lo enmarca y que orienta la mirada de quienes se capacitan. Este marco se construye en el tiempo y también constituye un activo intangible de la empresa; es el ambiente en el cual se forman los recién llegados. El saber no es sólo conocer una respuesta o tener una regla para la acción, sino también disponer de criterios para ubicarse frente al problema. E. Wegner (1991) ha destacado que "la información sólo adquiere significado en el contexto de las prácticas sociales de las comunidades que arman su vida cultural". El conocimiento es una capacidad de lectura y de interpretación que se realiza siguiendo métodos y prioridades estudiadas, pero también influyen los valores y las creencias que se adquieren en la interacción cotidiana dentro de la empresa.

El conocimiento no es una materia prima, algo externo al individuo que este adquiere o incorpora. La comprensión es parte del proceso. Como dice T. Davenport (2001), "puede parecer extraño incluir valores y creencias en un análisis del conocimiento en las organizaciones... pero de hecho ellos determinan en gran parte lo que el experto percibe y concluye de sus observaciones. Las personas con valores distintos ven cosas diferentes en la misma situación, y organizan su conocimiento sobre la base de sus valores". Por ejemplo, la aversión al riesgo que es propia de un banco, la veneración de ciertos ídolos en un club deportivo o el respeto a la privacidad en un periódico. Las creencias se construyen en el tiempo, a través de las interacciones sociales en el contexto de la empresa. En ese sentido, el "modo de entender las cosas aquí" es parte de un conocimiento colectivo o social.

En el nivel de la organización importan las reglas empíricas para la acción, que se incorporan como hábitos a los comportamientos cotidianos. Aun cuando no existan razones explícitas para estas reglas, ellas permiten a los individuos enfrentar situaciones complejas y resolverlas en menor tiempo y siguiendo caminos más cortos. Son guiones que se ejecutan rápidamente, como el saber de quien debe conducir en una ruta congestionada y tomar rutas alternativas, o el experto que ingresa en los sitios de Internet para llegar a una rápida conclusión sobre la situación en la bolsa de valores y las oportunidades existentes. Son caminos que se siguen casi en forma intuitiva, respondiendo a lo que K. Weick (1995) ha llamado el *conocimiento experto condensado*, como una síntesis de la experiencia del ejecutivo en su cargo.

El conocimiento no es una capacidad estable o cristalizada porque se dinamiza a través de procesos educativos, la interacción en el trabajo y las relaciones con el medio. Lo importante es que se trata de un saber conocido y compartido por los integrantes de la empresa; no son opiniones o consideraciones personales, sino razones y actitudes que se vuelcan en el funcionamiento de conjunto. Una parte importante del conocimiento de los individuos como integrantes de la organización son las "comunidades de prácticas". En los grupos, el tejido social permite desarrollar un conocimiento en el plano de lo implícito que no surge de los manuales de organización o las instrucciones de los jefes, sino del hecho de trabajar juntos en cierto contexto. Este componente fundamental del conocimiento en la organización es de difícil expresión: se trata de habilidades o respuestas que no provienen del aula, sino que se desarrollan con el tiempo y la interacción social.

Tal como afirma M. Polanyi (1966), "hay una destreza práctica que se logra mediante la observancia de una serie de reglas que la persona que las sigue no conoce como tales... En este sentido podemos saber más que lo que podemos decir". Por ejemplo, la desconfianza o la actitud favorable del ejecutivo respecto de una operación de crédito. Para las organizaciones el conocimiento tácito es un saber en acción, que no vale para lo inesperado o novedoso, sino en las situaciones cotidianas. Se puede transmitir, y un mecanismo importante es aprender del ejemplo o las prácticas junto a expertos (el trabajar juntos). Desde el punto de vista estratégico, una tarea de la dirección es superar las posibles ataduras (las tradiciones) y convertir ese conocimiento en ideas y sistemas novedosos, en software, fórmulas químicas, métodos productivos, pronósticos de mercado, nuevos diseños.

El conocimiento en el nivel de la organización no sólo se refiere a los productos y servicios o las formas de producción. También existe un saber acerca de los alcances de la propia organización, una suerte de "conocimiento reflexivo" o identificatorio. Es un conocimiento compartido que permite a la organización reconocerse como tal, con la identificación de sus propósitos, sus integrantes, sus funciones, la descripción de los recursos disponibles y los límites o espacios en los cuales la empresa actúa. Ese conocimiento sobre la organización como un sistema diferenciado es vital para que ella pueda actuar en forma cohesionada y permite a los integrantes hablar en términos de "nuestra empresa" o referirse a "la forma en que hacemos las cosas aquí".

El conocimiento compartido, en lo que tiene de creativo, representa un rasgo distintivo de la organización, difícil de trasladar a otros dominios. Esta sabiduría colectiva no es un objeto copiable o reproducible fácilmente por los competidores porque está relacionada con el ambiente laboral en que se produce. En cambio, en los mercados es visible que las innovaciones en los dispositivos físicos se difunden en el tiempo, no se pueden retener; por ejemplo, el banco que salió primero con el servicio de cajeros automáticos o con la banca en Internet logró la ventaja de la innovación. Pero esa ventaja se diluyó rápidamente, porque la tecnología física, de programación y el equipamiento fueron copiados de inmediato. Según las reglas de los mercados competitivos, el ciclo de vida de la innovación en productos tiende a ser corto, como también las economías y ventajas comparativas que esos productos otorgan. Con el tiempo, los competidores pueden igualar la calidad y el precio de un producto o servicio de un líder del mercado.

En cambio, el conocimiento innovador (la capacidad de generar ideas) en una empresa no se agota en el diseño de un nuevo producto. Cuando son parte de una cultura del conocimiento, esas ideas llevan a otras, representan un potencial de crecimiento y son una fuente de ventajas competitivas sustentables. En una organización inteligente (que no copia, sino que busca construir nuevo conocimiento), el objetivo es que el saber colectivo funcione como una espiral de valor ascendente. Según T. Davenport (2001), "los activos materiales disminuyen a medida que son usados, pero los activos de conocimiento aumentan con el uso: las ideas generan nuevas ideas, y el conocimiento compartido enriquece a quienes lo reciben". Disponer de una masa crítica (de pensamiento) no sólo sustenta y pone en marcha un proceso de innovación, sino que también hace posible un ciclo de renovación continuo en el capital intelectual de la organización.

Pero la masa crítica no es algo que se instale en forma normal; para ello deben darse ciertas condiciones, que luego estudiaremos, como un ambiente facilitador. El problema es que las empresas tienden a reflejar en el interior sus luchas en el contexto. Entonces, los individuos desconfían y se sienten abandonados a sus propias fuerzas. Tal como afirman Von Krogh *et al.* (2001), "en un ambiente hipercompetitivo, la disposición a difundir el saber es escasa y cada empleado intentará aprehender conocimiento individual en lugar de compartirlo en forma voluntaria". Ellos temen que compartirlo les hará perder poder e influencia en la organización. En condiciones de competencia, los individuos tienden a construir "sus propias hegemonías de conocimiento y harán lo imposible para protegerlas". De manera que la posibilidad de construir conocimiento social o saber compartido requiere establecer un modelo de gestión que aliente la colaboración en el trabajo, en lugar de la lucha por ampliar los espacios personales en la organización.

12. Innovación y gestión del conocimiento

Como activo intelectual, el conocimiento es parte de una cultura orientada a producir y difundir nuevas ideas en la organización. Es un activo que se construye a través de una gestión que estimula las actitudes innovadoras como valor reconocido desde la dirección. No se trata solamente de reconocer el saber, sino también de asumir la importancia del capital intelectual para el crecimiento de la organización en un contexto con demandas crecientes. Puede imaginarse la diferencia entre una escuela que "copia" las novedades del mercado, respecto de otra institución educativa que tiene la capacidad de crear sus planes de estudio (también en interacción con el medio).

La economía virtual basada en los servicios de información avanza en el diseño y la construcción de productos que muestran un contenido electrónicos cada vez mayor. Según Tissen *et al.* (2001), en la industria automotriz el valor del contenido electrónico es mayor que el del acero y cada vez más funciones del automóvil tienen un control y un mantenimiento electrónico. El conocimiento cada vez más complejo es una fuente de valor que se vuelca en forma de servicios adicionales en el producto terminado, como también en la atención posterior al cliente. Al mismo tiempo, los componentes intangibles ocupan mayor lugar en la valoración de una empresa, en particular lo referido a su capacidad para desarrollar nuevos productos y servicios aprovechando sus competencias centrales.

Al interior de la organización, la gestión estratégica del conocimiento sigue un método basado en la identificación, la interconexión y el desarrollo del saber existente en la empresa. Esta gestión permite: *a)* disponer de un mapa del conocimiento de la organización, que posibilita definir y ubicar el saber disponible en la propia empresa, y *b)* construir una sabiduría colectiva o cultura del conocimiento, más allá de los saberes individuales de los integrantes. La gestión del conocimiento intenta ir más allá de las bases de datos o registros, es decir, no sólo disponer de sistemas de información, sino también de procesos que permitan conocer y difundir los significados de esa información y su relación con los objetivos de la organización.

La empresa crece si el conocimiento es compartido en lugar de ser utilizado como instrumento de poder o una forma de influencia personal. La gestión intenta darle dinamismo a la "comunidad de prácticas" y de significados, por ejemplo, al conectar el saber de los distintos grupos (las microculturas). La idea es evitar que el conocimiento quede en la mente de algunos pocos empleados capacitados. También se trata de evitar la tendencia a reinventar la rueda en diferentes grupos que operan en forma aislada en la organización; por ejemplo, por medio de los foros y seminarios internos que buscan difundir e integrar las experiencias entre los médicos que son parte del mismo centro de salud.

Además de la gestión del conocimiento, como manera de articular y aprovechar el saber existente, la organización inteligente requiere un ambiente creativo, una actitud renovadora. En este sentido, W. Starbuck (1996) afirma que es necesario "dejar de depender de las creencias y métodos actuales porque estos forman percepciones que limitan a los individuos". Mientras las creencias y los métodos actuales produzcan resultados razonables, las personas no suelen descartarlos. De manera que el nuevo conocimiento no es una continuidad del activo existente (no es solamente resultado de una gestión), sino que la organización también requiere formas de criticar y superar lo existente.

Debemos advertir que la creación no es algo que pueda sujetarse a un método o a una forma de gestión directiva. La creación requiere un ambiente facilitador y una disposición e interés de parte de los individuos. La búsqueda de innovación no es un tema de administración o control del saber, sino de permitir liberar las capacidades personales; por ejemplo, la organización debe reconocer la importancia de las personas que intentan superar las normas vigentes, renovarlas. Individuos que tienen que ver con la figura del desorden creativo en la organización, que se disponen a renovar el capital intelectual de la organización (no a "conservarlo"). En este caso, además de hablar de las *competencias clave*, corresponde reconocer a los *competentes clave* en la empresa competitiva, es decir, la existencia de individuos y grupos que se destacan por su actitud y disposición a renovar las ideas de la organización.

La creatividad no responde a un procedimiento; más bien tiene que ver con la figura del cambio no planeado. A ello se refiere I. Holmberg (2000) cuando propone el concepto de *liderazgo innovador*, que permite liberar la imaginación y las emociones en el trabajo. La tendencia a la uniformidad en el conocimiento (por la globalización) hace más improbable la innovación; la limita a ciertas corporaciones. La influencia de la tecnología también ha incrementado las diferencias en la relación entre expertos y operadores, dentro de la planta de personal. Dicho autor dice que en un entorno globalizado, "la diferencia entre el promedio y lo bueno respecto del nivel de conocimiento en una empresa, ya no es un factor de 1 a 2, sino de 1 a 100 o más". En un contexto competitivo no alcanza con la actitud de ordenar o conectar el saber existente. El crecimiento también requiere instalar un ambiente favorable a la creatividad y desarrollar actividades que permitan expandir los nuevos conceptos más allá de los individuos o grupos que los originan, buscando "la nivelación transversal del conocimiento".

En el plano de la estrategia competitiva y de crecimiento, la innovación es prioritaria, de manera que la idea central de la dirección debe ser añadir valor a través del conocimiento. Esta meta puede realizarse de diversos modos y en varios planos de la organización: *a)* como ventaja competitiva derivada de mayores y mejores prestaciones de los productos; *b)* por el incremento en el valor de mercado de la empresa debido a la evolución de su capital intelectual y de su potencial creativo; *c)* por la mejora en la motivación de los individuos, permitiendo que trabajen en un ambiente innovador que también les permita capacitarse en su trabajo, y *d)* por la mejora en la imagen de la empresa en su medio ambiente.

No basta reconocer que el conocimiento trae ventajas competitivas, que capacita y permite diferenciarse a la organización. No todo conocimiento posee valor estratégico en el sentido de hacer crecer la organización en su contexto. Lo estratégico se refiere a la funcionalidad de las innovaciones, a su aporte al rendimiento de la organización. Al respecto, Von Krogh *et al.* (2001) afirman que "es imperativo que los directivos no razonen de manera abstracta, sino que utilicen un marco práctico para evaluar el papel del conocimiento en relación con la estrategia... ellos deben considerar el conocimiento como un activo vinculado con acciones y resultados de negocios específicos".

La gestión estratégica implica crear y sostener el capital intelectual y darle un sentido productivo. No es suficiente estar en condiciones de crear nuevas ideas, sino que hay que ponerlas en situación operativa. Esta es la estrategia que se identifica como "el conocimiento puesto en acción". En este sentido, T. Davenport (2001) afirma que "los sistemas de información no son suficientes, sino que hace falta una cultura de colaboración con un entendimiento común de los objetivos y las oportunidades. Una estrategia del conocimiento guiará la creación de conocimiento que puede transformarse en valor de mercado". Si se agrega valor a la compañía, ese conocimiento servirá como factor de ventaja estratégica. En la medida en que la hace crecer, también puede decirse que se trata de un conocimiento valioso para la organización.

13. Valorización de la empresa y su migración

Desde la perspectiva de los inversionistas, el éxito de una estrategia competitiva a través del tiempo se evalúa por medio de varios indicadores; uno de ellos es el valor de mercado de la empresa. Dicho indicador mide el poder de un modelo de negocio para crear y captar valor con sus operaciones. El valor de mercado se define como la capitalización de la empresa: valor en bolsa de las acciones en circulación, más la deuda a largo plazo. No es un dato cierto en la medida en que es afectado por las fuerzas en los mercados de capitales, pero es útil en términos comparativos para empresas que son valuadas en un mismo contexto.

A los efectos de considerar la dimensión o escala de la empresa se incorpora al análisis el dato sobre sus ingresos. De tal forma surge un indicador compuesto, que relaciona el valor de mercado con los ingresos y constituye uno de los posibles indicadores acerca del potencial de la empresa para generar beneficios futuros. El coeficiente (0,5 o 1, etc.) se entiende a la luz de la estructura económica de cada sector, porque cada uno tiene su margen normal o posible (comestibles no es similar a informática). Como veremos más adelante, este indicador tiene que ver con la fase del ciclo de negocios en que se encuentra la empresa.

El potencial de creación de valor surge de la capacidad productiva y la posición de la empresa en su mercado, considerando sus riesgos y oportunidades. La relación entre valor de mercado e ingresos es una señal de este poder creativo. Una alta relación indica, por ejemplo, que la empresa ha entrado en un mercado nuevo donde, durante un tiempo, la competencia será limitada, y amplia la posibilidad de aumentar las ventas.

Desde la perspectiva de los accionistas, inversionistas y directivos, importa tanto la solvencia de los activos como la potencia de la empresa para generar valor y beneficios en el futuro.

El modelo de negocio es uno de los conceptos que explica el potencial o poder de creación de valor de la empresa. En la configuración del modelo juegan diversos factores (relacionados), como el nivel de precios, la calidad del producto, las materias primas, la actualidad de la tecnología utilizada, etc. Este modelo refleja la relación positiva entre la oferta de la empresa, las necesidades de los clientes y su disposición a pagar por un producto. La disposición del cliente no se refiere sólo a su voluntad de realizar la compra, sino también de efectuarla a un precio que permite al oferente obtener beneficios por la operación.

No puede hablarse de "un" modelo que sea el mejor. El concepto se refiere al modelo adecuado a los recursos disponibles, la naturaleza de la demanda y de las fuerzas competitivas en el sector económico; por ejemplo, un modelo basado en utilizar tecnología de punta no siempre es exitoso, porque esa innovación puede crear y captar valor, pero sólo durante el tiempo en que la empresa controle el uso de la tecnología. Además, la dirección corre el riesgo de hacer una opción en un área clave del negocio, de manera que hay opciones que se dejan a un lado. En el caso de una compañía aérea, un modelo puede ser optar por vuelos con una estructura radial (pasan por la base), o bien por un esquema de conexiones directas entre ciudades.

Así como los productos pasan por ciclos, también los modelos de negocios pueden verse ubicados en alguna fase de la llamada *migración de valor*. Son momentos que van desde la creación hasta el estancamiento o la caducidad. Esas fases están mostrando el grado de exposición o fortaleza de la empresa. Así como hay una fase de creación y estabilidad, también ocurre la salida de un ciclo de valor. Un ejemplo es el desplazamiento desde el acero hacia el plástico y el aluminio para satisfacer la demanda de las fábricas de envases; también es el caso del movimiento desde las pequeñas tiendas de comestibles hacia las redes de supermercados.

Sobre esta dinámica del ciclo de valor en las empresas, A. Slywotzky (1997) afirma: "no es que el valor desaparezca, sino que se desplaza hacia nuevas actividades y conocimientos y hacia nuevos modelos de negocio; estos modelos tienen una superioridad para satisfacer las prioridades del cliente y ello les permite conseguir beneficios". En este proceso de migración se conjugan varios factores, pero son importantes el cambio en las prioridades de los clientes como también los avances de la competencia (nuevas opciones). En términos estratégicos, la caducidad está representando una pérdida de diferenciación y de ventaja competitiva por parte de la empresa.

La migración de valor para una empresa ocurre cuando su modelo ya no responde a las preferencias de los clientes o es superado por la oferta de otras empresas. Esta preferencia no sólo tiene que ver con las necesidades concretas que el cliente satisface con el producto. En su decisión también juegan otros factores, como los servicios anexos al producto o la sensación del usuario de estar ingresando a una tecnología confiable que le permite estar actualizado. La comprensión de los factores que intervienen en la decisión del usuario, junto con las tendencias en los mercados, son una fuente de información sobre la posible migración de valor.

En este contexto, una tarea básica de la dirección en su definición de estrategias competitivas es comprender el sentido y la velocidad de la migración de valor en su sector. El enfoque estratégico indica que la dirección debe analizar la trayectoria en las prioridades de la demanda en los mercados: antes que repetir la fórmula del éxito, definir cómo ingresar al siguiente ciclo de incremento de valor. El tema es no retrasarse en la transición, hacerla antes de la crisis. Claro que ello requiere inversiones, y uno de los secretos es buscar capitales durante la fase de estabilidad, el financiamiento necesario para moverse hacia otras tecnologías o entornos que se vislumbran como importantes en el futuro.

14. Competencia y relación de fuerzas

El acceso y la permanencia en los mercados requiere maniobras estratégicas de las empresas y no sólo calidad e información de sus productos. El éxito es el indicador que legitima las maniobras, como ocurre con el *rating* en la televisión. La presión por obtener resultados crecientes impone la ideología del "fin que justifica los medios". El hecho de que las empresas tengan poderes desiguales o que prefieran negociar entre sí para repartirse los negocios (sin pensar en los clientes) hace que el mercado se convierta en una relación de fuerzas y no en una expresión de capacidades creativas o demandas que deben ser satisfechas.

La competitividad, como capacidad empresarial, se refiere a la calidad de los procesos y la actitud de mejora continua. La estrategia competitiva es un concepto constructivo y no compatible con los intentos de dominación hacia el mercado o de poner a los clientes en cautiverio (por su ignorancia o estado de necesidad extrema). La decisión de aplicar recursos financieros para someter o llevar a la quiebra a los rivales no es una actitud competitiva, sino una maniobra de fuerza o de poder ilegítimo. El concepto de *fuerzas competitivas* se refiere a intereses y demandas legítimas, no al poder coercitivo. Una relación de dominación no es propia del modelo de competencia, que tiene como regla clave la libertad de elección para todos los jugadores.

Cuando no operan los controles o el arbitraje externo al sistema, la lógica del modelo competitivo sólo se mantiene en el nivel del discurso, y la competencia es negociación de intereses desde posiciones de poder. En situaciones de desigualdad impuesta, sin transparencia y equidad, la función de los mercados es declarativa. Existen fuerzas, pero no son precisamente "competitivas" ni están orientadas por la creación de valor para el medio social.

Cuando el control de las reglas de juego se deja en manos de los propios operadores, las estrategias se convierten en maniobras y la competencia se hace relación de fuerzas. Los mercados se transforman en una expresión de los intereses dominantes y no en el éxito de las ventajas comparativas. La atención de las legítimas demandas de los usuarios y clientes pasa a depender más de la responsabilidad social de las empresas y la calidad de sus directivos que de las reglas de juego competitivas. En términos discursivos, para darle una explicación poco comprometida, se afirma que las relaciones en el mercado se desplazan hacia una situación de *competencia imperfecta*.

En el contexto de la competencia imperfecta, la formulación de estrategias no sólo busca ventajas competitivas o capacidades distintivas, sino que también incorpora prácticas de dominación del mercado, que vulneran las reglas de juego. El desafío de una empresa que razona en términos de calidad y valor agregado es que debe enfrentar las estrategias de poder de otros jugadores. Las bases del poder no tienen que ver con la calidad del producto, sino con el manejo de recursos para desplazar al oponente. Estas prácticas de combate desvían las energías desde el desarrollo de las capacidades propias hacia los juegos de poder.

En camino a lograr una posición sostenible, los directivos no actúan sólo en el campo de lo económico. Las estrategias incluyen tanto los juegos políticos internos como las maniobras externas en el mercado. M. Porter (1996) explica cómo "las grandes firmas demandan a otras pequeñas como un velado ardid para infligirles castigos. Esas acciones legales fuerzan a la firma más débil a pagar altos costos legales durante largos períodos y también a distraer su atención de la competencia en los mercados". Asimismo, las estrategias que se basan en alianzas, fusiones y adquisiciones pueden darse como formas de control y dominación sobre el mercado.

El tema es si se trata de accidentes o bien de rasgos estructurales que se dan en la praxis del modelo competitivo. Esto tiene connotaciones importantes porque influye en los criterios que siguen los directivos al formular las estrategias. Ya no se trata de explorar los futuros y las nuevas oportunidades, sino de pensar en definir prácticas de defensa y agresión para enfrentar la oposición de fuerzas. En este sentido, H. Mintzberg (2003) advierte que "las maniobras estratégicas se emplean para comunicar a los rivales que les conviene más negociar acuerdos de interés mutuo, que luchar".

El ejercicio del poder hace imperfecto el modelo, no por hechos imprevistos sino por decisiones deliberadas. Desde el análisis político de los mercados (y desde el medio social), esta realidad lleva a pensar en mecanismos para controlar la legitimidad de las estrategias; por ejemplo, los códigos por respetar en materia de publicidad. La regulación debería velar por la transparencia de la oferta y la defensa de los consumidores, poniendo límites a las maniobras del poder. El problema de los mecanismos es que no funcionan en la medida en que el propio sistema competitivo toma el éxito o la supervivencia como única señal de la eficacia empresarial.

Pero estas medidas también implican tomar posición frente a la tendencia en las fuerzas competitivas a ponerse en los bordes del sistema. Nos referimos a los procesos de concentración económica que son manifestaciones del poder, pero que también derivan de la necesidad de hacer fuertes inversiones en tecnología y de lograr economías de escala. Se trata de procesos de crecimiento que entran en colisión con las reglas de juego del modelo competitivo. Estas oposiciones e imperfecciones en la relación competitiva requieren un arbitraje externo a las partes, que controle la tendencia de las corporaciones a imponer sus estrategias en los mercados.

C. La dirección estratégica

15. La creación de capacidades distintivas

Un rasgo del enfoque estratégico de la dirección es que no consiste en una fórmula generalizable, sino en una definición que corresponde a la naturaleza de la empresa y su entorno. En este sentido, Ansoff y McDonnell (1996) señalan lo siguiente: *a)* la continua evolución de la agenda del cambio hace que resulte peligroso basar los planes futuros en respuestas que han tenido éxito en retos del pasado, y *b)* no existe una recomendación exclusiva para lograr el éxito en el futuro, de manera que pueda aplicarse en todas las empresas. La empresa debe desarrollar "su" estrategia de negocio.

Un factor común al enfoque estratégico es la necesidad de preparar a las empresas para afrontar el cambio con la rapidez que requiere su entorno pertinente (en un hospital es distinto que en un banco). Otro factor genérico es que la dirección debe mantener la empresa en un estado de competitividad, para lo cual requiere ser innovadora. La empresa debe estar preparada para defender sus posiciones en el mercado y en condiciones comparables con los restantes oferentes. Una librería es competitiva cuando puede entregar los textos que imaginen sus clientes, en las mejores condiciones (comparativas) de precio, tiempo y calidad de servicio. La competitividad se refiere tanto a disponer de una capacidad distintiva como al hecho de cumplir con las exigencias del mercado.

La dirección estratégica implica gerentes con visión de futuro, no sólo para definir cuál es el negocio de la empresa y la evolución esperada, sino también para encontrar o promover nuevas áreas estratégicas en el contexto. La dirección debe pensar en la diversidad de proyectos posibles y no sólo en "el negocio que la empresa es". Esto implica que los directivos deben pasar desde un razonamiento interno hacia una mirada "de fuera hacia dentro".

El cambio en el enfoque de la dirección también tiene que ver con la necesidad de disminuir el riesgo de la empresa en sus mercados, para lo cual, por ejemplo, se piensa en diversificar. En el plano de lo comercial, se trata de encontrar un nuevo equilibrio en la cartera de productos de la empresa para poner coherencia entre los distintos ciclos de vida y tecnologías que caracterizan a dichos productos. Esta búsqueda de nuevas combinaciones y equilibrios incluye la estrategia de transferir recursos hacia áreas prioritarias como también desinvertir en proyectos que entran en decadencia.

El concepto de área estratégica refiere entonces a la visión y la tarea directiva de ubicar nuevas oportunidades en el contexto. Pero no basta con la visión de futuro, sino que también debe conocerse cuánto hay de posible y factible para la empresa. Los directivos deben analizar las estrategias competitivas para tomar posición en los nuevos espacios. Las áreas clave o estratégicas del análisis directivo también se refieren al acceso a los recursos vitales para la continuidad de la empresa y que se agotan, como el problema de la sustitución de los recursos naturales.

Ansoff y McDonnell (1996) se han preguntado cómo es posible, en una corporación diversificada, armonizar los distintos perfiles de gerentes que son necesarios para actuar en segmentos también diferenciados. Una opción es dirigir la empresa como un verdadero conglomerado en el que cada compañía subsidiaria desarrolla su propio perfil. La corporación se reserva una función de control financiero y jurídico, pero su desempeño es la suma de rendimientos de las subsidiarias. Otra opción consiste en "una dirección de capacidad múltiple"; es decir, una dirección centralizada que conduce según el modelo de una empresa que dispone de una cartera formada no por productos, sino por áreas estratégicas de negocios.

16. La brecha estratégica de conducción

El concepto de dirección estratégica enfrenta el problema de la brecha entre el futuro buscado y deseado por la empresa, en comparación con los recursos de que dispone la organización para alcanzar dichos estados futuros. Y esta actitud de cubrir brechas también vale para el análisis de la propia capacidad de conducción de la organización, cuando se la compara con la capacidad que requieren las nuevas demandas y las fuerzas competitivas en el contexto, tanto las actuales como las futuras.

El enfoque estratégico se distingue por su carácter innovador o proactivo, porque no espera sino que se anticipa a las exigencias del medio. *Anticipar* significa tanto explorar el futuro como promover los cambios desde la propia organización. Es un enfoque de dirección dual, en la medida en que debe manejar la compleja relación entre la estabilidad y el cambio. La conducción, al tiempo que evalúa el logro de las metas operativas, también se aplica en forma activa a la búsqueda de nuevas oportunidades y el desarrollo de capacidades innovadoras que corresponden a un entorno también cambiante.

Se trata de un enfoque diferente de la llamada *dirección por objetivos*, modelo en el cual el directivo se centra en ciertos logros predefinidos, que son su punto de referencia. En cambio, el enfoque estratégico de la dirección no plantea un "sentido único", sino una adecuación (tanto pensada como emergente) a los distintos contextos o escenarios en que debe operar la empresa con igual eficacia. Es una dirección preparada para administrar la contingencia y los desvíos que son propios de un ambiente incierto y complejo.

El ejercicio de una gerencia múltiple es otro rasgo del enfoque estratégico de la conducción. La idea es que no existe una estructura, un estilo o una forma de gestión que sea la mejor. En su lugar, el enfoque estratégico enseña que la empresa debe disponer de una diversidad de formas para aplicarlas a las demandas de los problemas y las situaciones cambiantes. Esta idea tiene sus límites, en el sentido de que la flexibilidad y diversidad deben operar en el marco de los valores y las políticas considerados básicos por la organización y que le dan orientación y continuidad a sus decisiones; por ejemplo, la política de no tercerizar tareas vinculadas con las finanzas o los sistemas de la empresa.

Otro rasgo de la dirección estratégica es que actúa en un ambiente donde predomina el comportamiento empresarial. La dirección no está atada, puede asumir riesgos para instalar nuevos negocios, se maneja con el criterio de la rentabilidad de las operaciones, articula los recursos según las demandas de la operación, desempeña el rol del liderazgo. Es lo opuesto del comportamiento burocrático que actúa con base en lo conocido, que busca el orden y da prioridad a la supervivencia de la organización por sobre la eficacia y calidad de las prestaciones. Estos estilos son opuestos, pero también debe entenderse que responden a distintos ambientes (estables o cambiantes, protegidos o abiertos).

La dirección estratégica se refiere a cierta visión del cambio en la organización. Se basa en el análisis continuo de las diferencias ("el *gap*") entre las estrategias definidas y los avances o retrocesos que la organización muestra en la realidad, respecto de dichos estados futuros deseados. En este sentido, es una "dirección del cambio" e implica hacer el seguimiento y el control de la estrategia en la práctica. Se trata de un cambio orientado por la exploración del contexto (oportunidades) y el proceso de aprendizaje continuo, más que por la ruptura con lo conocido.

Lo estratégico no se refiere al cambio disruptivo o abandono de lo existente. Por lo general trata con el cambio evolutivo, la adaptación y la mejora continua. Ello se debe a que el análisis estratégico se orienta al mejor aprovechamiento de las fortalezas existentes en lugar de plantear la alternativa de empezar de cero. Se toman como oportunidades aquellas que tienen que ver con las posibilidades potenciales de la empresa. La experiencia desempeña un doble papel, porque importa en tanto que no sea un bloqueo. Se trata de crear nuevas capacidades dentro del negocio existente, las requeridas por la novedad tecnológica o las fuerzas competitivas.

La dirección estratégica tiene que ver con la cultura del cambio, pero no implica la refundación de la organización. No es un nuevo paradigma, sino el crecimiento a través de la adecuación de estructuras y procesos para afrontar los desafíos y las nuevas posibilidades en el entorno. Pero no todo es gradual o programable en el cambio estratégico. Las adquisiciones, alianzas y fusiones permiten ingresar a negocios muy diferentes desde la organización actual. En particular, las fusiones traen un problema importante vinculado con la integración de distintas culturas, y la necesidad de avanzar con estrategias globales, pero que deben instrumentarse en contextos diversos, en el ámbito de la matriz y las filiales.

17. Liderazgo y cambio estratégico

En el marco de un contexto cambiante, el concepto de liderazgo no se reduce a la idea de "lograr que las cosas se realicen por medio del personal". En tiempos de cambio, incertidumbre y exigencias crecientes, no basta el estilo de liderazgo que refiere al carisma o la habilidad para comunicarse. En un entorno competitivo, se espera que los líderes logren movilizar a los recursos humanos sobre la base de un proyecto compartido, el conocimiento y la credibilidad personal (dar el ejemplo). Se requiere una visión de futuro, con una actitud abierta, dispuesta a revisar los procesos y las relaciones establecidas, aun cuando hayan sido exitosos en el pasado.

La presencia de presiones y demandas contradictorias hace que el liderazgo estratégico no pueda moverse en un solo sentido, sino que deba atender a varios frentes a la vez, que no son complementarios. Esta capacidad de mirar hacia atrás, buscando los principios que sostienen la organización y al mismo tiempo atender las demandas de un futuro mejor, han llevado a la figura del "líder janusiano" (J. Kouzes, 2000). Este concepto se refiere a la imagen de la deidad romana Jano, representada con dos caras, una para mirar al pasado y otra para mirar al futuro. Esta dualidad alude a la dimensión del tiempo, pero es extensiva a otras oposiciones, como la necesidad de atender los principios que dan cohesión al grupo, junto con la presión por incorporar las nuevas tecnologías y lograr los productos que demanda un mercado cambiante.

El enfoque estratégico lleva a la redefinición del proceso de liderazgo en el marco de las funciones directivas. Como afirma H. Mintzberg (2003), "el papel del liderazgo no es concebir estrategias premeditadas, sino administrar el proceso de aprendizaje estratégico a través del cual pueden emerger las nuevas estrategias". Es un hecho que la misma empresa tiene conexiones con diferentes áreas del contexto. Y en esta relación con un entorno diverso y con demandas cambiantes también aparecen múltiples opciones e iniciativas de inversión. La función del liderazgo en un ambiente interno con diversidad de proyectos de cambio debe orientarse, por tanto, a sintetizar y articular este proceso de "iniciativas estratégicas".

El enfoque estratégico necesita que los procesos de liderazgo no se concentren en la cúspide, que no sean análogos a las funciones del "máximo directivo". Los mercados son demasiado dinámicos como para pensar que pueden manejarse con decisiones planeadas desde la cumbre. En este sentido, Senge y Kaufer (2000) recomiendan promover el liderazgo como un fenómeno distribuido. Ellos hablan del concepto de comunidad de líderes locales, de personas que influyen desde distintos puestos de línea en la estructura. Para ser efectivos, estas posiciones y sus decisiones deben estar conectadas, de modo que puedan potenciarse entre sí, evitando la dispersión o las acciones aisladas. Esta visión también permite superar la crítica de R. Ackoff (1999), quien sostiene que "los líderes que ocupan posiciones en los niveles gerenciales altos tienden a buscar estabilidad y continuidad, y no la transformación".

Hemos dicho que los procesos de liderazgo en un entorno competitivo están sometidos a fuerzas duales. Se requiere el compromiso de individuos y grupos con los proyectos de cambio. Pero también hay una actitud calculada desde la conducción, que no puede reparar en las necesidades grupales. La actitud calculada se debe a que el cambio estratégico no siempre es una opción o una oportunidad. En un marco competitivo, es común que el directivo deba enfrentar un desafío que pone a prueba a la empresa y limita su crecimiento. Al mismo tiempo, las estrategias afectan una diversidad de intereses creados. En esas condiciones y durante la transición no hay mucho espacio para lograr consenso, aunque ello sea importante para darles estabilidad a los nuevos proyectos. El enfoque estratégico requiere tomar posición y enfrentar la brecha entre lo necesario, lo deseable y lo posible.

El liderazgo en el marco del cambio estratégico sufre una tensión entre la necesidad de lograr respaldo y la presión por dar el salto e instrumentar las nuevas medidas. No sólo es cuestión de capacidades personales y recursos disponibles, sino también de enfrentar el saber convencional y las tradiciones. En este sentido, E. Schein (1988) ha escrito: "la función única y esencial del liderazgo es la manipulación de la cultura... porque el cambio requiere la superación de las presunciones que se dan por sentadas". La nueva estrategia demanda hechos trascendentes, como dejar a un lado la visión del fundador. Dicho autor habla de "la tiranía de la vieja cultura". Hasta que esa superación no se logre, "la empresa estará dirigida, pero no liderada". Pero la superación no es un acto único de ruptura, sino un proceso con avances y retrocesos. El cambio estratégico requiere entonces una visión clara de futuro, pero también una adecuada capacidad de negociación y maniobra para avanzar en un marco de tensiones y oposiciones.

18. La mentalidad innovadora

En el marco del cambio estratégico, además de la capacidad de liderazgo se habla de la necesidad de una mentalidad directiva. Esto incluye tanto una actitud o estilo como ciertos contenidos o conocimientos. Se refiere a la dirección como una fuerza proactiva, que no espera a los problemas, sino que está en movimiento buscando mejorar las posiciones. No es cuestión de movimiento físico (la práctica), sino también de pensar de modo proactivo. La mentalidad refiere a una forma de pensamiento en los directivos que está presente a la hora de interpretar la realidad y tomar decisiones.

Desde un enfoque estratégico, la mentalidad directiva se integra con premisas y valores favorables al cambio y no a la reiteración. Y también con métodos y estilos de gestión aptos para trabajar en la incertidumbre de un contexto cambiante. No sólo pensar en el marco de los procedimientos, sino también disponer de una capacidad crítica respecto de las normas existentes, en la medida en que ellas tienden a quedar desactualizadas. El directivo debe estar preparado para manejarse en estos estados de transición donde lo actual convive con lo renovado.

En su obra sobre la organización pensante, M. Rubinstein (2001) ha escrito que "el pensamiento creativo requiere un proceso que es muy diferente del pensamiento racional. Lo racional depende de las categorías y rótulos que ya están predefinidos, mientras que lo creativo demanda nuevas categorías de análisis". Lo racional conduce a buscar semejanzas entre una nueva experiencia y una previa, mientras que lo creativo analiza esas diferencias para justificar la necesidad de actuar en forma novedosa.

El esquema mental opera como un filtro, pero también puede consistir en una actitud creativa y desde allí convertirse en un factor movilizador de iniciativas. En lugar de negar las amenazas del futuro, una actitud estratégica requiere movilizar recursos para entender y enfrentar los desafíos. La dirección estratégica supone una actitud mental favorable a la anticipación y la innovación. En su trabajo sobre la mentalidad para ser directivo, P. Dainty (2000) dice que "las empresas que sean capaces de crear una cultura que suprima los procesos perceptuales inútiles (derivados de la ignorancia, el prejuicio o la arrogancia) serán más capaces de asimilar la nueva información y de responder en forma inteligente al cambio".

En el campo del pensar estratégico se privilegia a los directivos que estén preparados para superar los límites de la experiencia y que eviten reproducir o proyectar lo conocido cuando se trata de imaginar el futuro. La imaginación en el enfoque estratégico se asocia con la visión creativa y no con la tendencia a dejarse llevar por la experiencia. El estratega debe estar en condiciones de conducir y convivir con un grado significativo de incertidumbre e inestabilidad debido al cambio continuo y la exigencia creciente. Pero ello no debe provocarle confusión. Esto no debe sonar a voluntarismo o misticismo, ya que otros profesionales, como los médicos, también se preparan para actuar en situaciones críticas de ansiedad, dolor o urgencia.

Se espera que el estratega encuentre oportunidades en un medio poco previsible y desafiante, tanto por factores naturales como por actitud de los otros jugadores. No se trata solamente de un piloto de tormentas (para las crisis o el corto plazo) o un líder de transición. Estamos hablando de un visionario que explora y encuentra oportunidades de futuro. En este sentido decimos que el estratega se caracteriza por una mentalidad creativa o que razona con un pensamiento creativo. Con este enfoque, un cambio estratégico no es una respuesta a una exigencia externa, sino también una actitud que implica una revisión de los esquemas mentales vigentes en la conducción.

La mentalidad como actitud o predisposición personal deriva en ciertos contenidos que definen la visión estratégica del directivo. Esta capacidad consiste en imaginar escenarios futuros en los mercados, o nuevos negocios (no visibles para otros). Importa la imaginación personal, pero eso no hace de la visión un asunto mágico o misterioso, porque también se requieren conocimientos y métodos apropiados para la exploración de futuros. Los directivos visionarios no importan por su biografía de éxito, sino porque han conducido proyectos. No sólo ven las cosas con una nueva perspectiva, sino que también tienen la capacidad de manejar el lenguaje y las imágenes para ampliar la mirada de otros.

Para que la visión se convierta en proyecto de cambio es necesario que sea aceptada y se transforme en la llamada *visión compartida*. En este sentido, Heifetz y Laurie (1997) sostienen que el cambio requiere ir más allá del liderazgo visionario, porque no alcanza con la confianza o admiración que despierta el líder. Hay que lograr, además, que los integrantes cambien su manera de conceptuar los problemas y pasen a desempeñar un papel activo en el proceso de transformación. Y esto no se logra solamente desde el conocimiento o desde una posición de autoridad.

Para salir del misterio, la visión debe ser explicada y entendida. Una estrategia innovadora requiere un movimiento de conjunto y no actos de heroísmo. D. Nadler (1997) afirma que el líder visionario debe conseguir un compromiso compartido: "usted debe pensar en primera persona del plural: *nosotros*... Si no tiene a todos a bordo no logrará llegar al destino. Ellos deben aceptar subir a la nave, mover los remos, cambiar de rumbo y avanzar contra viento y marea". Y todo esto no es una mera cuestión técnica, porque requiere fuertes convicciones.

Cuando el visionario es quien conduce, su negocio se convierte en una "organización emprendedora", que se mueve con rapidez para asumir riesgos e iniciar nuevos proyectos. Emprender en el sentido de no repetirse y tener la capacidad distintiva de estar buscando y realizando nuevos negocios. Según Mintzberg y Quinn (1991), "no todos los emprendedores o iniciadores son tan agresivos o visionarios; muchos se establecen para impulsar estrategias conocidas pero en nuevos nichos geográficos. Etiquetadas como emprendimientos locales, son empresas como el restaurante de la esquina, la panadería del pueblo, la cadena regional de supermercados". La visión es un punto que trae fuerza pero también debilidad, porque la organización tiene un sello personal y está pendiente de los movimientos de su directivo innovador.

19. Dirección y organización creativa

La idea del aprendizaje y la interacción como base para la construcción de nuevas orientaciones estratégicas requiere una actividad continua de comunicación y capacitación relacionadas con el cambio y los escenarios futuros. Esta visión es diferente de la de considerar la estrategia como un proceso decisorio racional que sigue las etapas formales y separadas de análisis, formulación e implementación. Como se trata de estar conectado y anticiparse a las novedades en los mercados, en lugar de pensar en las etapas de una decisión racional corresponde asumir la idea de un "proceso y un pensamiento estratégicos".

Como resultado de esta interacción de iniciativas diversas, la estrategia tiene más que ver con el cambio evolutivo o gradualista (crecer con la mejora) que con el cambio disruptivo (empezar de nuevo). Ello se debe a que el análisis estratégico tiende al mejor aprovechamiento de las fortalezas existentes, en lugar de proponerse sustituir las capacidades actuales. Se trata de promover las capacidades dentro del negocio que son adecuadas para atender las renovadas demandas de la población, como también actualizar las tecnologías y tratar con las fuerzas competitivas.

La necesidad del cambio es procesada por la organización y sus directivos en función de sus recursos y capacidades. La posibilidad de resolver las nuevas demandas puede ser más o menos traumática, en el marco de una crisis o de un proceso de crecimiento. En ello incide el carácter de la organización y no sólo sus directivos. Si la organización es rígida quedará relegada frente a los cambios. Pero no se trata sólo de ser flexible (en sus procesos, sus normas, sus estructuras), sino también pensante. Ello significa tener la capacidad de reflexionar sobre la medida en que las nuevas demandas deben ser atendidas, si ellas son inevitables o son transitorias, y la forma en que la propia organización puede atenderlas.

Las transformaciones profundas requieren enfrentar la diversidad de objetivos en la organización, que no siempre son complementarios o compartidos. La dirección creativa debe entender que la organización también funciona como un sistema político, con distintos grupos de interés e influencia que tienen sus propias visiones sobre el cambio necesario. Hace falta ver a la organización como un espacio donde operan relaciones de poder que buscan imponer ciertos objetivos y apropiarse de una parte considerable de los recursos colectivos. Esto no significa que el poder sea todo ni lo más importante, pero no puede ignorarse a la hora de definir el rumbo de la empresa.

Enfrentar los intereses y modelos mentales que predominan en la organización exige más que una orientación estratégica de carácter evolutivo o adaptativo. Hay que hallar intereses generales y un acuerdo que sostenga la organización, porque la idea del crecimiento es diversa según la posición que se esté defendiendo al interior de la organización. De manera que la dirección deberá definir un proyecto de empresa que permita articular los diferentes esquemas de poder que operan en la organización. Por tanto, lo estratégico no puede aislarse de lo político y el cambio debe analizarse tanto desde las capacidades distintivas y el posicionamiento como desde la visión de la gobernabilidad de la organización (J. Etkin, 2000).

La orientación estratégica de la dirección no se limita a considerar las condiciones actuales y las proyecciones del sector económico o mercado en que actúa la empresa. Este es el enfoque clásico de la microeconomía, según la cual la empresa debe adaptarse a la estructura de su sector industrial o de servicios. El enfoque estratégico también reconoce el papel activo de los directivos que deben innovar, desarrollar nuevas capacidades, asumir riesgos, diversificar las inversiones, confrontar con otros actores e intentar superar las barreras de acceso a nuevos mercados.

Cuando la dirección tiene una orientación estratégica, su preocupación incluye tanto el objetivo del posicionamiento como la movilización de las capacidades para disponer de una actitud proactiva respecto del futuro. No se trata sólo de explotar una capacidad, sino de crearla y desarrollarla siguiendo la visión de futuro del directivo. En este sentido, en su importante obra sobre liderazgo competitivo, Hax y Majluf (1997) han escrito: "lo que realmente distingue al desempeño de las diferentes empresas que compiten en una industria dada, no queda explicado por las restricciones de la estructura de la industria, sino más bien por las capacidades y los recursos internos propios de cada empresa".

El enfoque estratégico de la dirección no se limita a la idea del posicionamiento; trata de superar la visión comercial, sólo enfocada en los productos, mercados y competencias. También incluye la movilización de las capacidades existentes en el sentido de construir una ventaja comparativa que ayude al crecimiento. La ventaja se refiere a la preparación del capital humano. Los individuos y grupos no son vistos como recursos sustituibles, sino como capacidades cuya creatividad requiere movilizar factores psicológicos y sociales, no sólo la consigna económica de la lucha competitiva.

Además de la orientación hacia los productos, mercados y clientes, también hay que disponer de un proyecto de futuro para las capacidades y los conocimientos de la empresa, una cultura del cambio que haga posible la innovación en las decisiones. A ello se refiere la llamada *gestión del conocimiento*, que desde lo estratégico tiene que ver con la creación de valor y la instalación de capacidades distintivas en la organización. Según Prahalad y Hamel (1990), la ventaja competitiva no se compra o importa, sino que tiene que ver con el aprendizaje colectivo de la organización. La dirección tiene la función de "coordinar diversas iniciativas y aptitudes de producción e integrar múltiples corrientes de tecnología. Esto requiere comunicación, participación y un compromiso de trabajar más allá de los límites de la organización".

Afirmar que las estrategias no surgen de un plan formal centralizado, sino de un conjunto de iniciativas que provienen de diversas áreas, no significa que la dirección estratégica promueva una visión dispersa de los negocios. El objetivo es que esos aportes y visiones confluyan en una capacidad distintiva en el ámbito de la organización en su conjunto. La dirección se hace cargo de sintetizar las ideas en la llamada *intención estratégica*, que servirá para orientar las inversiones, asignar recursos y fijar un sentido compartido a las decisiones operativas.

Las ideas renovadoras no se hacen aprendizaje colectivo si no existe un proceso directivo que permita integrar y orientar las diferentes visiones y propuestas de futuro. En un medio incierto, no es posible (en términos económicos) ni deseable (en lo operativo) el intento de avanzar en todos los frentes a la vez. Existe el peligro de caer en aquello que G. Johnson (1987) ha llamado la *deriva estratégica*, o sea, las marchas y contramarchas, la confusión y la pérdida del rumbo. Pero tampoco es recomendable caer en el pensamiento único, impuesto desde la cúspide, sin alternativas. El desafío para la dirección estratégica es articular las visiones y lograr un cierto equilibrio viable entre las iniciativas de cambio y la continuidad de la organización.

La dirección estratégica promueve una "organización que aprende" y, por tanto, es creativa. Esto implica que no se reitera en sus comportamientos, sino que tiene la capacidad de actualizarse para incorporar las crecientes demandas de conocimiento y de renovación tecnológica en un contexto competitivo. La empresa va más allá de los preconceptos propios del saber existente y está preparada para reconocer y superar los bloqueos y las barreras internas al nuevo conocimiento. Superar estas barreras no es sólo cuestión de tecnologías y capacitación. También se necesita reafirmar el compromiso de los individuos y grupos con la organización y disponer de una voluntad política en la dirección para sostener los proyectos de cambio.

Resumen

El concepto de estrategia se aplica en distintos niveles de la organización. Es posible definir estrategias en el nivel global, como también para las áreas funcionales y las divisiones o unidades de negocio. En el sentido más amplio (temporal, espacial y de productos), existe una definición de la estrategia global que se ubica en el nivel de la alta dirección porque allí se reúnen los criterios y la información necesarios para dicha decisión. También en este nivel se articulan las líneas de acción e inversiones que se aplican en las diversas unidades de la compañía. La estrategia corporativa implica "una mirada desde la cima" para una organización que se estructura como una trama que articula diversas unidades estratégicas de negocio. La visión estratégica considera los conocimientos o las competencias centrales de la empresa para desde allí agregar valor a los procesos y ampliar los negocios. Las llamadas *estrategias inteligentes* se refieren a la plena utilización del capital intelectual de la empresa. El concepto de inteligencia se refiere no sólo a la aplicación del conocimiento, sino también al desarrollo del potencial creativo, orientado hacia las nuevas necesidades y oportunidades en los mercados.

Más allá de cierta dimensión de la organización, seguir creciendo, mejorar los rendimientos o ganar en seguridad requiere avanzar sobre nuevas áreas de negocio. En ellas se pueden aplicar los excedentes o evitar los riesgos de una exposición excesiva en un solo mercado. Es el sentido por el cual una empresa de construcciones adquiere una institución de crédito para avanzar sobre el negocio comercial y financiar las operaciones de venta. Del mismo modo, los fondos de inversión pueden entrar en el negocio de la salud o los seguros de vida. En otros casos, la inversión tiene el sentido de acceder a negocios con alto potencial de crecimiento. La expansión incluye las siguientes estrategias: *a)* de integración, que consisten en sumar al negocio actual la fabricación de las materias primas, o entrar en la venta minorista mediante una red de comercios propios; *b)* de diversificación de actividades, incorporando productos distintos de los actuales y que están destinados a otros mercados, y *c)* de adquisición o control de la operación de otras empresas ya establecidas, o bien el desarrollo de nuevos emprendimientos utilizando las capacidades propias.

La estrategia corporativa implica tomar posición respecto de las opciones de futuro que mejoran a ciertos actores y postergan a otros.

La estrategia no es sólo una cuestión técnica o comercial, porque se relaciona con un acuerdo de índole política. En su definición intervienen las necesidades y los fines de distintos actores internos y externos, no sólo los accionistas, directivos y empleados. Se habla de los *stakeholders* para aludir a los grupos internos y externos con intereses e influencias sobre la organización, cuyos aportes y demandas legítimas la dirección no puede ignorar. El concepto incluye a los proveedores, clientes, inversionistas, empresas asociadas y organismos de regulación. Desde la perspectiva evolutiva, al llegar a cierto nivel las empresas no pueden seguir creciendo sobre la base de sus propios recursos, aunque dispongan de alguna ventaja competitiva. La amenaza de los monopolios externos, las nuevas demandas y los mercados ampliados exigen reforzar las capacidades y acceder a otra escala o dimensión de operaciones. Quizá se requiera articular los fondos para invertir en investigación y desarrollo de nuevos productos o servicios.

Un modelo posible es la fusión de empresas; por ejemplo, entre periódicos, o la unión de pequeños bancos para sumar sus depósitos y créditos. Otro modelo estratégico se basa en las alianzas, para establecer una relación colaborativa o hacer aportes a una nueva empresa que preserva las firmas originales. A veces se trata de un acuerdo que permite a los socios acceder a una tecnología muy costosa. En otros casos, las partes pueden conservar alguna autonomía de operaciones y desempeñar una gran variedad de papeles. Un ejemplo lo constituyen las decenas de socios de Inmarsat, consorcio que dirige un satélite de telecomunicaciones. Allí se dan actividades conjuntas y también en paralelo. Los socios son al mismo tiempo *propietarios* que invierten capital, *clientes* que utilizan los servicios del satélite, *proveedores* de tecnología al consorcio, *reguladores* de las políticas de comunicaciones y *competidores* que ofrecen algunos servicios análogos a los de Inmarsat. Disponen de una ventaja colaborativa en los servicios del satélite y también de una ventaja competitiva como jugadores en el negocio de las comunicaciones.

Lo estratégico implica una fase de análisis y planificación que necesariamente se coordina en el plano de la alta dirección con una mirada amplia de las variables económicas, políticas y sociales. También las decisiones de planificación deben ser expresadas en términos operativos (metas, mercados, precios), para servir de guía y orientación a los ejecutivos responsables. No basta proyectar la expansión de la empresa hacia el exterior, sino que hay que definir también las líneas de acción. De no ser así, son los ejecutivos quienes (desde su mirada parcial) deben decidir los cambios no definidos y enfrentar las contingencias. Lo estratégico requiere una coordinación de estas perspectivas. La planificación estratégica no es sólo una predicción o un pronóstico de futuro; también tiene un componente de visión, propuesta e intencionalidad. Es pensar en la mejor orientación para la empresa sin atarse a las insuficiencias actuales.

Hay preguntas básicas que hacen al plan estratégico, por ejemplo: si hoy no estuviéramos comprometidos con estas actividades, ¿las mantendríamos? Otra: para llegar a los resultados deseados, ¿qué deberíamos empezar a hacer hoy? Respecto del futuro, no se trata de encontrar los cursos más probables de los hechos para adaptarse a ellos, sino de modificar esas posibilidades en el sentido más conveniente para el crecimiento de la empresa, con las innovaciones que sean necesarias. Los resultados de la planificación estratégica son prioridades que llevan a tomar decisiones financieras y operativas. Las prioridades se expresan por medio de la definición explícita y formal de proyectos, programas de acción, presupuestos de inversión y estimación de las capacidades por desarrollar e incorporar en la empresa.

La anticipación y la mirada al futuro son básicas para formular las estrategias, pero hay sucesos o cambios imprevistos que también llevan a buscar nuevas estrategias. Ya no se trata de cambiar las expectativas o los escenarios, sino que el directivo toma nota de que en ese momento se está produciendo un cambio importante. Esto ocurre cuando aparece un producto sustituto o un competidor imprevisto. Las contingencias a las cuales se refiere la planificación estratégica son también los llamados *puntos de inflexión* en los mercados. Ocurren debido a crisis económicas, nuevas leyes, innovación en la tecnología, ruptura del equilibrio entre fuerzas (relación con los gremios), momentos en los cuales en el mercado irrumpen nuevas variables económicas, sociales y políticas cuyo comportamiento no es previsible. Como resultan de una convergencia de factores y no de la tendencia de una sola variable, es difícil imaginarlos para la empresa. En este ambiente se aplica el concepto de administración de la contingencia, según el cual la organización debería estar preparada para atender estas rupturas o puntos de inflexión. O sea, disponer de estrategias de crecimiento, pero también de la posibilidad de reaccionar ante el factor sorpresa en los mercados. La empresa debe disponer de estructura y capacidades flexibles que le permitan enfrentar la novedad en forma adaptativa, con un costo asimilable y sin que ello implique una discontinuidad en sus operaciones.

El enfoque de la estrategia global como orientación y pauta para la acción se convierte en una estrategia competitiva cuando el propósito es lograr una posición en el mercado y sostenerla. El problema es que en dicho mercado operan fuerzas no controlables y una variedad de adversarios y competidores que se proponen avanzar en el mismo espacio económico. La visión estratégica incluye el manejo de los tiempos a efecto de anticiparse a los movimientos de otros oferentes. La idea básica de la estrategia para crecer en los mercados es desarrollar ventajas competitivas que permitan diferenciar la empresa y desplazar a los competidores de los segmentos preferidos. Las ventajas se construyen y se logran mediante el desarrollo de las capacidades distintivas de la organización, que se convierten en una fuente de valor en el mercado. Ejemplo de factores que hacen a las ventajas del lado de la empresa son la capacidad gerencial, la localización, la experiencia en el negocio, el acceso a mejores fuentes de abastecimiento o las formas exclusivas de distribución.

La situación de competencia en una industria tiene que ver con las fuerzas básicas que actúan en el sector. El grado de competencia no sólo se relaciona con la cantidad y calidad de los oferentes, sino también con otras fuerzas que operan en cada sector económico. En el modelo competitivo, la definición de la situación incluye los factores siguientes: *a)* la relación de fuerzas entre las empresas que operan en el mismo sector; *b)* la posible entrada de nuevos competidores; *c)* el riesgo por la aparición de nuevos productos sustitutos; *d)* el poder de negociación de los clientes, y *e)* la capacidad de negociación de los proveedores. Estos factores representan una estructura o un equilibrio de fuerzas y procesos que marcan el grado o la intensidad competitiva del sector. También son condiciones que influyen sobre la rentabilidad de las operaciones. Respecto de este medio ambiente competitivo, el estratega corporativo busca establecer una posición, defenderla y ampliarla. El estratega puede: *a)* adoptar una actitud confrontadora con el fin de alterar los equilibrios existentes, en la llamada *lucha competitiva; b)* intentar sacar ventaja de la anticipación en los cambios previsibles del sector, por ejemplo, en cuanto a las tendencias del cambio tecnológico, y *c)* negociar dentro del mapa de fuerzas conocidas (maniobras estratégicas), por ejemplo, desarrollando nuevos proveedores o integrándolos al negocio. Claro que estas alternativas no están al alcance de todos, porque se relacionan con las capacidades distintivas de la empresa, su potencial y sus posibilidades de cambio.

El enfoque estratégico de la dirección no se limita a la idea del posicionamiento; trata de superar la visión comercial, sólo centrada en los productos, mercados y competencias. También incluye la movilización de las capacidades existentes, en el sentido de construir una ventaja comparativa que ayude al crecimiento. La ventaja se refiere a la preparación del capital humano. Los individuos y grupos no son vistos como recursos sustituibles, sino como capacidades cuya creatividad requiere movilizar factores psicológicos y sociales, no sólo la consigna económica de la lucha competitiva. Además de la orientación hacia los productos, mercados y clientes, también hay que disponer de un proyecto de futuro para las capacidades y los conocimientos de la empresa, una cultura del cambio que haga posible la innovación en las decisiones. A ello se refiere la llamada *gestión del conocimiento*, que desde lo estratégico tiene que ver con la creación de valor y la instalación de capacidades distintivas en la organización.

La orientación estratégica de la dirección no se limita a considerar las condiciones actuales y las proyecciones del sector económico o mercado en que actúa la empresa. Este es el enfoque clásico de la microeconomía, según la cual la empresa debe adaptarse a la estructura de su sector industrial o de servicios. El enfoque estratégico también reconoce el papel activo de los directivos que deben innovar, desarrollar nuevas capacidades, asumir riesgos, diversificar las inversiones, confrontar con otros actores e intentar superar las barreras de acceso a nuevos mercados. Cuando la dirección tiene una orientación estratégica, su preocupación incluye tanto el objetivo del posicionamiento como la movilización de las capacidades para disponer de una actitud proactiva respecto del futuro. No se trata sólo de explotar una capacidad, sino también de crearla y desarrollarla siguiendo la visión de futuro de los directivos y el personal creativo de la organización.

Cuestionario

1. ¿Cuáles son los aspectos comunes y las diferencias entre los conceptos de planificación estratégica y dirección estratégica en las empresas?

2. ¿Cuáles son los elementos objetivos y subjetivos, internos y externos a la empresa, que intervienen en la formulación de una decisión estratégica?

3. ¿Qué rasgos caracterizan a una estrategia competitiva y de qué manera ella se diferencia de las decisiones en ambientes no competitivos o cooperativos?

4. ¿Cuáles son los rasgos sobresalientes de los directivos que se caracterizan por utilizar el pensamiento estratégico, y cuáles son los límites de este enfoque de conducción?

5. ¿Qué elementos básicos deben considerarse desde la dirección para contestar las preguntas: *a)* cuál es nuestro negocio, y *b)* cuál es nuestro proyecto de empresa?

6. ¿Qué factores se tienen en cuenta para definir la capacidad nuclear que diferencia y potencia a la empresa en un ambiente incierto y cambiante?

7. ¿Qué papel positivo o negativo tienen: *a)* el uso de la influencia y el poder, o *b)* la capacidad humana y de gestión, en el desarrollo de una ventaja competitiva?

8. ¿Cuáles son los lineamientos estratégicos que se incluyen en la llamada *gestión de la incertidumbre*?

9. ¿Cuáles son los elementos distintivos de las estrategias según se trate del nivel de la corporación, de las áreas funcionales o de las unidades de negocio?

10. ¿Cómo juegan lo deseable, lo posible y las capacidades existentes en los momentos de análisis y formulación de una estrategia competitiva?

11. ¿Cómo intervienen la exploración de futuros y la definición de escenarios en las fases de análisis y formulación de una decisión estratégica?

12. ¿Cómo se conjugan en la definición de una ventaja competitiva los conceptos de valor agregado y creación de valor, tanto físico como virtual?

13. ¿Qué relaciones existen entre las fases de seguimiento y monitoreo de las estrategias y el proceso de aprendizaje de la organización?

14. ¿Cuáles son las diferencias entre el pensamiento racional y el pensamiento creativo?

15. ¿A qué temas refiere el llamado *cambio estratégico* y cuáles son los aportes y los límites que la cultura de la organización plantea a dicho cambio?

Bibliografía

Ackoff, Russell, *Recreación de las corporaciones*, Oxford University Press, México, 1999.

——, *A Concept of Corporate Planning*, John Wiley & Sons, Nueva York, 1972.

Albrecht, Karl, *La misión de la empresa*, Paidós, Barcelona, 1996.

Andrews, Kenneth, *The Concept of Corporate Strategy*, Richard Irwin, Nueva York, 1980.

Ansoff, I. y E. McDonnell, *Implanting Strategic Management*, Prentice-Hall, Londres, 1996.

Badaracco, Joseph, *Alianzas estratégicas*, McGraw-Hill, Madrid, 1993.

Canals, Jordi, *Competitividad internacional*, Ariel Económica, Barcelona, 1991.

Chandler, Alfred, *Strategy and Structure*, MIT Press, Cambridge, Mass., 1962.

Conklin, David, "Creative Web", en *Management del siglo XXI*, Pearson, Madrid, 2000.

Dainty, Paul, "Las mentalidades para ser managers", en *Management del siglo XXI*, Prentice-Hall, Madrid, 2000.

Davenport, Thomas, *Conocimiento en acción*, Prentice-Hall, San Pablo, 2001.

Davis, S. y J. Botkin, "El advenimiento de la empresa cognitiva", en *Harvard Business Review*, octubre de 1994.

Drucker, Peter, *La gerencia. Tareas y responsabilidades*, El Ateneo, Buenos Aires, 1975.

Etkin, Jorge, *Política, gobierno y gerencia*, Prentice-Hall, Chile, 2000.

——, *La empresa competitiva. Su grandeza y decadencia*, McGraw-Hill Chile, 1996.

Grove, Andrew, *Sólo los paranoides sobreviven*, Granica, Barcelona, 1997.

Handscombe, R. y P. Norman, *Liderazgo estratégico. Los eslabones perdidos*, McGraw-Hill, Madrid, 1993.

Hax, A. y N. Majluf, *Estrategias para el liderazgo competitivo*, Granica, Buenos Aires, 1997.

Heifetz, R. y D. Laurie, "The work of leadership", en *Harvard Business Review*, enero de 1997.

Holmberg, Ingalil, "El liderazgo sensacional", en *Management del siglo XXI*, Pearson, Madrid, 2000.

Johnson, Gerry, *Strategic change and the management process*, Basil Blackwell, Nueva York, 1987.

Kanter, Rosabeth M., *Las nuevas fronteras del management*, Paidós, Barcelona, 1999.

Kouzes, James M., "El líder janusiano", en *Management del siglo XXI*, Pearson, Madrid, 2000.

Mintzberg, Henry, *Safari a la estrategia*, Granica, Buenos Aires, 2003.

Mintzberg, H. y J. Quinn, *El proceso estratégico. Conceptos, contextos y casos*, Prentice-Hall, México, 1991.

Nadler, David, *Champions of Change*, Jossey-Bass, San Francisco, 1997.

Nagle, T. y R. Holden, *Estrategia y tácticas para la fijación de precios*, Granica, Barcelona, 1998.

Polanyi, M., *The Tacit Dimension*, Routledge & Paul Kegan, Londres, 1966.

Porter, Michael, *La estrategia competitiva*, CECSA, México, 1982.

——, "¿What is strategy?", en *Harvard Business Review*, Boston, noviembre de 1996.

Prahalad, C. y G. Hamel, "The core competence of the corporation", *Harvard Business Review*, Boston, MA, 1990.

Quinn, James, "Managing Strategic Change", en *Sloan Management Review*, marzo de 1980.

——, *Strategies for Change*, Richard Irwin, Nueva York, 1980.

Rubinstein, Moshe, *La organización pensante*, Oxford University Press, México, 2001.

Schein, Edgar, *Organizational Culture and Leadership*, Jossey-Bass, Londres, 1988.

Senge, P. y K. Kaufer, "Las comunidades de líderes o la ausencia de liderazgo", en *Management del siglo XXI*, Prentice-Hall, Madrid, 2000.

Slywotzky, Adrián, *La migración del valor de la empresa*, Paidós, Barcelona, 1997.

Starbuck, W. H., "Unlearning Ineffective or Obsolete Technologies", en *International Journal of Technology Management*, vol. 11, Nueva York, 1996.

Tapscott, Don, *La creación de valor en la economía digital*, Granica, Barcelona, 2000.

Tissen, René *et al.*, *El valor del conocimiento*, Pearson, Madrid, 2001.

Tomasko, Robert, *Repensar la empresa*, Paidós, Barcelona, 1996.

Von Krogh, Georg *et al.*, *Facilitar la creación de conocimiento*, Oxford University Press, México, 2001.

Wegner, Edward, "Communities of practice: where lerning happens", en *Management Science* 40, 1991.

Weick, Karl, *Sensemaking in Organizations*, Sage, Thousand Oaks, California, 1995.

PARTE III

LA FUNCIÓN DE DIRECCIÓN

CAPÍTULO 6

EL PROCESO DECISORIO

A. Definir y señalar el rumbo

1. Problemas, alternativas y elecciones

En el ámbito del *management* hay imágenes que se han convertido en íconos de la conducción o la función directiva. Una de estas imágenes convencionales es la del ejecutivo que toma decisiones desde su posición de mando o en la mesa directiva. Los relatos nos hablan de la conquista de nuevos mercados, de los adversarios y desafíos que el ejecutivo ha logrado vencer. El escenario se completa con una calculadora y un diseño gráfico donde una flecha muestra cómo la empresa ha superado las crisis en su camino y ahora se dirige al crecimiento.

Este escenario hace suponer que los directivos han tomado las decisiones cuyos resultados están a la vista, expuestos por el sentido ascendente de las flechas (ventas, producción, ingresos). La pregunta es hasta qué punto los resultados son una consecuencia de esas decisiones, considerando que en la realidad operan procesos internos y externos que los directivos no controlan. Frente a los socios, ellos pueden sostener que han logrado los efectos buscados. Pero ¿hasta dónde las decisiones correctas han llevado al éxito y en qué medida esas decisiones (por ser actos directivos) también son una señal de un comportamiento coherente? Vamos a detenernos en la cuestión de la razonabilidad (deseable, posible, aplicada) de quienes deciden.

Para empezar, el concepto de organización se refiere a un espacio compartido donde los individuos tienen comportamientos que son acordados y previsibles, con un margen lógico para enfrentar las situaciones no imaginadas. Se espera que los integrantes ajusten sus comportamientos a ciertas condiciones de racionalidad, que se establecen a través de los objetivos, los recursos asignados, la autoridad de los directivos, las normas de la relación laboral. Al menos este es el marco para las decisiones. Siendo necesarios, estos no son los únicos factores que operan en las acciones cotidianas.

Que las decisiones se refieran a ciertas condiciones de racionalidad no sólo implica que deben orientarse hacia los objetivos aceptados. También significa que los individuos deben ser "razonables" al apreciar la realidad y plantear los cursos de acción posibles. Lo racional exige que el directivo, al detectar problemas y tomar decisiones, actúe con fundamentos aceptables, no sólo intuitivos o impulsivos. No es que toda elección esté programada o que la organización defina una sola forma de ver los problemas. Existe un marco dentro del cual el directivo debe operar, formado por las reglas de juego y las prioridades desde la perspectiva de la organización.

Entonces, no se trata sólo de guiarse por objetivos. Desde la mirada del orden racional, se espera que la apreciación del directivo (su lectura de la realidad) se base en lo que J. Habermas (1988) ha llamado el *saber de fondo*. Este saber se refiere a las premisas o los supuestos que se conocen y se comparten en la organización. Es una referencia a lo intersubjetivo, que los individuos toman como válido. Cuando el directivo adopta una posición disruptiva (o sea, una "disonancia cognitiva"), también tendrá sus razones para fundar su crítica a lo existente y la alternativa de cambio elegida.

Nuestra intención es analizar el peso de los esquemas racionales sobre los estados y las acciones de la organización. Visto desde fuera, parecería que en un hospital todos sus integrantes están aplicados a la prestación de servicios de salud y preocupados por los enfermos, cada uno desde su posición profesional y con los recursos de que dispone. Pero cuando miramos desde dentro, aparece la influencia de otros factores, como los socioemocionales, las divergencias en los propios fines grupales, el peso de la trama política o los juegos internos. Estos factores no ocurren ni son planteados pensando en los objetivos de la organización o en la optimización de sus recursos y, sin embargo, el resultado no es el caos o el desorden.

Podría pensarse que estos procesos emergentes existen en la medida en que "no molestan" a los procesos productivos. De hecho no es así, porque pueden perturbar la productividad (lo cual es negativo), pero también dar mayor cohesión y continuidad a la organización (lo cual es positivo). De manera que el análisis de los resultados no termina en las decisiones, sino que también requiere evaluar la influencia de lo emergente o no controlado. Tomar una decisión no es sólo cuestión económica, es también adoptar una posición respecto de las condiciones socioemocionales de la organización. No siempre se eligen o se manejan esas condiciones, y la dirección debe convivir con ellas. Esta realidad socioemocional puede reforzar como también cuestionar la gestión directiva.

Estamos haciendo referencia a los procesos emergentes en el plano de lo social, cultural y político, que toman distancia de las decisiones oficiales y de los propósitos más generales de la organización. No son "otros objetivos" sino otras realidades, otras lógicas, otros tiempos, que reflejan la diversidad de ideas e intereses que coexisten con los planes oficiales. En su importante obra sobre la organización inteligente, Wei Choo (1998) cita estudios donde se demuestra que en las organizaciones "hay algunos patrones de conducta que son desconcertantes. Las personas recopilan información para tomar decisiones, pero no la utilizan. Solicitan informes, pero no los leen. Los individuos luchan por el derecho de participar en las decisiones, derecho que luego no ejercen. Se discuten fuertemente las políticas por seguir, pero su puesta en práctica se enfrenta a la indiferencia".

La intersección de los resultados racionales y los emergentes se produce en una zona más o menos cercana a los objetivos planeados. Los médicos asistentes logran educarse a la vez que atienden a los pacientes. Los líderes ascienden en la trama de poder mientras negocian las metas de producción. Los procesos emergentes (sociales, políticos) van condicionando el área del acuerdo y en ese sentido también influyen en los objetivos oficiales. Hay procesos que son necesarios en el plano de lo social, pero no van en el sentido de los propósitos declarados por la organización.

Esos procesos no son una enfermedad ni una reacción a los excesos o errores de la gestión, sino elementos de la complejidad. Que la dirección intente simplificar las situaciones al tomar decisiones no significa que pueda desactivar esas fuerzas. Tampoco tiene sentido dejar a un lado procesos que pueden ser innovadores para el conjunto, aunque no sean programables. A su vez, las divergencias y las actitudes defensivas tienen su propia razón de ser. Y no son las mismas razones que están presentes en las decisiones de la dirección.

Lo complejo no implica que la organización deba dilapidar sus recursos o que esté condenada a pagar los costos ocultos de la diversidad. Ello también se puede enmarcar en una actitud constructiva. Hay procesos de aprendizaje y de negociación para alcanzar nuevos acuerdos. Pero no podemos suponer que las acciones racionales siempre ocupan el centro del escenario. Existe un esfuerzo continuo por coordinar recursos siguiendo un rumbo. Pero en el trayecto también debe buscarse una combinación entre lo pensado y lo impensado en la organización, sin que se excluyan entre sí.

Es difícil aplicar un esquema racional en un ambiente donde operan objetivos y criterios duales. En ese ambiente, los procesos simbólicos y emocionales no son marginales, transitorios o accidentales, sino que ayudan a la continuidad de la organización. Tienen sus motivos y su importancia, con la característica de que una parte importante de ellos no son programables ni manejables desde la dirección. Los procesos socioculturales pueden operar en forma paralela a las acciones racionales que son buscadoras de objetivos. Hay que evaluar si las decisiones siguen los planes o ambos se ajustan a la realidad manifiesta.

Estamos haciendo referencia a los procesos que "hacen al" y "provienen del" llamado *imaginario social* en los grupos de trabajo. En esta consideración no ingresamos en la privacidad o los estados de ánimo personales. Hablamos de aquellas emociones y sentimientos que se expresan y cristalizan en esperanzas compartidas, en un modo de ver y entender la realidad de la organización. Por este camino se proyectan sobre la significación de los grupos y sus prácticas cotidianas. Los directivos no pueden verla como una realidad por desmontar porque ella se construye sobre los propios fundamentos de la organización.

En este contexto, el análisis, el diseño y la operación de un modelo de gestión requieren considerar la necesaria presencia (aunque varía con la organización) de procesos y estados que no son racionales. El diseño no puede quedarse en los procesos que se encolumnan tras un proyecto, en las formas de aumentar ingresos o reducir los costos. Es importante evitar que las esperanzas y las ilusiones grupales (en sus aspectos creativos) choquen contra los esquemas racionales de contención.

2. Mitos y realidades del proceso decisorio

En los estudios clásicos sobre administración, la decisión se refiere a un comportamiento racional. Es un pensar y hacer orientado por ciertos objetivos, que también han sido un tema decisorio. Es un proceso que incluye reunir información, plantear alternativas, hacer un análisis comparativo y elegir siguiendo un criterio predefinido. El concepto de decisión implica que hay una meta por lograr o un problema por resolver (una diferencia o una tensión) y que el actor dispone y aplica un criterio que le permite actuar en forma correcta o lógica, como la relación costo-beneficio, el coeficiente de riesgo, el retorno del capital invertido, la productividad de los factores, la capacidad instalada, etcétera.

El concepto de decisión se refiere a un momento del comportamiento en el que el directivo resuelve pasar a la acción. En su estudio sobre la acción social, T. Luckmann (1996) recuerda que "atravesar el umbral entre el proyecto y la propia acción es un acto de voluntad para cuya designación parece apropiada la palabra decisión". Es un acto de voluntad basado en un razonamiento o esquema mental, en el que los propósitos predefinidos son un componente básico. Decidir implica pensar en términos de la organización.

En el marco de la organización, la decisión implica que un individuo adopta una posición que no es aleatoria, sino que dispone de razones que además puede exhibir. En la elección pueden jugar factores subjetivos, pero deben ser expresados como razones o argumentos, y no solamente como impulsos. El proceso de la decisión implica disponer de propósitos, utilizar razones, tomar posición (elegir) y ejercitar una fuerza de voluntad para "cruzar el umbral" y pasar del razonamiento al momento de la acción.

El proceso decisorio como explicación del rumbo y los cambios (exitoso o no) de la organización incluye dos imágenes: *a)* la referencia a un proceso reflexivo, razonado y conectado con las demandas ambientales (una actitud estratégica), y *b)* la expresión de una toma de posición, de una capacidad de movilizar los recursos para mejorar el desempeño de la organización (una actitud proactiva). En este proceso se conjugan factores racionales, vinculados con el método de elección, y otros factores que son personales, vinculados con la idoneidad del directivo, con su capacidad de hacer un diagnóstico inteligente de los problemas actuales y con su visión del futuro.

En su importante estudio sobre las decisiones, P. Pavesi (1994) destaca que la racionalidad es la elección de los mejores medios para obtener ciertos fines, y ello implica cierta aplicación de razonamiento. "Nos interesa la acción humana deliberada, que ha provocado previamente cierta reflexión, cierta aplicación de la razón, cierto análisis, que pudo haber seguido o no cierto método decisorio, pero que implicó alguna concentración de razonamientos." Pavesi sostiene que no hay acción humana irracional, y que toda acción debe ser vista como un modo de eliminar la brecha entre lo deseado y lo existente.

En el estudio citado, Pavesi sostiene que la administración piensa la organización y las acciones colectivas en "modo normativo". De manera que no hay lugar para la acción no reflexiva o la reacción espontánea, aunque estas pueden ser importantes en la conducta humana. El hecho de que existan condiciones o restricciones no quita el carácter de racional a una conducta. La decisión no excluye los factores subjetivos, pero ellos no son temas "administrativos". Pavesi reconoce que quien decide elige lo que cree o percibe como mejor. Hay factores que el analista externo no puede conocer o predecir, pero se supone que existen y que están alineados con las fuerzas de la racionalidad.

Decir que un directivo toma decisiones muestra su voluntad de superar un problema o su voluntad de pasar a la acción. Pero el concepto de decisión es importante cuando se refiere a la innovación y no a los actos rutinarios. El concepto puede utilizarse para cubrir las apariencias, como la decisión de aceptar algo que es inevitable. En la burocracia, la voluntad manifiesta de cumplir con las normas es también el deseo de dejar las cosas tal como están. En la evaluación de la decisión es posible separar el discurso racionalizador (la imagen), los contenidos reales (el cambio) y las razones que mueven al directivo.

La idea del comportamiento racional se utiliza no sólo para el diseño o para enseñar a dirigir, sino también para describir o explicar la dinámica de la organización. Que haya seguido un rumbo y no otro tiene que ver entonces con algún proceso previo de evaluación y selección de alternativas. La explicación se basa en reconstruir el razonamiento seguido. Hay razones por las cuales una empresa ha logrado crecer y adaptarse mientras que otras en su mismo contexto han desaparecido. Equivocaron el camino. Se afirma que las cosas no ocurren por sí solas, sino que los directivos las impulsan o deciden. "Las cosas no ocurren solas. Si ocurrió, es porque alguien lo procesó primero."

Nuestra idea no es argumentar que falta racionalidad cuando hay acciones no previstas, no deseables o no programadas. Tampoco decimos que la explicación consiste en que nadie es perfecto, que todo conocimiento es limitado o existen los imponderables. Planteamos el tema en otros términos y nos hacemos otras preguntas; por ejemplo: ¿hasta qué punto los resultados son "decididos" por alguien y no surgen de la presión de la realidad circundante? ¿En qué medida saber dirigir se basa en saber decidir? ¿Hasta qué punto, en administración, "de lo que no se puede programar o conducir, tampoco se puede hablar"?

Es cierto que el proceso decisorio es importante tanto a la hora de promover las acciones como para explicar los cambios ocurridos. Considero que hay una búsqueda de sentido que es parte de la organización. La administración se aplica para dar sentido a las relaciones y no para explicar lo que ocurre con una mirada resignada. Es armar proyectos y no esperar que ocurran las cosas. Pero también es cierto que la organización "se produce" o se construye por la interacción no pensada de factores que hacen a la vida cotidiana, y esto debe ser considerado y analizado de acuerdo con sus propias reglas para entenderlo.

Si nosotros pretendemos entender a las organizaciones (comercios, fábricas, escuelas, ministerios) y a quienes las conducen, debemos saber que no siempre el actor tiene en claro la brecha entre deseos, preferencias y fines. La "reducción de la brecha" no siempre es un acto pensado, sino más bien emanado de las situaciones concretas, y el ejecutivo muchas veces actúa dialogando antes que resolviendo, esto sin necesidad de incursionar en el campo de la gerencia intuitiva. En muchas situaciones inciertas, afirmar que el ejecutivo ha decidido es una expresión de deseos o atribuirle una capacidad de la que no dispone. También lleva al error de creer que está en condiciones de resolver situaciones semejantes en el futuro.

3. Racionalidad y teoría de la organización

Los modelos de organización se basan en la definición de los objetivos, de la estructura de funciones y tareas que se necesitan para alcanzarlos y la designación de los responsables de las decisiones que van a aplicar los recursos y movilizar al personal tras dichos objetivos.

La idea de organización se basa en coordinar esfuerzos en un sentido o siguiendo un rumbo que es compartido, al menos por los grupos con poder y que controlan los recursos. Lo contrario es el desorden, con islas y grupos caminando en sentidos diversos: la antiorganización.

Es posible discutir los límites de la racionalidad finalista, y vamos a hacerlo. Pero también es cierto que representa una de las condiciones para la operación de la organización. La cuestión, respecto de la racionalidad finalista, es cuánto explica de la realidad y cuáles otros conceptos hacen falta para actuar en un entorno incierto y cambiante, donde no siempre hay lugar para los esquemas *a priori* o el comportamiento calculado. Nuestros comentarios no se orientan sólo a señalar errores o vacíos en la teoría, sino que también reflejan la intención de aportar conceptos que permitan una explicación ampliada del funcionamiento de la organización.

En una obra clásica, *Teoría de la organización*, sus autores (March y Simon, 1961) han definido a los directivos no sólo por su ubicación jerárquica, sino también por su condición de tomadores de decisiones. Los directivos fijan los criterios y programas para las situaciones controlables como también las políticas que guían a las acciones en ambientes inciertos o no previsibles. De este modo se marcan las diferencias respecto de otros cargos y posiciones de estructura cuya función es aplicar las normas y los procedimientos existentes. La decisión tiene que ver con la capacidad de fijar políticas, criterios y normas para la acción futura.

En el ámbito de dicha *Teoría de la organización*, se supone que existe un acuerdo básico entre las partes constitutivas, que se expresa en ciertos objetivos. Luego se espera (y se enseña) que los integrantes deben ser racionales, con las limitaciones propias de la actividad social y personal. Los directivos deben enfrentar los límites en los recursos, los conocimientos y las presiones de los grupos de interés externos. De allí la importancia de los procesos que flexibilizan la organización y le permiten adaptarse, como la capacitación, la negociación y las relaciones intergrupales (el trabajo en equipo).

Pero esta teoría de la organización (que explica y predica), aun cuando se sustenta en aspectos racionales, también analiza la subjetividad que influye o afecta los comportamientos de quienes deciden y actúan; por ejemplo, el grado de satisfacción en el empleo o la identificación con los propósitos de la empresa. La idea es que si la organización continúa operando y crece, es porque esa influencia no contradice sus objetivos y políticas. La estrategia directiva es crear un ambiente de comprensión y colaboración. La mirada de la teoría de la organización convencional es una visión desde el orden deseado, pensado para la continuidad y el crecimiento del conjunto.

Aun cuando los objetivos son importantes, la realidad demuestra que en la elección de los ejecutivos influye la apreciación e interpretación de la información disponible (la subjetividad de quien decide y de su grupo), y ello afecta el logro de dichos objetivos. En una edición posterior de su libro (1993), los mencionados March y Simon han escrito: "algunos estudios actuales del significado en las organizaciones llegarían a afirmar que la interpretación, en lugar de la selección, es lo principal para la vida... Las decisiones parecen instrumentos para la interpretación, en lugar de ser a la inversa. Sospechamos que un libro nuevo debería prestar más atención al contexto social del significado dentro del cual operan las organizaciones".

En las organizaciones, sus integrantes con el tiempo crean una comprensión compartida de la realidad circundante. Son modelos implícitos que operan en el plano de lo subyacente; no son tema normal de discusión y también es difícil explicar las razones que lo sostienen porque devienen de la interacción social en la organización. En este sentido, Nonaka y Takeuchi (1999), en su obra sobre los procesos de creación del conocimiento, señalan la importancia de trabajar sobre esos "modelos mentales, creencias y percepciones que reflejan la imagen compartida de la realidad presente y futura". Dichos autores señalan que el modelo de la decisión racional es básicamente conservador o adaptativo. Para incorporar innovación en las decisiones, ellos plantean la necesidad de explicitar y "liberar el conocimiento tácito, personal, de los miembros de la organización".

Los modelos racionales de conducción tratan de limitar y controlar los factores de significación y los socioafectivos. Para ello, dichos modelos plantean la necesidad de una adecuada selección, capacitación y motivación de los individuos, en adición a los sistemas de recompensas y sanciones económicas propias de la relación laboral. En dichos modelos, motivar es inducir el compromiso o la adhesión por medio del discurso persuasivo y los reconocimientos simbólicos. Se trata de promover una actitud o un estado de ánimo colaborativo para mejorar la calidad de las decisiones de los individuos, en particular ante situaciones no programadas. Este enfoque no siempre es sincero porque sólo considera la motivación en relación con el aumento de la productividad y para que sea adecuada a los fines de la dirección.

En un esquema racional, los factores emocionales importan cuando se pueden exponer y expresar como información operativa o mensurable. En este esquema, las condiciones más fuertes en el momento del análisis están dadas por los recursos visibles y las metas de la organización. Los factores emocionales no le agregan eficacia o eficiencia a una alternativa en el momento de la comparación y la elección, porque la comparación debe ser fundada en elementos cotejables y relacionados con un objetivo concreto; por ejemplo, el conflicto en una fábrica implica una crisis de autoridad para el gerente (un aspecto de la subjetividad)., pero desde lo racional, técnico y económico, lo que cuenta es el impacto del conflicto sobre los costos y la producción.

De acuerdo con esta teoría (racionalista) y respecto de las acciones colectivas, sólo se puede explicar o enseñar aquello que tiene razones y cuyos efectos son previsibles (no los actos impulsivos). No se ignora que en la realidad juegan también las expectativas o las necesidades personales, pero esos actos no son decisiones de la organización. Visto desde el sistema, sólo se toman como correctas y deseables las motivaciones que se relacionan con el trabajo productivo y no con los estados de ánimo personales.

La teoría de la organización explica que lo racional se autosostiene y la explicación es económica. Hay una búsqueda de equilibrio entre los aportes de las partes (socios, directivos, empleados, proveedores, inversionistas) y las retribuciones que ellas reciben. Y esas retribuciones (que pueden o no ser materiales) están en relación con la magnitud del aporte y los resultados para la organización. Esto no excluye la consideración del factor humano. Dirigir es buscar los puntos donde coincide lo personal y lo colectivo (el motivo con la elección correcta). Actuar de otro modo también es posible, pero afecta la eficacia del conjunto.

La teoría de la organización habla de las condiciones necesarias para que una entidad (empresa, hospital, escuela, negocio) funcione detrás de sus objetivos predefinidos. Es una teoría normativa en el sentido de que establece las formas correctas de actuar, acordes con los planes y las estructuras. La norma incluye la necesidad de los procesos de cambio para renovarse o adaptarse al entorno también cambiante. Si una empresa ha crecido, la explicación pasa por los factores de la racionalidad que han intervenido, el diseño de sus estrategias exitosas. Desde esta perspectiva determinista, es difícil explicar el crecimiento que deriva del cambio no planeado.

La realidad muestra que la dinámica de las decisiones presenta elementos no planeados que responden no sólo a los aspectos emocionales o subjetivos, sino también a la necesidad de reaccionar ante lo imprevisto. En su obra sobre la crisis y renovación de las empresas, D. Hurst (1998) recuerda: "mi idea central es que el modelo racional no está equivocado, simplemente no es suficiente". Él considera que la acción gerencial incluye: *a)* acción racional, cuando está dirigida al logro de metas y existe un cálculo antes de actuar; *b)* acción limitada, por las fuerzas que actúan en la situación y las influencias del contexto, y *c)* acción emergente, cuando se trata de resolver un problema en condiciones de ambigüedad e incertidumbre, donde los fines no son una guía posible.

En muchas situaciones de la realidad, las acciones son interpretadas luego de ocurridas. En forma retrospectiva, se utiliza alguna meta para explicar lo ocurrido y legitimar dichas acciones, para darles un toque de razonabilidad (*ex post*); por ejemplo, cuando un banco niega el crédito a una empresa que luego (por un golpe de suerte) sale de su crisis. El banco podrá decir que su negativa original tuvo como meta obligar a que la empresa no aumentara su deuda y pudiera crecer por sus propios medios. El gerente omite decir que el banco simplemente huyó del peligro y con su actitud podía haber matado a la empresa.

Estos ejemplos no intentan solamente mostrar el peso de lo emergente como una realidad, sino señalar la necesidad de integrar el concepto en una teoría crítica y ampliada de la organización, incorporando lo que podríamos identificar como "la dinámica de lo impensado". Es importante construir un saber que refiera no sólo a las situaciones programadas, sino también a problemas donde se combinan aspectos objetivos (comparables, calculables) y subjetivos (emocionales o valorativos). Problemas que requieren una actitud creativa antes que la aplicación de fórmulas o esquemas previos. En particular, conceptos que ayuden a comprender y actuar en situaciones de crisis, donde la racionalidad se desplaza hacia la cuestión de las prioridades y valores por seguir, debido a que los propios objetivos de la organización son ambiguos o están cuestionados.

En la figura 4 se muestra la conjunción de los componentes programados y no programables de las decisiones. El proceso involucra un cierto método (no es intuitivo), un discurso (la comunicación) y una praxis (la puesta en práctica) de la alternativa elegida. Lo programado se refiere a la racionalidad finalista (lograr objetivos) y la instrumental (optimizar recursos), y también a la consideración de las demandas ambientales, la adaptación al medio y las regulaciones internas para el control de las operaciones. Estos son elementos que favorecen la intencionalidad y la objetividad en el análisis y la elección de los cursos de acción. Son criterios conocidos y le dan previsibilidad al comportamiento directivo. Los componentes no programables se refieren a los aspectos subjetivos que influyen en las decisiones, como los factores emocionales y los modelos mentales de los ejecutivos. También está el peso de lo contingente y lo imprevisto sobre las actividades de la organización, lo cual facilita la incertidumbre del proceso. En la figura se destaca que las decisiones generan resultados con elementos manifiestos, pero también con efectos en el plano de lo subyacente, que pueden o no ser congruentes con los objetivos y estados deseables de la organización. La coexistencia de factores referidos a la objetividad-subjetividad, lo visible-subyacente, lo previsible-contingente y la razón-sinrazón, favorece la complejidad del proceso decisorio.

4. Las soluciones en busca de problemas

La visión del directivo que recibe influencias, que procesa información y comunica decisiones tiene la virtud que lo desmitifica, que marca sus límites de conocimiento y lo pone en relación con las exigencias de la organización y el contexto. Pero el modelo de la organización buscadora de equilibrios y certezas, programadora de conductas y resolvedora de problemas, no siempre reconoce las características de una realidad compleja y cambiante. Es un modelo que está más cerca de las grandes corporaciones que pueden anticipar sus decisiones, que de las empresas menos estructuradas, que se caracterizan no tanto por planear como por responder a las circunstancias.

En su importante estudio sobre las decisiones en ambientes complejos, March y Olsen (1976) han afirmado que las organizaciones son conjuntos que improvisan y requieren flexibilidad. Ello no

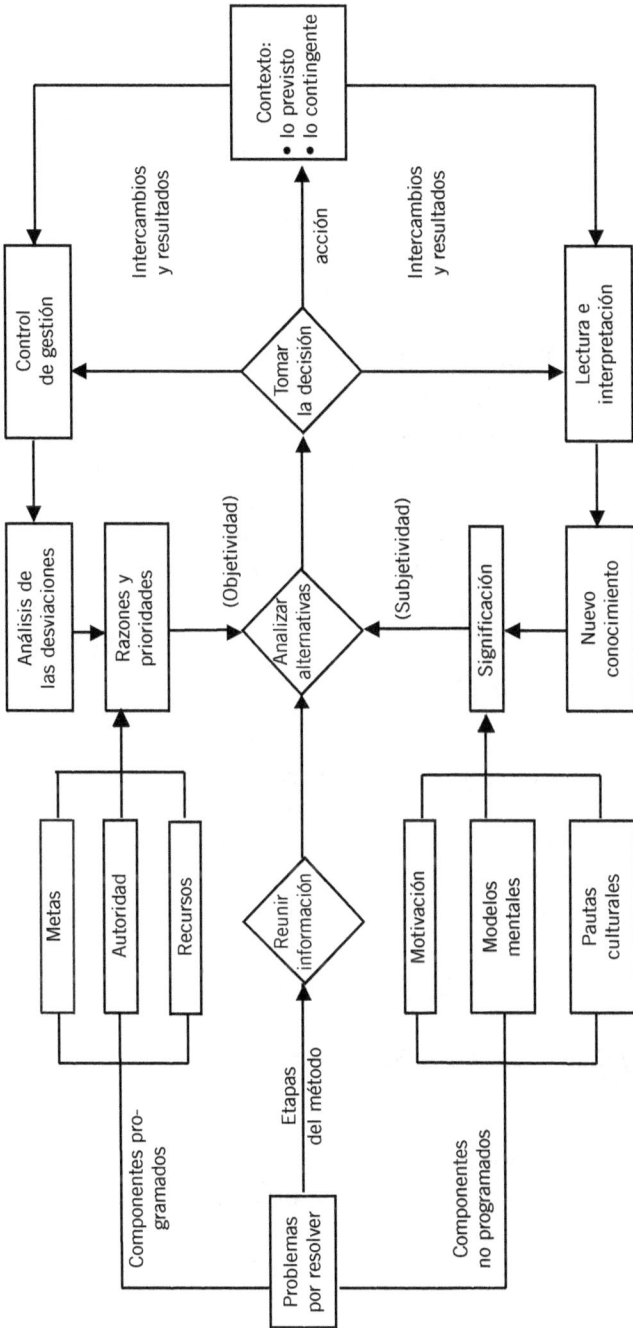

Figura 4. El proceso decisorio: con razón y sin razón.

291

ocurre por error o por una falla en los programas, sino que es la actitud adecuada a las exigencias del ambiente cambiante y la presión del tiempo. La acción se construye con los recursos y las soluciones que están disponibles, que sirven como una salida para las condiciones del momento (y las aspiraciones de las partes). "Una organización es un conjunto de elecciones que están a la busca de problemas o situaciones de decisión, donde estas elecciones puedan ser una respuesta a la demanda de la situación."

Los autores citados ofrecen la imagen del proceso decisorio como la relación del ejecutivo con un "cesto de papeles", que es la figura de los asuntos pendientes de solución, mezclados en una suerte de archivo transitorio. En dicho archivo coexisten múltiples problemas e ideas, que han sido llevados al depósito porque no son actuales o no se entienden. De pronto, esos "papeles-problemas" son recuperados aplicando un criterio, una prioridad o una política que el directivo ahora considera pertinente. De manera que él actúa como un articulador o ensamblador de experiencias, antes que como un innovador.

En este modelo del cesto de papeles, la organización no es vista como una jerarquía o un plan. Más bien se concibe como "una continua corriente de gente, soluciones, elecciones y problemas que surgen en la organización. A lo largo del día, algunos elementos de estos grupos coinciden y es entonces cuando se produce una decisión". Esto no debe entenderse como una imagen asociada al desorden o el caos. Es la visión del trabajo en un ambiente no previsible, donde los recursos, las capacidades y las soluciones disponibles "se encuentran" con los problemas. Son posibles soluciones buscando problemas pendientes.

5. Los métodos y las capacidades personales

En la base de una acción racional se encuentra la intención de lograr ciertos objetivos y acuerdos previos en el ámbito de la organización. Sin embargo, cuanto más compleja sea la organización, también será más difícil sostener esta explicación. Como afirma H. Mintzberg (2003), "al igual que otros conceptos en la teoría de la organización, algunas veces la decisión es un concepto o construcción psicológica que supone la existencia de un compromiso previo a la acción. En los hechos, tanto para los individuos como para las organizaciones, el compromiso no necesita preceder a la acción". También dicho acuerdo previo puede ser ambiguo, y los actores esperan que se aclare sobre la marcha.

Existen áreas de actividad y funciones donde el directivo trabaja contestando a la realidad manifiesta, más allá de las acciones planeadas. En su importante estudio sobre el proceso decisorio, A. Langley (1995) ha escrito: "los hechos muestran que la relación entre la decisión y la acción puede ser mucho más débil de lo que sugiere la mayor parte de la bibliografía... Las organizaciones pueden actuar en situaciones importantes, aun sin un consenso explícito previo y también pasar a la acción sin que exista una decisión expresa previa a ese respecto". Este comentario no debe tomarse como una crítica, sino como el planteo de una situación donde los esquemas previos no cuentan y para la cual los directivos deben estar preparados.

La combinación de factores y de saberes necesarios lleva a que la decisión no sea el acto de un solo ejecutivo, aunque él aparezca resolviendo el problema, porque en los hechos no es "su" decisión y él no conoce todas las razones. Es posible ver a quien cierra el proceso, pero no es el creador. Al respecto, J. B. Quinn (1980) comenta el caso de una importante empresa automotriz donde se admitía que alguien decidiera sobre un nuevo auto, pero no se podía saber quién era. "Tal vez un grupo solamente hizo el diseño en ordenador, otro desarrolló las especificaciones de ingeniería, y así, como una bola de nieve, se han tomado miles de decisiones hasta que aparece un nuevo automóvil."

Desde la visión del orden, se supone que en algún momento previo a la decisión hay una apreciación, un saber y un análisis que fundamentan dicho acto. También se afirma que el ejecutivo "sabe lo que está haciendo", que no es intuitivo o imprevisible. Sin embargo, la experiencia en gerencia de empresas no es muy segura al respecto, en parte porque hay un conocimiento que se obtiene desde la acción y porque el tiempo no da margen para el análisis, situación que tiende a convertirse en algo normal.

En los casos donde las decisiones tienen un final exitoso, se toman como referencia porque han sido eficaces. Es menor la posibilidad de que alguien mire con sentido crítico hacia atrás y enumere la cantidad de factores no repetibles que han intervenido en el éxito. Cuando el *rating* de un programa de televisión es alto, ello suele ser suficiente justificación. De allí en adelante se trata de copiar el éxito en sus componentes visibles, antes que investigar sus raíces. La relación no pensada entre variables puede ser difícil de explicar o reconstruir, aun para los mismos responsables.

En estos casos de lanzamientos exitosos, quizá los ejecutivos han dejado a un lado algunas normas lógicas y se lanzaron hacia la creación. No han hecho un análisis comparativo, no han medido todos los costos posibles de su propuesta. Desde la visión de la lógica o lo razonable, ni las acciones, ni los resultados deberían haber sido esos. ¿Hasta qué punto han tomado decisiones y hasta dónde ellos han innovado confiando en sus capacidades personales? Decir que los directivos han "asumido un riesgo" ¿los hace más reflexivos o racionales? Si han seguido una "llamada interior", ¿eso es razonable y predicable?

Puede decirse que la empresa de televisión ha sido racional o inteligente al elegir a sus ejecutivos, y en esa elección está la razón de sus logros comerciales. Pero también es cierto que la base racional de una empresa exige que no dependa de la opinión o la subjetividad de sus integrantes. De ser así, no podría aprender, ni armar su experiencia o su memoria como organización social. Y tampoco podríamos hablar de la *decisión de empresa*. Su continuidad dependería de la acción de un grupo de creativos o innovadores no predecibles. En cambio, la visión racional de las organizaciones supone que hay un conocimiento que es compartido, que se puede explicar, un razonamiento que puede enseñarse.

En el proceso decisorio influye la apreciación de los individuos, pero su margen de influencia está acotado por un sistema de control que fija los límites del comportamiento. Dentro de ciertos límites, la dirección puede promover los actos creativos (no programables). Pero decidir en una organización es también estar dentro de ella. Antes que los actos personales, vemos una relación entre el individuo y la organización, que no puede caer fuera del área donde es posible coordinar los comportamientos. La frase *no puede caer* significa que es una condición de la organización.

El concepto de acción racional no equivale a seguir una fórmula o rutina formal o impersonal, más allá de las visiones personales. Se trata de una acción humana, y como tal su descripción no puede omitir el peso de la subjetividad. Pero visto el trabajo desde la perspectiva del orden, la cuestión de las creencias, los sentimientos o emociones, se somete a la prioridad de las normas y los objetivos. Hay otra parte, no sometida, que coexiste con las normas pero que sigue sus propias razones. Esto ocurre dentro de los límites de la viabilidad.

Esta cuestión de la impronta personal y la apreciación individual en el momento de la decisión y la acción también nos lleva a destacar un aspecto vital (un dilema) de la relación entre individuo y organización. Por un lado, la necesidad de coordinar esfuerzos y actuar de manera conocida ("objetiva" o "de acuerdo con normas"), y al mismo tiempo, la necesidad de la organización de no atrapar a los individuos con una estructura administrativa que limita su posibilidad de pensar en forma crítica.

Como todo dilema, el problema de la creatividad con límites no tiene una solución única. En los hechos se da una combinación de factores, adecuada a la función, los actores, la trascendencia de los servicios. En ciertas organizaciones prevalece la idea del orden, como en el caso de las instituciones carcelarias y otras que cumplen la función de vigilancia y castigo. En los jardines de niños y los partidos políticos, la configuración se realiza sobre otra base.

La designación de directivos no se hace para avanzar sin rumbo, sino para lograr mayores grados de certeza y hacer previsible a la organización. El hacerla previsible también implica no frecuentar caminos riesgosos o poco conocidos. Cuando la racionalidad otorga algún margen de libertad es porque las cosas se están moviendo en el entorno, sin una tendencia cierta. En este sentido, la adaptación también puede verse como un criterio de racionalidad. El análisis de lo correcto o incorrecto admite interpretaciones cuando las normas deben aplicarse en un entorno cambiante. Lo racional asume una visión más amplia que la mera eficacia de las acciones.

6. El impulso renovador y los sistemas defensivos

Visto desde el orden, los cambios deberían seguir un método, porque lo contrario implica reconocer que es posible actuar "fuera de la estructura" sin salirse del sistema. Esto marca los límites de lograr una transformación dentro del esquema racional. Es difícil porque la tendencia es aplicar lo conocido y que funciona. Pero el entorno incierto y las nuevas demandas del contexto plantean la necesidad de nuevas respuestas. En organizaciones complejas coexisten las fuerzas innovadoras con las ideas de mantener lo existente. No hay un vencedor, sino un diálogo continuo, con avances y retrocesos.

Cuando los gerentes creativos quieren transformar el estatus vigente deben tener cuidado con las normas que establecen lo correcto, porque ellas pueden ser un obstáculo a las nuevas ideas. La aplicación de normas racionales permite salvar las apariencias, pero también puede llevar a una lenta agonía, sin señales que adviertan el peligro de la inadaptación. No todos los gerentes tienen una disposición creativa, porque su interés puede consistir en dejar las cosas tal como están. Esto no es un desvío; es también una estrategia que se acompaña con el argumento de proteger a la organización.

A esta situación se refiere C. Argyris (1993) cuando advierte sobre la existencia de "los sistemas defensivos en la organización". Él señala la presencia de criterios, razones o normas que están pensados para la supervivencia de ciertos grupos de interés o para evitar situaciones de crisis, pero no para renovarse o encontrar un mejor camino. En este contexto, actuar en forma racional implica no cuestionar los errores, encubrir los problemas, no hacer críticas que pongan en peligro la estabilidad de los burócratas. Decidir sería un discurso y una forma de protegerse usando la pantalla de las normas vigentes.

En el marco de este sistema defensivo, las decisiones de los ejecutivos tratan de mantener el estado de cosas, encubrir los problemas y evitar que trasciendan los conflictos. Entonces el proceso decisorio es cambiar algo para que todo siga igual. No será la excelencia, pero funciona. La idea es trasladar problemas para el futuro desviando la presión en lo inmediato. No es resolver, es "descomprimir". Hay una estrategia que se basa en ocultar los temores y las ansiedades de los propios integrantes de la organización.

Según los estudios del mencionado C. Argyris, "el resultado es algo así como una economía sumergida, es decir, una organización en la sombra. Un sistema subyacente que es ineficiente y conservativo, que vive y florece aunque en el discurso y la ideología oficial se lo niega, se considera inexistente". No se decide en función de las teorías declaradas por la misma dirección como deseables y que sólo quedan en el plano de los ideales de la organización. No se trata de una conjura interna, un error intencional o la mala fe del ejecutivo. Es el peso de la supervivencia, la búsqueda de protección y de seguridad a la hora de actuar.

Estos límites a la decisión como proceso innovador también tienen que ver con la influencia de los modelos o esquemas mentales, tanto individuales como de conjunto. El predominio de los modelos por sobre el análisis de las particularidades de los problemas, la tendencia a simplificar y reproducir lo ya conocido, son hechos que vienen a romper el mito del ejecutivo que decide. Incluso quienes pueden actuar desde una posición de fuerza no analizan las demandas ni estudian alternativas, sino que imponen condiciones. El ejemplo que subyace en estas situaciones es la difundida afirmación de Henry Ford con respecto a la oferta de autos de su empresa: "El cliente puede elegir el color que desea, siempre que sea negro".

Los modelos mentales se refieren entonces a ideas rígidas, a creencias duraderas y arraigadas en quienes conducen. Hablan de las verdades que se dan por conocidas, aunque no existan pruebas de ello (sólo la tradición en la empresa); por ejemplo, considerar que los individuos trabajan más cuando mejor se los controla. O que pensar de manera diferente es "peligroso". Considerando que estas ideas han funcionado y son conocidas (aunque incorrectas), el ejecutivo trivial piensa: ¿por qué hacer las cosas de otro modo? No estamos diciendo que se trate de algo inevitable, como una ley natural. Pero los estudios en empresas muestran que esta rigidez es crítica a la hora de enfrentar la necesidad de transformación en la organización, cuando hay que tomar decisiones importantes.

La influencia de los modelos es difícil de resolver en la medida en que operan en el plano de lo subyacente. Pero ello no los convierte en una condena, sino en un límite que debe correrse para dar lugar a un proceso decisorio en plenitud o transformador (no legitimador de lo existente). En este sentido, P. Senge (2005) afirma que "los modelos mentales suelen ser tácitos, y existen por debajo del nivel de la conciencia, rara vez son sometidos a verificación y examen... De manera que hay que llevarlos a la superficie, explorarlos y hablar de ellos sin defensa, para adecuarlos al mundo cambiante".

El peso de la experiencia-esquema es una tendencia presente en los procesos de dirección, en particular frente a lo desconocido, cuando se acortan los tiempos y la exigencia es alta. La cuestión para el ejecutivo en medio de la vorágine es cómo salir del paso sin morir en el intento y con el menor daño para terceros. A esto se le suele llamar actuar *orientado hacia los objetivos*. La explicación intenta ser racional, pero las acciones son "repeticiones" que no resultan de la información disponible, que además suele ser insuficiente. En este sentido, los ejecutivos de éxito suelen ser peligrosos cuando intentan difundir sus recetas, porque repiten la fórmula sin considerar las diferencias en el contexto de aplicación.

B. Intenciones y realidades

7. El diseño virtuoso y la trama perversa

La planificación y el diseño formal de una organización se hacen pensando en fines legítimos y acciones correctas. Al menos es así en el nivel del discurso o lo declarado. Pero la realidad nos muestra decisiones y prácticas que no corresponden al diseño. No sólo emergen oposiciones (desorden) y acciones técnicamente incorrectas, sino que también son indeseables en términos de los principios fundacionales y de los valores sociales. Una respuesta sencilla podría ser que todo sistema tiene imperfecciones en su funcionamiento.

Pero esta idea de las imperfecciones y de lo inesperado es sólo una parte de la verdad. También es cierto que operan las ideologías, las tramas de poder y las diferencias personales. Y no son casualidades, sino que reflejan intencionalidades. Entonces, ya no son imperfecciones, sino manifestaciones de procesos inevitables en una organización compleja. Algunas oposiciones las genera el propio diseño u orden instituido (porque es autoritario). Vamos a comenzar hablando de cómo deberían ser las cosas según el orden establecido (la visión racional y determinista), y luego veremos cómo surgen las tensiones y oposiciones, instalando un clima donde conviven las virtudes con los defectos.

Hay una visión de la organización desde los planes y las decisiones racionales. Una visión que muestra cómo la organización funciona detrás de sus objetivos, tomando las decisiones que corresponden, con eficiencia y eficacia. Desde esta perspectiva, se ve a las organizaciones como agrupamientos sociales que tienen una misión y actúan detrás de ciertos propósitos. El trabajo de sus miembros y sus relaciones (jerárquicas, técnicas, funcionales y asesoras) se articulan bajo la forma de estructuras y redes de comunicación.

También desde lo racional (pensado, programado) las tareas se realizan siguiendo normas y procedimientos que se basan en la lógica del uso eficiente de los recursos. Cuando se analiza la organización (fábrica, escuela, negocio, sindicato, etc.), el observador afirma que ha sido creada y funciona para producir bienes y servicios según lo establecen las actas constitutivas, estatutos y contratos. Su operación le permite atender los fines de sus integrantes y de los grupos vinculados a la producción (proveedores, gremios) como también las necesidades de los usuarios y clientes en su medio social más amplio.

Desde lo racional se espera, por ejemplo, que la escuela brinde educación, el hospital ofrezca atención médica, la oficina de impuestos recaude los tributos, los periódicos informen sobre la realidad, la televisión difunda programas de entretenimiento, culturales o informativos. La organización opera para cumplir con sus misiones y para retribuir los factores de producción. Este discurso sobre el funcionamiento de la organización se entiende en el plano de la propuesta y de lo deseable. Es una visión desde el orden porque se refiere a operar en el marco de los acuerdos y de las leyes vigentes. Otras alternativas se consideran indeseables e incorrectas.

En la realidad organizacional, las acciones se realizan en el marco de una racionalidad imperfecta y problemática. Los directivos no cuentan con toda la información disponible o necesaria (por razones técnicas o económicas). Las situaciones reales presentan objetivos múltiples y contradictorios, y los posibles cursos de acción tienen efectos contradictorios. Los planes, el diseño y la capacitación dan a quien decide una guía y un marco de referencia para reducir la incertidumbre y el abanico de opciones. Lo racional se refiere a la decisión programada, realizada de acuerdo con criterios definidos (como comprar, vender o financiar).

El análisis de lo virtuoso implica una mirada externa de la organización y el uso de juicios de valor de carácter ético (lo justo, equitativo, solidario). Es una apreciación cualitativa relacionada con la subjetividad de la organización, distinta de la lectura del cuadro de resultados. En lo virtuoso, la fábrica se evalúa por su impacto sobre la motivación de los grupos de trabajo y la voluntad (autónoma, no exigida) por mejorar la calidad de la producción, porque el trabajo es parte de la calidad de vida. Como actitud, convicción o por principios, no como estrategia para aumentar la eficiencia. El éxito no es señal de un proceso virtuoso si proviene de la presión o el abuso de poder en un medio enfermante.

Hay un círculo virtuoso en los periodistas que informan la verdad a un público lector que se siente representado y apoya comprando el diario; en estas condiciones, los anunciantes prefieren hacer publicidad en ese medio reconocido porque son beneficiados por la imagen de transparencia, de manera que la publicación crece y puede darles trabajo a nuevos profesionales, que entran a formar parte de una cultura abierta y creativa. La revista crece haciendo las cosas bien, y ello no es una muestra de debilidad o ingenuidad, porque tiene la fuerza de la credibilidad y el apoyo de la opinión pública (que no es poco). Podemos imaginar situaciones análogas en empresas que se preocupan por la salud de sus integrantes, sin especular con la recuperación de un recurso sino aplicando principios éticos.

En lo virtuoso no hay transacción o cálculo de costo-beneficio, sino actos de convicción, de ilusión, de creer en lo que se hace. Es también el orgullo de pertenecer a un grupo y construir en él. Por eso no es virtuosa la racionalización de costos en un centro de salud, que aumenta los riesgos o reduce la calidad de la atención médica. En los ejemplos mencionados puede verse cómo la equidad, la credibilidad, la confianza, la legitimidad o la solidaridad juegan como elementos que permiten cerrar el círculo, que le dan continuidad y crecimiento al proceso. No es lo mismo que la actitud de cerrar un negocio donde queda un ganador y muchos perdedores.

El proceso de valoración y mejoramiento se convierte en círculo virtuoso cuando: *a)* no depende de la decisión externa o la voluntad de un directivo, sino que tiene la capacidad de autosostenerse y reforzarse en el tiempo; *b)* se fundamenta en acuerdos o consensos dentro de grupos de trabajo; *c)* los valores se sostienen por convicción y compromiso, no por incentivos o sanciones, y *d)* existe capacidad crítica o reflexiva para corregir los propios errores.

Las arriba mencionadas son las bases de los llamados *círculos virtuosos* en la organización. Tienen componentes de diseño (cuando se favorece su existencia) y también emergentes, cuando surgen a través de la interacción social y los ideales compartidos. La virtud es disponer de una capacidad incorporada, movilizadora de la organización. Aquello que es y produce, la lleva a mejorarse a sí misma. Por darse en el plano de los valores y principios, es una mejora en lo social y cultural, no sólo en los niveles de productividad.

Existen algunas actividades y relaciones en la organización que son ejemplos de espacios propicios o normales para la creación de círculos virtuosos. En este sentido se destacan: *a)* los procesos de enseñanza y aprendizaje que permiten el desarrollo de los individuos, su motivación y satisfacción en el trabajo; *b)* las formas democráticas de autoridad, que instalan relaciones basadas en el consenso y no en la imposición; *c)* la promoción del trabajo en equipo y la dinámica de grupos para favorecer la integración (no el aislamiento), la interacción social y el intercambio de ideas; *d)* formas equitativas de asignar tareas y remunerar la capacidad y el esfuerzo diferenciado de los individuos; *e)* la transparencia y apertura en las comunicaciones y en los sistemas de información; *f)* la expresión de los objetivos en forma de proyectos compartidos; *g)* el énfasis en brindar servicios a los usuarios, cuyas necesidades son respetadas en las medidas de gobierno, y *h)* seguir un credo o código de ética aceptado e incorporado a los criterios de decisión.

Cuando estos factores son prioritarios en la gestión y hay voluntad política de aplicarlos, cuando se toman como condiciones para el diseño de estructuras y estrategias, hay un efecto multiplicador que es virtuoso por lo creativo y continuo. El resultado no es sólo una estadística creciente de producción y ventas o una menor capacidad ociosa. El producto es un proceso de mejoramiento continuo en el conocimiento, las actitudes y los valores que guían a las decisiones. Es virtuoso porque sin necesidad de controles externos, premios o sanciones se desarrollan la iniciativa individual, el compromiso y la mejora autosostenida en los comportamientos. Son la base de la organización creativa. Lo perverso opera con la trilogía de poder, desigualdad e impunidad. Lo virtuoso relaciona consenso, valor agregado y capacidad crítica.

Lo virtuoso no es una abstracción, es un proceso razonable y deseable. Pero no es común en la realidad de las organizaciones complejas, donde prevalece la racionalidad técnica o instrumental. Esta dualidad nos trae varios interrogantes: ¿por qué no aparecen estos procesos en las organizaciones que se dicen inteligentes?, ¿por qué respecto de los valores y principios éticos los dirigentes se quedan en el plano del discurso y no pasan a la aplicación?, ¿por qué se dice que las ideas sobre la excelencia, la calidad de vida o el razonar virtuoso se limitan al campo de las declaraciones y que no pertenecen al ámbito de la acción? La cuestión es saber por qué, si se reconoce su importancia para la salud de la organización, los procesos virtuosos son considerados como opcionales o variables para la dirección y no son vistos como una condición o un principio de la gestión.

Entendemos que hay varias respuestas al respecto: *a)* lo virtuoso requiere un medio externo económico que no es fácil encontrar, por ejemplo, reglas de juego claras y una competencia civilizada; *b)* la visión del corto plazo y el énfasis que los directivos ponen en los balances, sin considerar el capital humano de la organización; *c)* la magnitud de las inversiones que requiere la perspectiva ética de la organización en el marco de recursos insuficientes; *d)* la necesidad de una voluntad política o estado de conciencia que aún no está disponible y es una condición previa al cambio; *e)* el acortamiento en el horizonte de planificación, en el sentido de que el interés temporal de los directivos no va más allá de su propia vida biológica, y *f)* los avances tecnológicos que llevan a despersonalizar el concepto de trabajo y fomentan la visión maquinal de la empresa.

Es difícil encontrar la práctica de lo virtuoso como una base del comportamiento en instituciones, en particular en el mundo de las empresas. Aunque allí se habla de la excelencia, la misión y el capital humano, importa más la idea de valor agregado, el aporte que puede recuperarse en forma de renta. Antes que en principios, las decisiones de gestión se basan en una visión pragmática, que no lleva a mejorar la calidad de vida, sino a vencer o morir en la lucha por la supervivencia. No se distingue entre lo correcto y lo incorrecto, el bien y el mal, sino entre ganadores y perdedores. No es creíble que se llegue a la excelencia mediante la fuerza, el control de la información o el manejo arbitrario de imágenes. No es que existan objetivos incumplidos, sino que se ignoran los objetivos sociales. A continuación veremos ejemplos de actividades desviadas respecto de la misión y razón de ser de la organización. Los citamos no sólo por su carácter negativo, sino también porque se normalizan.

En ciertas escuelas los maestros actúan guiados no por una vocación de servicio, sino por el objetivo de lograr permanencia en sus empleos, para lo cual hacen alianzas con sus colegas, pactan con los alumnos y negocian con la dirección. Y esto no se relaciona con los propósitos de enseñanza ni se trata de nuevos métodos pedagógicos. Los médicos en un hospital también avanzan con sus intereses personales, como lograr experiencia en ciertas áreas o formar su cartera de clientes. Y ello no coincide con los programas de salud de la institución o las necesidades de los enfermos. Otro caso es el tráfico de influencias. En una estructura burocrática es posible que los funcionarios armen sus propios negocios y fijen una tarifa para agilizar trámites o dar información que los ciudadanos necesitan para obtener empleos o un crédito. Todo esto puede ocurrir porque se da en un marco de impunidad, debido a la desigualdad de recursos, la justicia lenta o la falta de controles.

De manera que los aspectos negativos no están reflejando la falta de voluntad o de conocimientos. Hay insuficiencias, pero también factores estratégicos o intencionales. La realidad organizacional es compleja y en ella operan fuerzas en varios sentidos, que llevan hacia la integración y el consenso, pero también hacia la oposición entre grupos y la negación de los valores sociales. No hablamos de la existencia de una conjura o la ignorancia de los gerentes, sino de las desviaciones que tienen un origen estructural o provienen de las relaciones de poder en un ambiente pleno de desigualdades.

Hablamos de las oposiciones de interés, de los dogmas, prejuicios o divergencias que producen efectos indeseables vistos desde el plano de los valores sociales y la condición humana. Esto ocurre incluso en los ambientes laborales donde se dice respetar los contratos de trabajo. Hay factores estructurales que pueden llevar a la instalación y operación de una trama perversa o destructiva. En el extremo, estas injusticias se normalizan y se hacen cultura; por ejemplo, los integrantes comienzan a considerar que la discriminación es parte de las relaciones sociales, no un acto inaceptable.

Al hablar de lo perverso nos referimos a relaciones y procesos al interior de la organización que traen desigualdad, injusticia, discriminación o enfermedad a los integrantes como también en las relaciones con otros actores en el contexto (como la crisis por desocupación o la contaminación ambiental). Ello como parte de procesos que son intencionales, donde hay decisiones directivas, y no por imprevisión, accidente, ignorancia o desastre; por ejemplo, la flexibilidad en los contratos que trae incertidumbre y ansiedad a los empleados. O la falta de defensa del consumidor, aislado o disperso frente a una empresa monopólica. O el abuso de poder de los jefes que lleva a la discriminación en el trabajo. El malestar de los individuos cuando son injustamente tratados en la empresa, cuando también saben que llevar el caso a los tribunales es entrar en el túnel del tiempo (si pueden cubrir los costos del litigio).

8. Poder, resistencia y modos de superar la crisis

A continuación explicaremos la relación entre la necesidad y la intención de instalar procesos virtuosos en la organización y la existencia de tramas perversas como parte de la misma realidad. Vamos a tratar el tema de las posibilidades de uno y otro sistema de vida en la organización y su coexistencia en una realidad que es compleja, que está sujeta a presiones y demandas que son contradictorias.

La idea en lo que sigue es mostrar cómo lo perverso también se convierte en un proceso circular, que se normaliza y se autosostiene sobre una base de poder, todo ello a pesar de sus efectos indeseables. Vamos a imaginar un diálogo entre un directivo experto en tramas perversas *(R)* que responde a un interlocutor o periodista *(P)* que hace preguntas y pide explicaciones frente a una realidad injusta. Hacia el final del diálogo se hace referencia a las formas de salir de este dilema y el modo de superar las contradicciones que sostienen a una trama destructiva.

P. El concepto de perverso refiere a una situación que sale de lo aceptable y *provoca daño o dolor*. No entiendo por qué elegir ese término que tiene una connotación psicológica, cuando hablamos de procesos organizacionales o de sistemas sociales.

R. Tomo esa metáfora para hablar de procesos donde se conjugan los intereses de algunos con el perjuicio para otros que no pueden deshacer la relación, ya sea por ignorancia, estado de necesidad o por no disponer de otras opciones, como los trabajadores que soportan el maltrato por mantener el empleo en un contexto de crisis o desocupación. A veces la víctima es la institución que pierde su misión, como la escuela donde malos profesores hacen un pacto con malos estudiantes y se brindan mutua protección. Son *socios del silencio* y promueven una "ignorancia-adicción".

P. Entonces la perversidad tiene que ver con las relaciones de fuerza, el ejercicio del poder, el autoritarismo en sistemas.

R. Sí, pero es la fuerza como una acción contra los valores. Hablo de *falta de principios*, egoísmo, sectarismo o discriminación. Cuando digo *perverso* estoy haciendo una valoración en el marco de un "deber ser", una "misión". Los hospitales son para curar y tratar el dolor, no para contagiar enfermedades. Los reformatorios son para rehabilitar y no escuelas del delito. Los partidos políticos no pueden agotarse en "la

304

interna". Las fábricas no pueden destruir el ambiente en que todos vivimos. Y los asilos no deben ser cárceles de ancianos, ni los hospicios lugares para internar a los opositores políticos.

P. Usted menciona casos de organizaciones que *no cumplen su misión.* Yo no diría que funcionan, diría que sobreviven pero que están enfermas. Y como tales, o mueren, o son marginadas, o se curan.

R. Claro, la suya es la versión normal del desorden social, algo que está fuera de lo permitido y que tarde o temprano será eliminado, por la fuerza si es necesario. Pero yo hablo de la coexistencia de la célula con el virus que puede destruirla. El virus (como la violencia extremista) es mantenido por las mismas fuerzas que lo denuncian, por ejemplo, para justificar las nuevas inversiones en maquinaria de guerra.

P. Usted está describiendo una sociedad que ya está enferma, que es autodestructiva. En ese marco, su concepto de perversidad es parte de esa enfermedad. Parece una tautología, una descripción que es necesariamente cierta y que no afirma nada nuevo.

R. Intento mostrar que el concepto de *salud* y de orden social en esas organizaciones omite la *ética*, produce daño y dolor como cosa cotidiana, y la disfraza de algo natural. Muestra la ideología de la lucha competitiva. Habla del costo de vivir en democracia sin especificar quién recibe el precio. Nos dice que todo mal es transitorio y que al final vence el más apto. Son nuevas versiones de la injusticia cotidiana. Lo perverso se sostiene porque se escuda en las reglas de juego, no es ilegal. Por eso, el concepto de perversidad nos advierte que en ciertas condiciones la destrucción y el *privilegio* también funcionan.

P. Me parece que usted llama *perverso* a la existencia de múltiples criterios y la necesidad de optar por uno de ellos. En esa elección hay un efecto indeseable, que es el daño o dolor.

R. No, yo no hablo sólo de la complejidad de lo real por la presencia de juicios de valor (si un joven hace la milicia no puede ayudar en la granja familiar, o no puede estudiar). Eso es una relación entre un cierto orden (militar) y un desorden (en lo familiar). Digo además que *el poder se instala* en esa relación y la condiciona en función de intereses individuales y no de objetivos compartidos. A los valores múltiples se les agrega la desigualdad en los recursos y la impunidad en las decisiones.

P. Entonces, ¿la injusticia no proviene de los distintos criterios para resolver una misma situación, sino de la falta de libertad de las víctimas, cautivos o internados para elegir entre ellos?

R. No sólo hablo de coexistencia de valores (libertad de prensa - privacidad), sino de la omisión del pensamiento ético (de la libertad y autonomía de los demás) como juicio de valor en la decisión institucional; como producir y difundir productos medicinales sabiendo (ocultando) que crean la farmacodependencia; como suprimir el idioma materno en procesos de colonización. Lo perverso significa reconocer que las cosas muchas veces *funcionan "al revés"* de los valores y "al derecho" de los grupos de interés y del marco jurídico. Nos encontramos con una desviación que se hace "normal". Para muchos, una cultura. En mi criterio, una "contracultura", no sólo una transgresión.

P. Pero finalmente esas fuerzas generan una reacción, terminan en una oposición de intereses, en una lucha por el poder.
R. No, lo especial de lo perverso es que hay una relación, cierta complacencia o pasividad en el marco de la oposición. Decimos que es una *relación dialógica.* La necesidad del contrario, como los fiscales que necesitan evasores o los contactos entre las fuerzas de seguridad y delincuentes, los pactos con la minoría sectaria en una votación legislativa o la obediencia debida cuando el ejecutor tiene reservas de conciencia o morales. Se conjugan la sensualidad del poder con el estado de necesidad.

P. Entonces la perversidad no siempre tiene que ver con luchas de poder en las organizaciones, conflictos o contradicciones.
R. Es una contradicción, pero no siempre entre el normal interés de los actores de la trama, sino por la omisión de valores sociales o la oposición entre el discurso y la acción. Entre lo que tiene que prometer el dirigente para ser escuchado y lo que puede hacer. Tiene que ver con la hipocresía y el doble discurso, con el disfraz y la doble moral, con la censura y las formas ocultas de persuasión. No siempre es la violencia o la presión física. En lo perverso intervienen dogmas y prejuicios, la oposición entre lo manifiesto y lo oculto o no declarado.

P. Sus ejemplos suelen mezclar ámbitos diferentes. De pronto habla de normas jurídicas y salta hacia las campañas de publicidad. ¿Cuál es la síntesis o los aspectos comunes de sus ejemplos?
R. Me refiero a situaciones diversas con efectos similares. Hablo de: *a)* sistemas que se *desnaturalizan* en sus prestaciones, como las fuerzas de seguridad que se convierten en vendedoras de protección; *b)* los contratos que involucran a las instituciones y sus integrantes, como los pactos entre burócratas y proveedores o carceleros y prisioneros; *c)* pautas y reglas de juego que obligan y destruyen, como la obediencia

debida o invertir la carga en los juicios y hacer que el acusado deba probar su inocencia o que esté obligado a declarar en su contra; *d)* las acciones y prácticas sociales basadas en la hipocresía o la mentira convencional, como las promesas en campaña electoral. O la discriminación basada en prejuicios raciales o sexuales. O mantener en cautiverio a los ancianos para que sean "mejor atendidos" en los asilos.

P. Veo cuáles son las categorías o los tipos de situación a que usted se refiere, pero no está claro qué hay de perverso en ellos. ¿No son errores o imperfecciones que tienen los sistemas?

R. De acuerdo con nuestra distinción, se trata de situaciones que nos muestran una trama destructiva, que es *estable y recurrente*, que se hace normal porque dispone de controles que no evitan dichas desviaciones, sino que las sostienen. No son muestras de error o ignorancia, sino un desorden moral que llega para quedarse. La escasez de recursos es perversa cuando se monta el negocio del clientelismo, de la ayuda social a cambio de la sumisión o el silencio cómplice.

P. En concreto, ¿cuáles son las características de la perversidad en el plano de las organizaciones y otros sistemas sociales?

R. Son un tipo de relación y prácticas sociales que producen daño, dolor o discriminación a sus miembros, a clientes y usuarios, a los demás ciudadanos. Los promotores *no usan la violencia* física o el poder represivo. Aprovechan las carencias, usan el discurso y la ideología. Ocurre cuando ciertos grupos de interés, sus cómplices y colaboradores sólo piensan en los beneficios de su desviación ética, a pesar del dolor y la injusticia que producen. Perverso porque atrapa a las víctimas que toman ese daño como el *menor de los males*. No hablo de personas malsanas o perversos "originarios". Son inmorales que saben lo que hacen, personas educadas que sólo piensan en "salvarse" argumentando que eso es la muestra de su capacidad.

P. ¿Qué tipo de *daño o padecimientos* produce la trama perversa?

R. Por ejemplo, nuevas infecciones a los enfermos que deberían curarse, ignorancia en los alumnos, engaño a los lectores, represión al trabajador, mentira a los electores, miedo a quienes se debe proteger, fanatismo en los creyentes, la drogadicción hacia productos medicinales, la contaminación ambiental, la persecución y el exilio para los disidentes, la extorsión al contribuyente, la discriminación a las minorías, la injusticia en los tribunales, el cautiverio de los ancianos, el reformatorio capacitando delincuentes. Todo ello como parte *destructiva* y recurrente de las organizaciones.

P. ¿Puede entenderse que las organizaciones son *portadoras* de la perversidad, algo que existe en forma potencial?

R. Las escuelas, los hospitales o las fábricas son diseños, creaciones que funcionan en una realidad. En esa realidad hay procesos que ellas *no pueden gobernar*, que ocurren porque se trata de sistemas con límites o fronteras, que siempre tienen un grado de cierre. En ellos ocurren procesos de desgaste, cansancio y tendencia a la uniformidad. También las contradicciones que resultan del diseño entre lo virtual y lo actual, lo permitido y/o reprimido. Y las desviaciones propias de las relaciones, como los prejuicios y la sensualidad del poder. No posibilidades sino realidades, parte de la definición del diario o de la fábrica.

P. Entonces, ¿las víctimas inocentes son *atrapadas sin salida*?

R. Es difícil si sólo miramos desde el interior del asilo, la secta, el hospicio, la escuela, el hospital, la fábrica o el ministerio. Son sistemas que se cierran sobre sus ideas, se aíslan. Culpan a la falta de recursos, la historia, la ignorancia, el descontrol. Así es el síndrome de la *puerta giratoria*, que devuelve una y otra vez a pacientes y jóvenes al hospicio o reformatorio del cual salen indefensos y resentidos. O las políticas de personal que exigen la sumisión y desvalorización del trabajador si quiere ascender en la organización, hasta que lo despiden por falta de iniciativa (el problema del "doble vínculo"). No cabe esperar que las desviaciones se arreglen por sí solas. Las tensiones y los conflictos por la injusticia en la organización pueden llevar al cambio. Pero también están los intereses por conservar esa desigualdad. Lo perverso nos muestra un estado complejo, una coexistencia, y no necesariamente anuncia un proceso de cambio.

P. ¿Esto significa que lo perverso llega *para quedarse*, no cambia?

R. Lo destructivo tiene límites y no actúa sobre materia inerte. Pero el quehacer positivo requiere una mirada más amplia que la idea de "salvarse". Dejar la lógica de la eficacia y volver a los principios de convivencia. No hay receta mágica, sino líneas de acción. Ante la *hipocresía*, transparencia en la comunicación, terminar con las apariencias y las verdades que mienten. Ante la represión, las formas de gestión participativas. Frente a la ideología de la supervivencia, la educación ética. Frente a los monopolios y privilegios, la apertura y los sistemas alternativos. Frente a la intolerancia y el sectarismo, el pluralismo y la búsqueda de consenso.

P. Usted habla ahora de la mentira, la falsedad. ¿Tiene esto que ver con el uso del *lenguaje*? ¿Por qué lo relaciona con lo perverso?

R. Porque la perversidad tiene una instancia que es el discurso. *El no hacer lo que se dice.* O sea *mal faire, dire vrai*: las cosas mal hechas, las verdades bien dichas. Y eso es posible por el abuso del lenguaje como código, en lo que tiene de convencional. Lo perverso funciona en un mundo de apariencias donde las relaciones se hacen con significantes, donde todo se justifica y legitima con palabras, diciendo "lo que hay que decir". Un mundo de inquisición y confesiones. La comunicación no expresa lo que pasa. A todo esto, la praxis o las prácticas siguen su propio camino, manejadas por otras fuerzas. Una relación donde el reportero al hacer la pregunta también hace obvia o redundante la respuesta.

P. ¿No cree usted que el daño se evitaría mejorando los *controles* del sistema, que están desactivados, que no sancionan?
R. El problema no es vigilar y castigar. Insisto en que lo perverso no es una distracción o incorrección en el sistema. Más aún, operan controles "legítimos" que sostienen su accionar. Aquí, más que nunca, vale el concepto de control como un estado, integrado a la trama, y como tal también es injusto. Por ejemplo, se premia al obsecuente o al delator y se castiga al transgresor. El control no es un dispositivo externo al proceso, sino que se hace parte de la trama perversa. No la corrige: la sostiene. Un orden que funciona, pero injusto.

P. Si no hay soluciones "correctas", ¿cuáles son las *propuestas?*
R. En su forma de preguntar veo el orden instituido. Me habla como si debiera darle un remedio, una fórmula. Sería una respuesta adolescente. Para comenzar, le diría que debemos tomar conciencia de que en nuestros lugares de trabajo también "producimos lo que criticamos". Necesitamos una perspectiva heterónoma y ética. Vernos desde fuera y desde allí hacer transparentes los pactos y contratos perversos que nos atan. Avanzar con prácticas de consenso y democratización en las organizaciones. En el contexto, instalar dispositivos de justicia independientes, que no deban negociar sus recursos y, por tanto, sus sentencias con otros poderes.

P. Tengo la impresión de que usted usa las palabras de modo tal que lo que llama *perverso* no puede no existir. Que es cuestión de retórica antes que de nueva realidad. Porque desigualdades siempre existen en el sistema. ¿Qué es lo distintivo de su descripción?
R. Utilizo la *metáfora* ("lo" perverso) para una realidad que yo distingo o construyo desde mi posición crítica. Pero también los presos y carceleros tienen su propia visión del llamado *instituto de detención* (o

309

fábrica o escuela). Yo propongo un marco conceptual, un enfoque para explicar algo. Lo hago desde la ética o el deber ser, desde los principios en sí mismos. Lo perverso nos lleva a discutir sobre el marco de referencia, sobre los valores y su vigencia. Pero no sobre la existencia de ciertas "fuerzas del mal". No hago exorcismo.

P. Pero en su explicación lo perverso provoca o produce el daño. Parece que usted ha encontrado una causa concreta de la injusticia o la inequidad.

R. Yo *no hablo de una "cosa"* o de un interés o factor oculto. No corporizo el concepto, ni afirmo que lo perverso sea la causa del dolor o vaya a determinarlo. No hay un factor que está dando vueltas por la empresa hasta que alguien lo encuentra y lo utiliza para fabricar *perversidad* (en su beneficio). Lo importante es el armado, la conexión, la regulación que permite "internar" o "asilar" a alumnos, obreros, afiliados o creyentes. El concepto de perversidad explica la permanencia del dolor y la injusticia, de una relación desigual. *Y no es sólo el poder.* Porque hay un pacto, y no una resistencia (inspector-evasor). Hay destrucción dentro y fuera del pacto (víctimas inocentes). A veces el poder resulta de la estrategia en el armado de los datos dispersos, como ocurre con los servicios de "inteligencia".

P. Todo suena muy abstracto; ¿no debería ser usted más concreto?

R. Depende. Es más "mediático" que denuncie a quienes hay que poner presos o dramatice sobre la desigualdad y la exclusión social. Pero le propongo que nos veamos haciendo este diálogo en nuestros lugares de trabajo. ¿Acaso somos parte de una tribu belicosa o predicamos en el desierto? No, *también hay creación* a nuestro alrededor. En las escuelas también se educa, se atiende en los hospitales, se produce en las fábricas, los tribunales aplican el derecho y las radios informan. No hay "un" estado de cosas de un solo signo o procesos con efectos simples. Vemos la *coexistencia* de la cohesión y la dispersión. Si ignoramos esta relación entre opuestos tampoco podremos superar el dilema de la trama perversa.

Este diálogo imaginado propone pensar en las fuentes de las diferencias, desigualdades y oposiciones en la organización, y sus manifestaciones como armonías y disonancias en el ámbito del trabajo organizado. Es un diálogo que ha permitido exponer la compleja coexistencia de fuerzas que se complementan y se oponen en la organización. Nos advierte que no existe la mejor estructura o procedimiento, sino una relación cambiante (en las formas) que es preferible sobre otras. Nos informa además sobre la necesidad de completar las decisiones racionales con una red o malla de seguridad social permanente para salvar las brechas de injusticia por los valores que son postergados en situaciones concretas. Dada esta brecha y la coexistencia entre lo virtuoso y lo no deseable, el análisis también nos marca la importancia de la transparencia en las comunicaciones, de buscar acuerdos y lograr consensos para dar sustento y legitimidad a las medidas de gobierno.

Resumen

En los procesos decisorios intervienen criterios de racionalidad, tales como la eficiencia y la eficacia, y ellos refieren a los factores objetivos presentes en todo comportamiento directivo. Pero la elección según normas difiere de la decisión real, donde también intervienen factores de la subjetividad como las motivaciones, la significación de la realidad y las imágenes de la organización. Se espera que el directivo actúe en forma razonada, fijando el rumbo y tratando de alcanzarlo. Pero la decisión es un proceso complejo donde debe considerar fuerzas no siempre congruentes con los planes de la organización. No es sólo una cuestión de adaptación, sino también de elecciones que contradicen los planes originales, por ejemplo, debido a las crisis o conflictos con los diversos grupos que componen la organización. La dirección no puede prescindir de estos grupos porque controlan recursos críticos y son parte de la alianza que sostiene a la organización. Respecto del método, la decisión es un proceso con distintos momentos, y ellos tienen sus tiempos, lógicas y finalidades. Hablamos de tres momentos básicos: la lectura de la realidad, el análisis de alternativas y la elección de un camino a seguir. No es una secuencia del inicio hasta el final, porque el análisis lleva a nuevas lecturas y medir los efectos lleva a nuevos análisis. Los momentos se relacionan entre sí, hasta llegar a una conclusión que será llevada a la práctica.

La decisión es un concepto y una práctica que aparecen vinculados con la función directiva de conducir o fijar el rumbo. Pero las decisiones llevan o instalan múltiples mensajes, no sólo criterios y órdenes para la acción. El directivo no sólo transmite contenidos (comprar, vender, producir), sino que también fija prioridades, intenta persuadir, reforzar su autoridad o intervenir sobre las relaciones en el ambiente de trabajo. Es posible analizar estas comunicaciones y mensajes desde múltiples perspectivas (no sólo su lado racional), y ello nos permite explicar por qué ciertas decisiones directivas no logran sus propósitos o no son comprendidas. Desde la visión de la complejidad, no todas las comunicaciones directivas son igualmente legítimas, ni creíbles, ni aceptables, aunque provengan de una autoridad formal y cumplan con las formas en el plano de lo técnico. El directivo dice que está resolviendo problemas o promoviendo el cambio, pero su discurso no explica el porqué de esa elección en particular.

Hemos analizado las ideas y posiciones no declaradas en los mensajes directivos y en las formas de gestión. Uno de los problemas es que los expertos o directivos se refieren a un cierto modelo o forma de gestión como si fuera algo natural o derivado de un sistema aceptado (¿por quiénes?). Parecería que el modelo recomendado, por ser eficaz, también cumple con otras características, como el consenso o la legitimidad. Puesto que es funcional, los directivos hacen creer que una vez aplicado tenderá a mantenerse porque se corresponde con "el orden de las cosas" (un orden natural). Pero en la base de estas decisiones directivas no hay elementos naturales, sino una estrategia o política de gestión. La intención es dar la impresión de que la afirmación no es discutible, que es "objetiva"; por ejemplo, pensar que hay una naturaleza de la relación laboral según la cual siempre hace falta ejercer el control, ofrecer incentivos o hacer presión para que los individuos mejoren su producción. En el texto hemos aclarado que en la base de estas decisiones y mensajes hay supuestos no declarados y no siempre compartidos.

Los dichos de los directivos deben entenderse en un marco ideológico, declarado o no. También en el marco de las relaciones de poder que sostienen al directivo. Ciertos ejecutivos enfocados hacia lo económico, ven la empresa como "una máquina productiva" y su discurso tiende a mantenerla en funcionamiento. Igualmente puede verse la organización como un lugar de cautiverio, y esa visión se expresa en el diseño de las oficinas, los controles de ingreso y egreso, los reglamentos de trabajo. Frente a esta realidad, hay quienes piensan que los valores o imágenes no son una cuestión de la administración. Pero también sabemos que ciertos modelos mentales llevan a crisis y conflictos en las relaciones humanas. El saber sobre organizaciones, no instrumental o técnico, debe integrarse en el conocimiento sobre administración, para sustentar e impulsar formas democráticas de gestión.

La planificación y el diseño formal de una organización se hacen pensando en fines legítimos y acciones correctas. Al menos es así en el nivel del discurso o lo declarado, pero la realidad nos muestra decisiones y prácticas que no se corresponden con dicho diseño. No sólo emergen oposiciones (desorden) y acciones incorrectas, sino también prácticas que son indeseables en términos de los principios fundacionales y de los valores sociales. Esto es así cuando vemos la decisión, la comunicación o la política "en acción". Una respuesta sencilla es que todo sistema tiene imperfecciones en su funcionamiento. En la realidad, las acciones se realizan en el marco de una racionalidad imperfecta y problemática. Los directivos no cuentan con toda la información disponible o necesaria. Además, las situaciones presentan objetivos múltiples y contradictorios, y los posibles cursos de acción tienen efectos contradictorios. En el capítulo hemos destacado la existencia de hechos negativos derivados de la intencionalidad en las decisiones cuando responden a intereses sectarios o no consideran la responsabilidad social de la empresa.

En la realidad organizacional no pesan únicamente la voluntad ni el discurso directivo. Y las intenciones no reconocidas (las luchas por el poder) traen problemas y perduran, no son accidentales. En la realidad existen fuerzas en varios sentidos. Está la voluntad de lograr consenso e integrar esfuerzos (la dirección responsable), pero también operan varias fuerzas que van en sentido inverso y llevan hacia la oposición entre las partes. Una oposición que no sólo es de criterios (diferencia de ideas), sino también debida a situaciones de injusticia o discriminación. No hablamos entonces de la incapacidad de los gerentes, sino de las desviaciones que tienen un origen estructural o provienen de las relaciones de poder. Nos referimos al discurso directivo porque esto ocurre incluso en los ambientes laborales donde se dice que respetan los contratos de trabajo. Los factores estructurales pueden resolverse mediante la negociación, pero también pueden llevar a la instalación de las llamadas *tramas perversas* o círculos viciosos en la organización. Pero esto no es lo único. En la organización también se dan procesos de creatividad que además respetan los valores sociales. Una realidad que se refiere a los círculos virtuosos en la organización, los cuales se construyen desde la visión solidaria y no competitiva de las relaciones, no por una actitud idealista, sino porque es el ambiente donde pueden crecer juntos individuos, grupos y organización. Es pensar en mejorar la calidad de vida por convicción o principios, no como estrategia para aumentar la productividad.

Existen principios y formas de relación que posibilitan los círculos virtuosos, por ejemplo: *a)* los procesos de enseñanza y aprendizaje, que permiten el desarrollo de los individuos en el trabajo; *b)* las formas democráticas de autoridad, que instalan relaciones basadas en el consenso y no en la imposición; *c)* la promoción del trabajo en equipo y la dinámica de grupos, que favorecen la actitud solidaria; *d)* los espacios para el intercambio de ideas; *e)* las formas equitativas de asignar tareas y de remunerar el esfuerzo diferenciado de los individuos; *f)* la transparencia y apertura en las comunicaciones; *g)* la definición de objetivos sobre la base de proyectos compartidos, y *h)* la voluntad de brindar servicios y satisfacer necesidades de los usuarios. En síntesis, la dirección inteligente debe evitar que la complejidad de fuerzas derive en la instalación de situaciones injustas, y utilizar el diálogo y el discurso transparente para superar los problemas relacionados con la diversidad de posiciones e intereses que coexisten en la organización.

Cuestionario

1. ¿En qué medida es cierto que los comportamientos en la empresa siempre pueden explicarse por su sentido final o su relación con metas predefinidas?
2. ¿Cuáles son los elementos por tener en cuenta para poder calificar una decisión como correcta y cuál es la diferencia respecto de una elección efectiva?
3. ¿Qué significa afirmar que un directivo es responsable de sus actos, y cuánto hay en ello de personal y de profesional?
4. ¿Hasta qué punto los empleados en su tarea rutinaria toman decisiones, y si lo hacen, en qué se diferencian de las elecciones que hacen los niveles directivos?
5. ¿Cuáles son los elementos visibles y cuáles los subyacentes en el mensaje de los directivos cuando comunican una decisión?

314

6. ¿Cuáles son los componentes estructurados y no estructurados en el proceso decisorio y cómo se relaciona ello con el ambiente de la elección?
7. ¿Hasta qué punto es correcto afirmar que la tarea más intensa y continua de los directivos consiste en tomar decisiones?
8. ¿Cuáles son los contenidos que caracterizan a las llamadas *decisiones de política*?
9. ¿De qué manera las decisiones pueden ser parte de proyectos que hacen al crecimiento, o bien que desvían a la organización de sus propósitos?
10. ¿Qué significa decir que en los hechos los ejecutivos tienen soluciones y con ellas salen a la búsqueda de problemas pendientes?
11. ¿Cuáles son los procesos de socialización y significación que utiliza la empresa como sistema, para condicionar y orientar a los individuos en sus decisiones?
12. ¿Hasta qué punto podemos decir que las decisiones de conducción se toman con razón y sin razón, sin que ello se entienda como un desorden mental?
13. ¿Cuáles son los límites de los directivos cuando se trata de reunir y procesar información para enfrentar problemas complejos, y cómo intentan superarlos?
14. ¿Qué contenidos tienen los criterios de eficiencia y eficacia como bases de la elección racional en el proceso decisorio?
15. ¿Tener que decidir en situación de incertidumbre implica que el directivo no utiliza método alguno y sólo recurre a su opinión personal o creencias sobre el futuro?

Bibliografía

Argyris, C. y D. Schon, *Organizational Learning: a Theory of Action Perspective*, Addison-Wesley, Reading, MA, 1978.

Argyris, Chris, *Cómo vencer las barreras organizativas*, Díaz de Santos, Madrid, 1993.

Aubert, Nicole, *El coste de la excelencia*, Paidós, Barcelona, 1993.

Beer, Stafford, *The Managerial Cybernetics of Organization*, John Wiley & Sons, Toronto, 1987.

Etkin, Jorge, *La doble moral de las organizaciones. Los sistemas perversos*, McGraw-Hill, Madrid, 1997.

——, *La empresa competitiva. Su grandeza y decadencia*, McGraw-Hill, Chile, 1996.

Elster, Jon, *Ulises y las sirenas. Estudios sobre racionalidad e irracionalidad*, Fondo de Cultura Económica, México, 1995.

Habermas, Jurgen, *On the Logic of Social Sciences*, MIT Press, Cambridge, 1988.

Hurst, David, *Crisis y renovación. Cómo enfrentar el desafío del cambio*, Temas, Buenos Aires, 1998.

Langley, Alfred (ed.), "Opening up decision making: the view from the Black Stool", en *Organization Science*, Chicago, mayo-junio de 1995.

Le Mouel, Jacques, *Crítica de la eficacia. Ética, verdad y utopía*, Paidós, Buenos Aires, 1992.

Luckmann, Thomas, *Teoría de la acción social*, Paidós, Barcelona, 1996.

March, J. y H. Simon, *Teoría de la organización*, Ariel, Barcelona, 1961.

March, J. y M. Olsen, *Ambiguity and Choice in Organization*, Bergen, Londres, 1976.

Mintzberg, Henry, *Safari a la estrategia*, Granica, Buenos Aires, 2003.

Morgan, Gareth, *Imaginización*, Granica, Barcelona, 1999.

Nonaka, I. y H. Takeuchi, *La organización creadora de conocimiento*, Oxford University Press, México, 1999.

Pavesi, Pier, *Lo normativo, lo descriptivo y su conflicto en las praxiologías*, tesis doctoral, Facultad de Ciencias Económicas (UBA), Buenos Aires, 1994.

Quinn, James, *Estrategies for change. Logical incrementalism*, Richard Irwin, Nueva York, 1980.

Senge, Peter, *La quinta disciplina en la práctica*, Granica, Buenos Aires, 2005.

Shapiro, Eileen, *How Corporate Truths become Competitive Traps*, John Wiley & Sons, Nueva York, 1991.

Schvarstein, Leonardo, *Diseño de la organización. Tensiones y paradojas*, Paidós, Buenos Aires, 1998.

Wei Choo, Chun, *La organización inteligente*, Oxford University Press, México, 1998.

CAPÍTULO 7

EL SABER
DE LOS DIRECTIVOS

A. Conocimientos y creencias

1. Los contenidos de la comunicación directiva

El conocimiento del directivo sobre la organización se integra con distintos saberes: *a)* los conceptos que se refieren a la realidad vigente, que la describen y permiten definir y distinguir los elementos y procesos que la componen; *b)* los modelos que explican las relaciones entre las partes y el funcionamiento de la organización, y *c)* el conocimiento sobre los objetivos, las políticas, los proyectos y otros planes de futuro. Sobre la base de este conocimiento y de sus capacidades personales, el directivo atiende los problemas de la organización y moviliza sus recursos en el sentido de los proyectos y metas deseadas.

El componente visible, activo y racional de la dirección es su comportamiento decisorio, que se refiere a su actividad de definir objetivos y estrategias para el futuro y de fijar líneas de acción para atender los problemas de la actualidad. Los directivos definen y movilizan las actividades de los integrantes siguiendo criterios racionales como: *a)* la eficacia, en cuanto al logro de los objetivos y metas buscadas; *b)* la eficiencia, en cuanto a la productividad de los recursos utilizados, y *c)* la adaptabilidad, en cuanto a la relación con el medio ambiente.

Estos criterios de racionalidad se integran con otros factores que no son calculados o planeados, tales como las motivaciones, ilusiones, imágenes y fantasías de los individuos y grupos en la organización. La dirección debe integrar estos factores, objetivos y subjetivos, en el diagnóstico de la realidad y en la definición de nuevas líneas de acción. De manera que la decisión es una actitud de guía y de control, pero contiene elementos que poseen fuerza propia y que pueden desestabilizar la elección comunicada por el directivo.

La decisión es un proceso con distintos momentos, no es un acto único. Implica que el directivo ha tomado nota del problema (o define la realidad como tal), reflexiona y razona sobre la situación (considerando circunstancias, capacidades y propósitos) y elige un camino que finalmente comunica a sus interlocutores. La decisión es una expresión de voluntad, pero supone un análisis previo donde juegan múltiples factores que pueden exceder esa voluntad del directivo. Hay variables que controla y otras que lo superan.

Los directivos no pueden decidir suponiendo que los grupos tomarán sus mensajes y los entenderán solamente en función de los objetivos de la organización. Esos grupos tienen sus propias realidades internas y no responden en forma mecánica. Por lo tanto, los directivos no sólo deben conocer la tecnología sino también disponer de conceptos para explicar la realidad socio-cultural que intentan cambiar. Ellos deben estar en condiciones de conceptuar el estado de cosas, de conocer la realidad que están intentando cambiar. Ellos deben hacer un diagnóstico conociendo los principios que explican la organización como una compleja realidad social, cultural, económica y política. Hay en la decisión una voluntad de poder, pero también un riesgo y una posibilidad de resistencia.

De todos modos, la decisión es sólo uno de los elementos que hacen a la comunicación directiva. La dirección no se agota fijando el rumbo o ejerciendo el poder. Las decisiones pueden tener diversidad de mensajes, no sólo criterios y órdenes para la acción. El directivo no sólo transmite contenidos (comprar, vender, producir), sino que también puede fijar líneas para la acción, puede intentar persuadir, construir mensajes para reforzar su autoridad o mejorar la relación entre su gente. En la sección siguiente vamos a estudiar los alcances de la comunicación directiva y las dimensiones en que puede ser analizada.

2. Criterios: lo correcto, lo posible y lo deseable

En su acción comunicativa, el directivo puede intentar muchas cosas, y si queremos entenderlo, evaluar su eficacia o mejorar su comportamiento, necesitamos conocer esas posibilidades. En el mensaje de un directivo podemos hallar: *a)* un valor o deber ser, como una decisión para mejorar la equidad en las remuneraciones; *b)* un elemento necesario, que puede ser postergado o reprimido, pero no negado o ignorado, como hablar sobre las relaciones de afinidad o rechazo en los grupos primarios; *c)* un esquema técnico para coordinar los esfuerzos, como las estructuras por proyectos; *d)* una inferencia o un razonamiento, como hablar de los efectos esperados de una decisión, y *e)* afirmaciones que representan el sentido común, o un saber convencional (no demostrado), sin otro fundamento.

Estas distinciones nos permiten ubicarnos para evaluar una afirmación o un argumento en el marco de un estudio o un debate en el plano de la administración. Las comunicaciones pueden analizarse con distintos criterios. Evaluar si son correctas (por razones de lógica), eficaces (por sus efectos), reconocidas (por ser difundidas). Esto también implica reconocer si las bases de la comunicación están en el plano de lo racional, lo emocional o lo valorativo. La administración supone una base racional en las acciones, aunque no estamos diciendo que sea así.

Las comunicaciones de los directivos o los ejecutivos pueden presentar distintos fundamentos. Los receptores deberían saber si están en presencia de un hecho formal y organizacional (debería serlo) o si se trata de una actitud personal de los ejecutivos. Las bases del mensaje hacen que su contenido (una recomendación o guía) obligue o comprometa de distinta manera. Los mensajes no son igualmente legítimos, ni creíbles, ni deben ser aceptados por su sola enunciación porque hay un análisis que va más allá de los contenidos técnicos o profesionales específicos.

Existe un conocimiento macro que consiste en saber distinguir en la comunicación lo manifiesto de lo subyacente, entre lo discutible sin salirse del tema y lo que pertenece al contexto de la comunicación. Una cuestión es hablar sobre la eficiencia de un mecanismo de producción y otra es cuestionar los objetivos de esa comunicación, si el momento es el más adecuado o quiénes serán los responsables. No se trata de replantear la lógica, sino la necesidad de la propia acción. El análisis se refiere a la oportunidad, la pertinencia o la sincronía con otras decisiones. Insta a ubicar el problema en otro marco, espacial o temporal.

Otra problemática de los discursos en administración es que los expertos o directivos se refieren a un cierto modelo o forma de gestión como si fuera algo natural. Ellos suelen pensar que el modelo, por ser eficaz, también es sinónimo de consenso o de armonía con otras realidades en la organización. Que es funcional y una vez aplicado tenderá a mantenerse porque corresponde con "el orden de las cosas". En realidad, no se trata de elementos naturales o normales, sino de una estrategia o política de gestión. La intención es dar la impresión de que la afirmación no es discutible, que es "objetiva"; por ejemplo, decir que debido a la naturaleza de la relación laboral siempre hace falta ejercer el control, ofrecer incentivos o hacer presión para que los individuos mejoren su producción.

Hay propuestas directivas que se disfrazan de principios o leyes, como si sus bases estuvieran en la realidad externa a los directivos y no en función de sus propósitos. Desconocerlas sería como ignorar las fuerzas presentes y que influyen sobre los procesos reales. En este sentido, en un trabajo anterior (J. Etkin, 1996) hemos criticado esta confusión respecto de los conceptos de empresa competitiva, de la excelencia o el valor agregado, cuando se los trata como un estado de cosas, un orden que responde a principios inevitables. Además, se imagina que cuentan con un consenso porque son algo conocido y divulgado, como ocurre también con las ideas de supervivencia o la adaptación a los cambios en el entorno.

3. Las opiniones y el saber fundado

En el discurso directivo se habla de las estructuras, los procesos y los modelos como si "estuvieran ahí" y, por tanto, pudieran ser probados o confrontados; por ejemplo, se suele decir que la organización "es" un sistema de por sí, más allá de las estrategias directivas. En este sentido, se afirma que muchos problemas derivan de desconocer "esta realidad". Se corporiza como una entidad que representa una compleja red de relaciones e interacciones sociales. Se habla del *comportamiento* del sistema porque aprende, se adapta y sobrevive en un ambiente cambiante.

También se afirma que la empresa es una relación de fuerzas, un equilibrio entre aportes y demandas de los grupos componentes. Se la ve como un orden sostenido por reglas de juego acordadas y que se orienta al logro de objetivos compartidos. Es la idea del contrato social y del orden instituido por acuerdo de las partes. La dinámica de este acuerdo viene dada por los cambios en los fines, las demandas y las negociaciones entre las partes.

En todo caso, la intención del orador no es ofrecer hipótesis de trabajo o poner su conocimiento a prueba sino, de manera más directa, darnos información sobre la realidad de las organizaciones, para ilustrarnos, por ejemplo, sobre cuáles son los objetivos, los límites, los actores, o bien sobre las fuerzas que operan en la organización, que son esas, y no otras. Quizá no es tan grave hablar de fuerzas como los intentos de identificarlas y calificarlas de positivas o negativas, cohesivas o desintegradoras.

Debemos señalar que cuando el discurso califica los procesos, las estructuras o las fuerzas, implica que se está hablando de ellos desde ciertas posiciones (desde el lugar del proveedor, el sindicato, los inversionistas, los accionistas, los ejecutivos). En los hechos, los modelos de organización o de relación representan enfoques o suposiciones, que además son congruentes con las conveniencias (no declaradas) de ciertos grupos de opinión o de los intereses que sostienen al citado modelo. Esta máscara se atenúa cuando los voceros aclaran cuáles son sus preferencias o sus ideologías de base.

Distintos son los modelos de los investigadores que se construyen en el marco de un proyecto de investigación y siguiendo un método riguroso. En estos casos, los modelos tienen el sentido de una hipótesis de trabajo, una visión simplificada de las variables que actúan en un contexto elegido por el analista. Explica por qué las considera relevantes y señala a través del modelo cuál es la forma de relación que propone para esas variables, no como un hecho evidente, sino como una hipótesis sujeta a verificación o confirmación (que también es parte del proyecto). Los supuestos en estos casos se ponen de manifiesto y pueden ser objeto de discusión; por ejemplo, si es válido o no suponer los mercados en estado de competencia o la transparencia en las transacciones.

En este contexto, ¿qué significa decir que un modelo de gestión es efectivo? Quien lo dice sostiene que hay algo en la propuesta que la hace más eficaz que otras. Pero la respuesta es que a lo sumo ese modelo ha demostrado que funciona en ciertas condiciones y con ciertos recursos. En dicho marco es conveniente o da resultados, funciona. Pero también ser efectivo significa que los directivos comparten las prioridades que están en la base de un modelo de estructura o forma de conducción; por ejemplo, cuando hablamos del trabajo en equipo o la participación como modelo de gestión, esto tiene que ver con las necesidades de interacción social, el reconocimiento de los otros, la comunidad de ideas o los proyectos compartidos. También este modelo tiene sus condiciones, no es abstracto, y se hace efectivo en un ambiente de colaboración, no autoritario ni burocrático.

Entonces, cuando se habla de una organización *efectiva* no significa que debe reproducirse para obtener el mismo éxito, lo cual es ingenuo. Implica que debemos hacer un análisis comparativo para encontrar las semejanzas que permiten expandir el modelo. Pero la inteligencia del análisis también plantea la necesidad de evaluar las diferencias que hacen al modelo inaplicable fuera del lugar de referencia.

En el ámbito de una empresa (o un sector de la economía), la relación de fuerzas y el contexto de desocupación pueden hacer efectiva una forma de gestión que también es injusta o inequitativa (valores no considerados por ese modelo). Se sabe que esa forma "funciona", que es parte de las técnicas conocidas, pero es un saber relativo, un caso, no un principio o una forma generalizable. ¿Es suficiente para decir que forma parte del saber administrativo? Sí, como experiencia. Pero sólo nos informa que alguien lo hace de esa manera, con estos resultados. No que sea una necesidad o que puedan repetirse sus logros en otros ambientes.

4. Aspectos normativos del mensaje directivo

La administración suele reconocerse como una tecnología científica. Esto implica que sus contenidos se refieren a los caminos para alcanzar fines. La forma de expresión que se utiliza es la norma, la técnica, los instrumentos, el método de decidir. Y un camino puede ordenarse, pero también presentarse como algo que si se hace, lleva a ciertos resultados. Como explica P. Pavesi (1994), "las normas técnicas exponen medios para alcanzar fines pero pueden ser reemplazadas por enunciados descriptivos". Por ejemplo, la expresión *si la empresa quiere crecer debe maximizar su beneficio* tiene una forma normativa. Pero también puede decirse: *las empresas crecen cuando maximizan los beneficios*. Así parece que es verificable en los hechos.

Pero el interés de la administración no es someter sus conceptos a pruebas de validez lógica, sino lograr que esos conceptos sean comprensibles y útiles en la tarea de producir y prestar servicios. No basta con que las ideas se entiendan, sino que deben expresarse en instrucciones y ser aplicadas. En la bibliografía sobre administración, una explicación muy divulgada de la dirección dice que ella consiste en tomar decisiones y lograr que sean llevadas a cabo. Para ello, los directivos deben disponer no sólo del saber necesario, sino también de la capacidad de movilizar esfuerzos a través de los dispositivos del poder y la autoridad.

La comunicación directiva suele adoptar la forma, una norma, por ejemplo, una orden a los empleados, para que realicen ciertas actividades, tareas que a su vez se cumplen siguiendo ciertos procedimientos o reglas del arte. Es una prescripción, algo que a juicio de la dirección corresponde hacer en determinadas circunstancias. Los enunciados en el dominio de las tecnologías refieren al *cómo* y a las formas para pasar a la acción. No al *qué*, o a la naturaleza de las cosas. Las tecnologías que componen el discurso directivo no permiten predecir los comportamientos en el sentido que lo hacen las leyes generales. La dirección analiza los hechos para comprender, pero su propósito es actuar sobre la realidad.

Aun cuando se sustentan en el saber y en una lógica, las decisiones normativas (por ejemplo, las políticas de selección del personal) no se comunican como una teoría, sino como una expresión de la voluntad del directivo. No se entienden en el marco de los procesos naturales (como se entiende la lluvia), sino en el contexto de los objetivos y los intereses que movilizan la decisión. Y en ese sentido pueden ser correctas, pero no estrictamente verdaderas. También puede suceder que los gerentes no se preocupen por las teorías que avalan sus decisiones, sino por sus resultados. Esto no debe adjudicarse a su ignorancia, sino a la presión del entorno, que exige productos y servicios.

El ejercicio de la administración como un saber aplicado está más preocupado por la relación decisión-resultados que por la relación teoría científica-decisión fundada. Surge entonces una cuestión interesante para los profesionales: ¿qué es saber mucho en materia de dirección? ¿Se puede saber dirección sin conocer de organizaciones? ¿Cuánto puede durar en su cargo un administrador que explica en términos científicos las fallas de la empresa y su propia inoperancia? La administración construye conocimiento en el proceso de la decisión y la acción. En el campo del diagnóstico requiere del análisis y de las hipótesis fundadas, pero la administración no se agota en este campo.

Los directivos no actúan sobre un contexto pasivo; deben conocer sus principios y las leyes de funcionamiento, por ejemplo, sobre el comportamiento de los usuarios. De manera que necesitan un modelo de la realidad y de la organización en la cual trabajan. Pero estos modelos suelen estar mediatizados por la idea de obtener resultados, son modos de funcionamiento eficaces. Esto no quita que se obtengan conclusiones (probadas) de esos hechos; por ejemplo, que existen tendencias a la burocracia que surgen junto con el crecimiento, la aparición de líderes en los grupos, o que la motivación lleva a mayores grados de cohesión y producción.

Esto no implica que el saber analítico deba construirse en la organización, que no tenerlo es una desventaja operativa o una falla funcional, ya que ello condenaría a las pequeñas empresas. El conocimiento existe y puede ser tomado de quienes saben, incorporados por la vía de la educación, debatido y mejorado en la confirmación práctica. Al mismo tiempo, los directivos también deben aprender los límites a sus pretensiones de validez para sus instrucciones. Si alguien no las cumple, no está faltando a la verdad o negando las evidencias, sino más bien cuestionando las reglas de la relación laboral. Más adelante veremos cómo algunos ejecutivos tratan sus propuestas como "verdades demostradas", cuando sólo son guías que tuvieron éxito en determinadas circunstancias.

5. La objetividad y la subjetividad del directivo

Existe otro problema con las normas que se hacen seudodescripciones. Consiste en la omisión de las condiciones de origen, de los supuestos o el contexto en el cual tiene sentido la afirmación. Desaparece el sujeto emisor, el directivo que las define, las sostiene y las impulsa. Por esta vía, la norma adquiere un matiz de "objetividad" que en los hechos no siempre tiene. También se instala la errónea impresión de que no puede ser ignorada, que no existen alternativas.

Lo cierto es que aun partiendo de las mismas premisas (no declaradas) es posible encontrar mejores alternativas a la decisión, sin perder por ello eficacia en la acción (ni cuestionar los fines). Por ejemplo, incluso partiendo del principio por el cual es necesaria la adaptación a los cambios ambientales, de allí no se deriva que esa adaptación se logre necesariamente con la tercerización, con los contratos flexibles o la concentración de empresas (que son algunas de las recomendaciones del modelo competitivo).

Muchas veces la falta de explicitación de estos principios (que pueden ser legítimos o no) se disfraza con el manto de la mística, el "tener que creer", el compromiso con "la causa", el espíritu de cuerpo. Son llamadas a impulsar lo racional sobre una base emocional, aunque el fundamento ideológico no sea discutido; por ejemplo, cuando se llama a la exigencia personal, a entregarse a la empresa y luchar para vencer a los adversarios en el mercado. Esta cruzada se basa en intereses y propósitos no declarados, pero el discurso también intenta parecer lógico o racional al hacer referencia a las fuerzas de los mercados o las demandas de los clientes.

Frente a estos discursos que llaman al esfuerzo, surgen varias preguntas; por ejemplo: ¿por qué ser competitivos y no responsables o solidarios? Otra: ¿por qué la mística sirve a los beneficios de un grupo y no al sistema en su conjunto? No negamos la relevancia de una base ideológica que otorgue un apoyo conceptual a la decisión, la llamada *racionalidad sustancial* por J. Habermas (1988), distinta de la razón instrumental o tecnológica. Pero esa base de ideas o paradigma de la organización debería ser debatida y compartida, no sólo ser un componente ilusorio de la estrategia discursiva. La explicación basada en el "debemos hacerlo" o en el "funciona" no es suficiente para lograr el compromiso de individuos y grupos. También es importante el diálogo sobre los principios y las misiones de la organización (y su expresión pública).

La tendencia a ser objetivos y utilizar la comunicación normativa (directrices) también tiene que ver con la estrategia de no asumir compromisos, de tomar distancia con las situaciones de injusticia o desigualdad. El discurso o los argumentos tienden a la "sustantivación", para evitar problemas con los dilemas de la realidad concreta. En este sentido, J. Le Mouel (1992) señala: "decir la gerencia participativa, factor clave del éxito de la calidad total, evita otra expresión más comprometida como nuestra gerencia es (o puede ser) participativa y será el factor clave del éxito de la calidad que puede ser total". Al objetivar, la dirección no dice que impulsa algo, sólo declara sus ventajas. Los dichos parecen evidentes, sin demostración ni compromiso. La sustantivación de las expresiones intenta eludir cuestiones tales como: ¿puede ser participativa la gerencia?, ¿a qué acción concreta se refiere la calidad total?, ¿quién la va a llevar adelante?

6. Los esquemas y bloqueos mentales

Otro de los problemas con el conocimiento incorporado en las comunicaciones de la dirección son las zonas ciegas del propio emisor. Los ejecutivos se manejan con hipótesis que parecen obvias y operan como filtros que les impiden reconocer los hechos (o le dan "un" sesgo al significado). No estamos diciendo que los hechos sean independientes del observador o que estén "fuera". La preparación e imaginación del analista también son importantes. Hay una tendencia a entender lo nuevo en función de lo ya conocido, y esto constituye un bloqueo cuando el propio actor desconoce sus límites.

Los marcos siempre existen y ayudan a filtrar la complejidad de los datos en el ambiente. Pero también son peligrosos cuando operan como filtros únicos, cuando no admiten variedad en la mirada. Tal como decía A. Maslow, "cuando la única herramienta que se tiene es un martillo, se tiende a tratarlo todo como si fuera un clavo". En este sentido, se dice que la definición de la realidad es subjetiva. La actitud creativa requiere, por tanto, expandir estos marcos, para tener más de una explicación ante situaciones complejas (como una huelga). Un camino hacia esta expansión es la posibilidad de dar a luz o debatir los preconceptos que los gerentes suelen tomar como un hecho.

No es fácil reconocer los límites del propio pensamiento. Desde algún lugar (supuestos o prejuicios), el directivo hace sus observaciones y da sus argumentos. Por ser personal, suele ser un lugar aislado, y sus límites aparecen cuando hay que enfrentar un conflicto, una crisis o acontecimientos imprevistos. En el momento de la lectura o la escucha, estos bloqueos hacen que los directivos sólo acepten aquello que se amolda a sus expectativas y preferencias. A la hora de la elección llegan a desechar o preferir ciertos caminos con el argumento de que son los más racionales o eficaces. En realidad, son los que se entienden y traen menos problemas.

También como límites de las afirmaciones (y sus pretensiones de validez) operan los esquemas mentales subyacentes en individuos y grupos. Nos referimos a los modelos de pensamiento que están incorporados en la visión gerencial y no se discuten porque se consideran obvios (aunque hay realidades que los contradicen). Estos modelos no son confrontados con la realidad, sino que la realidad "es" cuando confirma dichos esquemas. Son ideas autocomplacientes; por ejemplo, sostener sin discusión que "tenemos toda la información necesaria", o "nuestra gente sabe lo que tiene que hacer", "tenemos el mejor producto", o "sabemos muy bien lo que quieren nuestros clientes".

En un sentido crítico, E. Shapiro (1991) llama a estas creencias *verdades indiscutibles*. Como tales son tomadas por la dirección cuando decide y emite sus comunicaciones. Están en la base del mensaje, lo hacen explicable o razonable. Sin embargo, también constituyen un saber cuestionable porque proviene de la tradición más que de la reflexión o el análisis. Representan un saber cristalizado en un ambiente cambiante. Quizá esas creencias fueron útiles en algún momento, pero no corresponden al estado actual de la organización y sus relaciones con el contexto. A medida que van perdiendo sustento, tales creencias pasan a sostenerse en el orden de lo simbólico en forma de mitos y leyendas.

Las creencias que perduran impulsadas por la rutina hacen perder contacto con la realidad o llevan a un solo modo de contactarse con ella. A decir del filósofo Emile Chartier, "nada es tan peligroso como tener una idea, en especial cuando se trata de una sola". Entonces, el conocimiento es movilizador cuando el mensaje no es irrefutable, sino que da la posibilidad de interpretarlo con sentido crítico, desde distintas perspectivas. Una gestión creativa requiere también renovar los elementos de juicio disponibles para discernir sobre la validez de las comunicaciones. En este tipo de gestión creativa hay mensajes directivos que se refieren al modo de entender la realidad y no sólo a cómo modificarla. Son mensajes que mejoran la comprensión en el análisis y las comunicaciones.

7. Lo implícito y la significación de los mensajes

Hemos visto que las afirmaciones se entienden en sus contextos, en su marco de referencia tanto en lo implícito como en lo declarado. Hablamos de *contexto* en el sentido de las relaciones de poder que acompañan al discurso, el ámbito sociocultural en que se produce la orden y también los supuestos sobre la organización, las imágenes previas del emisor que dan sentido a sus propuestas. Puede ocurrir que los directivos (apremiados por lo económico) entiendan la empresa como un sistema productivo orientado a fines y piensen en términos de una "máquina productiva". En este marco, los individuos y grupos deben acomodarse al flujo de los procesos de producción y sus conductas seguir el ritmo de la tecnología. Muchas otras imágenes pueden estar orientando las decisiones y ellas son un factor que permite diferenciar a los directivos y sus mensajes, tal como enseña G. Morgan (1999).

Esta imagen del sistema productivo no es necesaria o inevitable; es sólo posible. Pensar en términos de una máquina es razonar sólo en términos del producto. Es una visión limitada, porque la realidad demuestra que los sistemas sociales construyen sus propias condiciones de supervivencia, más allá de los programas; por ejemplo, las relaciones en las aulas no son las esperadas y esto no es un drama, sino un proceso comprensible, que permite superar el obstáculo de los programas convencionales de estudio. La idea de producción debe hacerse construcción e incluir no sólo los servicios finales (la atención médica en un hospital), sino también el ambiente de trabajo, las relaciones en grupos primarios y procesos de influencia (como los acuerdos informales y valores instituidos por los propios médicos).

Como vemos, la organización no sólo ni siempre es una construcción guiada por objetivos predefinidos. Los individuos y los grupos internos piensan en sus necesidades, pero no son engranajes de una máquina o partes pasivas de un sistema ("componentes"). Por tanto, actúan para cambiar dichos objetivos "externos". Intentan ser racionales, pero en sus propios términos y no sólo cumpliendo programas; por ejemplo, los médicos que ven el hospital como un espacio para adquirir experiencia y resonancia o atender a "sus pacientes"; o los médicos que no cumplen las normas burocráticas y sí cumplen con su responsabilidad. También de esta autoproducción o *producción de sí mismos*, en términos de S. Beer (1987), puede decirse que "funciona" y en los hechos sostiene y da continuidad a la organización.

Digamos que hay una imagen de los sistemas sociales viables, que viene a completar la mirada trivial de la máquina productiva o la imagen naturista de los organismos vivientes (pensar que la dirección es el cerebro de la empresa). La frase "los médicos, como parte del hospital, buscan mejorar la calidad de las prestaciones de salud", en la comunicación de un ejecutivo, está expresando una definición de política y también una realidad (que es la supuesta por el emisor). Pero de esta afirmación no puede inferirse que los médicos serán responsables en su tarea, que los incompetentes serán reemplazados (como engranajes) o que se adaptarán a los cambios ambientales (como órganos o células).

Si bien las imágenes no están sometidas a discusión, se encuentran presentes en la preparación de las directivas. Aunque no necesariamente se explicitan, se ponen de manifiesto en la orientación de las políticas (permisivas-represivas) y también en el orden de lo simbólico, en los ritos, las ceremonias, los mitos y las leyendas. La visión de la empresa como un lugar de cautiverio se expresa en el diseño de las oficinas, en los controles de ingreso y egreso, en los reglamentos de trabajo. Hay quienes piensan que los valores o las imágenes no son una cuestión de la administración. Pero también es cierto que hay un saber disponible que nos enseña que estas imágenes llevan a las crisis y los conflictos en las relaciones humanas. Ese saber sobre organizaciones, que no es instrumental o técnico, debe integrarse en el conocimiento sobre administración para sustentar e impulsar formas democráticas de gestión.

B. Imágenes y emociones

8. La influencia de los estados emocionales

En capítulos anteriores hemos visto cómo juegan factores que no son estrictamente racionales en las acciones de la organización. No como accidentes, sino como relaciones y procesos emocionales que se manifiestan en las actividades cotidianas de la organización. Nos referimos a factores como la ansiedad, las ilusiones, las motivaciones y los esquemas mentales expresados en el comportamiento de individuos y grupos en el marco de la organización. Los factores emocionales que se construyen en el plano de lo implícito se expresan e influyen en la toma de decisiones de conjunto.

Las actitudes no racionales (en términos de la organización) no equivalen a los actos que empiezan y terminan en un individuo en una sola situación. En ellas juegan imágenes y expectativas que se comparten en los grupos de trabajo. Por otro lado, también se relacionan con las políticas, las normas y procedimientos que son parte del orden establecido. Tiene que ver entonces con una interacción de factores humanos y estructurales. La importancia de estas actitudes es variable: pueden ser complementarias, integrarse, o bien operar en paralelo respecto de las políticas y estrategias directivas (además de influir en ellas).

Los procesos emocionales (como las ilusiones), los simbólicos (como los ritos y ceremonias) y los modelos mentales (como los prejuicios) no se entienden sólo como reacciones a la estructura oficial. Tienen que ver con las necesidades socioafectivas en el ambiente de trabajo. No se pueden manejar (aumentar o reducir) como si fueran un recurso de producción. No son variables controlables por la autoridad, como parte de una estrategia para alcanzar objetivos. Los individuos y los grupos no los adoptan por razones de conveniencia, sino que se construyen en la interacción cotidiana.

Vistas desde la dirección, las razones emocionales no pueden por sí solas (como argumento) convertirse en fuentes de una decisión empresarial. Se consideran como factores que forman parte del clima o el ambiente en el cual se toman las decisiones concretas de comprar, vender, invertir, producir, distribuir, etc. Desde la dirección, los motivos personales y las relaciones socioafectivas deben enmarcarse en los acuerdos y proyectos más generales de la organización. En términos del orden y la racionalidad buscados desde la dirección, esos factores deben articularse con las condiciones que plantea la continuidad de la organización en su conjunto.

9. Lo no intencional y los efectos colaterales

Una realidad que muestra los problemas de la racionalidad son los efectos indirectos y opuestos de las decisiones directivas; es decir, las consecuencias no deseables (pero reales) que una estrategia tiene sobre otras áreas de la organización, como las exigencias de producción que rompen la adhesión de los empleados hacia la empresa. Vista la organización en su conjunto, esto significa que el esquema decisorio de los directivos no es congruente porque los efectos se cruzan entre sí. No es un error, sino que tiene que ver con la multiplicidad de objetivos y criterios que no permiten disponer de un denominador común.

La multiplicidad de criterios no equivale al desorden o el descontrol. Es parte de la complejidad. Lo complejo implica que para el directivo no es posible avanzar por un camino razonable o actuar según lo acordado o lo planeado. Y esta situación se hace peligrosa cuando aparecen las oposiciones, que son algo más que las diferencias de criterios. La paradoja es que para actuar en forma racional el directivo debe desarmar algún proceso de la organización; por ejemplo, el modelo competitivo en lo interno hace que la lucha entre las unidades de negocio desestabilice a la organización o beneficie a terceros.

Estas oposiciones son un llamado de atención respecto del alcance de los esquemas racionales de decisión en la medida en que cierran caminos. Imponer un esquema lleva a la rutina e impide la creatividad. Estas limitaciones requieren salir de la relación de medios a fines y aplicar una mirada sistémica. Esto significa considerar las relaciones recíprocas entre funciones y objetivos, también encontrar algún criterio más elevado que permita evaluar y superar las oposiciones internas, y establecer una red de seguridad para cubrir las consecuencias no pensadas de las decisiones.

Los directivos, frente a resultados negativos o no intencionales de sus actos, como un conflicto en la fábrica o el cuestionamiento a la autoridad, pueden adoptar distintas posiciones. Algunos piensan que los grupos internos, con sus actos críticos o contrarios a los planes, "no saben lo que hacen" y en ese ambiente no se puede trabajar. Lo no previsto o impensado es tomado como un error o ausencia de programación. La desmotivación se trata como un factor contrario a la convivencia, ajeno al concepto de organización (que es la idea del orden), algo que está fallando, una cláusula del contrato laboral no cumplida.

Hay enfoques alternativos, menos dependientes de la idea del orden. Ante la realidad interna impensada, los ejecutivos también pueden decir que siempre están tomando decisiones en situación de riesgo o incertidumbre. Ellos proponen mejorar las bases de información y replantear los objetivos. Otros dirán que sencillamente algo ocurrió y no hay razones para que el problema se mantenga o regrese. Son "cosas que pasan", dicen, no porque suelen ocurrir, sino porque se van a diluir en el tiempo, carecen de entidad.

Los directivos más comprensivos afirmarán que los resultados se relacionan con un ambiente donde operan fuerzas complejas. Reconocerán que no todos los actores están preocupados por los fines de la organización. Que existen procesos que se "suponen" y simplifican a la hora de decidir y que tampoco son manejables desde lo alto de la pirámide. Aun cuando los directivos hayan seguido un método correcto, los esquemas racionales sólo tratan con una parte de la realidad. Hay espacios donde los modelos económicos no cuentan, donde predominan los lazos emocionales antes que los argumentos de la eficacia.

Frente a esta realidad, algunos estrategas advierten que si las empresas no se comportan en forma racional, tampoco pueden sobrevivir en un entorno agresivo, porque están en desventaja o porque no optimizan sus recursos ni coordinan sus actividades. Sostienen que la anticipación es vital, que la falta de previsión lleva hacia la ineficacia. Esto tiene sentido, pero no siempre es posible armar la pareja problema-decisión, porque en muchas organizaciones la ambigüedad y la incertidumbre suelen ser "constitutivas" y no un problema de estilo en la gestión directiva.

En particular, nos preocupa el fracaso de las empresas debido a la incapacidad de entender los procesos socioculturales, que son ignorados en el afán de privilegiar las normas de productividad. No basta entonces con tener un concepto ampliado de los criterios de eficiencia y eficacia porque ése sigue siendo un razonamiento unilateral. La propia complejidad del fenómeno requiere incorporar otra visión del sistema donde se combine el orden y el desorden, lo previsto y lo emergente. El peligro no es la coexistencia, sino la desproporción. Importa monitorear la magnitud de la brecha o la distancia entre la realidad y las metas de crecimiento.

10. La razón, la motivación y los impulsos

El actuar en forma racional y razonable es una apreciación relativa, porque las organizaciones no tienen un solo propósito final y único, de manera que una misma decisión impacta o moviliza varios objetivos a la vez, en forma directa e indirecta. La cuestión es que, aun cuando parece que los directivos se conducen en forma congruente, generan movimientos contradictorios. Sus decisiones son tanto funcionales como disfuncionales, correctas e incorrectas, según el marco de referencia o la prioridad. Esto ha llevado a que H. Simon (1947) en su clásica obra sobre el comportamiento administrativo propusiera cambiar el esquema racional de medios-a-fines por el modelo de las alternativas que generan diversidad de consecuencias e impactan a distintos objetivos.

Visto de esta manera, decidir no "soluciona" el problema complejo, sino que centra la atención en alguna de sus dimensiones críticas. Decidir implica resolver, pero también dejar pendientes o postergar otros problemas. Esto se explica refiriendo a la urgencia o el "orden de prioridades"; por ejemplo, cuando la empresa respalda a los supervisores, pero al mismo tiempo el gerente debe negociar con el sindicato para desplazar a los capataces demasiado exigentes. El gerente de crédito de un banco puede conceder un crédito a una tasa muy rentable para su banco, pero esa tasa hace que la operación sea difícil de cobrar (afecta el riesgo). O el caso del jefe de personal que incorpora empleados con baja remuneración para tareas de alta responsabilidad. Todo esto relativiza el criterio de racionalidad.

Es sabido que un directivo tiene que actuar en varios planos a la vez, pero no es tan reconocida la contradicción que ello conlleva. La imagen convencional refiere a un directivo que "compatibiliza" e "integra", pero la necesidad de flexibilidad, de diversidad y adaptación hace que él deba avanzar y retroceder al mismo tiempo. Incluso entrar en competencia con la propia organización, como ocurre con la creación de unidades de negocio cuasi autónomas. Y también aceptar trabajar en un ambiente de dudas en lugar de certezas. Debe hacerlo de manera profesional e inteligente, no intuitiva. Manejarse con categorías conceptuales, principios y prioridades, y no estrictamente con alternativas.

Esta realidad compleja puede llevar a una estrategia comunicacional desde la dirección, que E. Wrapp (1993) ha calificado como el *arte de la imprecisión*. Dicho autor afirma que "la habilidad de un administrador consiste en saber cómo dotar a la organización de un sentido de dirección sin tener jamás la necesidad de comprometerse públicamente con un conjunto específico de objetivos". De esta manera, la dirección intenta evitar que las dualidades (en las cuales ella incurre) se extiendan al resto de la organización. Sin embargo, esta actitud también es una nueva prueba de dualidad; por este camino, la dirección exige a los responsables que tomen medidas efectivas y concretas a partir de metas que son poco claras.

La complejidad no sólo se debe a factores emocionales, sino también a la diversidad de enfoques al interior de la organización. Es necesario superar los límites de la ideología funcionalista del *management* y de la racionalidad asociada a ella. En su obra sobre la gestión del conocimiento, W. Foppen (2000) destaca que la dirección debe abordar (y no soslayar) los problemas de la incompatibilidad de intereses y la presencia de factores que no son mensurables. "Las visiones puramente técnicas de la práctica del *management* no son especialmente morales o eficaces, ni aun dentro del propio modelo de organización racional." El autor afirma que debe superarse el enfoque técnico o funcional de la racionalidad y abordar los temas del poder y las emociones como factores importantes en el proceso directivo.

En el mencionado estudio se critica el funcionalismo porque "tiene una marcada preferencia por la unidad sobre la diversidad, por la armonía sobre el conflicto y también prefiere el orden al cambio continuo", de modo que una empresa inteligente debe pensar de otra forma. Para crecer en un ambiente cambiante se requiere disponer de una diversidad de enfoques al interior de la organización. Esto implica que una estrategia correcta puede incluir varios caminos enlazados, pero que no siempre se complementan. A esto se dedica la llamada *gestión de las diferencias desde la dirección*, enfoque que significa reconocer una mayor libertad de elegir y no sólo encadenar la decisión a una prioridad preexistente (los intereses creados).

En realidad, estos razonamientos corresponden a una teoría declarada de la organización, o sea, la que corresponde a un modelo "ordenado", que se arma a partir de los propósitos y objetivos predefinidos. Hemos tratado de explicar que el sistema no funciona siguiendo tal modelo, aunque lo intente. Su propia aplicación presenta dualidades y omite factores importantes. Para explicar, evaluar y promover las acciones de la organización se requiere una visión más amplia. Un enfoque que considere (y no como desvíos) los procesos que se dan en el dominio sociocultural, tales como los hábitos defensivos, las ideologías y las expectativas compartidas en grupos.

En términos de C. Argyris (1999), para entender y producir el cambio se requiere una teoría de la acción o de la conducción que contemple los procesos de aprendizaje "en" y "de" la organización. Una teoría que "explica cómo los individuos y los grupos abrazan la realidad para manejarse en forma efectiva y no sólo declarada... incluyendo la revisión de las ideas que se dan por sentadas". Se trata entonces de superar la brecha entre teoría declarada y los conceptos que llevan a la acción en lo cotidiano. Los nuevos conceptos en este enfoque integran una teoría normativa por cuanto no se refieren a una verdad objetiva, sino que sirven como marco de referencia para la acción. Conceptos que se aplican a situaciones donde juegan tanto las metas, la información y los recursos disponibles (aspectos racionales) como las actitudes y formas de pensar de los directivos (la significación).

11. La ambigüedad en la decisión directiva

La visión racional sostiene que el comportamiento de las organizaciones siempre es intencional, tiene un sentido o es guiado por un estado futuro deseado. El comportamiento está acotado por los límites de la realidad, que juegan cuando quien decide hace la "definición de la situación" en que debe actuar. Según March y Simon (1961), "los pasos que conducen a la definición particular que hace un actor incluyen un complejo entrelazado de procesos afectivos y de conocimiento". Es decir, lo que quiere y le satisface al directivo también influye en lo que ve. A su vez, lo que ve influye en lo que quiere y aquello que necesita. Desde esta teoría, la cuestión no es analizar los datos de la estructura que producen rechazo, sino cómo la estructura es una forma de adaptar a los individuos, de hacerlos previsibles.

El modelo basado en la decisión no habla solamente de la formulación de planes para después cumplirlos. En la teoría de la organización, lo racional se refiere a un comportamiento más amplio, que incluye la idea de reestablecer equilibrios cuando se pierden; por ejemplo, entre la capacidad de producción y el volumen de ventas. Lo racional refiere a: a) un comportamiento orientado al logro de ciertos objetivos predefinidos y conocidos por el conjunto, y b) las acciones destinadas a resolver problemas que surgen en la marcha de la organización y la desestabilizan. Y en este segundo punto se incluye atender las tensiones o diferencias que vienen de la coexistencia de fuerzas opuestas o no complementarias (y no sólo de objetivos o metas).

Pero aun siendo importantes como concepto explicativo y normativo, estas visiones de la decisión no son suficientes para explicar la dinámica de la organización. También operan factores no racionales

335

y procesos que cierran sobre sí mismos (se automantienen) y que no responden a la lógica de la eficiencia o la eficacia. Lo no racional incluye los procesos que tienen su propia explicación, que están vinculados con el "por qué" de las conductas y no con el "para qué", como las luchas por el poder, las motivaciones y expectativas compartidas por individuos y grupos, más allá de los programas de la organización.

Surge una pregunta: ¿cómo considerar las oposiciones que derivan de las propias políticas, decisiones o procedimientos que dicen ser racionales? Por ejemplo, la cuestión del "doble vínculo" o dualidad en las comunicaciones de la dirección. La empresa pide lealtad y esfuerzo creciente, pero al mismo tiempo ofrece un contrato laboral transitorio; ella no se compromete, no habla de estabilidad. O les pide a los jefes que se hagan cargo de su responsabilidad y asuman los riesgos necesarios, y al mismo tiempo los critica porque no consultan sus decisiones y no actúan en equipo.

La característica peligrosa de esta dualidad es que el individuo se equivoca cualquiera que sea el camino que elige. No por los costos de cada camino, sino porque siente que queda fuera del orden establecido. El resultado es vivir en estado de ansiedad y duda. En algunos casos, los individuos se enfrentan con la situación de tener que desobedecer (elegir caminos impensados) para lograr las metas de su sector. Siendo ordenados no son eficaces. Esto nos hace recordar las medidas de fuerza del personal que se basan en cumplir estrictamente los reglamentos y que llevan a la inoperancia de la empresa.

Quienes diseñan la organización o sus políticas saben que necesitan un entorno racional para coordinar los esfuerzos tras metas comunes. Pero no todo es previsible: hay un contexto incierto y una competencia agresiva, y no todas las acciones están bajo el control o la mirada del ejecutivo. De manera que junto a las políticas se requiere la adhesión o el compromiso del personal, algo más que las normas del contrato de trabajo. Por eso en los modelos de gestión competitiva se habla de la *adhesión* o *identificación del personal* (motivos personales), además de la autoridad y la remuneración. El discurso y las campañas de persuasión introducen al individuo en un mundo imaginario que se considera deseable.

Sin embargo, la estrategia de identificación puede enfrentarse con políticas que la contradicen. La dualidad consiste en la necesidad de la empresa competitiva de ajustar su planta de personal, reducir los costos, y pedir cada vez más esfuerzo a los individuos. De modo que en la organización se genera una brecha por la oposición entre la pasión y la razón, o entre la adhesión y la frustración. Esta realidad contradictoria confunde a los individuos y grupos, porque sienten que hay una ambivalencia, pero tampoco pueden salir de la trampa. Necesitan los recursos que les brinda el empleo en lo económico, y también satisfacer necesidades emocionales.

Aun cuando lo racional se refiere a metas concretas, como la productividad o los ingresos por ventas, el modelo competitivo requiere que tanto los directivos como su personal se apasionen por el proyecto y sus productos. Necesita que ellos crean en la excelencia, pero no tanto como para perder el juicio, y este es un juego que desgasta y lleva al desaliento. Como dice C. Aubert (1993): "la empresa tiene interés en generar y alimentar pero también en controlar la pasión que los individuos le dedican". Cuando la identificación es muy alta, el individuo siente que no puede separarse de la organización y sus acciones están condicionadas por el temor a equivocarse, punto en el cual la dirección tiene que volverlo a la realidad con nuevas exigencias y objetivos más altos.

12. Las relaciones socioafectivas

Visto desde el dominio de lo racional (pensado, programado), la dirección debe articular un ambiente donde no existan los desbordes o excesos emocionales. El desborde se refiere a que los individuos pueden convivir en un estado de fascinación o una actitud de contemplación que (para el modelo racional) son improductivos. Pero lo cierto es que ese clima tiene que ver con necesidades de los individuos y de los grupos. Y estos factores subjetivos también tienen una relación positiva con la energía y dedicación al trabajo. No pueden verse como algo anormal.

Cuando intentan desconocer la estructura socioafectiva (por ignorancia o desinterés), los directivos racionales se convierten en un "sistema generador de paradojas" para la organización. Lo hacen a través de sus mensajes contradictorios (instrucciones) que intentan controlar o dominar los comportamientos de sus colaboradores, al mismo tiempo que les piden una conducta imaginativa y creativa. En la teoría de la empresa competitiva, esta situación se disfraza bajo el concepto de la *tensión creativa*, o sea, la necesidad de los empleados de ponerse en movimiento continuo para resolver la sensación de la tarea incompleta, que se maneja desde la dirección.

Desde la posición de la dirección, las decisiones de cambio en los procesos implican una mejora, pero para los individuos ello no es evidente. Estas decisiones movilizan las expectativas y crean temores en el personal afectado. En lugar de razonar que ese cambio favorece el crecimiento, individuos y grupos pueden poner en marcha resistencias y mecanismos de defensa, tales como la regresión (el olvido) o la negación de la realidad cuando esta no es deseable. Esas defensas son lógicas o legítimas en términos de la situación que viven los individuos, que buscan protegerse.

Cuando se miran las resistencias desde el nivel de la organización en su conjunto, estas actitudes no parecen racionales. Se muestran como una oposición latente que enfrenta y detiene los cambios que la dirección considera necesarios (para todos). Esta diferencia de percepción según los niveles de análisis (racional desde un nivel, irracional desde otro) no es sólo materia opinable. Y tampoco una cuestión marginal, porque los mecanismos de defensa se hacen estructurales. Por su importancia, es una cuestión que debe ser entendida, explicitada y superada desde la dirección.

El modelo racional toma distancia respecto de las emociones y otras formas de la subjetividad social. Este intento de formalizar las relaciones también divide el comportamiento y crea una sensación de vacío en los individuos y grupos. Este enfoque que muestra lo simbólico como algo escindido de lo racional es particularmente incongruente en las organizaciones donde importan los compromisos personales y los lazos emocionales en el trabajo, como ocurre con una empresa familiar o unipersonal, un jardín de niños, una entidad cultural o una cooperativa de trabajo.

Las relaciones sociales y los lazos emocionales llevan a construir un espacio imaginario, que se identifica como el sistema psíquico de la organización. Un espacio en el cual se relacionan e interactúan (en forma estable) los procedimientos formales con las estructuras mentales. No son cuestiones personales, sino de expectativas, ilusiones o temores que se desarrollan en el marco de las estructuras de producción. Es decir, un sistema que se explica por la compleja relación entre las necesidades de los individuos y las demandas de la organización. P. Ansart (1977) se refiere a estas relaciones como una *estructura socioafectiva*. Este vínculo es esencial y la dirección falla cuando se aísla tomando decisiones puramente racionales.

La incongruencia o falta de integración entre factores emocionales y racionales es una fuente de continuos problemas para la dirección. Trabajar en un medio social con estas incongruencias suele llevar hacia los estilos neuróticos de conducción. Al respecto, De Vries y Miller (1993) advierten que los directivos con rasgos neuróticos buscan centralizar el poder y tienen una conducta inflexible e inapropiada. Esa rigidez limita su eficacia, ya que distorsiona su percepción de la gente y de la realidad. En este marco, y según la teoría de la organización, el directivo debe operar en forma racional, lo cual muchas veces es más una recomendación que una posibilidad.

Los estados emocionales pueden avanzar más allá de lo personal y afectar los aspectos formales de la organización, como el tipo de estructura, las políticas o las estrategias. Esto no es problema en la medida en que el estilo se complemente con la naturaleza de la organización o se adapte a las cambiantes demandas del contexto. Pero los excesos son disfuncionales a la salud de la organización; por ejemplo, un directivo que desarrolla rasgos paranoides, según De Vries y Miller, "tiene desconfianza hacia los demás, está listo para responder a las amenazas que lo persiguen y distorsiona la realidad circundante porque está más preocupado por confirmar sus sospechas". Está claro que esos directivos no verán nada anormal en sus conductas, orientadas hacia ciertos objetivos.

13. Los estilos integrados de gestión

El tema del estilo gerencial (y su contenido emocional) nos enseña que un directivo en apariencia racional en realidad también está aplicando sus visiones o fantasías, y que no puede dejar de hacerlo. Es cierto que la realidad pone límites a su interpretación: los clientes demandan servicios, los proveedores exigen que se cumplan los contratos y los inspectores vigilan que se paguen los impuestos. Pero los directivos no sólo actúan siguiendo metas. También tienen que resolver problemas, tensiones o diferencias (un conflicto laboral), y allí ellos significan la cuestión, a través de sus propios esquemas mentales (que incluyen sus temores e ilusiones). La elección final (la decisión) es racional, pero en la significación del problema han intervenido estados emocionales, congruentes o no con las metas de conjunto.

Para la estabilidad de la organización y la calidad de vida de sus miembros es importante que la dirección busque una razonable integración entre el mundo imaginario, el discurso oficial (la teoría declarada) y las decisiones racionales. Los ejecutivos enfrentan presiones muy fuertes y muy concretas del mercado, los proveedores y los clientes, que obligan a razonar en términos de costos, precios o productividad de los factores. En muchos casos, las fuerzas del mercado implican que a la dirección no le quedan tiempo ni recursos para descifrar y entender cuál es la compleja trama de creencias y significados que opera en los sentimientos que subyacen en los grupos. Entonces trata de no avanzar o inmiscuirse en dichos estados de ánimo, salvo que ellos desborden y afecten las metas de producción, financieras o comerciales.

Siguiendo los avances de la psicología cognitiva, los modelos de gestión se han orientado a considerar el peso de los procesos personales de percepción y entendimiento de los ejecutivos cuando toman sus decisiones. Tal como señala R. Benfari (1997), "los estados emocionales del directivo están críticamente relacionados con sus percepciones inmediatas... y ellos pueden construir sus propias versiones de una situación dada". Más aún, esas versiones confirman los prejuicios. No tiene sentido pensar en evitar dichos estados. Pero según los modelos de mejora en el desempeño de los directivos, hay técnicas para ayudar a dejar a un lado los esquemas mentales negativos y las creencias irracionales cuando se toman decisiones.

Desde los modelos de gestión se proponen varios caminos para superar los estados emocionales y así permitir una mejor lectura de la realidad por parte de los directivos. Esto implica el deseo de darle objetividad a la gestión; por ejemplo, la llamada *reestructuración cognitiva* que se basa en tomar conciencia de las propias ataduras. Esta reestructuración es más que un método para superar los bloqueos mentales o las formas de razonar. También refiere al contenido del razonamiento, intentando replantear las premisas y los prejuicios tradicionales, que reducen las alternativas de cambio.

Otro camino es instalar la llamada *tensión creativa*, de manera que las metas incumplidas sean un factor impulsor de las decisiones. El objetivo es que las ilusiones o esperanzas queden relegadas por la idea más concreta de una diferencia actual que debe ser resuelta. Es la sensación de una asignatura pendiente, donde la meta incumplida o la brecha en el desempeño pesa más que las motivaciones personales. En esas técnicas hay una fuerte dosis de voluntarismo, porque crear una tensión, sin ofrecer caminos para resolverla, es aumentar la ansiedad en la relación laboral. La idea de tensión plantea la necesidad de una exigencia sostenida.

En síntesis, los factores que hacen a la subjetividad del comportamiento no pueden expresarse en términos de costos y resultados. Las imágenes y razones emocionales no se construyen para mejorar la producción o las ventas. Como explicación, no tiene sentido hablar de los sentimientos o esperanzas que son más productivos o eficaces, porque esos factores tienen sus propios fundamentos, y sus resultados son emergentes, no buscados. Lo correcto es indagar por qué ciertas premisas se instalan en la base del comportamiento, ver cuánto hay en los estados emocionales de fuerza creativa y cuánto de actitud defensiva. Un modelo de gestión inteligente debe considerar tanto los procesos productivos como los procesos simbólicos y emocionales que hacen a la cohesión y la continuidad de la organización.

Resumen

Hemos visto las razones y sinrazones que están en la base de las decisiones directivas. La racionalidad se refiere a la relación entre las elecciones y los objetivos buscados. Ser razonable también significa que los directivos deben actuar pensando en las necesidades de la organización, en sus capacidades y posibilidades. Lo racional exige que el directivo, al detectar problemas y tomar decisiones, actúe con fundamentos aceptables, no con intuiciones o impulsos personales. Desde la mirada del orden racional, se espera que la apreciación del directivo (su lectura de la realidad) se base en el llamado *saber de fondo*. Este saber se refiere a las premisas o los supuestos que se conocen y se comparten en la organización. Es una referencia al saber intersubjetivo, que las partes aceptan como válido, que no se discute. En el otro extremo, cuando el directivo adopta una posición disruptiva (una "disonancia cognitiva"), también deberá tener razones para fundar su crítica a lo existente y la alternativa de cambio elegida.

Hemos analizado el peso relativo de los esquemas racionales sobre los estados y los procesos de la organización. Visto desde fuera, parecería que en un hospital todos sus integrantes están aplicados a la prestación de servicios de salud y preocupados por los enfermos, cada uno desde su posición profesional y con los recursos con que cuenta. Pero cuando miramos desde dentro y en profundidad, aparece la influencia de otros factores, como los socioemocionales, las divergencias en los propios fines grupales, el peso de la trama política o los juegos de poder internos. Estos factores no ocurren ni son planteados pensando en los objetivos de la organización o en la optimización de sus recursos. Existen y sin embargo el resultado no es el caos o el desorden. La frase *tomar decisiones* es como pedir a los ejecutivos que actúen en forma calculada y eficaz. En los hechos, en un ambiente exigente, inestable e incierto, ellos no son máquinas de pensar, sino que hacen lo que pueden tratando de preservar sus espacios de poder en la organización. Vistas desde fuera, sus decisiones son desconcertantes para quienes piensan que ellas están guiadas por los objetivos de la organización.

El proceso decisorio como explicación del rumbo y los cambios de la organización incluye: *a)* un proceso reflexivo, razonado y conectado con las demandas ambientales (una actitud estratégica), y *b)* una toma de posición y una capacidad de movilizar los recursos para mejorar el desempeño de la organización (una actitud proactiva). En este proceso se conjugan factores racionales, vinculados con el método de elección, y otros factores que son personales, asociados con la idoneidad del directivo, su capacidad de hacer un diagnóstico inteligente de los problemas actuales y su visión del futuro. Que un directivo tome decisiones muestra su voluntad de superar un problema o su capacidad para pasar a la acción. Pero el concepto de decisión es importante cuando se refiere a la innovación y no a los actos rutinarios. El concepto puede utilizarse para cubrir las apariencias, cuando la decisión consiste en aceptar algo que es inevitable. En la burocracia, la voluntad manifiesta de cumplir con las normas es también el deseo de dejar las cosas como están. En la evaluación de la decisión es posible separar entre el discurso racionalizador (la imagen proyectada), los contenidos reales (el cambio producido) y las razones de fondo que mueven al directivo.

Los modelos racionales de conducción, como los basados en el esquema de costo-beneficio, marginan del proceso decisorio a los factores subjetivos, como las formas de significación, y los procesos emocionales y afectivos. Puesto que esos factores no pueden negarse, desde la conducción se trata de ponerlos bajo control utilizando estrategias que abarcan desde la selección y socialización de los integrantes hasta el sistema de recompensas y castigos. Para ellos, motivar no es atender las necesidades individuales, sino inducir el compromiso o la adhesión mediante el discurso persuasivo y los reconocimientos simbólicos. Se busca promover una actitud o estado de ánimo colaborativo para mejorar la calidad de las decisiones de los individuos, en particular ante situaciones no programadas. El modelo racional-mecanicista de conducción no es transparente y sólo considera la motivación por su relación con la productividad, buscando que las actitudes individuales sean funcionales a los fines de la organización.

Cuando los gerentes creativos quieren transformar el estatus vigente deben tener cuidado (en lugar de cumplir) con las normas que establecen lo correcto, porque esas normas suelen ser un obstáculo a las nuevas ideas. La aplicación de normas racionales permite salvar las apariencias, pero también puede llevar a una lenta agonía, sin señales que adviertan el peligro de la inadaptación. No todos los gerentes tienen una disposición creativa, porque su interés puede consistir en dejar las cosas como están. Los límites a la decisión como proceso innovador también tienen que ver con la influencia de los modelos o esquemas mentales, tanto individuales como de conjunto. El predominio de los modelos por sobre el análisis de las particularidades de los problemas, la tendencia a simplificar y reproducir lo ya conocido, son hechos que vienen a romper el mito del ejecutivo que decide.

Otro de los problemas de la racionalidad son los efectos indirectos y no controlables de las decisiones directivas. Es decir, las consecuencias no deseables (pero reales) que una estrategia tiene fuera de su área de aplicación, como las exigencias de producción que rompen la adhesión de los empleados hacia la empresa. O la pérdida de creatividad que conlleva la programación de las decisiones o la burocracia e ineficiencia derivadas del aumento en los controles y las regulaciones. Hay oposiciones que surgen de las propias políticas, decisiones o procedimientos que dicen ser racionales; por ejemplo, la cuestión del "doble vínculo" o dualidad en las comunicaciones de la dirección. La empresa pide lealtad y esfuerzo creciente, pero al mismo tiempo disminuye la estabilidad de los empleados en los contratos de trabajo. El peligro de esta dualidad es que los individuos sienten que se equivocan, cualquiera que sea el camino que ellos elijan. En algunos casos, se enfrentan con la situación de tener que desobedecer (elegir caminos impensados) para lograr las metas de su sector. Siendo ordenados no son eficaces.

La falta de consideración e integración de los factores sociales y emocionales con los elementos racionales en los procesos de decisión es una fuente de dilemas para la dirección. Los ejecutivos enfrentan presiones muy fuertes de los mercados que los obligan a razonar en términos de costos, ingresos o productividad de los factores. A la dirección no le queda tiempo ni capacidad para considerar la compleja trama de imágenes y creencias que están en la base de los comportamientos. Trabajar en una organización con estas incongruencias suele llevar hacia los estilos neuróticos de conducción. Los directivos con estos rasgos buscan centralizar el poder y tienen una conducta inflexible e inapropiada. El énfasis en las conductas racionales y la creciente programación de las actividades, que parecen correctos en términos técnicos, también tienen efectos disfuncionales porque restan flexibilidad y creatividad a la organización. Un estilo integrado de gestión requiere adecuados márgenes de libertad para el personal. También considerar la estructura socioafectiva y los espacios imaginarios que los grupos construyen en la organización e influyen en su apreciación de lo razonable y lo deseable cuando ellos participan del proceso decisorio.

Cuestionario

1. ¿Qué significa decir que los ejecutivos, para decidir en forma correcta, deben guiarse por factores e indicadores objetivos?

2. ¿Hay formas de evitar que los ejecutivos apliquen en sus elecciones los prejuicios que provienen de sus propios bloqueos mentales?

3. ¿En qué sentido una decisión es racional cuando quien elige también se guía por creencias y valores de orden social, que se toman como dados, sin analizarlos?

4. ¿Qué significa decir que la organización *decide*, cuando en los hechos son las personas quienes plantean y adoptan los caminos por seguir?

5. ¿Qué ejemplos puede dar respecto de la presencia del saber fundado junto con las opiniones e imágenes en la toma de decisiones que se consideran razonables?

6. ¿Qué significa que los directivos en la realidad no deciden como enseñan los libros, pero ello es incorrecto y no debe tomarse como referencia para aprender a decidir?
7. ¿Qué sentido tiene explicar una decisión después de ser aplicada, escuchando los fines que el ejecutivo dice haber perseguido?
8. ¿Qué significa que las estrategias discursivas pueden seguir un camino distinto de las decisiones estratégicas que la dirección pone en marcha en la realidad?
9. ¿Los estados emocionales deben considerarse como una amenaza para la corrección del proceso decisorio, o son un elemento que moviliza las nuevas ideas?
10. ¿Hasta dónde la experiencia es un argumento para tomar decisiones racionales?
11. ¿Llamar *estructurado* o *esquemático* a un proceso decisorio es una forma de marcar sus deficiencias o se refiere al tipo de situaciones que la decisión viene a resolver?
12. Las decisiones que vienen a poner orden en las cosas, ¿hasta qué punto ayudan a la organización y hasta dónde son un límite para las actitudes innovadoras?
13. ¿Cómo se cubre la organización de los efectos colaterales o consecuencias no pensadas de las decisiones que parecen ser racionales?
14. ¿Por qué en ciertas organizaciones los gerentes eligen siguiendo pautas formales y en otras se conducen utilizando su criterio y de acuerdo con la situación?
15. ¿Qué recursos y capacidades se articulan en el estilo integrado de gestión?

Bibliografía

Ansart, Pierre, *Ideologies, Conflits et Pouvoir*, PUF, París, 1977.
Argyris, Chris, *Conocimiento para la acción. Guía para superar los obstáculos del cambio en la organización*, Granica, Barcelona, 1999.
——, *Cómo vencer las barreras organizativas*, Díaz de Santos, Madrid, 1993.
Aubert, Claude, *El coste de la excelencia*, Paidós, Barcelona, 1993.
Beer, Stafford, *The Managerial Cybernetics of Organization*, John Wiley & Sons, Toronto, 1987.

Benfari, Robert, *Cambiando el estilo de gestión*, Paidós, Buenos Aires, 1997.

Choo, Chun Wei, *La organización inteligente*, Oxford University Press, México, 1998.

De Geus, Arie, *La empresa viviente*, Granica, Buenos Aires, 1998.

De Vries, K. y D. Miller, *La organización neurótica*, Apóstrofe, Barcelona, 1993.

Etkin, Jorge, *La empresa competitiva, su grandeza y decadencia*, McGraw-Hill, Chile, 1996.

Fopen, Will J., "El liderazgo del conocimiento", en: *Management del siglo XXI*, Pearson, Madrid, 2000.

Habermas, Jurgen, *Teoría de la acción comunicativa*, Taurus, Buenos Aires, 1989.

Hurst, David, *Crisis y renovación. Cómo enfrentar el desafío del cambio*, Temas, Buenos Aires, 1998.

Langley, Alfred (ed.), "Opening up decision making: the view from the Black Stool", en *Organization Science*, Chicago, mayo-junio de 1995.

Le Mouel, Jacques, *Crítica de la eficacia. Ética, verdad y utopía*, Paidós, Buenos Aires, 1992.

Luckmann, Thomas, *Teoría de la acción social*, Paidós, Barcelona, 1996.

March, J. y M. Olsen, *Ambiguity and Choice in Organization*, Bergen, Londres, 1976.

——, y H. Simon, *Teoría de la organización*, Ariel, Barcelona, 1961.

Maslow, Abraham, *Motivation and Personality*, Harper & Row, Nueva York, 1970.

Mintzberg, Henry, *Safari a la estrategia*, Granica, Buenos Aires, 2003.

Morgan, Gareth, *Imaginización*, Granica, Barcelona, 1999.

Nonaka, I. y H. Takeuchi, *La organización creadora de conocimiento*, Oxford University Press, México, 1999.

Pavesi, Pier, *Lo normativo, lo descriptivo y su conflicto en las praxiologías*, tesis doctoral, Facultad de Ciencias Económicas (UBA), Buenos Aires, 1994.

Quinn, James, *Estrategies for Change. Logical Incrementalism*, Richard Irwin, Nueva York, 1980.

Senge, Peter, *La quinta disciplina en la práctica*, Granica, Buenos Aires, 2005.

Shapiro, Eileen, *How Corporate Truths become Competitive Traps*, John Wiley & Sons, Nueva York, 1991.

Simon, Herbert, *El comportamiento administrativo*, Aguilar, Madrid, 1947.

Wrapp, Edward, "Los buenos administradores no participan en política", en H. Mintzberg, *El proceso estratégico*, Prentice-Hall, México, 1993.

CAPÍTULO 8

EL DISCURSO DIRECTIVO

A. Las formas de expresión

1. La comunidad discursiva

La organización es posible en la medida en que sus integrantes tienen ideas y conocimientos que son conocidos y compartidos. Hay un saber establecido sobre las funciones y decisiones de los integrantes, saber al que nos hemos referido en los capítulos sobre objetivos, políticas y estrategias. La organización establece criterios para entender qué ocurre y qué es lo deseable en términos de los objetivos del conjunto y no de los fines individuales. A estas formas en la práctica se agrega el conocimiento que deviene de las pautas culturales. Esto no implica que todos los integrantes piensen igual, sino que hay un acuerdo y un conocimiento mínimo que hace factible y orienta a la organización.

Mediante las comunicaciones, la organización establece los contenidos de las actividades y sus relaciones; por ejemplo, por medio de los manuales de organización y las bases de datos que los integrantes deben consultar para tomar decisiones. Pero también hay una definición en el plano de los modos y medios de expresión. Los directivos suelen afirmar que en la empresa "todos debemos hablar el mismo idioma". Esto se refiere a que: *a)* los integrantes deben disponer de una forma compartida de referirse y calificar los mismos hechos y relaciones cotidianas, y *b)* debe existir una interpretación aceptada acerca de lo importante y lo deseable en la organización.

Esta búsqueda de poner en sintonía a diferentes grupos a través de las formas de expresión (en lo manifiesto) y de los sentidos compartidos (en lo subyacente), es una condición para que exista coordinación entre las actividades, no es algo opcional. Pero también este proceso de identificación y asignación de sentidos tiene su intencionalidad. Aquello que los mensajes "quieren decir" no es sólo una cuestión técnica, no se resuelve con un diccionario, porque también hay una intencionalidad en la comunicación, un intento de producir sentidos que orienten a los receptores.

El sentido o "querer decir" de los mensajes deriva de una estrategia directiva por la cual se establecen las interpretaciones y orientaciones deseadas desde la conducción, que necesariamente se conjuga con las posiciones del receptor; por ejemplo, la estrategia de comunicación lleva a pensar "de esto no se habla" (el acceso al poder), y esto otro "es lo más importante" (la productividad). En el discurso directivo hay información, argumentos y también una producción de sentido que instala ciertos temas como prioritarios, al tiempo que otras temáticas son postergadas.

El esquema *a priori* de las comunicaciones no es rígido, sino que tiene un mecanismo de actualización en la propia organización. El lenguaje es afectado tanto por los cambios culturales en el entorno como por la dinámica de la organización; por ejemplo, las nuevas tecnologías de información y producción irrumpen con sus propios códigos y los sentidos asociados a esas técnicas. En la dinámica también juegan los acontecimientos, tales como una fusión de empresas o la expansión hacia nuevos mercados. Son hechos que llevan a incorporar nuevas denominaciones (en lo literal) y significados (en lo connotado). Las nuevas formas y medios de expresión y comunicación son una base para la cohesión, pero también un recurso por cuyo control se enfrentan diferentes grupos en la organización.

En la realidad organizacional actúan diversas fuerzas e intereses, internos y externos, de manera que no todo es manejable o previsible. Pero la continuidad del sistema (con sus crisis y diferencias) requiere que los actores dispongan de un saber y formas de significación que permitan tanto el entendimiento como la actividad conjunta. El acuerdo se refiere a las funciones de los integrantes y los recursos que manejan, pero también al diálogo, las instrucciones y otras formas de comunicación. En el plano de las relaciones, una organización en marcha implica la existencia de lenguaje, símbolos, señales e indicadores que son reconocidos y utilizados por los integrantes en sus procesos de significación y en la transmisión de mensajes.

Es importante que estas convenciones no sean impuestas, sino aceptadas, porque de lo contrario aparecen las dualidades en la comunicación, los mensajes y canales paralelos. O sea, una red oficial y otra "alternativa". En términos de R. Barthes (1990), la organización requiere un "contrato significante", con reglas de comunicación conocidas y aceptadas. Se habla de *contrato* porque no puede desconocerse, aunque no todos los individuos o grupos internos están en igualdad de condiciones para criticarlo o modificarlo. Para quienes ingresan y permanecen en la organización, las formas y los sentidos de los mensajes son un aspecto de la estructura establecida y parte de los procesos de socialización; por ejemplo, en cierta empresa se sabe que los errores son causa de sanción (no se perdonan), que disponer de una oficina es un símbolo de estatus o que las señales de lealtad son premiadas por los jefes.

Este conocimiento y expectativas compartidos por los individuos en tanto componentes de una misma organización derivan en la llamada *comunidad discursiva* respecto de objetivos o proyectos conjuntos. El concepto de comunidad se refiere a la existencia de "un conjunto de actores que persigue una agenda específica y que a través de un vocabulario conocido y mediante la comunicación, desarrolla un discurso común alrededor de los temas de la agenda y de las reglas de interacción para cumplir dichos temas" (Ackerman y Berkenkotter, 1991). De manera que puede hablarse de un contrato o pautas iniciales, pero esos códigos no son para siempre, y también son producto de las cambiantes relaciones en la organización.

La comunidad discursiva legitima, hace comprensibles y da credibilidad a las acciones de los integrantes. Es un espacio (conocimiento) donde los participantes adquieren elementos para identificarse como miembros de la organización. A esa comunidad discursiva se refieren los individuos cuando afirman que "ésta es la forma de expresar y entender las cosas aquí". Detrás de esta frase hay una afirmación, pero también puede implicar una crítica a la rigidez de las pautas o imágenes vigentes. Así como puede darse una crisis de normas y de valores, también en el plano de las comunicaciones ocurren las crisis de significación.

El lenguaje no sólo se refiere a los códigos, vocabularios o diccionarios utilizables para expresar ideas y realidades. Las definiciones también condicionan, encauzan o ponen límites a las interpretaciones posibles o normales dentro de la organización; por ejemplo, cuando no hay posibilidad de relacionar el desorden con hechos positivos o constructivos. Así, en los códigos de una empresa el desorden es definido como negativo, y quienes lo promueven son "transgresores". La calificación está asociada con un sistema de sanciones y recompensas. En un colegio militar, una orden se entiende como parte normal del rol de un superior y de una relación jerárquica, cosa que no ocurriría entre los profesionales (pares) que colaboran en un proyecto dentro de un centro de investigaciones.

La organización puede verse como una relación de fuerzas, como un conjunto de actividades, como una forma eficaz de producción y también como una red de comunicaciones y espacio de significación compartido. Estas diferentes visiones no son aisladas. Por ejemplo, las relaciones de poder no sólo se refieren al control sobre los recursos, sino también a la posibilidad de que ciertos grupos tienen de influir sobre el lenguaje que se considera legítimo, de controlar los medios de comunicación o de darles sentido a los hechos en la organización. La organización no sólo articula las tareas sino que las influencia y orienta, en congruencia con ciertos intereses dominantes o bien de acuerdo con la ideología de la dirección.

En la organización hay una condición y una necesidad de disponer de códigos compartidos para describir la realidad y comunicar ideas. Pero también el lenguaje, los símbolos y sus connotaciones son elementos vitales en la formación de imágenes y en las estrategias de persuasión desde la dirección. No sólo el informar, sino el hacer creer. De manera que una "comunidad discursiva" es una definición de signos y conceptos, pero también refleja la racionalidad dominante en la organización. Muestra el intento de sostener una forma de pensar y de darles una cierta significación a los hechos. Esta es la temática que desarrollamos en las secciones siguientes.

2. Los juegos del lenguaje

Vamos a referirnos a las diferencias entre discurso y práctica en la organización, tanto en su medio interno como respecto de su entorno. Diferencias que ocurren no por error o accidente, sino aprovechando las características del lenguaje. Nos referimos a la posibilidad de armar explicaciones y propuestas sobre algo inexistente o no realizable. Es decir, la posibilidad de sostener una afirmación incorrecta mediante argumentos que respetan los códigos existentes. Esta situación se contradice con la importancia de mantener el valor de la palabra en la relación con los integrantes (mensajes referidos a las remuneraciones) y con los actores externos (mensajes sobre la calidad de los servicios).

Estamos aludiendo al peligroso intento de resolver en la palabra aquello que no se cumple en los hechos, a pesar de que existe un contrato o compromiso de por medio. Como si la expresión fuera en sí misma un producto suficiente y una forma de legitimar los incumplimientos. Veamos algunos ejemplos sencillos. Ingresamos a un hospital que dice ser de excelencia, pero los servicios que recibimos resultan mediocres. Los médicos y las enfermeras nos tranquilizan diciendo que hacen todo lo que pueden (que es poco). Llegamos al aeropuerto para embarcar en el avión de una empresa que dice respetar al cliente, pero el vuelo se demora. Nos recompensan con una explicación tardía. Un profesional se incorpora a una empresa que ofrece un cargo estable y una carrera atractiva. Él viene a reemplazar a un colega a quien en su momento le habían ofrecido lo mismo: ¿qué ha cambiado y qué hace más creíble a la nueva oferta?

Nuestra intención es salir de la cuestión anecdótica para ver qué hay de estructural en estas situaciones y qué podemos aprender en términos de la gestión de organizaciones. No es tanto hablar de la falsedad o la mala intención como del proceso por el cual "se vacuna" a los consumidores y otros actores del modelo. La idea es que la contraparte acepte la brecha entre lo declarado y lo actuado como algo posible y no como una deuda o un incumplimiento. El problema es que los costos no son parejos; hay una situación de desigualdad a favor del hablante (promotor, vocero, predicador, oferente, vendedor, publicista, directivo). En estas relaciones hay un intento de manejar en el plano de la comunicación aquello que se niega en los hechos.

Tal como ha escrito C. Debashis (2001), "las palabras son las fabricantes de la realidad material de nuestro mundo. Sin las palabras es imposible imaginar las organizaciones altamente especializadas del mundo moderno. Palabras como *capital, propiedad, objetivos, gestión, clientes* y *comunicación* constituyen la estructura discursiva de la organización". Esa estructura discursiva se puede articular con distintos fines, tanto para expresar las intenciones y decisiones como para disimularlas. Más aún, se puede dotar a las palabras de un significado más rico o bien se las puede vaciar de significado. "Las empresas dicen más y significan menos, porque todo se reduce a significar en términos de rentabilidad, de eficiencia y eficacia."

Respecto de estas diferencias entre el decir y el hacer, desde el modelo competitivo se suele afirmar que "nada es perfecto y son cosas que pasan". Pero esto es desviar la atención desde la falla en la decisión (reducir la calidad ofrecida) hacia el tema de la imprevisión en un contexto cambiante. Nos preocupa que por razones de estrategia o de política, el propio comportamiento de las empresas lleva hacia el doble discurso. Son como accidentes de carácter normal. Y la cuestión metodológica es que la maniobra con el discurso termina por poner en tela de juicio el sentido del lenguaje o la propia comunicación. Usando la metáfora de la moneda, sería como abandonar la medida de valor utilizada para las transacciones (en nuestro caso, las comunicaciones) y pasar al trueque (de información).

Otros analistas del modelo empresarial sostienen, a modo de consuelo, que "son los costos por pagar" porque los procesos son complejos. Está bien, pero ¿por qué siempre son los mismos quienes sufren o deben pagar? ¿Por qué el discurso de la remuneración acorde con el esfuerzo termina con un sueldo reducido? La retórica no opera en contra de los predicadores sino de los ciudadanos, clientes, usuarios o proveedores. La estrategia discursiva se instala según la idea de: "digamos lo que corresponde, hagamos nuestra conveniencia". En el mundo de los negocios, muchos quieren cobrar por lo que ellos mismos dicen que valen.

En muchos aspectos somos parte de un sistema que sólo opera en el plano de las apariencias, con productos y servicios que existen en el dominio del lenguaje. Compramos una revista por su título atractivo, pero al leerla vemos que en su interior habla de otra cosa. Dejamos de comprarla, pero eso no afecta su circulación. Finalmente comprendemos que los títulos son para "llamar la atención". Deberíamos saberlo desde el momento en que compramos un refrigerador creyendo en las virtudes que relataba el anuncio publicitario.

Estamos haciendo referencia a situaciones diversas, en contextos también distintos. Pero en un mundo de imágenes y significaciones, donde la meta es posicionarse en la decisión del cliente, suele existir un común denominador: se habla de lo que no es. No por error sino porque es posible, está en las reglas de juego. Ese mundo de las palabras no corresponde a la realidad, por ignorancia o bien por incapacidad. También por la intención de ocultar o disimular un producto de menor calidad. Es más que la ineficiencia o los malos servicios. Hay una sociedad que reclama, pero también hay silencio frente a la organización aparente.

Con el tiempo, las desviaciones indeseables que estamos comentando se hacen cultura en la organización. Los directivos y empleados utilizan, y nosotros como clientes escuchamos, un discurso ilusorio que simula una realidad inexistente. Los empleados con un contrato temporal y sueldo mínimo hablan de *nuestra empresa*. La dualidad también se manifiesta en la utilización de mensajes opuestos. Los directivos predican el pensamiento innovador, pero al mismo tiempo piden que se respete el orden y no se cuestione la autoridad instituida.

No es sólo mala praxis de la empresa, sus directivos o voceros. Es decir lo que corresponde, el hablar de un modo razonable, aunque también se sabe que ese modo no corresponde estrictamente al mundo de las acciones. Los dichos no responden a una intención de engaño, se trata de un juego lingüístico, un rito o ceremonia vinculada al uso de las palabras. Se supone que quien escucha, también está en condiciones de entender la diferencia entre discurso y realidad. No mienten el consultor, ejecutivo, vocero, anunciante, referente, predicador, ideólogo o experto cuando hablan de excelencia o calidad total. La preocupación es más por la expresión, por el "hablar la misma lengua" que por pensar del mismo modo.

Al hablar de apariencias no me refiero a los ideales que movilizan a las partes de la empresa. No hay nada condenable en las ilusiones o fantasías que surgen de forma natural en la interacción social. El tema son los límites para lograr una actividad de conjunto y los aportes intencionales a ese imaginario social. Nos preocupan las estrategias que se mueven detrás de las apariencias, la relación racional-irracional que pretende la dirección, y esto ocurre tanto en el plano del pensar como del decir y el hacer, aunque nuestra atención ahora está puesta en las formas de expresión, en el manejo de los aspectos literales y las connotaciones en la comunicación directiva.

Tomando distancia de los hechos, hay una clase de directivos (no todos) que buscan ejercitar sus poderes como gurúes y predicadores para lograr fines económicos. Ellos convocan a participar en la danza de la lluvia, y si el agua no aparece acusan a su gente de falta de voluntad y de no respetar la coreografía. Si las cosas no cambian es por error de los empleados, porque no interpretan la danza de manera correcta frente al proveedor o al cliente. En la metáfora del mensaje, cuando la acción trae malas noticias no se pone en duda la validez de las decisiones directivas, sino que se dispone despedir al mensajero.

3. El decir y hacer "como si"

Las formas desleales en la comunicación no son una condición necesaria en una relación o transacción económica, dentro y fuera de la organización. O sea, no debemos caer en una generalización indebida y pensar que se busca la veracidad en los mensajes. Quedan fuera de la crítica los directivos y las organizaciones que intentan actuar de manera correcta, que aspiran a ser creíbles, que no pueden superar los límites del lenguaje pero tampoco lo usan para obtener ventajas injustas.

Hay creencias y convicciones respetables, pero también es cierto que el discurso de la ventaja competitiva, de la apertura, la lucha por la conquista, las leyes de los mercados y otras premisas del llamado *modelo competitivo* se utiliza para dar una idea de algo natural cuando en realidad se trata de estrategias o alternativas en las relaciones económicas. Los intentos de disfrazar una ideología (un saber impuesto) también ocurren con otros modelos de organización económica, y no sólo con el competitivo que aquí tomamos como referencia.

La apariencia en la relación comunicativa existe, no es una posibilidad. No se trata de hacer una crítica a lo manifiesto o declarado, sino que nuestro tema es el disfraz, la máscara o el efecto ilusorio de los mensajes. Nos preocupa la apariencia que se maneja como parte de una decisión no declarada de desviar la atención sobre problemas que son sustantivos. Problemas como la injusticia en una relación, las fallas de un producto o los problemas de calidad en un servicio. La estrategia del comunicador es instalar la cuestión en el terreno de los signos y símbolos, para ganar en ese espacio (la argumentación, el diálogo, la campaña).

Por ejemplo, los centros de salud funcionan como si estuvieran preocupados por la existencia de los pacientes, aunque de hecho estén más aplicados a resolver sus luchas internas. En la escuela los maestros pueden presentar ciertos temas sofisticados no porque sean importantes, sino para parecer actualizados y elevar sus aranceles. Una razón financiera se disfraza de preocupación pedagógica. Las empresas de transporte tratan de optimizar la capacidad disponible porque su problema es la inversión, pero actúan como si estuvieran orientados hacia la calidad en el servicio. En la administración, los burócratas nos hacen creer que los trámites son indispensables. Los directores de un canal de televisión hablan de la misión cultural, como si se preocuparan por la calidad, pero sólo se mueven siguiendo las encuestas y las mediciones de audiencia.

Los ejemplos se refieren a diferentes situaciones. Pero en todas hay una intención de poner el "como si" como justificación, por encima o más allá de las prácticas. En el extremo aparece el peligro de la disociación, de fractura del lenguaje respecto de la praxis. El concepto de apariencia también tiene sus aspectos de legitimidad, en el sentido de que los directivos deben preocuparse por la credibilidad de sus decisiones y acciones y no sólo por sus intenciones. A los efectos de aclarar los problemas de legitimidad, a continuación mencionamos distintos sentidos del actuar y decir "como si":

a) Hablar de las apariencias de las actividades, relaciones o procesos, con referencia a sus rasgos visibles. La denominación, la ubicación, el diseño de su planta o su publicidad son factores que nos llevan a tener cierta imagen de la empresa. En este sentido, para las empresas importa no sólo ser, sino parecer. Es imagen proyectada al exterior.

b) Palabras o frases que parecen tener sentido, son conocidas pero su definición es ambigua. Quienes las pronuncian actúan como si supieran lo que dicen; por ejemplo, cuando hablan de modernidad, flexibilidad, estrategia, apertura, excelencia, espíritu de cuerpo. Palabras que suenan atractivas o parecen deseables en sí mismas. R. Barthes (1990) las califica como elementos de la *retórica sensual.*

c) Utilizar el discurso o las imágenes para atribuirle a un objeto rasgos que no le pertenecen. Hablar en un sentido metafórico; por ejemplo, afirmar que la empresa es una familia. Existe la intención en el orador de hacer creíbles sus dichos, porque está convencido, porque le conviene, o con propósitos de engaño. Esto incluye el enmascarar la realidad, para distraer la atención del público.

En este análisis nos preocupa el "como si", en tanto descripción que habla de una realidad anunciada y difundida, pero inexistente en los hechos. Analizo las apariencias como un mensaje o imagen comunicada, pero también como recurso que desvía la atención de los problemas sustantivos. Ocurre con la simulación planeada o los intentos de persuasión no declarados. La dualidad en estos casos es una forma de hipocresía. Hay una intención de obtener ventajas al no decir la verdad. Al menos, no hay un aviso sobre los peligros del ocultamiento para terceros desprevenidos.

4. Libretos, actores y escenario

En el plano de la retórica, la dirección habla de los elementos de un modelo de empresa y de mercado que actúan naturalmente para generar riqueza. No estamos haciendo un análisis crítico del modelo, sino señalando sus aspectos meramente declarativos. O sea, cómo se crean términos y conceptos que no responden a actividades posibles, sino al objetivo simbólico de cubrir las brechas del esquema. Para darle cierto toque de naturalidad al modelo empresarial se habla de la *mejora continua*, de la *búsqueda de la excelencia*, del *espíritu competitivo*, de la *visión compartida* y otras citas por demás atrayentes.

Muchas veces, el discurso de los directivos de las grandes corporaciones se refiere a las ventajas competitivas, que siendo un concepto atractivo en el plano de la construcción teórica, en la práctica se ve desplazado por los recursos descarnados del poder y las influencias empresariales. Los dirigentes hablan de la importancia del cliente satisfecho, pero en las estrategias comerciales suelen preocuparse sólo por su capacidad adquisitiva y por posicionarse en su mente. Más adelante veremos si esto es obra de los directivos pragmáticos, los equivocados o superados por las circunstancias.

Hay un discurso de la excelencia, pero también una realidad muy agresiva; por ejemplo, los directivos de empresas pequeñas sólo pueden pensar en formas de ganar tiempo, postergar los problemas y sobrevivir. La excelencia debe redefinirse y se entiende en términos de hacer lo mejor posible sabiendo que no es lo mejor (respecto de los valores sociales). La razón dominante es la continuidad de la organización, y el fin justifica los medios. Estas frases no reflejan una acusación, sino una realidad propia de un contexto agresivo. Y, por tanto, también requiere una explicación fundada y no de disfraz o discurso ilusorio.

Los ejecutivos no sólo toman decisiones efectivas en términos de sus capacidades y apreciaciones personales. También representan sus roles en la estructura de la empresa y son atravesados por una red de comunicaciones que orienta sus movimientos. Hay como un catálogo de respuestas posibles o consideradas aceptables, de manera que el ejecutivo es una persona "expectable", parte del aparato organizativo.

Usando la metáfora de la representación, los ejecutivos no escriben sus argumentos. En el escenario de la empresa hay actores, libretos y gente esperando la actuación. No es de una vez para siempre; es una obra dinámica, pero no impensada. Hay un proceso por el cual se actualizan los libretos y las imágenes, se incorporan nuevos relatos míticos y leyendas. Importa tanto ser como parecer, y en algunos casos sólo esto último es lo convincente (las campañas de imagen y publicidad).

La imagen se construye con la figura de los ejecutivos exitosos y las medallas que se otorgan (entre sí) las empresas líderes en su medio. Ellos han logrado escalar posiciones, no por los motivos que dicen. Hay un discurso y también un lado oculto de la organización. El éxito puede ser algo inconfesable que se hace respetable. No es raro que en un ambiente pleno de hipocresía los monopolios entren en escena y también aparezcan sosteniendo el discurso de la competencia.

En el plano de las relaciones humanas se declara la importancia de la motivación y la lealtad del personal, mientras se impone una relación transitoria y flexible. La contraparte de los empleados no es la empresa, sino la desocupación. La remuneración ya no tiene que ver con la dignidad del trabajo, sino con los resultados tangibles, económicos y financieros. Se recita el credo de la delegación, la política de dar recursos para decidir a quienes están preparados. En realidad, se pasan los problemas y no los recursos. Se delega para poner presión. Se termina valorando a los jefes sólo por su capacidad de bajar el gasto o trabajar con menos personal que el necesario.

También se enfatiza en el rol de la capacitación, pero el tema está más filtrado por la necesidad de aumentar los rendimientos que por el desarrollo personal. Se brindan oportunidades a jefes y empleados solamente con la intención de actualizarlos en las nuevas técnicas vinculadas con el aumento de la productividad. Esta situación se basa en la visión de los integrantes como un recurso, antes que como una capacidad. Algunos programas de capacitación convierten las aulas o los talleres para gerentes en un lugar de observación. No preocupa tanto educar como pensar quiénes van a quedar en la empresa y quiénes serán despedidos.

En el plano de las relaciones sociales, los directivos también suelen afirmar que es política de la empresa respetar a quienes expresan libremente sus opiniones. Se difunde el discurso del pluralismo, pero en los hechos la diversidad de opiniones se toma como un desorden. Desde la dirección se busca unificar el discurso: el objetivo es que todos "hablen el mismo idioma", que es un eufemismo para apoyar el pensamiento único o hegemónico. Las nuevas razones no importan en sí mismas, ya que sólo son escuchadas cuando sirven para aumentar los resultados.

Los directivos hablan mucho de la necesidad de superar los modelos mentales. Ellos mismos son quienes más lo necesitan. Además, ¿sobre qué temas es aceptable el cambio? En general, las agendas se fijan desde la conducción. Si los empleados piensan en nuevas formas de acceder o participar en el poder, o tienen nuevas ideas sobre las remuneraciones, la respuesta suele ser que esos temas no están en cuestión. "De eso no se habla" y el debate no se produce. El tema de los modelos se convierte en buscar el esquema que más conviene a los intereses de la empresa.

Los directivos sostienen en público que es vital ser responsables y mantener principios éticos que permitan elevar la calidad de vida de la población, principios que configuran el credo de la organización. Dicen ser principistas, pero a la hora de tomar decisiones esos mismos directivos son invadidos (y presionados) por una fuerza pragmática que los lleva a pensar que todo es relativo o negociable. Tal como afirma J. Le Mouel (1992), en un contexto mercantilista importa lo que funciona: "lo eficaz es verdadero". El éxito aparente también se exhibe como una demostración de capacidad.

5. La apropiación de los símbolos

La retórica y el discurso no son fenómenos actuales. Desde su creación, el lenguaje ha sido soporte de la ideología y los argumentos que dan apariencia lógica a una propuesta. El discurso competitivo utiliza medios masivos de comunicación y suma elementos simbólicos e imágenes a la descripción del modelo, como ocurre con la imagen de los mercados, el espíritu emprendedor, la figura de los jugadores, el líder, el triunfador.

Las prácticas no carecen de un marco conceptual, por ejemplo, la racionalidad de elegir aquello que es eficaz. Son formas de pensar que están detrás de las prácticas, porque estas no son ingenuas, sino que siguen una línea de acción. Existen las premisas, los supuestos o conceptos no declarados, pero influyentes. También influyen los propósitos no declarados, pero que guían las decisiones cotidianas de los ejecutivos; por ejemplo, en un banco la convicción compartida de los gerentes en el sentido de no asumir riesgos con los clientes emprendedores y, en cambio, acompañar a los que actúan sobre terreno conocido.

El "como si" no siempre representa una actitud de falsedad o incompetencia. Hay un aspecto meramente simbólico que consiste en hablar de modo "correcto", esto es, cumpliendo con las condiciones ideológicas que requiere el sistema (el contexto de la acción). Con esto los comunicadores se cubren en el plano de lo aparente. El directivo muestra que conoce la teoría y lo deseable, que está actualizado y sabe cómo se llaman las cosas. Digamos que es alguien "preparado" para enunciar criterios de dirección. También puede ocurrir que no tiene voluntad o es incapaz de sostenerlos en la práctica.

Muchas veces llama la atención lo trivial de la descripción o el mensaje sobre las razones que sostienen al mundo de los negocios, en especial la negación de los procesos de poder y política, que son una parte constitutiva (y además legítima) del modelo. Se prefiere presentarlo como una cuestión solamente económica vinculada con la creación de riqueza. Sin embargo, es visible que no necesariamente gana el mejor o el más capacitado, sino quien mejor conoce y desempeña las reglas del juego. Hemos visto que en las formas de confrontación los principios no cuentan tanto como la eficacia y los resultados.

El poder en la organización no sólo se ejercita sobre las acciones. También avanza en el plano de las comunicaciones. Se controla la palabra en los mensajes, la forma de decir las cosas. La finalidad es "hacer creer" o difundir aquello que conviene a la dirección y a la empresa (como propiedad de los accionistas). El intento de salvar las apariencias puede lograr su objetivo sobre la base de un sistema de recompensas y sanciones. Y también de la persuasión. Pero con el tiempo pasa a depender de la credibilidad de la dirección.

En el mundo de las relaciones y comunicaciones, los integrantes de la empresa no son simples receptores pasivos de los mensajes directivos. Los integrantes también viven la realidad y además tienen que ser creativos. De todos modos, el juego del lenguaje y el baile de máscaras existe. Una dualidad de este proceso consiste en que la dirección emplea un mensaje que trae resultados, pero a la vez la hace menos creíble (no se respetan los acuerdos). Y esa dualidad deja de funcionar cuando para aumentar los logros se requiere el compromiso o el acuerdo de los integrantes que hasta ahora fueron ignorados.

En una obra sobre el doble discurso en la política (J. Etkin, 1999) he tenido oportunidad de mostrar cómo operan los juegos del lenguaje en el doble discurso y las prácticas del poder. Destaco la importancia del lenguaje para mantener la ideología y la imagen del "como si"; por ejemplo, cuando la dirección comunica sus planes de reingeniería o racionalización da la impresión de actuar en el marco de una estrategia profesional profunda. En realidad, suele ser una decisión destinada a reducir el personal o transformar el empleo en una relación transitoria y atada a los resultados de corto plazo.

La ambigüedad en el discurso tiene que ver con la complejidad de la organización en un medio incierto y cambiante. En su obra sobre tensiones y paradojas en la organización, L. Schvarstein (1998) señala que los ejecutivos están presionados por dos criterios opuestos: la necesidad de especificar tareas, pero también de conceder márgenes de libertad para resolver lo imprevisto. Hay una dosis de ambigüedad o indefinición en las tareas. Se dice al individuo que sea innovador, pero también debe respetar procedimientos que actúan como mecanismos para impedir nuevas ideas. La organización se encuentra con el dilema de construir mensajes que llaman a la acción, pero en esos mismos mensajes se incluyen dualidades, porque llaman a pensar en ideales, pero también justifican las prácticas inmorales con tal de mejorar los rendimientos.

B. Transparencia y credibilidad

6. Lo visible y lo oculto en las comunicaciones

Algunos actores de la trama saben y comparten lo que está ocurriendo. Se benefician con ello. Otros lo viven como una carga. Es doloroso para quienes deben representar un papel que no sienten o no comparten. Se dan cuenta de que hablan de lo que no es, ofreciendo servicios y garantías que no existen. Deben recitar el libreto y de lo otro "no se habla" (el pacto del silencio). Es el joven médico que presta servicios en un sanatorio, pero se da cuenta de que también es parte de una red de venta de medicamentos.

Muchos negocios usan la apariencia, al tiempo que se desvían de su objetivo primario. La apariencia diseñada y buscada, no el accidente; por ejemplo, una escuela privada que se transforma en un negocio de venta de títulos donde todos son socios, empleados o clientes (alumnos, profesores, directivos y familiares). No se reconoce, se mantiene en lo implícito. Hay una mirada cómplice. Los maestros simulan su preocupación por los alumnos y estos aparentan prestarles atención en clase. Mantienen el discurso, los gestos, los ritos y las ceremonias de la educación. Es peligroso para quienes, desprevenidos, ingresan para estudiar (las víctimas).

Cuando hablo de los peligros de la apariencia (o de la estrategia de la ilusión) no me refiero a empresas que venden imagen en forma declarada. Es decir, las organizaciones que viven de la magia de las apariencias, de la seducción en el mundo de la moda y en el marco de la sociedad de consumo, porque la moda es un negocio explícito con reglas conocidas. Hay lógica y no doble discurso en "el imperio de lo efímero", como lo ha caracterizado G. Lipovetsky (1991). Los actores saben que están en una nube de humo.

En esta doble realidad no todo es desleal o premeditado. Hay dualidades que tienen que ver con la complejidad de la organización, con sus objetivos múltiples. Aparecen los efectos no pensados y las consecuencias indeseables; son las dificultades propias de un sistema complejo. Las cosas son diferentes a lo proyectado porque faltan recursos o debido a factores no gobernables. No hay intencionalidad en los despidos de una empresa que enfrenta una crisis.

Los directivos suelen decir que "hacen lo que pueden". Y es cierto cuando hay fuerzas que los superan, como el marco de la crisis o la incertidumbre. Ellos deben maniobrar para sobrevivir. Afirman que su objetivo es mantener abierta la fuente de empleo para los que quedan. Pero también es cierto que, además de la crisis, ellos hacen "lo que pueden" en el sentido de usar el poder para imponer sus ideas; por ejemplo, cuando hablan de reorganización o productividad y en realidad están utilizando los sueldos como variables de ajuste en un contexto de desocupación.

La intencionalidad en el manejo de la información puede poner en peligro a los usuarios o clientes; por ejemplo, las empresas que dicen cuidar la salud, pero sólo piensan en sus ventas. Esto tiene que ver con las comunicaciones. Algunos laboratorios no informan sobre las contraindicaciones de sus productos, porque ello haría caer sus ventas. En el marco de una estrategia comunicativa, no promueven el consumo. Tampoco advierten en forma pública sobre sus peligros.

En un proceso de cambios, la dualidad es no advertir al público sobre las diferencias; por ejemplo, en una explotación agropecuaria se comienza a utilizar fertilizantes químicos. El discurso mantiene la imagen confiable de la empresa, diciendo: "hacemos productos naturales". La afirmación es cierta en un sentido y falsa en otro. Conociendo la realidad sabemos que es un juego de palabras. Debería darse información en ambos sentidos. Se cambian las prácticas, se mantiene el discurso.

A veces se nos adjudica a nosotros, como usuarios o consumidores, una función legitimadora de la falsedad. Es el caso de un diario que decide cambiar su concepto de información y pasa a publicar sólo aquello que vende, sin verificar los datos. La explicación del editor, mostrando sus ventas, será que "la gente lo pide". Esta función legitimadora de los mercados es incorrecta, porque los lectores también esperan que el periodismo sea responsable.

Con el doble discurso la organización salva las apariencias. En el comportamiento dual, los símbolos son importantes. Se cumplen los ritos y las ceremonias se llevan a cabo "como si" los procesos fueran lo que deben ser. Se designa al representante de los empleados en el directorio como si realmente fuera a participar de las decisiones de política. El discurso de bienvenida felicita a quienes ingresan para hacer carrera en la empresa. Los directores aprovechan para anunciar su política de "puertas abiertas".

En el plano de lo comercial se hacen campañas publicitarias de productos cuyos atributos nadie puede demostrar. Con la imagen y la resonancia se pretende convencer de que algo importante hay detrás de ello. Es como sostener que el rostro se reconoce por la máscara. La estrategia es diseñar mensajes creíbles por su forma, y para ello sirven los voceros, los gurúes, los perfiles altos, los referentes.

No se trata sólo de un juego de palabras o una forma de expresión. Es parte de una estrategia de ocultamiento de la realidad. La pregunta que surge es hasta dónde se puede avanzar en una relación donde los actores no son creíbles y las palabras encubren intereses personales o sectarios. Un ambiente donde las afirmaciones de la dirección se toman como una expresión de deseos o pura retórica; por ejemplo, cuando los ejecutivos dicen que "el personal es nuestro activo más importante".

La forma ambivalente en los mensajes ha sido estudiada por G. Bateson (1980), quien desarrolló el concepto de doble vínculo o atadura. Se trata de un mensaje en el cual coexisten sentidos opuestos. El receptor no puede dejar de reaccionar a él (necesita la relación), pero tampoco puede reaccionar en una forma apropiada (que no sea paradójica). Esta dualidad pone al individuo en situación de sentirse siempre en duda o equivocado, cualquiera que sea el camino que elija. Para no enfermar, termina por entenderlo como le conviene.

En la organización aparente, enmascarar la realidad no engaña al personal que está advertido del juego. Lo que hace es convertir las comunicaciones en un baile de máscaras. Un ambiente donde los integrantes saben que no deben tomar en serio las propuestas de la empresa. Esta forma de actuar confirma las ideas de F. Nietzsche (1974) cuando afirma: "todo lo que se dice verdadero es producto de un pacto que permite existir a la sociedad: el pacto de mentir de acuerdo con reglas".

En ese contexto, los actores saben qué hay debajo de la máscara. Son organizaciones donde los contratos se toman como una expresión de deseos, no como un compromiso. Donde los clientes tienen que confirmar por su cuenta si los servicios son como se ofrecen. Donde los proveedores, aunque no lo expresan, incluyen en sus precios el riesgo de trabajar con empresas no previsibles, recargo que finalmente todos pagamos.

Surge una pregunta: ¿el hecho de que la simulación sea conocida cambia la situación? Para empezar, el hecho de que un "como si" se convierta en una mentira institucional no elimina el daño o la injusticia que hay en la práctica. Tampoco permite que la verdad sea conocida y discutida. En este marco se corre el riesgo de perder el sentido de lo legítimo, lo correcto o lo deseable.

El actuar "como si", cuando se hace rutina (impuesta o voluntaria), lleva a olvidar cómo es la tarea bien hecha. Con el tiempo lo falso se convierte en el punto de referencia. A fuerza de hacer campañas publicitarias que disfrazan el producto, los publicistas terminan por creer que esa es la meta (hacer creíble lo irreal). Se pierde el sentido de las actividades, por ejemplo, que la atención médica no es sólo diagnóstico o propuesta, sino básicamente la capacidad de resolver los problemas de salud.

7. La instalación de la imagen

Hemos visto el efecto de la dualidad en las comunicaciones. En parte por el error, otra parte por la mala fe, y también por las propias exigencias contradictorias que plantea el modelo de la empresa competitiva dependiente de resultados crecientes. De manera que no sólo nos hemos referido a las situaciones concretas que llevan a la dualidad, sino también a los factores estructurales y de difícil remoción. Asimismo, a los aspectos emocionales vinculados con el doble discurso, a la necesidad de creer, sobre todo en momentos de crisis.

El peligro de las prácticas duales, de las brechas entre la declaración y la praxis es promover la figura del "como si", el peso de las apariencias como si ellas resolvieran necesidades concretas. No significa quitarles entidad a las representaciones simbólicas, pero aquí estamos viendo una estrategia deliberada de encubrir servicios insuficientes o fallas de calidad recurriendo a las máscaras y la retórica. Que también en el fondo está sostenida por los recursos de la autoridad y el poder. Se cree no sólo por convicciones, sino también por conveniencias compartidas (la llamada *mentira convencional*).

Los comunicadores y diseñadores de imagen desarrollan por lo menos dos teorías o esquemas conceptuales, que se turnan a la hora de salir a escena, en función del contexto del problema y del público asistente. En primer lugar hay un modelo para exportación, un mensaje para el medio social y los mercados. Como todo mensaje preparado, tiene su coherencia y consistencia, atributos que también se relacionan con el nivel de abstracción del mensaje. Es para divulgar y escuchar, no para llevar a la práctica. Quiere decir muchas cosas, de manera que no es respuesta para situaciones concretas, como el discurso sobre la calidad de los servicios.

El discurso ideal está pensado para legitimar la empresa en el medio social y frente a su personal. Se refiere a una empresa que es imaginada o aparente. Su funcionamiento (deseable) se explica mediante conceptos y propuestas que componen una teoría nominal, que los directivos suelen exponer en público para justificar sus políticas. Dado su grado de abstracción permite justificar políticas diversas. Son afirmaciones que componen, por ejemplo, la misión, el credo o la imagen de la empresa. Suele mezclar ideas sobre lo inevitable ("la supervivencia del más apto") con afirmaciones sobre lo deseable ("cliente satisfecho").

En segundo lugar, esas mismas empresas de negocio suelen disponer de otro modelo conceptual que se utiliza en situaciones concretas y para el consumo interno, que atañe a los ejecutivos, empleados y otros grupos de interés, como los proveedores e inversionistas. Para ello la empresa prefiere otra base cognitiva, con premisas distintas de la organización declarada, porque ahora se razona en términos estrictos de eficacia y eficiencia, criterios que se utilizan para armar las estrategias del negocio, definir normas y tomar decisiones. La responsabilidad social pasa a un segundo plano. En este plano aparecen las oposiciones o dualidades respecto de la teoría nominal. O los efectos indeseables como la desmotivación o la falta de credibilidad.

En el plano de la praxis, los directivos construyen lo que Argyris y Schon (1978) llaman *teoría de la acción* (o *en uso*) porque es una guía para las prácticas cotidianas. Se refiere a las necesidades de la empresa en marcha, y refleja las influencias del poder y la política. Esta teoría no tiene que ver con las creencias o los ideales, sino con la racionalidad dominante, y es el criterio que influye en las decisiones concretas; por ejemplo, el criterio de remunerar en función de los resultados y no de la capacidad o el esfuerzo realizado. O considerar cliente no a quien tiene necesidades por satisfacer, sino a quien dispone de poder adquisitivo.

En la teoría en uso, las relaciones humanas se alejan de la idea de la motivación y se pasan a explicar de acuerdo con el modelo del poder de negociación y las transacciones económicas entre individuos y grupos con intereses diversos. La idea de excelencia se reduce a la productividad y la eficiencia. La llamada *misión de la empresa* se reduce a sus objetivos de rentabilidad. La calidad en los servicios equivale a la racionalización de los procesos. Los procesos de cambio se declaran necesarios, pero no afectan los intereses dominantes. Y las posibilidades de hacer carrera están filtradas por factores de política.

Quien ingresa a la empresa es entrenado en esta tabla de conversión de significados, para que oriente su acción por los conceptos de la praxis y no por las idealizaciones, para que resuelva más en función de las demandas de la situación y los recursos disponibles, que de acuerdo con los modelos de imagen. La diferencia no es sólo porque la práctica tiene sus exigencias, sino también porque hay una ambivalencia en los criterios y las decisiones. El caso de la contaminación ambiental es un ejemplo, donde vemos empresas preocupadas por la ecología y otras que sólo lo están en el nivel del discurso. El tema es que sin responsabilidad social, las empresas pierden su razón de ser.

8. Las promesas incumplidas

La dualidad en las comunicaciones lleva a instalar relaciones ambiguas entre quienes dirigen, los socios, colaboradores, proveedores, clientes y otros componentes de la organización como sistema sociotécnico. Respecto de los mensajes que circulan hay acuerdos o códigos compartidos acerca de la necesidad de mantener cierto grado de ficción, a la vez que se aplica una visión práctica para las operaciones; por ejemplo, cuando se habla del posicionamiento o de las ventajas competitivas.

En este ámbito se desarrollan los sistemas perversos en la comunicación, porque se enseña a funcionar en el marco de la mentira convencional, como una forma aceptada de expresión. Decir falsedades es parte de los juegos de lenguaje y es sabido que hay una retórica que no tiene correspondencia con las prácticas de hacer negocios. Hay un contrato significativo entre los actores (sobre el sentido de sus mensajes), que incluye tanto las obligaciones como las ficciones. Los temas que son para hablar, pero no para hacer.

Surge entonces una peligrosa tendencia a tomar la dualidad entre teoría y práctica como una pauta cultural, reconocida o normalizada. Es un círculo vicioso. Por ejemplo, una institución educativa que se redefine como entidad financiera, donde el negocio pasa a ser mantener al cliente y no enseñar aquello que complica la relación. A su vez, quienes pagan no van a retirarse sin lograr su titulación o certificado. Ese es el acuerdo de fondo, mientras en la superficie se cumplen los ritos y las ceremonias de la educación. Operan en la organización fuerzas que mantienen estos procesos, aunque sean indeseables en términos sociales. Hay intereses que convergen para sostener esta situación.

Quienes manejan las comunicaciones e imágenes en la empresa

hablan de la mayor importancia de la persuasión respecto de la autoridad formal o el ejercicio del poder. Este razonamiento sostiene a la llamada *gerencia simbólica*, que reconoce y opera sobre las fantasías de los individuos. Pero además de las representaciones e imágenes, los integrantes chocan con la realidad, de manera que en algunos casos la máscara es conocida por todos y se acepta porque conviene. En otros casos, el manejo de las ilusiones separadas de los hechos (por ejemplo, el bajo nivel de los sueldos) lleva a la crisis en las relaciones. La desigualdad hace difícil mantener el discurso de la visión compartida.

Quedarse en las apariencias lleva a la ruptura del contrato psicológico de los individuos con la empresa (sus expectativas, deseos o ilusiones originales). El problema es cómo difundir la imagen empresarial cuando debe enfrentarse la frustración por las promesas incumplidas de la dirección. En el plano de las comunicaciones, esta ruptura tiene que ver con la retórica, los mensajes contradictorios y la consecuente pérdida de credibilidad que sufre la dirección.

Es común que se pida a los empleados que se identifiquen con la empresa (el discurso), junto con un aumento en las exigencias de la productividad y una sobrecarga de tareas (la práctica). No es un engaño, porque las partes conocen sus intenciones. La actitud de la dirección lleva a entender la realidad como una dualidad, y ello tensiona a los individuos. Para disimular lo negativo de esta presión se habla o se crea la ficción de la "tensión creativa" (lo bueno de lo malo).

Las dualidades se ocultan tras el marco de las llamadas *relaciones humanas*. Es una forma de no hablar de las relaciones de poder. Aquí estoy destacando el manejo de los signos y símbolos, los juegos de palabras y sentidos en favor de objetivos no declarados. En su obra sobre el costo de la excelencia, N. Aubert (1993) habla de este manejo. Para la empresa, "la excelencia ya no es una calidad destacada o virtud, es una exigencia laboral, la capacidad de hacer cada día más".

Hay un "como si" que es involuntario, donde los actores son parte de una dualidad no deseada. En este trabajo he insistido en el "como si" reconocido, en la simulación acordada o buscada, como la mentira convencional. Esta distinción entre las categorías de apariencia (manejadas o emergentes) depende del nivel de análisis que utilizamos, de nuestra posición como observadores.

Desde fuera, con una visión heterónoma, puedo como analista hablar de la misión de la organización, de la empresa deseable o de la responsabilidad de los profesionales en la atención a los usuarios o clientes. Desde allí puede observarse que hay una desviación en los objetivos o dualidad en las decisiones y acciones. En cambio, con una visión autónoma, desde dentro de la empresa, me integro con la cultura de la organización y puedo justificar lo existente, negar la dualidad. En este sentido, los integrantes dicen que "actúan impulsados por la realidad", que es "el modo de hacer" en la empresa, o que sólo "están cumpliendo con su tarea".

Se podrá afirmar que nuestra descripción corresponde a ciertas realidades y empresas marginales que no son representativas, que ellas están equivocadas y obran en forma incorrecta. A continuación imaginamos las posibles respuestas a nuestras críticas.

Una respuesta es que los conceptos y los casos aquí mencionados no son normales. Que hay muchos otros ejemplos que demuestran la solidez del mensaje competitivo, como expresión de un proceso natural, no impuesto. Quienes sostienen el modelo pueden decir que estas desviaciones son ocasionales y que no pueden ni deben generalizarse. Lo anormal no descalifica el sistema de empresa competitiva, lo deseable de su discurso y la lógica de las reglas de juego que enmarcan su funcionamiento.

También algunos ejecutivos, presionados por la realidad cotidiana, pueden afirmar que estas cosas ocurren, pero le quitan el tono dramático a nuestra crítica. Los ven como problemas conocidos, estrategias mejorables y no como contradicciones. Los dirigentes más iluminados están preocupados por buscar soluciones. Dirán que es cuestión de tiempo. También hay que dejar que el propio mercado depure a los aprendices de brujos y permita crecer a los nuevos profesionales de la dirección.

Otra posible respuesta a nuestra crítica es que los ejemplos demuestran que hay mecanismos que están fallando o no funcionan en plenitud. No están operando las reglas de juego de los mercados, los derechos y la defensa del consumidor, los dispositivos de la justicia y las regulaciones externas o los controles públicos. Dicen que el ambiente donde funciona el esquema discursivo no está desarrollado y en esa medida el vacío es ocupado por un discurso incorrecto. Los obstáculos y las desviaciones en realidad están demostrando que hay que seguir adelante con la ideología, reforzar la apuesta y dar un salto hacia delante.

Se podría decir que hemos estado hablando de malos dirigentes y malas escuelas, hospitales, servicios públicos, negocios o fábricas, y que necesitan el doble discurso para encubrir sus insuficiencias, sus ignorancias y errores. Pero nuestro argumento es que ellos existen, que no están en retroceso, que el mercado no los sanciona y no son una especie en extinción. Vemos que las instituciones pueden estabilizarse sobre esta base de dualidades, porque hay fuerzas que las sostienen. Que son tanto indeseables como exitosas. Hay suficientes estudios que relatan cómo lo indeseable ha crecido en esta cultura de la dualidad.

Entendemos los límites de las críticas aquí formuladas; por ejemplo, los peligros de la generalización indebida. En el marco de la confrontación por ganar, no todos los desvíos (prácticas desleales) son intencionales. También existen quienes actúan convencidos de que están haciendo lo que corresponde. Pero queda en pie la visión de un modelo cuyas reglas (ganar o ganar, los segundos no cuentan, la exigencia creciente) sientan las bases para una tensión entre teoría declarada y estrategias en uso. Las empresas de negocio, para sobrevivir, recurren a todos los medios posibles, que no son iguales a lo legítimo.

En un entorno competitivo, el lenguaje no es sólo una forma de expresión. En el marco de las organizaciones, es también un recurso por el cual se lucha desde la dirección. Hay una voluntad por apropiarse de la facultad de manejar ciertos mensajes, no sólo en su sentido literal ("soy el jefe"), sino también por la significación del mensaje, lo que connota en cada situación ("nada se puede hacer sin consultarme"). En nuestra opinión, el ambiente de lucha y de conquista lleva hacia la dualidad en el discurso y la práctica de los negocios. Y la defensa de los mecanismos de supervivencia no debe alejarnos de nuestra responsabilidad por instalar modelos cooperativos de decisión y acción.

En un entorno de confrontación, donde se considera que no hay lugar para todos y que sólo cuentan los resultados financieros, la verdad no es vital. La dirección está más preocupada por los relatos y las imágenes que convienen a los negocios. Esto incluye el "dibujo" de los estados de resultado. La estrategia comunicativa se basa en el control de las fuentes de producción del sentido, la construcción de los mensajes y el diseño de los sistemas de información. Es cierto que estos "dibujos" tienen sus límites, pero también que hay un amplio campo en cuanto a la interpretación de la realidad. Entonces se puede hablar de las *reglas de juego* en lugar de la justicia de las prácticas de la empresa.

El manejo de las comunicaciones disfraza, pero no puede negar la dualidad de un modelo basado en las relaciones de fuerza, porque los integrantes disimulan y deben aceptar las exigencias de un entorno agresivo. Pero no podemos suponer que son ignorantes o que no ven nada. Entonces, para no reemplazar un discurso dual por otro más idealista, el problema es pensar un modelo alternativo de organización y gestión donde el disfraz no es necesario porque se basa en el compromiso y no en la imposición.

La propuesta es repensar la organización e imaginar un diseño y una praxis preocupada por la calidad de vida del conjunto y las necesidades de los usuarios, y no por los intereses sectarios de un grupo minoritario, sin que esto implique uniformar las capacidades individuales o grupales, ni negar las exigencias crecientes de un contexto incierto y cambiante. En el plano de las comunicaciones, este esquema alternativo (de base solidaria, colaborativa o cooperativa) requiere que los problemas se expliciten, se trabajen en el marco del consenso y no de las maniobras de poder o las estrategias de la ilusión.

9. De la ambigüedad a la transparencia

Luego de estas explicaciones, intentaremos hacer ahora una síntesis y formular algunas propuestas. Hemos marcado ciertas dualidades de la organización. No sólo las oposiciones y contradicciones, sino también la forma en que ellas se disfrazan. El discurso "de lo que no es" reconoce distintas razones: *a)* la fuerza de las ilusiones, ideales y fantasías; *b)* la ignorancia o escasez de medios para lograr lo declarado o prometido, y *c)* la estrategia de imagen de los grupos de poder, que buscan ocultar la realidad. Mi crítica se basa en el último punto.

Hay una tendencia de las comunicaciones a crear sus propios espacios y separarse de los servicios a los cuales se refieren. En una escuela de negocio, hablar de la importancia de la capacitación no forma a los gerentes. Las organizaciones deben cumplir con sus misiones, pero no en apariencia o mediante la retórica, sino a través de servicios y prestaciones concretas. Además, deben asegurar una digna calidad de vida a sus integrantes. Cuando se pierde la idea de las cosas bien hechas (la prioridad de los valores), se cae en un pragmatismo que legitima todo, incluido lo injusto. El hecho de que una mentira se pueda mantener no significa que sea correcto decirla.

No es sólo cuestión de valores (justicia o verdad); también es el tema de la viabilidad y gobernabilidad de la organización, porque la dualidad en el discurso y la praxis deterioran las relaciones. Los ciudadanos y clientes se dan cuenta de la dualidad o las campañas de persuasión y buscan otras opciones, porque si bien ellos pueden olvidar o desconocer estándares más altos de calidad, son capaces de sentirse insatisfechos o tratados injustamente.

Mirando hacia el interior de la organización aparente, los individuos no creen en lo que hacen: saben que la verdad pasa por otro lado (la trama de poder). No se comprometen y, por tanto, es difícil delegar en ellos. Es complejo y costoso mantener la comunicación cuando primero hay que descifrar qué quieren decir los directivos y empleados (porque lo aparente no es). Es enfermante (aunque funcione) vivir en un sistema donde siempre hay que dividir entre lo que es y lo que se puede decir. Se cae en la paradoja de tener que mentir o simular para ser creíble.

También es posible que los integrantes de la organización sean parte del juego de la simulación (cuando se benefician con ello), como ciertos hombres de ventas, de publicidad o relaciones públicas. Que todos lo sepan no convierte a la dualidad en algo virtuoso. Los miembros desconfían entre sí. No consumen sus propios productos, porque saben cómo están hechos; por ejemplo, los periodistas que para informarse compran otro diario.

No sostenemos la trivial conclusión de que la ficción, la hipocresía o la simulación van a desaparecer con el paso del tiempo. El problema son las fuerzas que sostienen estas desviaciones, como la trama de poder, la ignorancia o la desinformación. Es posible que la dualidad crezca como estrategia directiva, para llegar a la mentira institucional. Esto ocurre cuando la dualidad se hace pauta cultural y se normaliza en las comunicaciones. Las partes saben que siempre hay dos maneras de entender los mensajes, y el juego es acertar cuál corresponde en cada situación.

Para superar esta realidad, se debe definir e instrumentar un proyecto de transparencia destinado a transformar las comunicaciones en la empresa. Reconocer las condiciones mínimas para que una escuela, banco, sanatorio o periódico sean precisamente eso (educación, crédito, salud, información) y no una máscara o disfraz del original. Esas condiciones pueden o no darse, en función de los recursos disponibles. La idea es tener en claro qué está faltando y cuáles son los caminos por seguir. No legitimar las insuficiencias, hacer un diagnóstico sincero.

Como afirma U. Eco (1976), "el poder no es sólo represión e interdicción, sino también incitación al discurso y la producción de saber". Entonces, el cambio necesario no es una cuestión técnica, como disminuir el ruido, limpiar los canales, mejorar las comunicaciones o los modos de expresión. Es salir de la estrategia de ocultamiento, del juego de palabras o el uso interesado de la dimensión imaginaria del lenguaje.

Pensamos en un cambio en las comunicaciones que parte de una definición política, sobre la base de un acuerdo o consenso entre los actores. Es una definición que viene a sincerar y transformar las reglas utilizadas en la construcción de las imágenes y los mensajes internos y externos. En este proyecto de transparencia, el discurso legítimo o auténtico tiene la función de explicitar las diferencias y las oposiciones, no un papel encubridor de la realidad o de las intenciones.

La propuesta es dejar a un lado las estrategias discursivas que se basan en el doble sentido para conquistar voluntades o no perder clientes, tanto por razones morales como por motivos prácticos, porque llevan a perder confianza en la palabra de los directivos y reducen las relaciones a lo que se puede observar, con lo cual se pierde la capacidad educativa y movilizadora del lenguaje. Esta capacidad debe estar acompañada por la decisión de no falsear la realidad por medio de frases que confunden. O que movilizan a los interlocutores hacia comportamientos que son riesgosos, como el consumo de medicamentos sin una correcta advertencia sobre las contraindicaciones. Para los directivos, y en el campo de las políticas de comunicación, un objetivo prioritario es pasar de la organización aparente y dual a la organización transparente y confiable.

Resumen

La organización logra cohesionar sus actividades en la medida en que define y desarrolla modos de comunicación que son conocidos y compartidos por sus integrantes. Ellos utilizan estas formas en su apreciación de la realidad, en los procesos de significación y en la construcción de sus relaciones. Nos referimos al lenguaje, los códigos y símbolos que no sólo permiten representar las ideas y los hechos (como formas de expresión), sino que también influyen en la comprensión de los propios mensajes. El diseño o la intervención sobre las formas de comunicación tiene que ver entonces con la posibilidad de las relaciones y también con el ordenamiento de las mismas, con su orientación. Hay un uso del lenguaje vinculado con las estrategias de conducción. En este sentido, un elemento cultural esencial para el entendimiento compartido de objetivos y actividades es, asimismo, un factor que está presente en las relaciones de poder en la organización.

Es importante que estas convenciones no sean impuestas sino aceptadas, porque de lo contrario aparecen las dualidades en la comunicación, los mensajes y canales paralelos. O sea, una red oficial y otra "alternativa". La organización requiere un "contrato significante", con reglas de comunicación conocidas y aceptadas. Se habla de contrato porque no puede desconocerse, pero no todos los individuos o grupos internos están en igualdad de condiciones para criticarlo o modificarlo. Para quienes ingresan y permanecen en la organización, las formas y los sentidos de los mensajes son un aspecto de la estructura establecida y parte de los procesos de socialización. Este conocimiento y estas expectativas son compartidos por los individuos en tanto componentes de una misma organización y derivan en la llamada *comunidad discursiva* respecto de objetivos o proyectos conjuntos. Los actores, mediante un vocabulario conocido y formas de comunicación reconocidas, instalan un discurso común sobre temas de interés general y las reglas de interacción para trabajar sobre dichos temas.

La comunidad discursiva legitima, hace comprensibles y da credibilidad a las acciones de los integrantes. Es un espacio (conocimiento) donde los participantes adquieren elementos para identificarse como miembros de la organización. A esa comunidad discursiva se refieren cuando afirman que "ésta es la forma de expresar y entender las cosas aquí". Esta frase también puede implicar una crítica a la rigidez de las pautas o imágenes vigentes. Si bien se habla de un contrato significante o de pautas compartidas, los códigos no son para siempre; tienen que ver con las cambiantes relaciones en la organización. Así como puede darse una crisis de normas y de valores, también en el plano de las comunicaciones ocurren las crisis de significación. En la organización hay una condición y una necesidad de disponer de códigos compartidos para describir la realidad y comunicar ideas. Pero también el lenguaje, los símbolos y sus connotaciones son elementos vitales en la formación de imágenes y en las estrategias de persuasión desde la dirección. No sólo el informar, sino el hacer creer. De manera que una "comunidad discursiva" es una definición de signos y conceptos, pero también refleja la racionalidad dominante en la organización.

En el plano de la dirección, hay formas de comunicación que son más efectivas en la relación humana, pero no sólo porque informan mejor, sino también porque esas formas son un esquema que organiza los contenidos de la comunicación. Y esa articulación, al ubicar los elementos o signos, se convierte en una señal o advertencia para el receptor. Las formas del discurso, por ejemplo, orientan o fijan límites a la comprensión de la realidad y los proyectos compartidos. Existen formas alternativas, pero también una intencionalidad en los códigos que se promueven desde la conducción, por lo que ellos dicen, pero también por lo que inducen a pensar; por ejemplo, cuando no hay posibilidad de relacionar el desorden con hechos positivos o constructivos. Así, en los códigos de una empresa el desorden es definido como negativo, y quienes lo promueven son "transgresores". La calificación está asociada con un sistema de sanciones y recompensas. En un colegio militar una orden se entiende como parte normal del rol de un superior y de una relación jerárquica, cosa que no ocurriría entre los profesionales (pares) que colaboran en un proyecto dentro de un centro de investigaciones.

El poder en la organización no sólo se ejercita sobre recursos y conductas. También avanza en el plano de las comunicaciones. Se controla la palabra en los mensajes, la forma de decir las cosas. La finalidad es "hacer creer" o difundir aquello que conviene al emisor. El intento de salvar las apariencias puede lograrse sobre la base de un sistema de recompensas y sanciones, pero también con el discurso persuasivo. La retórica y el discurso no son fenómenos actuales. Desde su creación, el lenguaje ha sido soporte de la ideología y los argumentos que dan apariencia lógica a una propuesta. El discurso competitivo utiliza medios masivos de comunicación y suma elementos simbólicos e imágenes a la descripción del modelo, como ocurre con la imagen de los mercados, el espíritu emprendedor, la figura de los jugadores, el líder, el triunfador. Muchas veces llama la atención lo trivial del mensaje con el que se explican las decisiones de negocio.

En especial la negación de los procesos de poder y política, que son una parte constitutiva (y además legítima) del modelo.

La forma ambivalente en los mensajes lleva al concepto del doble vínculo o atadura. Se trata de un mensaje en el cual coexisten sentidos opuestos. El receptor no puede dejar de reaccionar a él (necesita la relación), pero tampoco puede contestar en una forma apropiada (que no sea paradójica). Esta dualidad pone al individuo en situación de sentirse siempre en duda o equivocado, cualquiera que sea el camino que elija. Para no enfermar, termina por entenderlo como le conviene. En la organización aparente, enmascarar la realidad no engaña al personal que está advertido del juego. Lo que hace es convertir las comunicaciones en un baile de máscaras, un ambiente donde los integrantes saben que no deben tomar en serio las propuestas de la empresa. En ese contexto, los actores saben qué hay debajo de la máscara. Son organizaciones donde los contratos se toman como una expresión de deseos, no como un compromiso. Donde los clientes tienen que confirmar por su cuenta si los servicios son como se ofrecen. Donde los proveedores, aunque no lo expresan, incluyen en sus precios el riesgo de trabajar con empresas no previsibles, recargo que finalmente todos pagamos.

En el manejo de las comunicaciones hay un fenómeno del "como si", el hablar bien y actuar de otra manera. Esto no siempre está marcando una falta de recursos para cumplir. También hay una estrategia que consiste (sin reparar en los hechos) en hablar de modo correcto, utilizando los términos de la ideología dominante. Con esto los comunicadores se cubren en el plano de lo aparente (están pensando "bien"). Con este mensaje los directivos muestran que conocen la teoría y lo deseable, que están actualizados y saben cómo se llaman las cosas. Los manejos del lenguaje no son gratuitos porque con el tiempo se pierde la confianza en los retóricos. En el mundo de las relaciones y comunicaciones, los individuos no son simples receptores pasivos de los mensajes directivos. Ellos también viven la realidad, tienen sus formas de confrontarla. Además, el discurso compromete y los emisores deben responder por sus promesas. Las dualidades de la propia estructura hacen difícil mantener un discurso congruente. Pero las formas transparentes de comunicación son un requisito para hacer creíble la organización.

Cuestionario

1. ¿Cuáles son las formas que debe adoptar el mensaje directivo a los efectos de acomodarse a la llamada comunidad discursiva de la organización?
2. ¿Qué aspectos del proceso de comunicaciones pueden afectar el sentido o la comprensión de las decisiones?
3. ¿Cuál es la relación entre los juegos del lenguaje y la intención no declarada por los directivos en sus comunicaciones?
4. ¿Qué elementos componen el discurso dual de los directivos y cómo se relacionan con las exigencias contradictorias que enfrenta la organización en su ambiente?
5. ¿Cuáles son los factores que hacen a la transparencia y la credibilidad en lo referido a la comunicación de las decisiones directivas?
6. ¿En qué medida las paradojas en la organización tienen que ver con los problemas en la forma de comunicar las decisiones directivas?
7. ¿Qué significa que en la organización no sólo existe una lucha por el poder, sino también una competencia para apropiarse de los recursos de orden simbólico?
8. ¿Hasta qué punto el hecho de seguir una línea de acción implica comprenderla o compartir los criterios que están implícitos en ella?
9. ¿Cuáles son las brechas entre la decisión y la acción que pueden asignarse a las fallas de interpretación, y hasta qué punto son fallas y no diferencias de criterios?
10. ¿Cuáles son las realidades ambiguas en la relación laboral que llevan a que también los mensajes de la dirección sean duales y ambivalentes?
11. ¿De qué manera los directivos, con sus decisiones y expresiones, contribuyen a la construcción de la llamada *organización aparente* o *imaginada*?
12. Respecto de la actitud de los directivos, ¿cuál es la diferencia entre la teoría que se declara y la teoría que ellos utilizan para guiar sus decisiones en la práctica?
13. ¿A qué tipo de problema se refiere el llamado *doble vínculo* en las comunicaciones?

14. ¿Cómo es posible crear y sostener un mundo imaginario u organización aparente, siendo que los individuos también viven las exigencias de la realidad cotidiana?
15. ¿En qué medida el manejo de los recursos simbólicos sirve a los fines de lograr un mayor compromiso de los individuos con las políticas de la organización?

Bibliografía

Ackerman, J. y C. Berkenkotter, *Social Context and Socially Constructed Texts*, The University of Wisconsin Press, 1991.

Argyris, C. y D. Schon, *Organizational learning: a Theory of Action Perspective*, Addison-Wesley, Reading, MA, 1978.

Aubert, Nicole, *El coste de la excelencia*, Paidós, Barcelona, 1993.

Barthes, Roland, *La aventura semiológica*, Paidós Comunicación, Barcelona, 1990.

Bateson, Gregory, *Espíritu y naturaleza*, Amorrortu, Buenos Aires, 1980.

Debashis, Chatterjee, *El liderazgo consciente*, Granica, Barcelona, 2001.

Eco, Umberto, *Signo*, Labor, Barcelona, 1976.

Etkin, Jorge, *La doble moral de las organizaciones*, McGraw-Hill, Madrid, 1997.

———, *Metáfora y doble discurso político*, Eudeba, Buenos Aires, 1999.

Le Mouel, Jacques, *Crítica de la eficacia. Ética, verdad y utopía*, Paidós, Buenos Aires, 1992.

Lipovestky, Gilles, *El imperio de lo efímero*, Anagrama, Barcelona, 1991.

Nietzsche, Federico, *Sobre verdad y mentira en el sentido extramoral*, Taurus, Madrid, 1974.

Schvarstein, Leonardo, *Diseño de las organizaciones. Tensiones y paradojas*, Paidós, Buenos Aires, 1998.

PARTE IV

LA GOBERNABILIDAD

CAPÍTULO 9

LA EMPRESA
Y SU CONTEXTO

A. La puesta en sintonía con lo social

1. El carácter sociopolítico de la organización

La sociedad espera que las organizaciones presten servicios, que ofrezcan y ayuden al crecimiento de la comunidad. Y los actores en las empresas buscan satisfacer sus intereses por medio de la organización, por ejemplo, retribuir el capital invertido o el tiempo trabajado. Estos dos movimientos de fuerzas al interior y en el entorno de las empresas pueden presentar aspectos en común, pero también divergencias. La hegemonía de uno sobre otro factor crea inestabilidad y crisis en el sistema sociopolítico.

En las organizaciones, para lograr un equilibrio entre los grupos de interés, los factores de poder y las legítimas demandas ambientales se requiere una visión que excede la lógica del costo-beneficio presente en las decisiones gerenciales, y pensar más allá de la compensación por el capital invertido. Los intentos de hegemonía sobre el medio son creadores de desigualdades que amenazan la vida en democracia. En un contexto de libertades, las organizaciones requieren sostenerse en la aceptación de los actores y las instituciones sociales. Si sus decisiones son injustas o sectarias, la población marginada o excluida no sólo podrá cuestionar las organizaciones, sino también dudar del sistema democrático. Aquí aparece la importancia de la función de gobierno y de la capacidad de gobernar en las organizaciones y en relación con un contexto incierto y cambiante.

La función de gobierno tanto en el diseño como en la práctica tiene diferencias de criterio respecto del *management*. No son diferencias abstractas o discursivas, sino que hacen a la posibilidad de crecimiento y viabilidad de las organizaciones. Como veremos en este trabajo, es diferente de: *a)* los enfoques y modelos basados en la decisión del poder político en las organizaciones (los intereses de accionistas, socios o propietarios), y *b)* las formas de gestión que se basan en la separación de la propiedad respecto del control y que otorgan un rol protagónico a la función gerencial. La visión basada en el ejercicio de un poder en la cima, como también el enfoque del *management* que guía a la organización, son miradas parciales e insuficientes cuando se trata de la continuidad de aquella.

Un sistema viable requiere una función de gobierno que logre consenso sobre los fines prioritarios, que atienda las legítimas demandas de la sociedad y que defina proyectos de interés general, por encima de los enfoques parciales de los grupos de interés que actúan en la organización. Una función trascendente que también debe superar sus propias tendencias a la desviación. El gobierno transita por un angosto sendero y para no salirse del camino debe evitar tanto la politización de las decisiones como la sobredosis de eficiencia que propone la tecnocracia. Esta necesidad es particularmente crítica en las unidades que prestan servicios esenciales a la sociedad civil en el área de la salud, la educación o la justicia.

La inestabilidad ambiental y la necesidad de resultados en un contexto muy luchado (más que competido) llevan a diferentes actitudes de las empresas. El camino más transitado por la dirección se basa en la presión para aumentar los rendimientos en el corto plazo, en buscar mayor eficiencia y productividad. En esta visión eficientista predominan el razonamiento económico y el pragmatismo: para la gerencia sirve lo que funciona, aunque pone en riesgo el futuro o la continuidad de la empresa.

Esta situación hace que las empresas llamadas *competitivas* tengan altos rendimientos al tiempo que se ponen al borde de la ruptura interna (la pérdida de cohesión) y del aislamiento en lo externo (la sociedad las considera peligrosas). Viven un delicado equilibrio entre el orden y el caos, la aceptación de sus productos y la amenaza de sus competidores, las necesidades de los clientes y su reducida capacidad de compra, las reglas del mercado y las tendencias hacia el monopolio.

Respecto de las formas de gestión, en el marco de la lucha competitiva los integrantes están sometidos a una exigencia creciente que los desgasta y los desmotiva. Se les exige innovación y creatividad y se les paga como seres anónimos y rutinarios. En lo externo, los usuarios o clientes son tratados como un objetivo que se ha de conquistar y sólo importan por su poder adquisitivo. En este marco actúa la llamada *gerencia eficaz.*

Esta descripción corresponde a la praxis de la gerencia, aunque en el plano del discurso o la ideología los ejecutivos (y los gurúes del modelo competitivo) disfracen el problema y recurran a una retórica sensual que nos habla de *calidad de vida, motivación* o *cliente satisfecho.* No nos referimos a una conjura o una actitud diabólica. Planteamos una cruda realidad que enferma a los propios gerentes. Ellos representan intereses que no son los suyos y deben seguir políticas en cuya definición no intervienen.

2. Más allá de la gerencia efectiva

La tarea gerencial, el *management* y la dirección como profesión se crean y desarrollan con el propósito de dar una base racional a las decisiones de planificación y operativas. Se busca que las organizaciones funcionen en el sentido deseado, hacia los objetivos fijados por los fundadores y sucesores. También la tarea gerencial busca dar previsibilidad a los comportamientos de los agentes. Se trata de un saber técnico y como tal no se construye con juicios de valor sobre los objetivos; por ejemplo, en una empresa de negocio, la dirección trata de obtener y asignar en forma racional (económica) los recursos financieros y las capacidades humanas detrás de las metas de liquidez, rentabilidad y seguridad.

En sus orígenes, el conocimiento sobre gerencia y sus instrumentos tienen que ver con la planificación, la articulación y el control de las operaciones. Esto es factible porque la gerencia "original" se mueve en ambientes previsibles, o los convierte en tales (las grandes corporaciones, las líneas de montaje, las burocracias). Las tecnologías cambian en tiempos lentos y sin urgencias para la organización. Hay tiempo para pensar. Existen además fronteras entre el adentro y el afuera de cada sistema productivo. Las organizaciones crecen en sí mismas, con su producción y su demanda, y no en la confrontación con otras.

Con el tiempo, el ambiente de los negocios se complica. Cambian las reglas de juego, se acortan las distancias y se superan las barreras de comunicación. La tecnología requiere grandes inversiones y mercados masivos. La gerencia (y las organizaciones) pasan a actuar en un entorno turbulento. Se hace difícil la predicción de los escenarios porque los jugadores se mueven mirando los movimientos de los demás. Sin embargo, hay que seguir tomando decisiones que comprometen la organización hacia el futuro (las inversiones). Ser el primero cuenta; es parte de la estrategia.

En este nuevo contexto, el gerente no puede y no debe perder el control de la situación. Se supone que sigue manteniendo los hilos de la trama. Se lo muestra formulando programas, contestando preguntas con certeza, diciendo por dónde avanzar cuando los agentes se encuentran con una bifurcación de caminos y guiando a su personal en sus relaciones con el contexto. Se lo presenta como un líder que conduce su equipo en una travesía que responde a un plan. El éxito pasa por la programación y la conducción efectiva. Se trata de definir un orden y combatir lo imprevisto, la desviación, el desorden.

Pero con el tiempo se va cayendo este mito de la racionalidad, porque se hace difícil sostener con razones muchas decisiones ejecutivas que traen ingresos, pero que al mismo tiempo están comprometiendo el futuro de la empresa. El paso siguiente es incorporar una dosis de subjetividad a la descripción de la conducción. Se habla entonces de la importancia de la figura del líder, del conductor iluminado. Un mito que no siempre viene a mejorar la calidad de las relaciones y las operaciones, pero que sirve como válvula de escape a la presión de una realidad económica muy dura para ser aceptada tal como es.

3. El campo de fuerzas: acuerdos y divergencias

En un contexto de fuerzas contradictorias y cambiantes (la tecnología, el interés de los bancos, proveedores, competidores y clientes) se espera que la gerencia instale la confianza, la simplicidad y la certeza en las conductas: "este es el camino y allá vamos". Esta figura e imagen de tomar decisiones y dar órdenes debería basarse en el conocimiento. Pero en un contexto incierto no es más que una salida "tentativa". No hay tiempo para pensar, la información no alcanza y hay que luchar por los recursos.

No es tanto que el gerente tenga razones previas, sino que él debe poner a trabajar los recursos y producir resultados en forma rápida. Debe lograr que se venda lo más posible y por todos los medios, porque en ello se juega el cargo. Además, el éxito no mide tanto la calidad de los pensamientos como los efectos y la resonancia de las decisiones. El gerente siempre encontrará argumentos para ofrecer una explicación "estratégica" de una praxis elemental que consiste en ser eficiente y efectivo. Las razones las puede tomar copiando de una empresa utópica o del discurso dominante en los medios masivos de comunicación.

Algunos argumentos suenan a vocación comunitaria, como hablar del valor agregado, la mejora continua o el servicio al cliente. Otros discursos son más épicos y crueles; por ejemplo, la lucha por sobrevivir o la supervivencia del más apto. Es cierto que los mejores gerentes piensan lo que hacen y tienen mejores ideas, pero su campo de acción es reducido. La presión es por obtener ventajas y cobrar por todo servicio a todo el que pueda pagar. En este marco se les hace difícil demostrar su inteligencia. Les queda decir que son las reglas de juego y es "en beneficio del sistema".

Vemos entonces la dualidad de la conducción, porque opera en forma racional cuando se trata de fijar metas, aplicar recursos o moverse en los mercados, pero es ilusoria e irreal en las explicaciones que se dan al personal, una comunicación que es dura y fantasiosa a la vez. Los gerentes construyen sus órdenes en términos de resultados por obtener y recurren a la fuerza o la subjetividad cuando se trata de dar explicaciones. La verdad no es un valor apreciado en estas comunicaciones "eficaces"; se prefiere lo creíble y aquello que funciona (como el *rating* o la resonancia de las acciones).

En la relación con el personal, los directivos no someten a discusión el tema de las fuerzas reales que están detrás de las decisiones empresariales. Se habla del *para qué* y no tanto del *por qué*. El resultado es un ambiente de desconfianza y ambigüedad, y en ese entorno se exige que los individuos tengan "las ideas en claro". En la comunicación, el gerente tiene respuestas en busca de preguntas y no al revés. Los temas conflictivos no se remueven para no mostrar las contradicciones en la base.

Visto desde los empleados, se requiere tener mucha fe para comprometerse con la empresa cuando ellos observan que siempre hay un reajuste en marcha para reducir la dotación o los sueldos.

Frente a esta dolorosa realidad se requieren héroes, leyendas, relatos míticos, ceremonias, ritos y otras formas que anteponen los símbolos y las ilusiones a las razones, al menos para disimular la asimetría de la relación laboral. No es casual que con el tiempo (y la lucha competitiva) se haya incorporado a la función gerencial la tarea de manejar las pautas culturales, rasgo que caracteriza a la llamada *gerencia simbólica.*

4. Necesidades atendidas y demandas postergadas

La decisión ejecutiva da prioridad a criterios. Por tanto, también posterga ciertos motivos o aspiraciones personales, desatiende legítimos reclamos de la población y limita la responsabilidad de la organización. En apariencia, la gerencia "resuelve" problemas, pero en lo profundo crea y deja conflictos sin atender e incorpora nuevas ansiedades respecto del futuro. En el marco de la lucha competitiva la gerencia no tiene la actitud de tejer acuerdos o construir consensos; sólo piensa en los resultados. En términos personales, esto no es irracional porque al final será calificada por su desempeño y no por sus buenas intenciones.

No decimos que sea "su culpa". Marcamos los límites en una función que tiene su lógica, sus tiempos y sus formas de razonar. Se suele hablar de los esquemas mentales y de los bloqueos de los gerentes, cuando en realidad se trata de la deformación profesional de quienes no pueden elegir lo mejor, sino lo menos malo. Los ejecutivos "hacen lo que pueden". Pero no todos son iguales, ni es justo generalizar la crítica porque también hay ejemplos de creatividad en el marco de un discurso contradictorio. Pero los límites suelen ser similares: el balance debe dar positivo con resultados "por encima de la línea". No es un problema de objetivos equivocados o insuficientes; es un tema de condiciones y reglas de juego.

El discurso dominante (que tiende a convertirse en pensamiento único) no es complaciente ni permisivo. Dice: "hay que ganar o ganar". La ideología de la eficacia y la eficiencia se sostiene en la filosofía del fin que justifica los medios, de las verdades indiscutibles, como hablar de las fuerzas del mercado como si fueran naturales, no construcciones sociales. Se busca ocultar la crisis y la neurosis resultantes con campañas de imagen. Se renuevan las formas de poder y la gerencia intenta disimular el uso de la fuerza (como la amenaza del despido) manejando el mundo de lo simbólico: "somos del mismo equipo y tenemos una misión que cumplir". No se trata de negar la vigencia de lo simbólico, sino de criticar el manejo de las fantasías.

Esto no es inevitable, hay alternativas de gestión. Existen muchas organizaciones preocupadas por sostener sus principios y sus códigos de ética. Pero puestas a luchar con otros jugadores que emplean la fuerza o son desleales, ¿qué pueden hacer? No siempre está disponible un árbitro (un ente regulador o defensor del consumidor) dispuesto a hacer justicia. Estos dilemas requieren interlocutores dentro de las empresas, y entre ellas, que puedan hablar un lenguaje social y político y no sólo tecnocrático o jurídico.

El diálogo se refiere a la construcción de proyectos compartidos, el respeto de las pautas convenidas y el cuidado del medio social que sostiene a la misma organización. La gerencia suele estar afectada al frente de combate; esto no la excluye de la mesa, pero su "creatividad" no es la apropiada. El problema es de relaciones, no de rendimientos. La lucha empresarial degrada las relaciones humanas y busca dominar la demanda, la población consumidora o necesitada. No es un proceso ingenuo ni gratuito para la organización y su medio; ocurre en un marco de injusticias que generan tensiones y renovadas resistencias en los actores.

5. Claves del gobierno: el consenso y el rumbo

Para la organización, vivir en estado de crisis y bajo presión tiene altos costos sociales, y ello también afecta la producción y la continuidad de la empresa. Frente a esta realidad, los socios, accionistas, afiliados o propietarios (es decir, el núcleo político) pueden plantear escenarios más equitativos, menos enfermantes y conflictivos. Allí aparece el concepto de gobierno como el nexo o enlace entre los intereses y la voluntad política de los propietarios, por un lado, y la ejecución o la producción, por el otro.

Respecto de la estructura, el gobierno es una función ubicada entre: a) los órganos de política, como la Asamblea de Socios, el Directorio o el Consejo Directivo, y b) los niveles gerenciales u operativos. Según la organización, la tarea del gobierno aparece en la figura del presidente (una sociedad), secretario general (un sindicato),

CEO o director ejecutivo (una corporación), rector (un colegio), y sus unidades de gobierno (de estrategia, evaluación y control). Una empresa familiar o pequeña también requiere que el propietario no confunda su rol de gobernante con sus tareas de ordenamiento o ejecutivas.

Esta visión no se refiere a una cuestión técnica. Es un nuevo enfoque, que se orienta hacia la viabilidad o continuidad de la organización en un contexto complejo. La idea de gobernabilidad amplía el concepto de eficacia o desempeño de los directivos. Incorpora en la gestión la evaluación de los medios utilizados (los códigos y valores), el respeto a las pautas acordadas (la credibilidad), la evaluación de las relaciones internas (diferencias aceptadas) y el reconocimiento obtenido en el entorno social (legitimidad).

El concepto de gobierno es superador respecto de los límites de la gerencia, porque introduce en el modelo de gestión las ideas de legitimidad, representación y credibilidad. El gobernante imagina escenarios futuros y formula las estrategias de crecimiento. La idea de gobierno no se limita a la función pública. El término *kubernetes* en su sentido originario habla de quien mantiene el timón de la nave que impulsan los remeros. Tiene que ver con la visión, con la idea de fijar el rumbo y adaptarlo a realidades no previstas.

El propósito de este modelo de gestión es una organización viable o sostenible en su medio ambiente y no sólo eficiente. Ello requiere redefinir el concepto de eficacia. Mantener el timón es una tarea basada en una lectura y análisis particular del entorno. El jefe del servicio de cirugía tiene una lectura de la realidad del quirófano diferente de la visión del director del hospital. Una intervención "exitosa" no significa lo mismo, porque otorga renombre a un profesional innovador, pero puede demorar la atención de muchos otros pacientes con iguales derechos, pero con enfermedades menos resonantes o "mediáticas".

En una escuela, el atraso en los pagos de la matrícula puede verse como un tema financiero, pero también es una señal de malestar por la educación recibida. Además, con esas cuotas, ¿qué tipo de población puede estudiar? En el gobierno es donde se expresa el modelo de hospital o escuela deseable. Allí es donde se evalúa la compleja trama de valores e intereses que sostienen la organización. Un periódico ¿debe publicar una noticia verdadera que dispara una corrida bancaria con graves efectos para los ciudadanos indefensos? La cuestión de los valores se refiere a la función de gobierno porque es el lugar apropiado (y creado) para el debate y la aceptación de principios.

En la figura 5 (pág. 390) se muestran los alcances de la función de gobierno en una organización viable, es decir, con capacidad para mantenerse y crecer en un entorno incierto y cambiante. En la figura se distingue entre: *a*) los procesos políticos, para lograr los acuerdos de base o constitutivos de la organización, donde se fijan los propósitos y las formas de apropiación de los recursos; *b*) las funciones del gobierno, donde se establecen el rumbo y la agenda con las prioridades de la organización, incluyendo las estrategias y políticas del sistema, y el monitoreo de su desempeño, y *c*) las decisiones gerenciales, que se refieren a la programación y prestación efectiva de bienes y servicios que permiten satisfacer necesidades de los usuarios, recuperar las inversiones y obtener recursos para retribuir a los factores productivos. El punto *a* tiene que ver con las relaciones de poder entre diversos grupos de interés e influencia. El punto *b*, con la búsqueda de la sintonía interna (cohesión) y externa (legitimación social) en la organización. El punto *c*, con la eficacia, eficiencia y factibilidad en las actividades productivas.

6. El salto en los modelos mentales de conducción

Hemos visto que en su proceso de crecimiento la organización ya no puede decidir basada en sus propios objetivos. Para resolver las crisis del crecimiento, la organización (y sus directivos) debe desarrollar unas capacidades que le permitan:

a) ponerse en sintonía con las legítimas demandas sociales de su entorno, de sus clientes o usuarios, la población atendida, los actores sociales, los grupos de interés, de opinión u organismos representativos, y

b) tener una visión centralizada y suficiente capacidad crítica sobre los alcances y las limitaciones del propio modelo de gestión, y de esta manera avanzar con los cambios necesarios en las estructuras internas para cumplir sus misiones.

Frente a esta complejidad derivada del crecimiento, de las exigencias y los cambios ambientales, parecería que la capacidad de gobernar puede resolverse mediante los programas de capacitación. Se

389

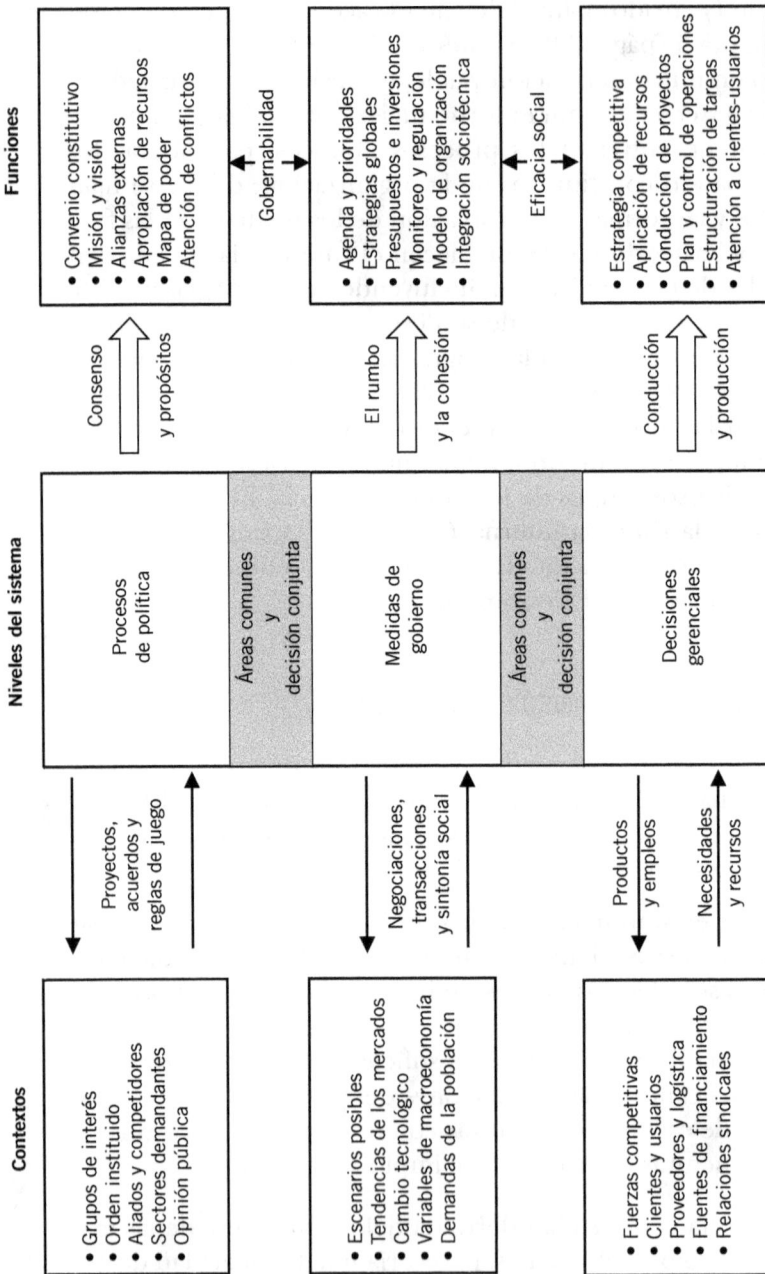

Figura 5. La función de gobierno en un sistema viable.

trata de darles lugar a los gerentes que han tenido un desempeño exitoso en el logro de sus metas financieras, comerciales o productivas. ¿Por qué no preparar gerentes para brindarles mayor amplitud de miras y permitirles una adecuada lectura de los escenarios futuros? ¿Por qué no ofrecerles los conocimientos necesarios para que adquieran la capacidad de gobernar? ¿No se trata de un problema de capacitación?

La visión gerencial implica pensar de un modo eficaz, eficiente o económico. Y esto es importante, pero no es todo (en especial frente a crisis y conflictos). Importa porque permite que la asistencia de un proyecto social llegue mejor y a mayor cantidad de necesitados. Se puede avanzar en esta manera de administrar y enriquecerlo, para disminuir sus limitaciones o sus efectos disfuncionales. Es posible incorporar a la propia población en las tareas de distribución, para agilizarla. Pero la gerencia no puede dejar de pensar en la economía de recursos, en la eficacia y el desempeño.

Esta explicación no constituye una forma de condena profesional. Un gerente puede "crecer" en sus modos de operar, mejorar sus métodos de decisión, su comunicación y sus sistemas de información y control. Puede ser un gerente idóneo y actualizado, ser competitivo respecto de sus pares en otras instituciones. Pero también puede intentar el salto y seguir carrera hacia los niveles de gobierno. ¿Por qué no? El tema es que no se trata de más de lo mismo, sino de recurrir a otros enfoques de la realidad. La capacidad de gobierno no es un paso más refinado en la tarea de administrar, es utilizar otra visión de la organización.

Para acceder a las tareas de gobierno, el gerente deberá superar sus propios bloqueos y esquemas mentales, sus prioridades en el momento de la decisión. Algunas situaciones que hasta ahora consideraba como obstáculos serán parte de su realidad cotidiana y deberá aprender a convivir con ellas (los factores de poder en el contexto). También deberá convivir con nuevas actividades, como el debate ideológico, la concreción de alianzas, el arbitraje entre grupos internos o las campañas para la instalación de imágenes de la organización en su contexto. Son procesos que no tienen una estricta explicación técnica.

Desde el gobierno el nuevo directivo deberá salir a lograr adhesiones y conquistar voluntades. Y estos no son procesos que tengan una estricta explicación técnica al estilo del cálculo del insumo-producto. Se "invierte" en el diálogo y las relaciones para ampliar la base que sustenta a la organización, no para mejorar las cifras del balance. El gobernante estará preparado para manejarse en situaciones ambiguas o conflictivas, donde no podrá simplificar o negar los factores en pugna, sino que tendrá que buscar una salida negociada. Son actividades que se entienden como elementos en una estrategia de diseño de un mapa del poder y una búsqueda de equilibrio entre fuerzas, antes que como una estrategia de producción o comercialización para el mercado.

7. De la decisión gerencial a las medidas de gobierno

Las tareas en el nivel de gobierno significan una discontinuidad conceptual en relación con las funciones gerenciales. No todo pasa por la racionalidad técnica o instrumental (relación medios-a-fines) o la relación costo-beneficio. Aparece el concepto de agenda, que se refiere a las prioridades sociales y políticas. También surgen temas con otro nivel de racionalidad (finalista), como la capacidad de replantear y adaptar los objetivos a los cambios ambientales, la posibilidad de imaginar nuevos escenarios y negociar con instituciones del medio. Se incorporan nuevos indicadores y la capacidad de evaluar los resultados de cada proyecto o unidad de negocio en función de los múltiples propósitos políticos, sociales y económicos de la organización.

En el dominio del gobierno, el crecimiento es del conjunto y sobre bases sólidas, no sobre éxitos transitorios. Importa crecer en el marco de un proceso de continuidad, estabilidad y en función del conjunto. Se requiere una rigurosa capacidad de trabajar en el marco de situaciones de crisis o conflictivas, hacia dentro y hacia fuera. La responsabilidad del gobernante es, por medio del diálogo y la negociación, ubicar las oposiciones en un marco superador, sin ganadores ni perdedores definitivos, porque las relaciones deben continuar, mejoradas.

La gerencia, al decidir, analiza los cursos de acción, trata de ser racional y para ello recurre a ciertos criterios o pares conceptuales, tales como factible-impracticable (capacidad disponible), eficiente-ineficiente (recursos insumidos), eficaz-ineficaz (relación con las metas), seguro-riesgoso (información disponible), programado-no previsto (normalizado). Este tipo de análisis da prioridad a los caminos que permiten lograr las metas con una aplicación económica de los recursos disponibles. La visión del contexto es la de un mercado o una población que debe ser atendida y es una fuente de recursos mediante el intercambio de bienes.

En el proceso decisorio del gobierno aparecen otras bases de racionalidad que son cualitativamente diferentes de las presentes en el análisis económico. En dichas decisiones intervienen pares conceptuales opuestos, como acordado-no discutido, conflictivo-armonizador, aceptado-impuesto, cohesivo-disgregante, fuerza mayoritaria-expresión minoritaria, posición sectaria-visión de conjunto. Un tema básico es el criterio de apropiación y asignación de recursos; por ejemplo, si los empleados tienen o no participación en los ingresos o las ganancias, y el criterio para el reparto o la distribución, si fuera el caso.

Las medidas de gobierno tienen el estatus de políticas o guías que fijan el rumbo y orientan las acciones de las gerencias específicas, de los proyectos o las unidades de negocio. No tienen que ver con el logro de resultados en el corto plazo, sino con el marco de referencia para las operaciones. Se preocupan por la continuidad y los procesos de revisión de las bases del acuerdo entre los participantes y se expresan en forma de objetivos y proyectos compartidos. La unidad no es algo completo o realizable en plenitud, porque vista desde el gobierno la organización aparece como un sistema complejo donde coexisten proyectos diversos, unidades de negocio y espacios de poder que buscan instalar sus propios intereses.

En ciertas organizaciones, estas capacidades tanto de naturaleza política como de gobierno y administración de proyectos se conjugan en una sola figura, en un cargo u órgano directivo. En estas organizaciones dichas funciones no están separadas o ubicadas en distintas posiciones de la estructura, por ejemplo, cuando se integran en la persona del propietario en una empresa unipersonal o en la conducción de una explotación familiar pequeña, como también en la conducción de un proyecto autónomo o autosustentable.

En estos casos, la misma figura desempeña múltiples roles e integra la política con la operación y la praxis cotidiana. Esta función integrada puede asimilarse a la llamada *dirección* o *liderazgo estratégico*. Se trata de un concepto que marca la importancia de la visión compartida y el reconocimiento hacia los directivos tanto desde los grupos internos como desde la población atendida. Es *estratégico* en el sentido de que no depende de los reclamos de sus seguidores, sino que construye nuevos objetivos a partir de su visión de los escenarios futuros.

En la medida que crece la organización o el proyecto y aumenta la incertidumbre ambiental, también se hacen necesarios los procesos de diferenciación interna en el plano de la conducción y los procesos decisorios. Son una necesidad organizacional, tanto por el cambio en la dimensión como en la naturaleza de los objetivos y proyectos. Un programa de salud para un grupo localizado no se puede repetir para atacar un problema de nivel nacional.

Desde el gobierno, con la mente abierta hay que reconocer, prestar atención y dar lugar a distintas lógicas de los actores, sus formas de pensar e intereses también específicos. No se trata de uniformarlos detrás de objetivos comunes, sino de lograr la unidad en la diversidad de ideas que coexisten en el sistema. Aparecen las cuestiones de gobernabilidad en un entorno cambiante. Para crecer, son muy importantes los procesos de participación, legitimación y credibilidad en las relaciones con el contexto.

B. El buen gobierno

8. El gobernante y las situaciones de crisis

La función de gobierno tiene la responsabilidad de tratar con la inestabilidad en lo interno y la incertidumbre externa. Debe afrontar las crisis que sobrevienen en los períodos de cambio, las relaciones opuestas, los conflictos intergrupales. No son temas para la gerencia ni para los niveles de operación. Se requiere una cuota de poder, de representación y acceso a los recursos que es propia del gobierno. La tarea no consiste en "resolver el problema", sino en revisar los acuerdos y negociar los puntos de contacto o intereses que son comunes a las partes.

Tratar las crisis como actividad recurrente de los gobernantes implica reconocer que la propia estructura de la organización plantea en sí misma contradicciones que estallan de tiempo en tiempo. Oposiciones que están presentes no por error o por mala voluntad, sino debido a la diversidad de grupos que componen la organización y que presionan para avanzar en la estructura de poder o para instalar sus ideas. También por la falta de congruencia en las demandas o presiones que vienen del contexto (clientes, inversionistas, proveedores, oficinas de impuestos, sindicatos).

Vemos aquí la diferencia con la actitud gerencial; frente a la ambigüedad, la diversidad o las oposiciones, los ejecutivos deben simplificar y tomar el camino más corto, porque los gerentes deben ser prácticos y dar prioridad a los resultados. Incluso se los valora por su capacidad de pasar a la acción. En un proceso mecánico o fabril esto puede ser una ayuda, pero en una institución social, dedicada a la salud, la familia o la educación, esa praxis también genera y deja muchas heridas que tardan en cicatrizar. Cuando menos deberían desarrollarse mecanismos que permitan aprender con la reflexión y la experiencia, pero esto no deja de ser un dispositivo caro (en todo sentido). A ello se refiere la bibliografía sobre gerencia cuando habla de las *organizaciones que aprenden*. Además, para reflexionar hay que disponer de un modelo comparativo y no sólo de información sobre los costos.

En la realidad cotidiana (no en la academia) se reconoce que los ejecutivos no están para discutir sobre cuestiones de política, lo que no implica que las ignoren. Es común que ellos vean las crisis, las confrontaciones y los conflictos como obstáculos para la operación. Desde esta perspectiva, las crisis se consideran una expresión del desorden, constituyen un desvío de energías desde el proceso productivo, quitan competitividad a la organización y, por tanto, deben ser evitadas, ocultadas o bien "solucionadas" (y ya sabemos lo que una solución efectiva significa en términos de equidad o de relaciones humanas).

Desde las posiciones de gobierno se hace otra lectura de las crisis y las oposiciones. Son un momento de decisión, de aclarar posiciones. Es posible que sean una oportunidad para darle dinamismo al sistema, aumentar la creatividad, no postergar decisiones que deben tomarse, actualizar la agenda con temas prioritarios. Enfrentar las crisis con el criterio de la rentabilidad o de la eficiencia de los procesos es más de lo mismo; es como arrojar combustible para apagar el fuego. Por ejemplo, la oposición de los empleados a los nuevos métodos productivos que traen desocupación requiere algo más convincente que un discurso sobre la modernidad o el cambio tecnológico inevitable.

Las crisis no siempre son producto de la imprevisión, sino que representan la emergencia de fuerzas que han estado postergadas o ignoradas; por ejemplo, las ideologías que han sido discriminadas o reprimidas desde el poder. También muestran la existencia de criterios disímiles que están actuando sobre la misma realidad, como cuando se avanza en la uniformidad y especialización de tareas al tiempo que se demanda creatividad en los individuos. También se pide esfuerzo continuo y compromiso, al tiempo que la relación laboral se hace flexible y transitoria. No son criterios complementarios, sino contrapuestos. La función de gobierno es necesaria frente a esta realidad dual, donde se instalan criterios que no concilian y crean ansiedad e incertidumbre en individuos y grupos.

Para una organización en crecimiento, la función de gobierno es la instancia donde se atienden esas fisuras o desajustes en la estructura, porque también allí (en el rol de los gobernantes) se supone que está la visión de futuro y de conjunto; por ejemplo, las divergencias entre sectores tradicionales y renovadores no se disuelven (son una constante) pero pueden darse a luz, ponerse de manifiesto y debatirse. La idea es desplazar las oposiciones hacia el plano de lo aceptable, hacia una realidad con diferencias y no con oposiciones irreductibles.

Esta visión de futuro, referida a la organización en conjunto y los intereses más generales antes que a la protección de sectores de privilegio, es propia de la función de gobierno. En este sentido, los gobernantes deben guiar y controlar las decisiones y operaciones de los ejecutivos. Estos últimos, en su afán de aumentar los resultados de los balances, también pueden llevar hacia la discriminación y la exclusión de individuos y grupos en la empresa. No por razones ideológicas, sino como derivados de los procesos de tecnificación y racionalización de las tareas.

Como ejemplo de la irracionalidad de los ejecutivos cuando se ponen a optimizar los recursos podemos mencionar las políticas de personal. Es el caso de las decisiones que llevan a despedir a empleados con familia numerosa. Ello se hace considerando las mayores cargas financieras que significan para la empresa y se aplica sobre los mismos individuos a quienes los directivos les han pedido lealtad y colaboración. O la determinación de marginar de las decisiones a los individuos expertos con edad avanzada, por considerar que hay una relación directa entre su edad cronológica y una supuesta resistencia al cambio.

Las decisiones mencionadas son ejemplos de discriminación o marginación, aunque no lo vean los ejecutivos superados por la necesidad de sobrevivir en un entorno competitivo. Con el pretexto de mejorar los rendimientos, se aplican prejuicios antes que razones válidas. Es ahí donde la función de gobierno debe velar por el respeto a los derechos y los principios, antes que por los dictados del corto plazo, el pragmatismo y la conquista de los mercados. Un gobierno razonable debe moverse en el campo de lo permitido; es responsable por las reglas de juego democráticas. Ese es el sentido de la gobernabilidad: actuar como guía y mantener el control, sin recurrir a la fuerza y otras formas de autoritarismo.

9. Agenda del gobernante: los temas vitales

Quien accede a la función de gobierno encuentra que no todo es cuestión de aumentar la eficacia de los procesos, de lograr las metas o ubicarse por encima de los competidores. Hay una toma de conciencia respecto de que los clientes son actores y demandantes, que los empleados no son dependientes sino agentes, que los proveedores dan continuidad y mantienen el sistema, que los inversionistas ponen condiciones a los objetivos de la empresa, que hay instituciones que establecen y supervisan las reglas de juego, que existen pautas culturales que atraviesan el sistema. Cambia el contexto de la observación.

Al llegar al gobierno o mirar desde la posición del gobernante, los directivos se encuentran con la necesidad de cambiar su perspectiva y pasar a analizar un escenario interno y externo que es diferente del que han conocido desde las posiciones de operación. Cambia la relación entre lo urgente y lo importante, y lo subyacente (como algunos conflictos) no puede ser ignorado. Más concretamente, el directivo que accede a una función de gobierno se encuentra con una realidad en la cual:

a) ya no es suficiente colocar los productos y posicionarse en el mercado, sino que también debe lograr que la organización sea legitimada en su contexto, es decir, que sea aceptada considerando la misión que se propone cumplir;

b) no alcanza con objetivos comerciales o financieros, sino que la organización debe responder a los compromisos adquiridos con distintos grupos de poder en el momento del acuerdo o consenso original y en los contratos sucesivos;

c) no basta la experiencia o el conocimiento técnico o profesional para conducir, porque los cargos de gobierno se sostienen sobre la base de una representación que se concede desde el núcleo político y los grupos de base en la organización;

d) hay una realidad conflictiva porque la estructura define cargos y funciones y no es sólo una forma de organizar, sino también de otorgar autoridad y recursos que distintos sectores se consideran con derecho a manejar o consideran como propios;

e) los medios y los comportamientos importan tanto como los propósitos; no es admisible mentir para aumentar la circulación de un periódico o fomentar la ignorancia para conseguir votos en una contienda electoral. Sobre la imagen del gobernante pesan los criterios de credibilidad, representatividad y confiabilidad, y

f) las decisiones enfrentan un ambiente de ambigüedad o contradicción, en el sentido de que las políticas resuelven algunos problemas, pero también crean otros nuevos. No se trata de buscar la mejor alternativa, sino de mantener equilibrios entre poderes.

El gobernante toma nota o se ha preparado para comprender que es parte de un espacio de poder donde confluyen múltiples fuerzas, y no de un rol técnico predefinido en un organigrama. Cuando decimos que la función de gobierno es representativa, significa que (en un modelo democrático) el directivo requiere lograr sustento de las bases (asociados, afiliados, usuarios) o del núcleo político, y no apoyarse solamente en una designación o un reconocimiento formal o de carácter burocrático.

En este marco, la idea de un gobierno sólo en la imagen o apariencia, para encubrir los factores de poder, no es congruente con el modelo democrático de gestión. Es cierto que el gobernante se puede instituir desde ciertos grupos de interés dominantes que intentan poner a uno de los suyos en la conducción. Pero sobre esta base es difícil (además de indeseable) lograr adhesión o compromiso.

La máscara de un gobierno preocupado por las necesidades del entorno suele caerse a la hora de fijar prioridades en la distribución de recursos o debatir sobre la equidad de las medidas de política. Porque si hay una máscara, es señal de que hay un interés sectario o un intento de manejar la opinión pública. En esta forma de gestión, el gobernante, luego de ser instituido en el cargo, también deberá recurrir a la fuerza para avanzar con sus decisiones. Esto es particularmente incongruente en el ámbito de los proyectos sociales.

Es también en la función de gobierno donde se definen y se sostienen los principios básicos, los valores y las creencias de la organización. No es que se inventen allí, sino que en los espacios de gobierno se sintetizan las creencias y convicciones que emergen de los procesos culturales internos y también de los valores dominantes en el contexto. En este nivel se declara y se pone de manifiesto la voluntad de ajustar decisiones y acciones a principios tales como la igualdad de oportunidades, la libertad de expresión, la equidad en las políticas y el respeto a los derechos humanos.

Es responsabilidad del gobierno la creación de los espacios aptos para debatir la medida en que la estructura y las políticas de la organización avanzan sobre las libertades individuales y cómo se atienden o se postergan las legítimas demandas de la población. Es ahí también donde se discute y se explicita la cuestión ética, el tema de la integridad, la transparencia y el respeto de los valores sociales en las acciones de los participantes, en particular los criterios y formas de evaluación de las conductas de los propios gobernantes. Desde el gobierno debe darse el ejemplo. En el gobierno se construye el modelo de la organización deseada, pero también los gobernantes son un espejo de la organización, tal como funciona.

10. El gobernante y la visión de futuro

Hemos dicho que el gobernante fija el rumbo, y lo hace porque tiene una imagen del futuro deseado y del lugar de destino. Tiene por tanto no sólo planes, sino una visión que lo guía. No se trata de una profecía y tampoco el producto de una iluminación personal. Es una capacidad de imaginar escenarios futuros en los cuales la organización tendrá un rol importante que desempeñar. Es imaginar la organización o alguno de sus grupos operando en ese futuro y de allí inferir los cambios en las condiciones actuales y el camino que se ha de seguir para llegar al destino imaginado. Hay en este proceso una dosis significativa de creatividad. La visión no es un tema que pueda entenderse desde el plano de la tecnocracia.

La visión, que comienza como una lectura personal del gobernante, se transforma en una capacidad de la organización cuando logra la adhesión de los integrantes. Se convierte entonces en una visión compartida. Esto no se logra por la vía de la imposición; requiere de parte del gobernante la capacidad de conmover y convencer a los individuos y grupos sobre la posibilidad de construir el futuro. Si el futuro se impone desde el poder, la colaboración no es posible y dependerá de los recursos que maneje el gobernante. Por su parte, ello llevará a una actitud calculada o interesada de los individuos.

De poco vale la visión si no es acompañada de una actitud de compromiso por parte de los individuos en la organización o en el proyecto. Aquí es donde se conecta la figura del gobernante con la figura del líder y con los procesos de liderazgo, porque el directivo debe crear una relación transparente y una comunicación de ida y vuelta con los individuos. A la visión o propuesta del gobernante-líder le corresponde una respuesta del grupo: "hacia allí también estamos dispuestos a ir". No es pura mística, sino una actitud propia de quienes demandan conocer el futuro antes de iniciar el camino.

La visión es una actitud proactiva. Para hacer más de lo mismo no hace falta ser visionario, sino tener buena memoria. La visión es una imagen y conceptos que implican discontinuidad en las formas de hacer y pensar, el replanteo de la relación con el medio, la innovación en productos o prestaciones, en los usuarios o en el alcance de los servicios. A partir de allí, los directivos son puestos a pensar qué hace falta cambiar ahora para llegar a la situación deseada donde la visión se convierte en realidad. La visión se transforma en una fuerza motivadora y el gobernante adquiere el rol de emprendedor (dentro de la organización) porque logra impulsar o desencadenar decisiones para reinventar los negocios o proyectos.

Por ejemplo, es la visión de un director de escuela que imagina su organización funcionando en red con otras instituciones del mundo, con un proceso de actualización continua en sus enseñanzas, con actividades en múltiples idiomas que ponen en relación directa a los alumnos de esas instituciones tanto para compartir sus vivencias locales como para realizar trabajos en conjunto. O un médico que desde un hospital imagina un proyecto de salud que no requiere sacar al paciente de su núcleo familiar y le brinda todos los servicios necesarios en su propio hogar. O la visión del dirigente de una comunidad pauperizada que imagina su integración por medio de un proyecto que aprovecha sus capacidades productivas, que le permitirá crecer y salir de su pobreza.

El futuro deseado también se manifiesta o expresa formalmente declarando las misiones de la organización. La misión se refiere a la relación deseable entre la organización y su contexto. Expresa los servicios que se habrán de prestar a la comunidad. El concepto de misión refleja una manera de ver a la organización desde fuera hacia dentro. Es verla como una de las maneras de las que la sociedad civil se vale para resolver sus necesidades y problemas de convivencia. En este juego de interacciones, la organización es un factor de cambio para la sociedad en que actúa (influye en las formas de vida), y a su vez el medio social influye y condiciona los cambios a través del orden instituido que atraviesa las organizaciones.

La misión es una forma de legitimar la organización, la empresa o el proyecto porque se supone que está planteada para su aceptación por el medio social. No responde a los intereses de los grupos fundadores, sino a las necesidades del conjunto social. Una misión de un centro de salud es brindar atención médica a quienes lo necesitan, sin hacer mención de su poder adquisitivo, sin tratar a los ciudadanos como clientes o como una fuente de recursos. Lo que importa es satisfacer las demandas de salud.

La misión contesta a la pregunta sobre la razón de ser de la organización en términos de propósitos y no de orígenes o fundamentos. No dice de dónde viene, sino hacia dónde se dirige. Y quien la asume como propia es el gobierno; por ejemplo, si un proyecto se propone ayudar a los individuos a prepararse para obtener empleo o es sólo una asistencia para sobrevivir. Podemos preguntarnos si la misión de una escuela es brindar elementos para pensar y entender o sólo proporciona técnicas para una salida laboral. Este análisis es definitorio a la hora de plantear alternativas o proyectos en la organización, porque legitima o justifica la posterior definición de prioridades y asignación de recursos presupuestarios.

Desde el punto de vista conceptual, decimos que el gobierno tiene una misión (compleja) que llevar a cabo, que juega como un compromiso por el cual deberá responder frente al entorno. La idea es que el gobierno es el ámbito desde donde se deben rendir cuentas sobre la medida en que está cumpliendo con los objetivos de conjunto y la corrección de las decisiones de política. Definir un rumbo deriva en un compromiso para el gobierno, una decisión que lo envuelve. No cumplir con la misión es no cumplir con la responsabilidad social de la organización.

11. Buen gobierno, fisuras y desgobierno

La función de gobierno muestra diversos grados de efectividad y sustento o reconocimiento. Puede estar firme o cuestionada, ser creíble o caer en el descrédito, estar preparada o carecer de recursos suficientes frente a la creciente demanda de su entorno. Además, las unidades de gobierno suelen combinar potencias y debilidades porque trabajan sobre una diversidad de temas sociales, políticos y económicos. Esto lleva a una realidad con retrocesos y avances simultáneos; por ejemplo, las políticas de ajuste agregan competitividad, pero también desempleo. Si tomamos como factores de análisis la capacidad decisoria y la preocupación por atender las demandas internas y externas, podemos hacer diversas evaluaciones del gobierno, tal como se señala a continuación:

a) La *gestión efectiva,* cuando los gobernantes cumplen con la misión social y los objetivos operativos de la organización. No es sólo una cuestión de eficiencia y productividad. Es efectiva por cuanto no existen fisuras en el frente interno (cohesividad) y se genera suficiente confianza en los actores externos (credibilidad). El gobierno a través de sus políticas articula los esfuerzos de las unidades de operación y atiende las legítimas demandas del contexto.

b) La *gestión ambigua* o de corto plazo, que no fija una orientación definida sino que va cambiando sus prioridades de acuerdo con las exigencias que plantean los distintos grupos de interés o de presión. En lugar de planear las decisiones y guiar a los ejecutivos, el gobierno actúa en forma reactiva frente al hecho consumado con el fin de legalizar o reconocer una realidad que lo supera. Es también una forma de coordinación anárquica donde se deja que "los actores resuelvan los problemas" en sus cambiantes relaciones de fuerza.

c) La *gestión nominal* o declarativa, más preocupada por el diagnóstico y por la continuidad de los directivos que por resolver las demandas concretas que se hacen a la organización. Es una gestión meramente discursiva (que no lleva a la acción) y representa un vacío de gobierno. Puede deberse a la falta de recursos, al peso de los grupos burocráticos o a la insuficiente preparación de los directivos para tomar decisiones de política.

d) La *gestión sectaria* o partidista, saturada por la excesiva politización de las decisiones, donde los gobernantes están más preocupados por las luchas internas y los equilibrios de poder entre los grupos influyentes, que por asegurar la prestación de servicios en las condiciones que requieren los usuarios o beneficiarios. Como las energías están puestas en dirimir las diferencias internas, no se tocan cuestiones de fondo, como los temas de equidad, desigualdad o exclusión social.

e) La *gestión inconexa* o fragmentada, donde los distintos grupos de interés o representativos que componen el gobierno se fracturan y optan por repartirse los temas de política en áreas específicas sin coordinación entre sí; es el caso de la gestión bifronte o de muchas cabezas. Por ejemplo, cuando la política de capacitación o de carrera se aísla de las decisiones en materia de retribución. El resultado son empleados recorriendo distintas oficinas para resolver sus necesidades en el trabajo. También los usuarios o clientes deben deambular por las oficinas para obtener servicios o hacer respetar sus derechos.

Hay factores que hacen al buen gobierno, que define un rumbo, dispone de políticas concertadas, articula los esfuerzos de los agentes y se preocupa por las necesidades de los destinatarios finales o beneficiarios del sistema. No se trata de entronizar una función dominante en la estructura para imponer sus decisiones sobre las restantes unidades, sino de orientar y arbitrar en un marco de respeto por la autonomía que requieren las unidades operativas. El respeto a las formas de autonomía en los centros de operación se relaciona con el concepto del buen gobierno, que no se impone ni delega la coordinación a las fuerzas del mercado.

La idea del *buen gobierno* se refiere a la gestión y formas de coordinación que se orientan a resolver las interdependencias entre grupos vinculados a un proyecto común. Incluye la tarea de arbitrar en las crisis y conflictos que surgen en las relaciones intergrupales. Es una búsqueda de formas superadoras y sinergia para los esfuerzos diferenciados. El gobierno lo hace sobre la base del diálogo, la comprensión y las negociaciones. Ello requiere una función de monitoreo por medio de macroindicadores que muestran los efectos de las decisiones de los agentes sobre la estabilidad y el crecimiento de la organización o proyecto en su conjunto.

En la versión de una gestión afirmada y efectiva, el gobierno representa a los grupos involucrados en la organización, hay un *sentido compartido* (el rumbo) y las políticas son tomadas como guía útil por las unidades ejecutoras. Las otras versiones de la gestión tienen que ver con el desgobierno en sus distintas formas. En la gestión nominal o ambigua hay un *sinsentido* (de conjunto) porque faltan proyectos comunes y cada sector razona en términos de sus propios intereses. En la gestión sectaria hay un *contrasentido* porque las luchas internas llevan a tomar decisiones que contradicen la misión y los objetivos de la organización.

En situaciones de desgobierno, en lugar de fijar un marco de referencia de política y conectar la organización con las demandas ambientales, los directivos crean un ambiente incierto, con necesidades insatisfechas y misiones que no se cumplen; por ejemplo, cuando los directivos de un hogar de ancianos piensan sólo como accionistas, no piensan en la razón de ser del hogar, ni disponen de proyectos compartidos que orienten y comprometan a los actores. En ese hogar los internados deambulan sin rumbo y quienes los asisten sólo controlan que no salgan del edificio (son "eficientes"). Esta organización con fines humanitarios y sociales pierde el rumbo y se convierte en un centro de represión y cautiverio.

El peligro propio del desgobierno es la desintegración o ruptura del tejido social en lo interno y la ausencia de apoyo externo para tener una "organización viable o sustentable". Cada área defiende sus posiciones y no hay posibilidad de hacer avances de conjunto. Se habla de una *crisis de gobernabilidad* cuando no hay poder reconocido en la conducción, ni posibilidad de lograr acuerdos que den legitimidad a las decisiones de los gobernantes. Las unidades que componen la estructura se desconectan por carecer de una política o guía central. Esas unidades se mueven buscando su autonomía, avanzan con sus estrategias y esto también las lleva a enfrentarse o superponer sus esfuerzos.

Por ejemplo, cuando falla el gobierno en un hospital, cada servicio interno de salud tiende a definir por sí solo el perfil de población atendida, la complejidad y calidad de la atención médica. Ellos no reconocen una autoridad o un criterio superador. El nivel de dirección más alto "colapsa" o recae sobre los sectores de ejecución. Los ejecutivos no pueden asumir la decisión global, pero de alguna forma tienen que continuar, aun sin rumbo compartido, porque los usuarios presionan; por ejemplo, el sector laboratorio deberá comprar los medicamentos que necesita para su tarea o pedir a los pacientes que traigan las medicinas. El colapso o la falta de una política de abastecimiento lleva a duplicar los esfuerzos y afecta la calidad de los servicios.

El colapso también puede deberse a que la unidad central de planificación y de control (el aparato burocrático del gobierno) demora en sus definiciones más tiempo que el admisible por la naturaleza de los servicios o la urgencia de los enfermos (el caso de una epidemia). El desgobierno no es un vacío físico, no es la falta de funcionarios sino una cuestión conceptual, de recursos y poder legitimado. Se refiere a una realidad donde los gobernantes no cumplen con su responsabilidad de conducción y no dan respuesta a los reclamos de la población.

El diagnóstico más profundo se refiere a una incapacidad para lograr acuerdos y tomar decisiones de política. El problema se manifiesta en el perfil de los gobernantes, las estructuras de gestión, la información disponible, el manejo de las prioridades y de los tiempos (las cuestiones de agenda). En estos casos hay una falta de capacidad para gobernar la organización. Si hay voluntad política y el objetivo es transformar la organización para satisfacer las demandas del entorno social, se requiere más que una reestructuración o nuevas tecnologías. Hace falta cubrir la brecha en la capacidad de gobierno; no sólo en la calidad de las políticas, sino en la posibilidad de guiar y movilizar los proyectos para llevarlas a cabo.

12. Las formas legitimadas de gobierno

Los conceptos de gobierno (como unidad de estructura), gobernante (la figura visionaria que conduce) y gobernabilidad (calidad de la decisión y sintonía con el medio) deben tener presencia tanto en el diseño de la organización como en el modelo de gestión, si se quiere un sistema que sea viable o sustentable, y también efectivo en sus prestaciones. No se trata sólo de un avance en lo tecnológico, sino también de un salto de carácter conceptual o cualitativo.

El concepto de gobierno implica pasar de un conjunto de grupos ordenados tras objetivos predefinidos hacia una visión de la organización como un espacio complejo, donde coexisten acuerdos, tensiones y divergencias. Un orden que se establece mediante la unidad en la diversidad. La organización en esta realidad compleja (aceptada como tal) requiere articular esfuerzos: *a)* en el plano de la práctica, porque operan unidades con alto grado de autonomía, y *b)* en el plano de lo simbólico, para disponer de un contexto de significación compartido.

Hablamos de un salto cualitativo porque se concibe la organización desde otro esquema conceptual. Significa pasar desde una lectura o análisis que se basa en la racionalidad instrumental de las decisiones y acciones (los gerentes buscan los medios correctos) hacia una realidad donde los directivos deben evaluar y revisar los objetivos en forma continua, para cuidar la legitimidad y el consenso de las decisiones de política (la racionalidad sustantiva).

En este nuevo esquema, los propósitos no son "dados" ni "establecidos" en un sentido jerárquico porque requieren sustento interno y externo, y no el recurso de la imposición o el control personal desde la autoridad. Mediante un diálogo abierto se requiere evaluar en qué medida los intereses o las posiciones de los diferentes grupos que componen la organización están adecuadamente representados a la hora de tomar las decisiones de política.

No es lo mismo imponer una solución que la voluntad y la capacidad puestas al servicio de un diagnóstico amplio en cuanto a los propósitos y profundo en cuanto a las motivaciones subyacentes. Frente a los efectos disfuncionales de los programas de ajuste o racionalización, desde la óptica del gobierno es posible buscar una malla de seguridad o de contención para resolver los casos de injusticia o inequidad. Es difícil para la visión de los gerentes, porque ellos no controlan la compleja trama de factores, pero deben responder por el logro de metas concretas en el corto plazo.

La complejidad hace que el gobierno deba tratar con las oposiciones entre lo manifiesto y lo subyacente, lo planeado y lo emergente, lo urgente y lo importante, la transición y lo permanente, los intereses sectoriales y los objetivos generales, las fuerzas burocráticas y las necesidades de innovación, la eficiencia económica y sus efectos indeseables o impensados en el plano de lo social. Desde la mirada de gobierno no son temas de coyuntura, sino tensiones y dilemas que están en la base de la organización y que no pueden ignorarse o simplificarse utilizando una mirada "ordenadora", ni razonando sólo con el esquema de medios-a-fines.

Pensamos en un modelo que hace viable a la organización, le da continuidad y le permite sostenerse. En esta propuesta, el gobernante no se aísla, no vive en una torre de marfil. Las medidas de gobierno reconocen temas y espacios que son propios, como la formulación de la agenda de prioridades, la representación de la empresa en el contexto y la construcción de un contexto de significación compartido al interior de la organización.

El modelo no es excluyente ni hegemónico. También admite la existencia de espacios y problemas comunes que llevan al diálogo entre los roles políticos, de gobierno y el *management*. Es ahí donde el gobernante busca coherencias y convergencias, para que la organización no sufra excesos derivados del poder, de la politización o de los enfoques tecnocráticos; por ejemplo, los intereses de los laboratorios no deben afectar la calidad de la atención de un hospital.

Considerando la diversidad de actores y grupos, el gobierno debe cumplir una función de enlace hacia dentro (entre sectores de la estructura) y hacia fuera (respecto del sindicato, proveedores o inversionistas). Esto incluye temas como negociar un nuevo convenio laboral, la fusión con otras empresas, los criterios para incorporación de personal o la composición del presupuesto general (prioridades en la asignación de recursos). Son decisiones donde la tarea del gobierno es marcar el camino, pero cuidando la intersección o puntos de acuerdo entre fuerzas e intereses diversos, que componen y sostienen a la organización en lo interno y respecto del contexto.

Finalmente podemos hacer referencia a los peligros o dilemas que enfrenta y debe superar la función de gobierno, sus propias limitaciones y posibles excesos. Nos referimos a problemas como la pérdida de estabilidad debido al poco diálogo con las fuerzas actuantes, la falta de claridad o transparencia en el rumbo, el sectarismo o la excesiva politización de las decisiones, la exclusión y discriminación de ciertos grupos indefensos, la poca efectividad en la respuesta a las legítimas demandas de la población que la organización debe atender.

Para enfrentar estos dilemas que atraviesa la empresa hacen falta aptitudes, actitudes y saberes específicos. Se necesita explicitar las oposiciones en lugar de ocultarlas; reconocer las fuerzas que operan en el aparente desorden y ver la "lógica" y el sentido de esas fuerzas, en la medida en que son producto de la propia organización y sus contradicciones internas. El gobierno debe encontrar el camino aceptable para enfrentar la relación orden-desorden (como controlar a la vez que defender las libertades). Es un *mix* que siempre está presente y que se resuelve con prioridades de política (la visión de conjunto) y las medidas de compensación para quienes resultan postergados en forma temporal.

Los dilemas de gobierno frente a las relaciones dialógicas (como el orden-desorden, permanente-transitorio, interés general-fines personales) tienen que ver con la existencia de objetivos múltiples y presiones opuestas desde el contexto. Son situaciones donde una decisión afecta en forma positiva y negativa distintos propósitos de la organización; por ejemplo, la decisión de redimensionar o racionalizar la empresa beneficia a ciertos individuos o grupos, al tiempo que condena a otros. Y no es razonable hablar de los *costos de la decisión* cuando están en juego principios como la dignidad del trabajo. Se requiere una lectura sociopolítica de estas relaciones no complementarias.

Con el concepto y la praxis del gobierno de las organizaciones se intenta ir más allá de las metas económicas y las prácticas del ajuste financiero. Es una visión amplia e integradora de los objetivos empresariales y su relación con el medio, tal como sus directivos predican al hablar del credo o los principios de la empresa o asociación. Declaraciones que deberían abandonar el plano de la retórica y verse reflejadas en la praxis. Desde nuestra visión, tanto el concepto de gobierno como el de gobernabilidad se refieren a modelos que producen y se sostienen en un medio democrático. La visión de la gobernabilidad pondera la eficacia de los servicios considerando no sólo los resultados del balance, sino también la calidad de las prestaciones, la equidad en las relaciones y el aporte al desarrollo social.

Resumen

La noción de gobierno se aplica en las organizaciones para hacer referencia a la necesidad de hallar un equilibrio en las relaciones de poder, para poner en sintonía el sistema con el medio social y articular un proyecto compartido (un interés general) sobre la base de partes diferenciadas. No es lo mismo que conducir una organización pensando en sus objetivos de rendimiento y crecimiento. En este sentido diferenciamos entre el gobierno y el *management*, con sus propias prioridades, lógicas y formas de razonamiento. En las organizaciones, para lograr un equilibrio entre los grupos de interés, los factores de poder y las legítimas demandas ambientales, se requiere una visión que excede los criterios de eficiencia y eficacia. La concentración del poder en la cima (problema de política), como el enfoque racional-económico del *management*, nos indican la necesidad de una visión superadora para la gestión organizacional.

Un sistema viable requiere una función de gobierno que logre consenso sobre los fines prioritarios, que atienda las legítimas demandas de la sociedad y que defina proyectos de interés general por encima de los enfoques parciales de los grupos de interés que actúan en la organización. Es una función trascendente que también debe superar las propias tendencias de los procesos políticos a derivar en el dogma ideológico y las luchas por el poder. Los directivos en la función de gobierno transitan por un angosto sendero, caminando entre presiones internas y externas que deben resolver con un criterio superador basado en el interés común. Nuevamente aparece la figura de la unidad en la diversidad. Para no perder el rumbo deben evitar tanto la politización de las decisiones como la sobredosis de eficiencia que propone la tecnocracia. Esto es particularmente crítico en las unidades que prestan servicios esenciales a la sociedad civil en el área de la salud, la educación o la justicia.

En sus orígenes el conocimiento sobre gerencia se relacionaba con las tareas de planificación, organización y control de las operaciones. Se refería a una gerencia que se movía en ambientes previsibles, o tenía fuerza para convertirlos en tales (las grandes corporaciones, las líneas de montaje, las burocracias). Un marco donde las tecnologías cambian en tiempos lentos, sin urgencias para la organización, con espacios para pensar. Las organizaciones crecen en sí mismas, con su producción y su propia demanda, y no en la confrontación con otras. Con el tiempo, el ambiente de los negocios se ha ido complicando. Las reglas de juego son cambiantes, se acortan las distancias y se superan las barreras de comunicación. La tecnología requiere grandes inversiones y mercados masivos, en un entorno turbulento. Se hace difícil la predicción de escenarios porque los jugadores se mueven mirando los movimientos de los demás. Sin embargo, hay que seguir tomando decisiones que comprometen la organización hacia el futuro (las inversiones, los nuevos productos).

Para la organización, vivir en estado de crisis y bajo presión tiene altos costos sociales, y ello afecta la continuidad de la empresa.

Frente a esta realidad los socios, accionistas, afiliados o propietarios (el núcleo político) intentan mantener el control y buscan escenarios menos conflictivos. Aparece el concepto de gobierno como el nexo o enlace entre los intereses y la voluntad política de los propietarios, por un lado, y la ejecución o la producción, por el otro. La idea de gobernabilidad amplía el concepto de eficacia o desempeño de los directivos. Incorpora en la gestión la evaluación de los medios utilizados (los códigos y valores), el respeto a las pautas acordadas (la credibilidad), la evaluación de las relaciones internas (diferencias aceptadas) y el reconocimiento obtenido en el entorno social (legitimidad). El gobernante imagina escenarios futuros y formula las estrategias de crecimiento. La idea de gobierno no se limita a la función pública. El término *kubernetes*, en su sentido originario, habla de quien mantiene el timón de la nave que impulsan los remeros. Tiene que ver con la visión, con la idea de fijar el rumbo y adaptarlo a realidades no previstas.

Para resolver las crisis del crecimiento, la organización y sus directivos deben desarrollar unas capacidades que le permitan: *a)* ponerse en sintonía con las legítimas demandas sociales de su entorno, de sus clientes o usuarios, la población atendida, los actores sociales, los grupos de interés, de opinión u organismos representativos, y *b)* tener una visión centralizada y suficiente capacidad crítica sobre los alcances y las limitaciones del propio modelo de gestión, y de esta manera avanzar con los cambios necesarios en las estructuras internas para cumplir sus misiones. Desde el gobierno, el nuevo directivo deberá salir a lograr adhesiones y conquistar voluntades. Y estos no son procesos que tengan una estricta explicación técnica al estilo del cálculo del insumo-producto. Se "invierte" en el diálogo y las relaciones, para ampliar la base que sustenta la organización, no para mejorar las cifras del balance. El gobernante estará preparado para manejarse en situaciones ambiguas o conflictivas, donde no podrá simplificar o negar los factores en pugna, sino que tendrá que buscar una salida negociada.

Las tareas en el nivel de gobierno significan una discontinuidad conceptual en relación con las funciones gerenciales. Aparece el concepto de agenda, que se refiere a las prioridades sociales y políticas. La gerencia, al decidir, analiza los cursos de acción, trata de ser racional y para ello recurre a ciertos criterios o pares conceptuales, como factible-impracticable (capacidad disponible), eficiente-ineficiente (recursos insumidos), eficaz-ineficaz (relación con metas), seguro-riesgoso (información disponible), programado-no previsto (normalizado). Este tipo de análisis da prioridad a los caminos que permiten lograr las metas con una aplicación económica de los recursos disponibles. La visión del contexto es la de un mercado que debe ser atendido y que es una fuente de recursos mediante el intercambio de bienes. En el proceso decisorio del gobierno aparecen otras bases de racionalidad, cualitativamente distintas. En dichas decisiones intervienen pares conceptuales opuestos, como acordado-no discutido, conflictivo-armonizador, aceptado-impuesto, cohesivo-disgregante, fuerza mayoritaria-expresión minoritaria, posición sectaria-visión de conjunto. Un tema básico es el criterio de apropiación y asignación de recursos; por ejemplo, si los empleados tienen o no participación en las ganancias, y en ese caso, el criterio para el reparto o la distribución.

Pensamos en un modelo que hace viable a la organización, le da continuidad y le permite sostenerse. En esta propuesta, el gobernante no se aísla, no vive en una torre de marfil. Las medidas de gobierno reconocen temas y espacios que son propios, como la formulación de la agenda de prioridades, la representación de la empresa en el contexto y la construcción de un contexto de significación compartido al interior de la organización. Este modelo de organización y conducción no es excluyente ni hegemónico; es participativo. Admite la existencia de espacios y problemas comunes que llevan al diálogo entre los roles políticos, de gobierno y el *management*. Es ahí donde el gobernante busca coherencias y convergencias, para que la organización no sufra los excesos derivados del poder, la politización o los enfoques tecnocráticos; por ejemplo, los intereses de los laboratorios no deben afectar la calidad de la atención de un hospital. Decimos que el gobierno tiene una misión (compleja) que cumplir, y que ella juega como un compromiso por el cual debe responder frente al entorno. No cumplir con la misión es no cumplir con la responsabilidad social de la organización.

Cuestionario

1. ¿Cuáles son las decisiones que en una empresa privada se pueden asociar con la llamada *función de gobierno* y con el concepto de gobernabilidad?

411

2. ¿Por qué decimos que la gobernabilidad es un marco conceptual adecuado para enfrentar la creciente complejidad de las organizaciones?

3. ¿En qué consisten las diferencias conceptuales entre la idea del buen gobierno y la de gerencia efectiva de organizaciones?

4. ¿Cuáles son las funciones del gobernante que le permiten tratar con las tensiones, oposiciones y conflictos al interior de la organización compleja?

5. ¿Cuáles son las relaciones entre la definición de políticas de empresa y de estrategias corporativas, con la idea de medidas de gobierno?

6. ¿En qué sentido las tareas del gobernante son más amplias y complejas que la simple búsqueda de eficiencia y eficacia en las operaciones?

7. ¿Cuál es la visión y el método que utilizan los gobernantes para atender las relaciones conflictivas al interior de la organización y las demandas de un contexto agresivo?

8. ¿En qué consisten las bases de legitimidad, credibilidad y representación que sostienen a los directivos en sus posiciones de gobierno?

9. ¿Qué significa hablar del *rumbo compartido de la organización* cuando sabemos que en su interior operan una diversidad de fuerzas que se mueven tras sus propios fines?

10. ¿Cuáles son los aspectos positivos y negativos de la actividad política al interior de la empresa, qué demandas resuelve y qué nuevos problemas trae a la organización?

11. ¿Cuáles son las funciones de monitoreo, negociación y sincronización que sirven para caracterizar las funciones de gobierno?

12. ¿Qué proyectos pueden impulsar los propietarios o socios de una empresa para darles legitimidad a quienes la gobiernan y construir una organización democrática?

13. ¿En qué medida se puede pensar en una forma democrática como modelo para una empresa que se maneja en el mundo de los negocios?

14. ¿Cómo pueden coexistir las fuerzas que actúan en la lucha competitiva con los valores sociales que están presentes en la idea del buen gobierno?

15. ¿Cuáles son los recaudos por tomar para que la función de gobierno no sea un poder centralizador y un límite para las iniciativas de individuos y grupos creativos?

Bibliografía

Aubert, Nicole, *El coste de la excelencia*, Paidós, Barcelona, 1993.

Dror, Yehezkel, *La capacidad de gobernar*, Fondo de Cultura Económica, México, 1995.

Drucker, Peter, *La sociedad post-capitalista*, Sudamericana, Buenos Aires, 1992.

Etkin, Jorge, *La doble moral de las organizaciones. Los sistemas perversos y la corrupción institucional*, McGraw-Hill, Madrid, 1997 (reimpresión).

——, *Política, gobierno y gerencia de organizaciones*, Prentice-Hall, Buenos Aires, 2000.

Galbraith, John, *The anatomy of power*, Houghton Miffin Co., Boston, 1995.

Jessop, Robert, "El ascenso del buen gobierno y los riesgos del fracaso", en *Revista Internacional de Ciencias Sociales*, núm. 155, UNESCO, París, marzo de 1998.

Kliksberg, Bernardo, *Pobreza, un tema impostergable*, Fondo de Cultura Económica, Caracas, 1993.

Le Mouel, Jacques, *Crítica de la eficacia. Ética, verdad y utopía*, Paidós, Barcelona, 1995.

Nieto, Alejandro, *La nueva organización del desgobierno*, Ariel, Barcelona, 1996.

Schvarstein, Leonardo, *Diseño de las organizaciones. Paradojas y tensiones*, Paidós, Barcelona, 1998.

CAPÍTULO 10

LA DIMENSIÓN ÉTICA
DE LA EMPRESA

A. La calidad en los servicios

1. La construcción de la calidad

Vamos a analizar el concepto de calidad de servicios desde la perspectiva del orden público por la responsabilidad social asociada a la prestación de servicios, por la importancia de las necesidades que satisfacen y porque involucran a toda la población. Tal como vamos a enfocarlo, destacando la responsabilidad frente al contexto y la idea de la mejora continua, nuestra presentación también permite sacar conclusiones sobre la gestión de calidad en el ámbito privado, donde importa la relación entre el servicio, la imagen de la empresa y su posicionamiento en los mercados. En lo público prevalece la idea de las prioridades de política frente a las necesidades y legítimas demandas de los ciudadanos.

La idea de calidad puede analizarse considerando: *a)* las normas vigentes, por la comparación de la prestación respecto de las especificaciones técnicas reconocidas; *b)* la relación entre la prestación y las necesidades concretas que es necesario atender, y *c)* el esfuerzo de los responsables, considerando la relación entre el potencial del servicio y la prestación real. La evaluación no se refiere solamente a las definiciones técnicas o de procedimientos, sino también a la calidad decisoria de los responsables. El agua puede ser potable, pero no llega a quienes más la necesitan porque los criterios de los funcionarios y su gestión no responden a las demandas de la situación.

En el concepto de calidad hay un juego de objetividades y subjetividades. No es algo estrictamente cuantitativo, una especificación solamente técnica, como los materiales de una vivienda o las calorías del combustible. No es sólo el control que realizan las agencias sobre la calidad de sus propios servicios, sino también la medida en que son comprobados y aceptados por la población usuaria. La calidad tiene un factor de subjetividad porque importa la sensación del usuario, el valor que él percibe, la medida en que siente que su necesidad es satisfecha.

La calidad se refiere entonces a la existencia de ciertos atributos o propiedades en el producto o servicio, como el trato humanitario por parte de los docentes en la escuela, el grado de protección que brindan las fuerzas de seguridad o la credibilidad de los medios de comunicación. Un programa de alta calidad educativa no es tal cuando la población no está preparada para entender el mensaje o la enseñanza. El producto o la prestación se entienden en un contexto, con sus condiciones concretas (un barrio, un producto, un tiempo). La calidad en abstracto no resuelve problemas, sólo salva las apariencias. Y en esta obra hablamos de las cuestiones sustantivas.

En la evaluación de la calidad de un servicio se puede afirmar que es: *a)* aceptable, porque cumple con las normas de prestación y las demandas del usuario; *b)* incompleto, cuando tiene fallas que no son secretas sino conocidas y superables, y *c)* inadecuado, porque no cumple con su función exigible o esperada. En el marco de las oficinas públicas, el ejemplo concreto son las fallas de calidad en la atención a los ciudadanos, que se hacen visibles por las demoras, los errores o el trato autoritario. Dejamos aquí a un lado la ausencia del servicio, porque no es una falla sino directamente un vacío (la falta de escuelas).

El tema de la calidad (en cuanto a sus consecuencias) está afectado por el tipo de servicio o prestación, porque no es lo mismo la atención en el museo de arte que la distribución de ayuda alimentaria o el trámite en el registro para ponerle nombre al bebé. En el presente análisis, la preocupación no es la mejora en las rutinas administrativas, sino las formas y sus impactos sobre la calidad de vida de los ciudadanos. Junto con las diferencias y categorías de calidad viene la dramática discriminación entre ciudadanos plenos y marginados o incompletos.

La calidad se relaciona tanto con los atributos del servicio como con los requisitos para recibirlo. Las condiciones deben respetar la dignidad del ciudadano y la igualdad de oportunidades y no utilizar los servicios como forma de sometimiento a la autoridad. En este sentido, la calidad sustantiva tiene que ver con lo que A. Margalit (1997) ha denominado *sociedad decente*. "Es aquella que combate las condiciones que justifican que quienes forman parte de ella se consideren humillados. Una sociedad es decente si sus instituciones no actúan de manera que las personas sujetas a su autoridad tengan razones para sentirse humilladas."

Debe cuidarse que tras el discurso de la eficacia o la productividad no se oculten y provoquen situaciones de indignidad o sometimiento. La estrategia de la prestación debe ser evaluada para ver si es parte coherente de un ejercicio democrático y, por tanto, educativo y moralizador. O, por el contrario, si esa estrategia es parte del clientelismo o formas autoritarias de gestión. Esto lleva a revisar, por ejemplo, el rol de la disciplina y la jerarquía en la definición de la calidad de la enseñanza. O las condiciones políticas que los pauperizados deben aceptar para acceder a un programa de empleo público. O los complicados procesos que limitan la justicia a quienes disponen de recursos especiales.

Digamos que con respecto a la calidad de los productos o servicios hay una lógica y contenidos que son formales y sustantivos. Y que la diferencia está dada por las implicaciones sociales, económicas y políticas que derivan de los modos alternativos de prestación. Lo sustantivo (que tiene que ver con los valores sociales) posee sus propios fundamentos, sus métodos y prácticas pertinentes. Los funcionarios y directivos de las agencias deberían conocer esos razonamientos y las prácticas derivadas. Nosotros, en lo que sigue, vamos a referirnos a los elementos de ese marco conceptual que trasciende el concepto de calidad, lo humaniza y democratiza.

Es conocido el debate sobre las evaluaciones sociales, económicas y políticas que coexisten en las decisiones del sector público. Y el modo en que esta multiplicidad de criterios lleva a decisiones que son justas e injustas al mismo tiempo, en función de la visión empleada. Es la cuestión de las prioridades, la responsabilidad, la agenda de los funcionarios. Tal como ha escrito Y. Dror (1996), "hay pocas esperanzas de hacer que la *raison d'humanité* o una gobernación más moral y legítima sean intereses prioritarios de la conducción, a menos que las elites se conduzcan con verdadera dignidad".

En el plano de los servicios de carácter público, nuestro análisis se refiere a la necesidad de encontrar y aplicar un hilo integrador

417

entre la diversidad de perspectivas, pero en particular, a tomar nota de las desigualdades que se producen por el modo de relación que se instala con los ciudadanos. Digamos que nos motiva el orden instituido y la satisfacción impuesta a través de la calidad de los servicios. Esta es otra versión de la cuestión del peso del aparato estatal y las formas de gestión sobre las libertades individuales.

2. Retórica y mejoras sustantivas

De manera que buscamos un enfoque sustantivo de la calidad: su relación con los derechos humanos y la calidad de vida de la población. Y la relación no es indirecta, refinada o ambigua. Cuando los fondos disponibles para otorgar créditos para la vivienda no llegan a los necesitados porque el sistema los desvía o los demora, la consecuencia es que los demandantes continúan viviendo sin techo. Y los fondos, que no son suficientes, están, no son cero. Quizá los intereses políticos o financieros tienen que ver con la situación, pero también la incapacidad del sistema para operar de manera efectiva. Y allí hay una falla de calidad.

Así, hay un contexto en el cual opera (o se desactiva) la calidad. Y también un problema en cuanto a los efectos sustantivos de los problemas de calidad. La cuestión del contexto tiene sus razones y ellas deben analizarse en sus propios términos, políticos, económicos y sociales, de carácter estructural. Como también están los problemas propios de la corrupción, pero no es este el enfoque que vamos a desarrollar aquí. Nos proponemos considerar los efectos sustantivos de la calidad, referidos al reconocimiento de los valores sociales en las prestaciones. Aun en un contexto de recursos insuficientes, los modos de prestar los servicios tienen connotaciones en cuanto a la equidad, la libertad y la dignidad de los ciudadanos; por ejemplo, cuando las fallas burocráticas hacen que un proyecto social se apruebe con tanto atraso que lo convierte en algo inútil (los necesitados ya han desaparecido).

Hablamos de *dignidad* en el sentido de la relación ciudadano-aparato estatal y sus derechos humanos. Y esto puede verse en la calidad y los modos de prestación de los servicios; por ejemplo, en los criterios utilizados para la distribución de ayuda o para el ingreso y la permanencia en las escuelas. Los problemas de discriminación o exclusión también pueden verse del lado de la calidad y la efectividad. Si el ciudadano debe rogar por algo que le corresponde, o esperar que primero reciban a quienes deberían ser segundos, no siempre es una falla técnica, sino también parte de la ignorancia del funcionario respecto de las prioridades.

Cambiar un procedimiento para hacerlo más efectivo o impulsar una reforma de la estructura no implican modificaciones en la calidad, cuando las razones tienen que ver con la eficiencia o la optimización de los recursos. Sólo mejora la organización en un sentido económico, pero los recursos liberados no siempre se movilizan para mejorar los servicios a la población. En un órgano de difusión público, el hecho de aumentar la cantidad de páginas, la frecuencia de la edición o la actualidad de la información publicada no significa que dicho órgano ha mejorado su calidad como medio de comunicación.

Es evidente que la calidad a la cual nos referimos exige un cambio en los esquemas mentales y no sólo en la "ingeniería de la comunicación". La transformación en los modelos de relación (por ejemplo, salir de la condición de jefe privilegiado para pasar al estatus de agente responsable) implica un cambio cultural y no sólo un ajuste técnico transitorio. Entonces, la calidad sustantiva requiere un cambio (aceptado, instalado) en el modo de entender la relación con los usuarios. Ellos pasan a ser el eje y el sentido de la relación, y no pueden ser tratados como "clientes" o "población necesitada". La calidad sustantiva requiere pensar en términos de derechos e igualdades y no de asimetrías o jerarquías.

Los proyectos de modernización tienen diversidad de alcances y las mejoras en la calidad no se agotan con reducir el déficit o la burocracia. La incorporación de mecanismos de representación y participación, las mejoras en la equidad o el ejercicio de las libertades son en sí mismas una mejora en la calidad de los servicios o en la relación del aparato estatal con la sociedad civil. El problema es que mejorar la calidad en lo sustantivo tiene que ver con valores, intereses e ideologías; no alcanza con sustituir la vieja maquinaria o instalar sistemas de información actualizados. En este sentido, N. Grau Cuniln (1997) destaca "el hecho de que la administración pública no sólo produce bienes y servicios, sino que lo hace en defensa de unos valores colectivos y de unos planeamientos político-ideológicos específicos".

Uno de los primeros pasos de orden conceptual consiste en revisar la visión de la calidad. El objetivo es hacer referencia no sólo a la necesidad de cumplir con un estándar técnico, sino también el requisito de respetar la naturaleza social de los servicios y las prestaciones.

Veamos el caso de la salud, donde la naturaleza de la atención es "relacional", o sea, una construcción de médico-paciente y no un saber que se aplica sobre el cuerpo y la mente del llamado *enfermo*. Esto significa que en la calidad pesa la opinión de los pacientes, la medida en que ellos se sienten atendidos. La calidad de la prestación médica no puede definirse en una oficina aislada, lejos del paciente. No tiene sentido decir que un hospital brinda servicios en forma correcta cuando la población está convencida de que sus padecimientos continúan.

La calidad sustantiva tiene que ver entonces con la amplitud de la visión del desempeño o los logros de la agencia. Se requiere una evaluación en múltiples dimensiones; por ejemplo, un programa de empleo o de asistencia a la niñez pueden y requieren ser analizados en cuanto a su calidad, considerando sus aspectos económicos, sociales y culturales. Es decir, superar la mirada sólo financiera, productiva o técnica. Si el programa se refiere a brindar apoyo para la vivienda, la evaluación de la calidad del servicio aumenta no sólo con la solidez de los materiales o el tamaño de las habitaciones, sino también cuando el programa permite que los futuros propietarios pueden aportar su trabajo en el proceso constructivo.

Para aplicar un enfoque sustantivo de la calidad, tanto en el diseño de los productos como en la práctica de los servicios, se necesita una mirada amplia y no sólo instrumental. Una oficina pública que aumenta su eficiencia y eficacia es un logro considerable. Pero debe evaluarse si se respetan las condiciones de la relación con los ciudadanos y la naturaleza de los servicios. Quizá la recaudación de un tributo puede aumentarse mediante la fuerza encubierta, como la amenaza de cárcel. Pero esto constituye una forma de violencia no compatible con la naturaleza de la relación democrática; enseña a pagar impuestos para no ser sancionado. El mensaje, la actitud y las relaciones resultantes son de baja calidad. El modo del servicio le hace perder su potencia educativa. Se cumple la función y el servicio se presta, pero no se aprende a vivir en democracia.

La calidad sustantiva tiene el sentido de preservar los valores democráticos de la vida en comunidad. Si un proyecto tiene componentes autoritarios, aun cuando ello aumente la productividad, también constituye una amenaza para las libertades ciudadanas. Cuando se suprimen mecanismos de consulta a la población y el poder se concentra en pocos funcionarios iluminados, es posible que también se aumente la ejecutividad, o sea, que "las cosas se hagan", pero se disminuye la condición democrática de esa comunidad, hay una pérdida de calidad sustantiva en los servicios. Las prestaciones públicas, en lugar de ser vistas como una responsabilidad de los agentes, se convierten en una suerte de concesión que ellos hacen a la población. Esto desnaturaliza la relación ciudadano-sector público.

Cuando se llega con comestibles a una población pauperizada, ello permite satisfacer necesidades inmediatas y al respecto no hay críticas que formular. Es salir de la inoperancia. Incluso la cantidad de raciones y proteínas puede ir en aumento. Pero ¿qué ocurre cuando la distribución se organiza como un acto partidista donde el mensaje es que la población está recibiendo un pago por seguir a un candidato? ¿Qué ocurre cuando los que votan por el oficialismo reciben primero la ayuda? La diferencia entre la ayuda "sustantiva" y la "formal" tiene que ver no sólo con la magnitud de los recursos involucrados (kilogramos, metros o monedas); también se relaciona con la posibilidad de darle independencia al hasta ahora pauperizado; por ejemplo, acceder a la educación y a las oportunidades de trabajo que no dependan del resultado de las próximas elecciones.

La calidad sustantiva también se refiere al compromiso con la gestión y la aplicación de valores en la tarea directiva. El concepto de calidad no debería agotarse en lo técnico. En la evaluación también importa la magnitud del esfuerzo del funcionario en el proceso de la mejora continua. No basta detectar una brecha, sino que debemos evaluar si el responsable está haciendo todo lo posible al respecto. En realidad, son dos brechas: *a)* respecto del potencial del directivo o los grupos de trabajo, y *b)* respecto de la capacidad o el grado de actualización en los conocimientos que ellos disponen.

3. Criterios para evaluar la calidad

Desde el enfoque de la calidad, la evaluación de las normas y de los servicios, productos o prestaciones puede hacerse considerando la lista de puntos clave que a continuación se mencionan:

- *Adecuación*: la relación entre el servicio y las necesidades que debe satisfacer.
- *Capacidad*: conocimiento y disposición de los responsables para atender demandas.

421

- *Practicidad*: la medida en que las normas de calidad son factibles o aplicables.
- *Contingencia*: la existencia de criterios sociales para tratar con lo imprevisto.
- *Transparencia:* la medida en que las normas de calidad son visibles y enseñables.
- *Mejora*: la existencia de un proceso continuo de revisión y actualización de las normas.
- *Seguimiento*: la existencia de controles que marcan desvíos de calidad en la acción.
- *Equidad*: la consideración de valores sociales en el diseño y aplicación de normas.
- *Legitimidad*: la autoridad reconocida y aceptada de quienes deciden sobre calidad.
- *Integridad*: la relación complementaria (sistémica) entre normas y procesos.
- *Credibilidad*: la expectativa positiva en cuanto a que los servicios son de calidad.
- *Viabilidad*: la posibilidad de mantener normas de calidad en contextos cambiantes.

Los programas de calidad en los procesos de modernización tienen que ver con múltiples dimensiones, formales y sustantivas, que hacen a la gestión de las organizaciones. La agenda temática incluye la mejora en: *a)* los procesos administrativos, *b)* las formas de conducción y toma de decisiones, *c)* la capacitación de los agentes, *d)* los sistemas de información, *e)* los programas de motivación y compromiso del personal, *f)* el diseño de estructuras orientadas a la producción y los objetivos de servicio, *g)* la participación de los ciudadanos en las estructuras de gestión, y *h)* las redes de comunicación internas y externas.

En todo caso nos referimos a las mejoras que derivan de la consideración de objetivos, políticas y valores democráticos. Un cambio sustantivo es enfocar los servicios desde la perspectiva de los derechos y las necesidades de los ciudadanos; por ejemplo, el concepto de calidad aplicado a la formulación del presupuesto no se refiere a las técnicas en abstracto, sino a los criterios para el diseño del mismo. Decimos que en términos democráticos, un presupuesto participativo es de mayor calidad respecto de uno definido en forma autoritaria, porque es más representativo de las necesidades de la población, es más equitativo en la asignación de los recursos, mejora la transparencia y posibilita el control social de los fondos públicos (Zander Navarro, 1996).

La calidad respecto de la gestión se refiere a que los funcionarios y otros agentes deben estar preparados para resolver tensiones propias de un medio cambiante, y no sólo para aplicar "en forma correcta" un reglamento. La calidad se entiende como una capacidad de respuesta, no al error (que debe ser previsto), sino a las demandas del cambio continuo. Como veremos más adelante, en un entorno incierto muchos errores son efectos indeseados que derivan de una falta de ubicación de quienes deciden, al imaginar un contexto que luego no se corresponde con el ambiente en que deben brindarse los servicios.

La mejora se refiere a un salto cualitativo, a una transformación sobre alguno de los puntos clave mencionados más arriba; por ejemplo, preocuparse por las bases de legitimidad de los procesos por la articulación de los esfuerzos entre las agencias, con la intención de potenciar los servicios que reciben los ciudadanos. Es distinto del trabajo rutinario o la preocupación por aplicar normas. El enfoque de la calidad en los servicios tiene que ver con la acción responsable, la actitud de cumplir los acuerdos y evaluar las consecuencias de las decisiones según el contexto de aplicación. Es evitar que las normas se encierren en sí mismas y, en su lugar, lograr que ellas se justifiquen por la naturaleza del servicio que debe ser prestado.

4. Calidad y eficacia social

Estamos pensando en términos de eficacia, pero también del impacto de las operaciones del sector público y sus organismos sobre valores sociales tales como la educación, la justicia o las libertades públicas. Una visión amplia nos lleva a considerar los aspectos de política, por el impacto positivo (no residual o casual) sobre la equidad y el desarrollo de un sistema de vida en democracia. Queremos remarcar que el concepto y las políticas de calidad no pueden ser objeto de un análisis superficial limitado a las cuestiones de reingeniería, a la mirada tecnocrática o eficientista de los productos y servicios.

Estos comentarios nos llevan al tema de la eficacia social de las políticas públicas. La eficacia en lo público requiere que los organismos sean productivos a la vez que demuestran su capacidad para ser equitativos y permitir la articulación del tejido social, no sólo su capacidad para ejecutar rígidos planes y programas burocráticos. Deben considerarse los impactos de esas actividades sobre el medio social más amplio, como el impacto ecológico de las fábricas (la contaminación) o la dependencia que crea el mero asistencialismo.

La evaluación de la eficacia en la gestión del hospital debe basarse en la magnitud de los pacientes atendidos no sólo respecto de las estadísticas, sino en el marco de las políticas y las prioridades sociales. De pronto se afectan recursos importantes para operaciones de alta resonancia mediática. Pero ellas no tienen mayor significación respecto de las necesidades más urgentes de la población, que reciben una baja calidad de atención. En el análisis juegan tanto los índices de producto-demanda como la productividad o el insumo-producto.

La relación costo-beneficio y el análisis de la productividad son parte de la ecuación de la eficacia de organismos públicos e instituciones sociales. La cantidad de casos que son resueltos por los tribunales, la duración del trámite y la producción por juez son sólo mediciones. Pero la justicia no es sólo un servicio, sino también un factor de equidad social y, por tanto, importa la naturaleza de los casos resueltos. O sea, verificar si la justicia sólo funciona en los litigios por negocios o para gente que puede pagar los costos de los largos procesos judiciales, en cuyo caso también deja de ser justa.

En el sector público se requiere un sistema que informe sobre los logros y que también advierta sobre los costos ocultos y efectos sociales negativos (la disfuncionalidad de las acciones). En otra obra (J. Etkin, 2000) hemos mencionado el caso de los efectos discriminatorios de un nuevo arancel en la educación. "En el plano de lo visible o inmediato, el arancel puede ser una mejora para el presupuesto de las escuelas. Pero deberá evaluarse si dicha discriminación (a favor de quienes pueden pagar) se compensa con un sistema de créditos y becas para estudiantes de menores recursos."

Una versión amplia del criterio de efectividad nos advierte que no es suficiente comparar las metas proyectadas con los logros. También debe hacerse la llamada *evaluación de procesos* (que es concomitante), o monitoreo de los programas o proyectos. J. Sulbrandt (1989) afirma que el monitoreo consiste en "evaluar los mecanismos a través de los cuales se logran los objetivos y la medida en que se está llegando a la población-objetivo. Es el examen de los mecanismos institucionales, para saber cuáles han funcionado y cuáles han fracasado". En un programa de educación, deberá evaluarse si se permite la crítica de los asistentes o se imponen los contenidos del programa en el marco de una relación autoritaria. El desarrollo de una actitud crítica e innovadora es un valor agregado por el programa.

5. La cultura de la satisfacción

Es necesario destacar que los destinatarios de los servicios no son iguales, a pesar de que se incluyen dentro del concepto de *población asistida*. Son diferentes sus posibilidades de ejercer sus derechos o disfrutar de los servicios en plenitud. El hecho es que difiere la relación con el aparato estatal. G. Fiorentini (1990) sostiene que es necesario distinguir entre: *a)* el ciudadano administrado, cuando no hay alternativa o existe un solo camino, como el pago de los impuestos o el trámite para cruzar las fronteras; *b)* el ciudadano usuario, que tiene derecho al servicio y además puede elegir, por ejemplo, la salud o la educación, y *c)* el ciudadano cliente, cuando hay una transacción y se paga por ella; por ejemplo, un servicio con opciones públicas o privadas (los bancos o el transporte).

La expansión en el uso del término *cliente* para referirse a un ciudadano tiene que ver con el enfoque del Estado empresarial y los mercados. El término es parte del llamado *marketing público* (P. Kotler, 1992). Se trata de un enfoque que toma al aparato estatal como una maquinaria dedicada a satisfacer demandas de servicios públicos. Las decisiones de política benefician a la sociedad a través del desarrollo de un mercado donde los ciudadanos pagan por servicios. Se reclama del aparato estatal una actitud más exigente hacia el servicio público, porque "el cliente siempre tiene razón". En realidad, también debería recordarse que no sólo compra, sino que lo hace sobre la base de sus derechos o reclamos legítimos.

Se trata de un enfoque limitado porque considera al ciudadano como un consumidor racional, guiado por la relación costo-utilidad. En una sociedad dual y por debajo de la línea de la pobreza, no existe esta posibilidad de elegir. En las relaciones del gobierno con la sociedad civil las prioridades no pasan por los intereses individuales, sino por la dimensión pública y social de los problemas. Además, los ciudadanos no son sujetos económicos o meros consumidores, sino que tienen presencia política en el aparato estatal. Esta aclaración también vale para las instituciones no gubernamentales, donde las personas participan como miembros, compañeros, socios o afiliados (en sindicatos, partidos, cooperativas, fundaciones, mutuales, juntas vecinales).

Al referirse a las instituciones sociales, P. Drucker (1990) dice que necesitan gerencia, pero orientada hacia la gente y los servicios. Afirma que "no provee bienes o servicios. Su producto no es un par de zapatos, ni un reglamento, sino un ser humano cambiado. Son agentes de cambio humano. Su producto es un paciente curado, un niño que aprende, un joven transformado en adulto, que se respeta a sí mismo, una vida humana enteramente cambiada". En lo social, la mirada no se agota en el producto, sino que importa el valor agregado a la calidad de vida del ciudadano.

Frente al drama de la pobreza, no es sincero ni real llamar *clientes* a personas que dependen de la ayuda social y que no tienen más opción que pedir y recibir un servicio, cualquiera que sea su calidad. Es una calificación que ignora la desigualdad o la exclusión social que están padeciendo esos individuos. O una actitud voluntarista. Porque la idea de cliente connota alguna fuerza, posibilidad de elección o de poder adquisitivo, que no está presente en una sociedad dual. Hablar de *clientes* es más un acto simbólico o una concesión lingüística de los organismos, que una condición que pueda verificarse en la realidad. La relación mercantil no es deseable para el sistema, pero tampoco se hace posible en un marco de carencias o dependencias.

Por otra parte, en el ámbito de los servicios públicos debe esperarse (se requiere) del ciudadano (como alumno, viajero, lector, contribuyente) un comportamiento proactivo, porque para vivir en democracia él tiene derechos que defender y ejercer, pero también responsabilidades sociales. No se trata sólo de consumir o comprar, sino también de construir una sociedad justa y equitativa. El concepto de cliente, por ser una transacción basada en el cálculo y el interés aislado, es incompleto como modelo de relación prestador-ciudadano activo. Pero también es un avance respecto de la visión tradicional de la relación burócratas-usuarios indefensos.

La figura o el paradigma del cliente es positiva cuando se trata de conferir poder al público, como un camino hacia una participación más activa del ciudadano en las organizaciones de servicio. Sobre este modelo, S. Haywod (1994) señala que protege ciertos derechos, como *a)* recibir información sobre el desempeño de los organismos públicos, *b)* obtener compensación por errores y demoras en los servicios, y *c)* recibir atención (salud, educación, justicia) sobre la base de la necesidad, sin depender de la capacidad actual de pago del ciudadano. Con este enfoque el individuo aparece comprando o consumiendo, pero la relación comercial no es suficiente. También debe estar en condiciones de promover legítimas demandas en el ejercicio de sus derechos como ciudadano.

Los usuarios o beneficiarios satisfechos, en el marco de sus transacciones con el aparato estatal, pueden ser llevados a postergar algunos derechos o libertades, situación que es crítica en términos individuales pero también para el desarrollo de la sociedad civil. En palabras de J. Galbraith (1992), tienden a formar parte de la *cultura de la satisfacción* o de la mayoría satisfecha. Aquí el concepto de satisfacción tiene que ver con la intención no declarada del gobierno de desalentar la actitud crítica hacia las fallas o desigualdades del sistema vigente. En la cultura de la satisfacción, junto con servicios públicos también opera la intención de comprar voluntades o evitar críticas a las injusticias que ocurren en el marco de una sociedad dual. El aparato estatal puede ser efectivo para algunos sectores, al tiempo que margina o excluye otros segmentos sociales. Es el caso de los bancos centrales con políticas de seguridad que marginan del crédito a una gran cantidad de pequeñas empresas con debilidades financieras.

La idea plena de cliente tiene que ver con la vigencia de las reglas de los mercados. Sin transparencia, poder de compra y posibilidades de elección, el llamado *cliente* no es más que un ciudadano en cautiverio. Los mecanismos de mercado no son suficientes para asegurar los derechos de los ciudadanos en el plano de los servicios públicos. El traslado de las reglas de juego mercantiles hacia el dominio de lo público no opera en favor de la sociedad. La competencia de precios entre proveedores (en mercados y licitaciones) tiene que ver con la actitud de ganar negocios y posicionarse en el espacio económico, no siempre con la calidad de los servicios (y menos con los criterios de equidad). En el dominio de las prestaciones públicas, la idea de cliente debe entenderse en el marco de la equidad, las prioridades y las políticas sociales.

B. Mercados y reglas de juego

6. Los valores y la praxis competitiva

Nos proponemos analizar la crisis en la relación entre los modos de gestión y los valores sociales, en especial en el ámbito de las empresas de negocio. Hablamos de *vacío ético* cuando las decisiones directivas sólo están orientadas a aumentar la eficacia de las operaciones. Esas decisiones de política no tienen en cuenta su impacto sobre valores sociales como la libertad, justicia, equidad o igualdad tanto hacia el interior de la organización como en sus relaciones con la comunidad; por ejemplo, la injusticia de la sobrecarga de tareas sobre empleados que deben aceptarlo por temor a perder su empleo, o las prácticas monopólicas que buscan terminar con los competidores y así mantener en cautiverio a proveedores, clientes y usuarios.

El vacío ético suele producirse en las llamadas *organizaciones pragmáticas*, donde el fin justifica los medios, se privilegian los resultados del balance y sólo se piensa en el modo de ampliar los espacios de poder en los mercados. Sus directivos consideran que si algo funciona en la práctica (aun a través del engaño), su eficacia también justifica la decisión o la legitima en el mundo de los negocios; por ejemplo, la publicidad basada en falsas ilusiones. Es cierto que estos directivos no están solos en su razonamiento egoísta. Ellos suelen aprovechar un contexto donde operan mecanismos normalizados que dan impunidad a las relaciones basadas en la fuerza y las acciones ilegítimas; por ejemplo, el hábito del soborno o los pagos indebidos tanto para lograr contratos como para realizar prácticas ilegales o evitar controles públicos (contrabando, evasión fiscal).

Este contexto normalizado e inmoral es el argumento que utilizan los directivos para mostrar que ellos no son promotores, sino que están presionados para actuar al margen de la ley escrita y que deben hacerlo para sobrevivir. Es el argumento de las "reglas de juego" vigentes. Ellos sostienen que en este contexto de lucha económica y política vence el más fuerte, no necesariamente el más correcto o el que hace las cosas mejor. Para los directivos sin escrúpulos vencer es la meta, y las razones no son importantes porque la historia la escriben los vencedores (sus voceros o predicadores). Para ellos, el hecho de sobrevivir es por sí mismo una medida de la calidad de sus decisiones. En el plano del discurso, esos directivos se muestran como víctimas de males externos; dicen que sólo les queda defenderse o reaccionar frente a la corrupción reinante (en la jerga corriente: "no les queda otro camino").

Nos proponemos marcar no sólo la negatividad, sino también la contradicción de esta visión pragmática y egoísta de la realidad organizacional. Primero, por la hipocresía que está presente en estos argumentos, su falta de sinceridad, porque esos mismos directivos contribuyen a fomentar la inmoralidad que denuncian (a la vez que la aprovechan). Desde nuestra posición crítica, vemos que esa realidad negativa se debe a las acciones de ciertas corporaciones que contribuyen a degradar su medio ambiente, y lo hacen en beneficio propio; por ejemplo, con sus pagos a los inspectores destruyen el sistema de controles que luego critican o consideran ineficiente. Son como las empresas que fabrican muebles y se instalan en un bosque que van talando (sin reforestar) hasta que agotan sus propias fuentes de abastecimiento. O las empresas que contaminan el agua que sus integrantes y la población usan para beber (mientras pueden).

Un segundo elemento de la contradicción es el efecto indeseable para esas mismas organizaciones, porque ellas se destruyen o debilitan en lo interno debido a su propia indiferencia o complicidad con el contexto inmoral. La falta de valores es un enemigo interno, que se fortalece con esta actitud intencional, complaciente o cómplice de los directivos. Los empleados desconfían de la dirección y recelan entre sí. Saben que están solos, a pesar de que se les pide trabajar en equipo. Es posible que se logren resultados en el corto plazo y se reemplace a los empleados disconformes. Pero con ello también se reduce la cohesividad de la organización, se hace más difícil mantenerla. En este ambiente es ingenuo hablar del capital intelectual, del activo humano, la visión compartida o la misión social de la organización. Todo queda en el nivel del discurso.

Las estrategias de *management* en un ambiente agresivo llevan las relaciones al límite de la ruptura. Se instala la moral de las fronteras, donde prevalece el oportunismo por sobre los principios. Los gerentes ganan más por su pase de una empresa a otra que por cumplir con los proyectos de conjunto o los compromisos asumidos con la organización. Los balances no reflejan ese ambiente donde predomina la desconfianza entre los integrantes y una motivación que está basada solamente en el cálculo financiero. Como ocurre con otros modelos económicos y de gestión administrativa, cuando el esquema competitivo se aplica en un sentido técnico o instrumental, se notan sus falencias, y las mismas decisiones que parecen eficaces llevan a consecuencias contrarias a las buscadas.

Se genera un ambiente interno donde prevalecen el uso del poder y la presión de los resultados por sobre la motivación y el desarrollo de los individuos. En este ambiente, los integrantes son considerados y tratados como "recursos" humanos, enfatizando la visión económica del trabajo. Se pierde la referencia sobre qué es lo correcto en la organización porque en cada situación se actúa según lo conveniente a las fuerzas en juego. Los individuos enfrentan "exigencias contradictorias" (P. Watzlawick, 1989), como la orden de ser innovadores en una relación laboral donde no se aceptan las transgresiones. Los individuos deben mantener una actitud competitiva pero también integrarse y trabajar en equipo. La organización (su continuidad) exige un esfuerzo conjunto pero también sienta las bases para la dispersión en las tareas.

7. El *management* del cambio

Los errores en la filosofía de gestión, la mirada estrecha de los directivos, llevan hacia una organización discontinua, que se intenta recrear todos los días, que modifica sus procedimientos para ser eficaz. ¿Qué sentido tiene esta forma de eficacia en un ambiente corrupto, donde predominan la fuerza y las influencias? El cambio continuo parece el *desideratum* visto desde la teoría del *management*, se presenta como una fuerza inevitable. Pero es peligroso confundir el avance tecnológico con la flexibilidad en los principios o fundamentos éticos de las decisiones. En todo caso, la flexibilidad en los valores tiene que ver con las cuestiones del consenso y los derechos humanos, no con las estrategias directivas.

Los principios (que reflejan los valores) son una condición para las relaciones, no una variable de ajuste. Sobre ellos se construye la cohesión, la posibilidad del "hacer juntos"; por ejemplo, la honestidad no es un concepto transitorio, válido por ahora o mientras sirva. La dignidad del trabajo, la transparencia en las comunicaciones, la remuneración justa y el respeto al usuario son ideas permanentes, no modas, opciones o estrategias directivas. Son un deber ser en la medida en que existe la voluntad compartida de respetar el carácter social de nuestros comportamientos.

Si el *management* considera que todo lo existente puede y debe cambiar (incluidos los principios), ello también es una forma de debilitar la organización, porque se desdibujan sus rasgos y se hace impredecible. De acuerdo con estos conceptos, los acuerdos duran lo que duran los intereses. También se debilita su posición ética porque sólo se hace lo que conviene en cada momento y no cuentan las convicciones. En este contexto, los contratos vendrían a ser meras declaraciones de principios. No comprometen, sólo expresan la voluntad del momento ("era lo que pensaba cuando firmé").

Si se pierden los límites de lo correcto o lo deseable, la organización se hace más vulnerable a las influencias externas, se hace permeable a entrar en negocios también borrosos. Los expertos hablan de *empresas flexibles* o *transitorias* como si fuera una estrategia pensada o deseable en un entorno cambiante. En realidad, en una organización sin principios o valores, lo correcto o verdadero puede ser cualquier proceso que dé resultados. Para mostrar razonabilidad, los directivos dirán *a posteriori* que ese resultado es el pensado o posible, que está dentro del modelo. Esta actitud implica armar una teoría después de los hechos. Los modelos de *management* no explican por qué omiten o niegan alternativas mejores, y sólo señalan que el "modelo cierra", es decir, da resultados positivos sobre cierto dispositivo de fuerza, como la amenaza del desempleo.

La inestabilidad es también el resultado de no disponer de criterios operativos para distinguir entre lo correcto y lo incorrecto, lo justo e injusto, lo bueno y lo malo, el interés individual y el bienestar general. En las empresas de negocio se sabe en profundidad cómo comercializar, pero no cómo respetar la dignidad o la libertad en el trabajo. Las empresas que dicen ser competitivas se adjudican ser abiertas o desarrollar una cultura del cambio, pero es común que se cierren cada vez más tras sus propósitos de mercado. En la medida en que necesitan personal calificado enfrentan el dilema de tener que capacitar o preparar a sus empleados, y ello también les abre los ojos. El dilema es que junto con los cursos de capacitación, el personal también toma conciencia de que sólo es parte de un dispositivo de venta. N. Aubert (1993) en su crítica a la excelencia señala el vacío en que caen los individuos al no encontrarle sentido a su presencia en la empresa (aprenden que son prescindibles).

Es obvio que las empresas no son centros de investigación o academias de ciencias. Su problema no es filosofar sobre la verdad, sino hallar mejores formas de producir y prestar servicios para mejorar la calidad de vida. Pero no ser una academia tampoco significa que en una empresa sólo se acepte aquello que funciona o rinde (el índice de camas ocupadas o la productividad del quirófano en un centro de salud). Cuando se pierden los valores y principios y no existen códigos de conducta, la organización se hace improbable. Quedan los recursos, el poder y una trama de intereses que debe ser respetada. En este ambiente la comunicación no se basa en el intercambio de ideas, sino en la relación de fuerzas.

8. Las exigencias contradictorias

La necesidad de cumplir las metas en el corto plazo como condición de continuidad hace que las decisiones de conducción posterguen la consideración de las variables sociales y culturales en la organización. La ausencia de valores puede verse como un enemigo interno para la propia continuidad y crecimiento de la organización. Esta omisión no es producto de la ignorancia o la imprevisión de los directivos, sino de una política deliberada y orientada hacia los resultados económicos. El hecho de que las decisiones de conducción sólo estén pensadas considerando su impacto sobre el cuadro de resultados (no sobre el capital humano o la calidad de vida) hace que se instale una cultura amenazante o destructiva al interior de la empresa y en su relación con el medio.

Estos modos de pensar y hacer desde la función directiva convierten las relaciones humanas en una confrontación de fuerzas. El contexto es una fuente de recursos, un espacio que debe ser conquistado o sometido (llamado *nicho de mercado*). Con esta mentalidad, ciertas instituciones de crédito fijan tasas de interés que finalmente obligan al deudor a entregar la empresa como parte de pago. El ejemplo tiene sentido porque no se refiere a una decisión aislada de un gerente equivocado, sino que ello ocurre en un ambiente agresivo en el cual estas actitudes resultan posibles porque son compartidas en el mercado. Es cierto que las empresas financieras, así como las dedicadas a la salud o educación, en tanto empresas deban ser racionales en su gestión de recursos. Pero también hay un punto donde el nivel de exigencias para el deudor (cliente, enfermo, estudiante) lleva a desnaturalizar la prestación.

También se cometen errores por la exagerada presión sobre la productividad, por pensar sólo en términos de costos y beneficios monetarios. En el mundo de los negocios y las finanzas es de esperar que prevalezca la racionalidad económica. No es algo imprevisible. Pero esto es peligroso cuando esas razones se conjugan con un entorno amenazante, sin arbitraje, sin defensa del consumidor ni transparencia en las reglas de juego. En este tipo de realidad las empresas tienden a caminar por la moral de las fronteras e ignorar el lado destructivo de sus acciones. Cuando los directivos piensan sólo en "ganar o ganar" tienden a aceptar y tomar decisiones no sólo ilegítimas, sino que además ponen en riesgo a la propia empresa y a sus integrantes. Esto es un contrasentido, porque debemos suponer que la intención de los socios y directivos es continuar con el negocio.

Bajo la presión del tiempo (lo urgente) y las estrategias de lucha, el éxito se mide a través de balances y cuadros de resultados, la realidad de los "números" y el "posicionamiento" en el mercado. Se cumplen las metas cuantitativas para salvar las apariencias y porque sólo cuenta lo visible (las encuestas, las mediciones de audiencia). Pero: ¿qué sucede con la continuidad, la seguridad y la corrección de las operaciones? Si no es por el uso de la fuerza o la falsedad, ¿esa misma empresa puede sostenerse? No hablo de la desorganización o la desinformación, sino de la vigencia de los modelos pragmáticos o eficientistas de dirección. Estructuras que son eficaces para el resultado económico de corto plazo, pero que a la vez configuran un riesgo cuando se piensa en su función social, la continuidad del propio negocio o el logro de sus propósitos originales y compartidos.

Las instituciones financieras, cuya identidad debería pasar por la seguridad en la obtención y aplicación de fondos, se hacen poco creíbles, "se convierten a la especulación". No son previsibles porque carecen de principios; sólo piensan en los resultados y utilizan recursos ilegítimos, tales como instalar falsas imágenes en el inversionista. En empresas "que se adaptan" a lo inmoral y utilizan modelos utilitarios de gestión el resultado es que todo tiene precio (de mercado), las actividades se justifican si son negocio y las conductas son transacciones, incluidas las relaciones humanas. Con esta visión egoísta y mercantilista de la empresa, las leyes, las reglas o los controles externos sociales se ven como obstáculos a la iniciativa privada (que prefiere la impunidad).

Planteo estos problemas de diseño organizacional y de gestión institucional como cuestiones de naturaleza estructural y no como un tema de coyuntura. En este sentido podemos citar palabras del reconocido P. Drucker (1992). Al referirse al nuevo *management*, el mencionado autor afirma que "uno de los mayores errores de mi vida profesional fue inventar la teoría del centro de ganancias. Eso no existe. Dentro de las empresas sólo hay centros de costos". En el marco de nuestra explicación, los balances de los centros de ganancias no exhiben los altos costos humanos y sociales que con el tiempo hacen vulnerable a la empresa, a pesar de que se presentan beneficios monetarios en el corto plazo.

9. Confianza y malestar en la organización

Las formas mecanicistas de organización y el enfoque utilitario de la gestión se orientan hacia la eficiencia y el rendimiento creciente de las operaciones. Lo hacen instalando problemas de equidad y justicia en las relaciones con los grupos e individuos que integran la organización. Esta desviación suele adquirir la forma de círculos viciosos en el sentido de que los problemas se realimentan y tienden a profundizarse; por ejemplo, la frustración lleva a un menor interés en el trabajo, que afecta los rendimientos, que a su vez genera mayores exigencias y así hasta la crisis. En los hechos se produce una brecha entre expectativas y realidades en el trabajo, una situación de tensión que muestra el malestar existente en la organización. Existe en los individuos la sensación de un contrato incumplido por parte de la empresa, en particular cuando ellos recuerdan las promesas en el momento del ingreso.

Este malestar presenta distintas intensidades, pero siempre tiene sus costos humanos. Tal como he analizado en otra obra (J. Etkin, 1997), el drama para los individuos y los grupos sometidos es que bajo condiciones de lucha cotidiana, lo injusto se normaliza. La figura de lo circular nos advierte que la discriminación, la exclusión y las desigualdades son desviaciones que en esas organizaciones no llevan a un colapso o la crisis terminal del sistema, sino a un estado de cosas. Este malestar puede permanecer (no desaparecer) en la medida en que los recursos y las estrategias de poder alcanzan para retribuir y retener a los factores productivos. La organización puede renovarse en lo técnico (por ejemplo, mediante la reingeniería de procesos) y desarrollar nuevas formas de inmoralidad, como la manipulación de las conductas a través del manejo de ilusiones, símbolos e imágenes.

Claro que también existen las relaciones virtuosas en aquellas organizaciones construidas y sostenidas sobre la base de los valores compartidos y la colaboración, porque este enfoque no sólo hace a la honestidad de la organización, sino que también lleva a su crecimiento continuo. Ellas entienden la competencia como un desafío para mejorar la calidad de sus procesos, pero no a costa de sus principios o los derechos de sus integrantes. El círculo virtuoso significa que el desarrollo de los individuos refuerza su credibilidad en la organización, con lo cual asumen un mayor compromiso y están dispuestos a aportar nuevas ideas para mantener una relación que les permite crecer también en términos individuales.

Lo virtuoso se refiere a un proceso acorde con los valores y principios, donde no hay ocultamientos. Hay en ello también una relación circular. Virtuoso es el proceso de mejora en las tareas cuando el individuo aprende y crece con esa mejora. O la comunicación transparente que informa al empleado sobre su futuro en la empresa. La credibilidad hace que los individuos estén dispuestos a avanzar en el rumbo convenido y no en cuestionar o confrontar con los directivos. En este ambiente no hay malestar, sino conformidad o satisfacción con los proyectos y el estado de cosas. Lo virtuoso tiene que ver con las actividades basadas en la comprensión y las convicciones, antes que en las situaciones impuestas desde el poder. Esto no implica una relación placentera en lugar de la frustración. Implica que los individuos asumen las tensiones como razonables y propias de toda actividad organizada. Pero esto es difícil en un ambiente egoísta donde la idea es vencer a otros para cumplir con las metas.

El concepto de círculo vicioso en los procesos y las relaciones tiene que ver con lo negativo de la organización, con las desigualdades impuestas que se sostienen y realimentan al sistema; por ejemplo, esto ocurre cuando la relación laboral se instala en un ambiente de suma necesidad que profundiza la situación de dependencia de los integrantes. En estos casos, la desviación (omisión de los valores) se hace hábito, se incorpora como elemento de la cultura normalizada. Esta realidad indeseable puede avanzar en el marco del vacío ético, porque existen fuerzas o grupos de interés que la sostienen, porque el sistema pasa su negatividad al contexto (la disipa en el ambiente), porque negocia con el aparato público (la corrupción), porque asume formas monopólicas que le permiten acceder a cierta impunidad en su contexto.

Las organizaciones utilitarias dependen del ejercicio del poder y no de los acuerdos voluntarios o compromisos personales. El enfoque mercantilista de sus directivos los lleva a pensar (y promover) que en las relaciones humanas toda conducta tiene su precio. Este mercantilismo hace escuela a favor y en contra del sistema, porque todos salen a realizar transacciones y a buscar nuevas ventajas en las relaciones. En la organización aparecen negocios dentro del mismo negocio, las aduanas internas con sectores que exigen el pago de peajes o comisiones, la compraventa de información entre ejecutivos, el tráfico de influencias para obtener el manejo de ciertas cuentas o cargos clave (que "cotizan en bolsa") y otros mercados paralelos no declarados. Al interior de la organización hay ingresos por ventas que no suman en el balance de la organización; se trata de una productividad de lo inmoral, no registrada.

¿Cómo reprimir a estos aventajados alumnos o aprendices de brujos? ¿Cómo se puede conducir una empresa cuando las partes desconfían entre sí, cuando toda relación es sinónimo de transacción o especulación, cuando todos están pensando en su conveniencia personal y no en lo deseable o razonable para el conjunto? De hecho se puede conducir, pero sobre la base del poder, los controles y un fuerte sistema de recompensas y sanciones. Y esto es opuesto a la necesidad de motivar al personal y delegar decisiones para hacerlas más eficaces y oportunas. Delegar es como darle recursos a un adversario. De hecho estas organizaciones funcionan con un alto costo, no por ineficiencia sino por carecer de principios y proyectos compartidos. Y porque los costos no los paga la dirección, sino los empleados, proveedores, clientes o usuarios.

En la figura 6 (pág. 438) se muestran las desviaciones en las organizaciones que operan con una doble y contradictoria moral. En la figura se aprecian las distintas estrategias de la inmoralidad. Ellas se basan en las diferencias intencionales entre el pensar, el decir y el hacer en la organización, más preocupada por la eficacia que por los principios éticos. El resultado de estas diferencias es la mentira, la hipocresía, la falsedad ideológica y el doble discurso. La doble moral no permanece impune, ya que trae la pérdida de credibilidad y confiabilidad de la organización y sus directivos. Es difícil que pueda crecer en un contexto donde la población conoce su falta de responsabilidad empresarial y social. Es también improbable que en su interior puedan encontrarse grupos motivados y creativos o que sus integrantes puedan desarrollar sus capacidades personales. En el otro extremo, una organización es virtuosa cuando sus decisiones se basan en valores éticos, tiene transparencia en las comunicaciones y se hace responsable frente a terceros por los efectos de sus acciones. Y no lo hace por conveniencia, sino como resultado de una cultura que expresa las convicciones y creencias de los integrantes de la organización. En este ambiente los individuos y grupos sociales pueden desarrollarse en plenitud.

En el marco de una competencia descontrolada, los directivos suelen rechazar la crítica de la hipocresía y dicen que sólo "hacen los deberes" o siguen las "reglas de juego". Dicen que aun viendo la inmoralidad de sus acciones, no pueden evitarlas y además las consideran normales ("porque todos lo hacen"). Otros directivos sostienen que no pueden salirse de una realidad que no han creado y que además carecen de poder para modificarla. Tal como afirma T. Peters (1993) en su *chaos management*: "nada de estados de ánimo, lo que cuenta es la acción". Pero también la realidad nos muestra la existencia de empresas eficaces y rentables que actúan en forma responsable, que no entran en negocios ilícitos y respetan al ciudadano en sus derechos, sean o no clientes. Esto tiene que ver con sus capacidades y recursos, pero también con el sentido de la responsabilidad que muestran sus directivos. Nuestros argumentos no son de índole ideológica, sino que intentan demostrar la fuerza que le da a una organización el trabajar sobre la base de la colaboración, los principios y valores compartidos y socialmente aceptables.

10. Conveniencia contra compromiso

En las organizaciones responsables, sus directivos no están pensando en valorizar las acciones para venderlas y salirse lo antes posible (para reiniciar el ciclo en otra empresa). Piensan en quedarse en organizaciones que perduran y crecen junto con sus integrantes. ¿Por qué no tomar a estas organizaciones como modelo, en lugar de

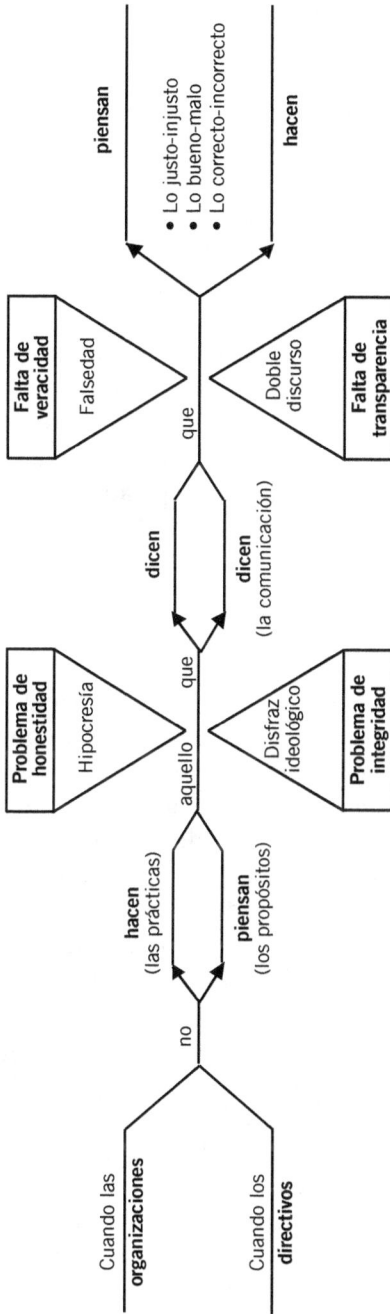

Figura 6. Integridad y doble moral de las organizaciones.

las lanzadas a la conquista de los mercados? Pensamos que un modelo de organización basado en la colaboración y la confianza es preferible, también en un contexto agresivo. Es lógico pensar que también los socios o accionistas pueden preferir un ambiente de mayor seguridad, confianza y estabilidad. Para ello se requiere una redefinición de los estilos competitivos o mercantilistas de gestión, admitir que la organización requiere compromiso y colaboración de diversos grupos, y que las diferencias no deben suprimirse desde el poder, sino que las creencias y las capacidades deben integrarse en un modelo pluralista de gestión.

En una organización responsable o equitativa se hace necesario transparentar los legítimos intereses en juego y los temas en conflicto. En particular, debatir y hallar modos de apropiar los ingresos que eviten desigualdades no aceptables; por ejemplo, una exagerada diferencia entre las remuneraciones de gerentes y empleados. Las empresas éticas son reflexivas, toman conciencia de los problemas de su propio funcionamiento, sus contradicciones y sus enemigos internos (esquemas mentales). Las empresas éticas no ocultan sus dualidades: las debaten hasta encontrar puntos de coincidencia. En ellas se discute sobre las armonías y disonancias, los acuerdos y las divergencias, lo deseable y lo posible. Los directivos no ven estas dualidades como una oposición antagónica o un enfrentamiento entre adversarios, sino como tensiones o diferencias que deben debatirse, pero siempre en el marco de principios, códigos de convivencia y un proyecto compartido.

En la lucha por los mercados y el afán de crecer o posicionarse, las empresas aprovechan zonas oscuras de la ley, toman decisiones que son injustas o incorrectas, que perjudican al medio y afectan derechos de los ciudadanos; por ejemplo, las campañas que inducen al consumo de productos nocivos para la salud o la difusión de información interesada para torcer la voluntad o manipular la opinión pública. También el uso de los salarios como variable de ajuste o ignorar las medidas de seguridad para aumentar la productividad (y los riesgos) en las fábricas. O el despido de personal con el pretexto del cambio tecnológico. Los directivos de las organizaciones utilitarias suelen argumentar que deben ser competitivos, que esas decisiones son el menor de los males y que todo sistema es imperfecto.

En todo modelo de organización o proceso productivo hay imperfecciones. No es una enfermedad, sino parte de los procesos de aprendizaje y crecimiento. Hay conceptos que lo reflejan, como la idea del desorden creativo, aunque también es cierto que muchos directivos sólo piensan en bajar los costos monetarios como un ejercicio irreflexivo que ignora su responsabilidad social. Pero esta actitud puede traer consecuencias opuestas a las buscadas. ¿Cuál es el costo de conducir la empresa hacia un contexto de conflicto y oposición? Hacen lo más fácil, pero no lo más inteligente. Se preocupan por su imagen pensando que el espejo adecuado es el balance o el cuadro de resultados.

Que un sistema sea imperfecto o perfectible no quiere decir que su lado débil deba ser siempre la injusticia, el desajuste ético. ¿Por qué los errores perjudican siempre a los mismos sectores o minorías en el ámbito de la producción? En todo caso, ¿por qué no atenuar o compartir los costos de la transición hacia un sistema mejor? En los siguientes apartados nos proponemos analizar la responsabilidad de ciertas formas de gestión y organización en la generación de estas situaciones injustas. Vamos a remarcar la incongruencia del razonamiento que buscando incrementar la eficiencia o la capacidad competitiva termina por instalar un ambiente de mediocridad. Aun sin aspirar a superar las paradojas o dilemas propios de toda empresa, pueden intentarse formas más equitativas de gestión. Por cuestión de principios, pero también por razones de inteligencia, para darle sentido y continuidad a la organización.

C. Eficacia y amoralidad

11. La moral del doble discurso

Los directivos de las organizaciones e instituciones, en el marco de su lucha en los mercados, defienden sus decisiones injustas diciendo que ellos no han creado el contexto en el cual deben combatir, y que su función es llevar adelante las organizaciones, lo cual va a derivar en un beneficio no sólo para sus integrantes, sino también para los usuarios o clientes; por ejemplo, se justifica la presión al proveedor (que lo lleva a la quiebra) diciendo que esa fuerza finalmente se orienta a reducir los precios al consumidor. De manera que esas exigencias vienen del mercado, no de los directivos. O sea, quieren restarles intencionalidad a las prácticas desleales, que aparecen cumpliendo condiciones.

Debe analizarse con mayor detalle cuáles son los hechos indeseables en dicho medio ambiente económico, y que suelen utilizarse como excusa ideológica. Cuánto hay de razones, cuánto de argumento, cuánto de efecto provocado por las mismas empresas que dicen ser perjudicadas. Es decir, cuánto hay de cierto y cuánto de doble discurso. Hay pequeños empresarios que dicen ser débiles, pero su falta de creatividad no es atribuible a las diferencias de tamaño. Incluso el tamaño (la ausencia de costos fijos) puede ser una ventaja comparativa en ciertos servicios que se prestan en el marco de la tercerización. También el tamaño puede llevar a formas cooperativas como modo de crecer en los mercados.

En el contexto de los negocios, las actividades ilegítimas e inmorales se producen de manera muy diversa, abiertas o disfrazadas. En este contexto pueden darse: *a)* las acciones delictivas que están fuera del marco jurídico, como los cheques sin fondos, los balances falsos o la evasión impositiva; *b)* la corrupción, que es la compraventa de voluntades para lograr privilegios u obtener impunidad para actos delictivos, como también las acciones y los acuerdos basados en el abuso del poder con fines ilegítimos; *c)* las situaciones de desigualdad, marginación y exclusión social que constituyen un agravio a la condición humana y hacen que los ciudadanos pierdan confianza en los valores y las instituciones en que trabajan (o de las cuales son despedidos), y *d)* la lucha competitiva desleal y sin límites morales, como las campañas basadas en el engaño, las difamaciones y agresiones para la "conquista" de mercados.

Este contexto es una realidad que no puede mirarse en forma pasiva o complaciente. Los actores sociales deberían coordinar sus esfuerzos en un sistema político que permita superar esta situación. Los procesos de democratización, las formas de independencia para la justicia, las leyes antimonopolio, las normas que ponen transparencia en los mercados, la defensa del consumidor, la mejora en los convenios laborales, la desregulación de las trampas burocráticas, la libertad de expresión, son otros tantos ejemplos de decisiones de política que apuntan a mejorar las instituciones en un sentido ético. Pero la pregunta es: ¿qué deben hacer las organizaciones durante la transición? ¿Qué modelos de gestión ayudan a la democratización y la calidad de vida? ¿Hasta dónde las decisiones técnicas son neutrales o, por el contrario, están reflejando nuevas desigualdades, avances y retrocesos en las relaciones de poder?

441

Se trata de un contexto que no es uniforme, porque los actores sociales no disponen de los mismos recursos y convicciones. Un ambiente donde coexisten aspectos positivos (trabajo, producción, educación) y negativos (las prácticas desleales). Es en este ambiente donde las empresas deben lograr sus legítimos propósitos, sus objetivos de producción y rentabilidad. En sus políticas también influye la existencia de reglas de juego conocidas y aceptadas, como también los mecanismos de regulación desde el poder público (como la defensa del consumidor). No todas las organizaciones están dispuestas a asumir su responsabilidad social, y en un contexto de desregulación buscan imponer sus objetivos. Otras ven el contexto como una realidad que las supera, en la cual hay que negociar o pactar. También existen las empresas que no utilizan la fuerza o las prácticas desleales: prefieren (por política) actuar con justicia y honestidad en sus relaciones y responder por la calidad de sus prestaciones.

De manera que en el marco de la lucha competitiva, las empresas pueden asumir distintas posiciones (en la realidad, no en el discurso) respecto de la cuestión de los valores éticos y los principios sociales: *a)* el vacío ético, cuando no responden por sus actos y se basan en las estrategias de poder para lograr sus metas, sin reparar en las consecuencias sociales de sus decisiones; *b)* la dualidad ética, cuando se recurre a la hipocresía o la falsedad ideológica para predicar una idea a la vez que se actúa en el sentido contrario; *c)* la ética mínima, cuando se hace lo necesario para lograr un acuerdo en la medida en que conviene a la empresa, no por convicciones o principios; *d)* la moral de las fronteras, cuando se actúa con la consigna de luchar por la supervivencia en el marco de una campaña de conquista donde hay que enfrentar y superar a las fuerzas opositoras, y *e)* la posición ética, cuando se decide considerando la responsabilidad social de la empresa.

Como vemos, hay diferentes visiones del "deber ser" o juicios de valor que sirven como premisas a las decisiones de política. Las metas sirven como guía y ciertos directivos tratan de alcanzarlas dentro o fuera de la ética, es decir, sin reparar en los medios (mediante la dominación, el doble discurso, la falsedad ideológica). Para esta mirada, el "deber ser" son los logros deseables, y ello incluye tanto las intenciones declaradas como los fines ocultos. Otras visiones más responsables consideran los principios que deben respetarse porque hacen al acuerdo constitutivo de la organización, la condición humana y los derechos de sus integrantes y actores externos. El lograr una meta es más claro que evaluar alternativas en función de principios o valores. Actuar de manera responsable no es un procedimiento formal; tiene sus ambigüedades, como toda situación de apreciación o subjetiva.

Los valores y principios éticos no se encuentran ordenados en una escala o pirámide que establezca cuáles son los más importantes. Tampoco son comparables, por caso, la justicia respecto de la libertad o la igualdad. Sus relaciones se esclarecen a la luz de situaciones concretas, como la extrema pobreza o la asistencia urgente a una población. La inoperancia o la falta de compromiso no son éticas. Antes que recurrir a una fórmula o una teoría, se debe evaluar junto a los afectados cuáles son las prioridades y "por dónde empezar". Cuáles serán los valores y criterios (la subjetividad interpersonal) que serán tomados como punto de partida a la hora de instrumentar la ayuda. Actuar según estos valores hace posible la convivencia en una sociedad. Pero no es una convivencia basada en el egoísmo, sino construida sobre la base de la equidad, la libertad, la solidaridad, la justicia, la dignidad del trabajo.

El directivo es responsable (como una virtud y una capacidad) cuando puede dar fundamentos de sus actos y mostrar que ellos se relacionan con valores deseables. Se dice que muestra ser responsable cuando realiza una reflexión ética y no sólo piensa en un sentido técnico o burocrático. Se evalúan tanto las intenciones como el valor de lo realizado. La ética no se refiere a la racionalidad instrumental o técnica (la eficiencia de los actos), sino en términos de la llamada *racionalidad sustancial* (J. Habermas, 1989). En este sentido, no es una decisión éticamente correcta crear un impuesto diciendo que "es fácil de recaudar". Desde la visión de los principios, el directivo deberá demostrar la necesidad, su base equitativa y la justicia de sus efectos.

De acuerdo con la clásica obra de M. Weber (1926) sobre las funciones y tareas del gobernante, "toda acción éticamente dirigida puede acoplarse a dos máximas cuyos fundamentos difieren entre sí en forma irremediable: *a)* es posible orientarse de acuerdo con la ética de la convicción (las ideas o creencias), o *b)* conforme a la ética de la responsabilidad (las consecuencias)". Por ejemplo, en el marco de una crisis o conflicto social, la decisión de censurar en los diarios la información que el gobierno considera peligrosa para la evolución del conflicto, por la posibilidad de reacciones no controlables. Es también el problema de reprimir para cuidar la democracia. O que el respeto a la voluntad del paciente puede llevar a empeorar su estado de salud.

Según el mencionado autor, no hay ética en el mundo que pueda sustraerse a dudas o dilemas; por ejemplo, el hecho de que para lograr fines buenos (dar tierra a quien trabaja) "deba recurrirse a medios moralmente dudosos" (como la expropiación de las tierras no productivas). El uso de la fuerza o cualquier forma de autoritarismo es inmoral. La ética refiere a la autenticidad, verdad y sinceridad, y el actuar con base en valores y principios sociales. En el plano de la evaluación ética no se puede afirmar por anticipado y con carácter general en qué caso hay que proceder conforme al criterio de la convicción y cuándo según el criterio de los resultados finales deseables. La evaluación de lo correcto no se hace midiendo la "graduación ética" de un directivo o funcionario, sino mirando si sus decisiones están o no dentro del campo de los principios reconocidos como éticos.

12. El pragmatismo empresarial

De la relación entre los propósitos (legítimos) de la empresa y las condiciones de un contexto agresivo surge una situación de tensión no sólo por la competencia entre adversarios, sino también porque existen prácticas desleales que debe enfrentar si quiere operar en esos mercados, como la existencia de acuerdos, al margen de la ley y los contratos oficiales, entre proveedores y encargados de compras. Estos acuerdos implican la necesidad de realizar pagos indebidos para poder concretar alguna operación comercial, tanto en el sector público como en el privado. En estos casos, para entrar y permanecer en el mercado no bastan calidad y precio. Esta tensión pone a prueba la fuerza de los principios en la organización y la actitud de sus directivos.

La respuesta a estas situaciones difiere entre las diversas organizaciones y unidades de negocio. Es posible distinguir entre tres categorías de empresas y grupos de directivos: *a)* las pragmáticas o hipócritas, *b)* las indiferentes o "adaptativas", y *c)* las responsables o éticas. También es posible considerar la existencia de combinaciones entre estos rasgos según los sectores internos y a través del tiempo, para la misma organización. Como sus nombres lo indican, las diferencias de estilo se basan en los juicios de valor y las políticas que se utilizan para decidir entre lo correcto y lo incorrecto. Pueden ser casos accidentales, sólo para enfrentar situaciones límite o emergencias. Pero también estilos sostenidos, posiciones de la empresa respecto de la ética en sus relaciones y operaciones internas y con el medio. Cuando decimos "pueden" no es que esté permitido, sino que es algo que, aunque ilegítimo, ocurre, y que tiene relación con la propia realidad hostil y agresiva en el contexto de los negocios.

Las empresas que he denominado *pragmáticas* sólo se preocupan por hacer negocios y el logro de sus objetivos justifica todos los medios, sean o no lícitos. Se preguntan si tienen lo que hace falta, sin atarse a principios. Ellas no sufren, sino que aprovechan el contexto corrupto como una explicación de sus propias inmoralidades, por ejemplo, hacer pagos indebidos para conseguir negocios, sobornar a inspectores, engañar a clientes, no cumplir con sus compromisos, crear sociedades para luego vaciarlas y hacerlas caer, etc. Los directivos deciden así porque dicen que "se puede", porque "lo hacen los demás", porque "no está prohibido", porque en los negocios "todo vale". Esta actitud tiene que ver con la propia decisión, pero se refuerza en contextos de crisis moral y en un marco de impunidad.

Las organizaciones pragmáticas no suelen actuar solas; necesitan un entorno permisivo. Son parte de sistemas perversos, o sea, de un modelo de corrupción que es normalizado o institucional. Queremos destacar que estas organizaciones no sólo son inmorales hacia fuera, sino que ello también refleja un estado interno de desvalorización. La lucha externa es también la interna; por ejemplo, al participar en sobornos o pactos de poder, los ejecutivos saben que la empresa vive al margen de la ley. Entonces se sienten habilitados a participar en el reparto, y empiezan a hacer negocios "dentro" de la empresa y por su cuenta. Cuando hay vacío de principios, la empresa es un espacio propicio para estos "emprendedores" que toman poder y se van quedando con parte del patrimonio de la organización. Al mismo tiempo, ellos siguen representando el rol de ejecutivos exitosos. Desde los valores sociales preguntamos: ¿exitosos en qué y para quiénes?

Es importante recordar que parte de los integrantes de estas organizaciones trabajan en ese ambiente individualista y egoísta muchas veces por estados de necesidad o por imposición y esto lo lleva a atenuar sus críticas mientras buscan otras salidas. Sobrellevan la presión de contratos laborales transitorios y el ambiente de desempleo. Pero

445

también están los que se dicen o se sienten prácticos, convencidos de que ese clima es el correcto. Ellos aprecian la competitividad, ven las desigualdades como algo razonable y piensan que en toda relación deben existir ganadores y perdedores. Esos integrantes no actúan engañados, es también su forma de pensar y la manera en que son educados en la empresa. Ser pragmáticos es un esquema mental y una visión tecnocrática de la organización.

En la crítica al pragmatismo utilizamos una mirada heterónoma, nos ponemos en una posición amplia desde donde vemos la organización en su contexto y la vigencia de los principios sociales. Es decir, no se trata de una mirada basada en los resultados del balance, el cuadro de resultados, el posicionamiento en el mercado y otros indicadores financieros o comerciales del éxito empresarial. No vemos a las empresas como centros de ganancias, sino como organizaciones sociales. Y no hay incompatibilidad entre estas miradas porque no son excluyentes. El debate sobre la cuestión del vacío ético requiere un análisis crítico de los propósitos, las políticas y la cultura organizacional; marcar sus desviaciones, aun cuando esta cultura sea aceptada o represente una ideología compartida al interior de la empresa. La existencia de una forma de pensar y hacer específica (destruir al adversario) no es de por sí una prueba de su necesidad ni legitima los desvíos morales.

La idea de lo autónomo también significa que las organizaciones pragmáticas y amorales (donde todo es relativo) logran sostenerse caminando en los límites de lo ilícito. Es decir, desarrollan mecanismos que funcionan, que les permiten obtener recursos y mantener sus posiciones en el mercado. Incluso en un ambiente de tensiones y crisis internas, los procesos de poder y el manejo de las comunicaciones les permiten avanzar con sus exclusiones y discriminaciones. En este sentido, son un desafío para los analistas y reformadores sociales. No es cuestión de sentarse a esperar que caigan; por ejemplo, las fallas de calidad en sus productos o prestaciones son disimuladas por las campañas de imagen o los pactos con los entes de fiscalización. La falta de empleo en el contexto les permite ofrecer bajas remuneraciones y condiciones transitorias de trabajo.

De todas maneras, estas organizaciones deben destinar una porción cada vez mayor de sus energías a manejar las crisis internas y darle combate a los adversarios externos. Ellas adquieren una particular habilidad para operar utilizando la presión y las exigencias crecientes en el trabajo, donde los individuos se consideran un recursos sustituible. Desde lo interno decimos que son sus reglas y leyes de funcionamiento. No las estamos justificando, pero tampoco queremos caer en la ingenuidad de pensar que su propia inmoralidad terminará con ellas. Sí nos parece cierto que su falta de valores solidarios las lleva a mantener relaciones basadas en la imposición. Esto es una muestra de las oposiciones y la irracionalidad de su realidad cotidiana, porque finalmente requieren o necesitan las mismas capacidades humanas que están inhibiendo o persiguiendo.

13. La eficacia como razón dominante

El modelo pragmático o utilitario parece ser coherente cuando afirma la idea de que sólo importa aquello que funciona y conviene. Es decir, considerar que lo eficaz es también lo verdadero. Por este camino todo es relativo, y un cliente puede ser valioso un día y despreciable al siguiente (si se atrasa en los pagos). Ser pragmático significa que los acuerdos son transitorios y oportunistas. Esta falta de principios lleva a la incertidumbre y la contradicción en la organización; por ejemplo, se necesita y se declara que los empleados deben ser innovadores y creativos, pero ellos deben hacerlo dentro del pensamiento único o hegemónico de la empresa. Este pensamiento hace que sólo se acepten las ideas que son una fuente de recursos, que permiten aumentar las ventas o reducir los costos (una visión muy parcial de lo creativo, aunque rentable).

Para que la organización pueda avanzar en ciertos temas como la planificación, la construcción de la imagen corporativa o el desarrollo de nuevos productos, se requiere un trabajo en equipo, una dinámica de grupos, integrar esfuerzos detrás de una visión compartida. Pero son difíciles el liderazgo y la articulación en grupos, cuando al mismo tiempo desde la dirección se promueve una ideología individualista y actitudes egoístas. Un ambiente donde cada uno debe salvarse y "el ganador se lleva todo", donde prevalece la mentalidad del "yo gano, tú pierdes". Donde no importan las relaciones humanas, sino tan sólo la eficacia en el trabajo. Según el enfoque utilitario, la calidad de vida preocupa en tanto permite la mejora en los rendimientos, no es un valor en sí misma. Y recordemos que los valores no son medios; son condiciones o principios.

Es cierto que en todas las organizaciones, y no sólo en las pragmáticas o utilitarias, se dan procesos dialécticos o de oposición internos. Esto tiene que ver con la existencia de un orden prevaleciente, las normas rígidas y los esquemas que uniforman el trabajo, y que aparecen en todo esquema organizativo y de gestión. Pero en el modelo pragmático, además, es baja la posibilidad de una reflexión crítica sobre el propio orden o sistema oficial. Los empleados que se animan a cuestionar el modelo (a la eficiencia impersonal, las fuerzas del mercado o las prácticas desleales) corren el peligro de ser considerados adversarios por la autoridad vigente.

En este ambiente competitivo, las oposiciones (de opinión, de intereses, de saberes) se resuelven con más presión desde la cúpula, con más fuerza o exigencias. O bien, con nuevos mecanismos de persuasión, pero no con ideas superadoras. Los avances se dan sólo en el plano de lo tecnológico, en los negocios y lo financiero. Pero no en la dimensión de lo humano, lo social o cultural. Lo pragmático o utilitario lleva hacia el mito de la "empresa virtual", más articuladora de lo existente que creadora de nuevos puestos de trabajo. Es virtual porque se basa en la mercadotecnia de servicios y las redes informáticas, antes que en el desarrollo humano o la interacción social.

La actitud pragmática funciona haciendo abstracción o tomando distancia de los principios o valores. No tiene un deber ser, una idea de lo correcto desde lo social. La organización aparece sólo comprometida con los hechos. A la pregunta ¿eso es bueno o malo?, sus directivos contestan diciendo: funciona, da resultados en términos económicos o de poder. Como señala J. Le Mouel (1992), ellos consideran (en forma errónea) que las técnicas son neutrales, y si una medida resulta eficaz, también es justa. Con este razonamiento, lo ético sería lograr lo que la dirección se ha propuesto. Para nosotros lo ético es evaluar la propuesta y los medios empleados.

La eficacia no implica lo mejor, sino que hay resultados y que uno o varios grupos de interés satisfacen sus fines. Con esta visión, en un periódico pragmático, si una noticia vende entonces será publicada porque da resultados. La idea es: si nos beneficia, lo hacemos. En un laboratorio, aunque un medicamento pueda tener contraindicaciones, se le hace publicidad y se promueve su uso (sin advertir al usuario sobre la magnitud del peligro). Con el mismo criterio, si aumentar la producción requiere reducir los estándares de seguridad en la fábrica, se asume el riesgo (que por cierto no van a correr sus directivos).

Hay un pragmatismo irresponsable que actúa siguiendo las circunstancias y que no repara en las consecuencias de sus actos, pero también otro donde los dirigentes son proactivos, saben lo que hacen, utilizando recursos, el poder y las influencias. No hablamos de errores, sino de estilos o políticas de dirección, que generan efectos colaterales peligrosos, para terceros y para sí mismos. Por ejemplo, se ofrece empleo, pero también se plantean exigencias crecientes y enfermizas (por lo contradictorias). Se construyen nuevas fábricas, pero también se degrada el medio ambiente. En los centros de salud los servicios se orientan hacia quien puede pagarlos y sólo hacia las operaciones rentables. Se abren hogares de ancianos, pero ellos mantienen en cautiverio a sus internados (ignoran sus libertades). Una escuela incorpora profesores cada vez más jóvenes, no por su creatividad, sino porque se les paga menos y se les exige más. Las empresas pesqueras saquean el mar hasta agotar las especies y luego del desastre vuelven a intentarlo en otros lugares.

Aunque no siempre están fuera de la ley, estas prácticas son inmorales o destructivas y se mantienen a través de la fuerza o el abuso del poder. En este sentido son sistemas perversos (J. Etkin, 1999); tienen sus recursos, funcionan según sus propias reglas y se sostienen, aunque sus efectos son negativos para el entorno o sus integrantes más débiles. No estamos haciendo una crítica al empirismo o practicidad de las decisiones de conducción, a su búsqueda de eficacia. La crítica se refiere a su falta de inteligencia y su omisión de los principios éticos. No por ser competitivas son inmorales o ilícitas. Pero esas mismas organizaciones podrían ser rentables de otra manera. El hecho es que ellas prefieren el camino corto de lo no reflexivo o lo irresponsable.

14. La indiferencia y los socios del silencio

En cuanto a las empresas que calificamos como indiferentes o adaptativas, no tienen problema con las cuestiones de carácter ético. Ellas están reservadas al plano de la ideología o el discurso persuasivo. Sus principios se construyen a partir de su capacidad de supervivencia, de hacer lo que corresponde en términos de la continuidad de la organización. Si tienen alguna consideración moral es porque de lo contrario serían sancionadas o perderían operaciones. Viven en un estado de mediocridad cultural, aunque puedan mostrar resultados económicos aceptables. La propia organización es un instrumento y como tal carece de posiciones afectivas o emocionales. El argumento implícito en su gestión es que están determinadas por un contexto que las supera y, por tanto, no pueden ser consideradas responsables de aquello que no han creado.

La actitud de las organizaciones indiferentes (hacia los valores) es acompañar los hechos, acomodarse a las demandas del contexto, crecer al amparo del poder dominante. Se adaptan a los cambios sin sentido crítico, siguen las modas y se exhiben como empresas actualizadas. Son organizaciones que sólo reaccionan para mantenerse a flote o se adaptan a las situaciones del contexto en forma pasiva. Son socias del silencio (o de las corporaciones más grandes). Hacen negocios sin preguntar, sin cuestionar, sólo piensan en ganar o quedarse con algo. No promueven proyectos ilícitos, pero no dudan en ser proveedoras o usuarias de las organizaciones inmorales y recibir algunos pagos colaterales; por ejemplo, los bancos y las financieras que aceptan ser utilizados para lavar dinero mal habido, sin indagar sobre sus orígenes.

La idea de los directivos en las empresas indiferentes es que la realidad indeseable (el delito, la corrupción, la inseguridad jurídica) los supera, de modo que sólo les queda hacer lo posible por sobrevivir en un medio agresivo. Argumentan que en caso de hacer denuncias, no contarían con el respaldo de los jueces. El temor y la ansiedad hacen que estas empresas sean inestables o neuróticas. Viven en un clima de ansiedad porque no tienen fuerza y tampoco logran controlar los problemas que las perturban. Tratan de aparecer como espectadoras o socias involuntarias de la corrupción, pero en los hechos son cómplices porque, aunque en forma indirecta, la aceptan y se benefician con ella.

Las organizaciones indiferentes, resignadas o complacientes consideran que son parte de un sistema que está dado, que las determina. Están sujetas por el orden instituido. Sólo les queda ocupar su lugar o intentar llenar los espacios no cubiertos por las grandes corporaciones. Sus directivos hablan del contexto y de las consecuencias de sus actos en tercera persona, de manera impersonal: las fuerzas del mercado, la globalización, la lucha competitiva, la tercerización, etc. Se habla de estas fuerzas como si no tuvieran una ubicación geográfica o responsables políticos identificables. Además, se toma a esas fuerzas como algo no modificable o bien como una consecuencia de la lógica evolución del sistema (con sus imperfecciones también lógicas). Como si el camino fuera en un solo sentido y las unidades económicas aisladas o pequeñas debieran adaptarse o desaparecer.

Según esta actitud dependiente, los directivos indiferentes o pasivos consideran que la desigualdad y la marginalidad de amplios sectores de la comunidad son una parte inevitable del estado de cosas, un precio que hay que pagar por estar en el lugar donde se libra la lucha, y no tener más recursos para defenderse. Esto explica por qué contratan personal y lo mantienen en condiciones indignas de trabajo. La estrategia directiva en estas organizaciones se orienta a buscar con quién alinearse, asociarse, fusionarse. Mientras tanto, se preparan y hacen los deberes aceptando las reglas de juego; por ejemplo, se encargan del "trabajo sucio" previo a la fusión con otras unidades de negocio. Según ellos, su falta de principios es atribuible a causas de fuerza mayor. Pero de hecho están renunciando a buscar otras salidas, como la formación de redes cooperativas para aumentar su capacidad de negociación y enfrentar los cambios en los mercados.

15. Actores, víctimas y agentes del cambio

Los procesos de degradación moral, si están fuera de control, no sólo crecen en la dimensión de sus operaciones, sino que también se hacen estructura. Ya no son actividades de un grupo en un área de la organización, sino que atraviesan el conjunto de las operaciones. Un ejemplo es la desviación burocrática en el aparato estatal o los acuerdos entre empresas y funcionarios para armar negocios con el Estado. Incluso en esta realidad se puede hablar de la gestión de la inmoralidad, porque vamos a encontrar procesos de planificación, organización, tecnología y control de las operaciones que son ilegítimas. Es una trama de poder que se instala en el orden instituido para utilizar los recursos y las facultades legales de las instituciones públicas en beneficio propio.

Es posible que en las condiciones rígidas que fija el orden instituido se construyan tramas perversas que relacionan al sector público con el privado en proyectos inmorales, con su gerenciamiento, sus políticas, tecnologías, recursos y reglas de juego. Este proceso infeccioso

451

avanza junto con el tráfico de influencias, la concesión de espacios públicos, el otorgamiento de créditos y subvenciones oficiales. Se instalan círculos viciosos que utilizan la fuerza que deviene del Estado; por ejemplo, la fuerza que proviene de la atribución para recaudar y fiscalizar los impuestos o de aumentar la deuda pública, de endeudar a los ciudadanos que aún no han nacido para obtener bienes que se consumen hoy. Esta situación es causa del fracaso de los intentos de reforma estatal desde dentro (desde lo inmoral).

Lo inmoral no sólo tiene nombres y apellidos, sino también formas de organización anónimas. En estas formas, hay actores o promotores que buscan su beneficio personal o el de sus mandantes. No lo hacen presionados por circunstancias u obteniendo ventaja de una oportunidad aislada. Se trata de una acción planificada, donde los promotores conocen la injusticia que provocan. De esa injusticia depende precisamente su beneficio. En esta trama los actores provocan o trabajan sobre las fisuras del orden instituido, y esto les da un manto de legitimidad. Como resultado se afecta el patrimonio público, o bien se discrimina o se condena a personas inocentes o indefensas. Las víctimas son ciudadanos, grupos y organizaciones que no pueden enfrentar un aparato de poder que los supera. Ellos están como atrapados sin salida, a veces a causa de la corrupción compartida, o sea, por "la asociación entre el aparato público y las empresas privadas" (B. Kliksberg, 1993).

En su versión más amenazante, las acciones ilícitas y las prácticas inmorales dejan el plano de las decisiones individuales o grupales y se convierten en una trama de relaciones y una maquinaria destructiva. Ya no hablamos de situaciones, sino de un estado de cosas. Esta desviación es más posible en los espacios donde se concentra el poder o se manejan intereses muy amplios, como el control de la recaudación de impuestos o la prestación de los servicios públicos. Desde esta visión, el aparato estatal es una suerte de telaraña de intereses donde los funcionarios son actores en una trama de poder difícil de remover porque es parte del orden instituido. A continuación se señalan ejemplos de esa trama con mención de los actores, cómplices, aliados y colaboradores pasivos.

1. Los funcionarios que utilizan en forma abusiva o discrecional el poder que se asocia con el desempeño de los cargos públicos, y que ellos aprovechan para adquirir el estatus de personas indispensables. Ellos también aprovechan las fisuras del orden público,

del perfil autoritario o proteccionista del gobierno; por ejemplo, el poder de los hombres que actúan en el ámbito de la fiscalización, inspección, auditoría y gestión de trámites oficiales. Quizá no existan víctimas en un sentido general, pero sí afectados concretos, cómplices de la situación (los amigos del poder), y quienes miran con indiferencia porque tienen sus propios intereses que cuidar. Cuando menos, en esta estructura estamos en presencia de un abuso del poder.

2. Las sociedades o los contratos que están formados por actores públicos y privados para aprovechar u obtener ventajas de la fuerza del aparato estatal, de las necesidades de la población; por ejemplo, la oferta de cargos públicos a quienes financien las campañas electorales, pedir contribuciones para agilizar los trámites o manejar la concesión de espacios o de servicios públicos. Aquí hay asociación y negocios compartidos. No hay víctimas directas, pero sí un desvío de fondos. Como la tala indiscriminada de bosques, con el argumento de disponer de más tierras para la población agrícola. Es también el caso de los programas públicos de ayuda social cuyos presidentes están más preocupados por el nombre del proveedor que por la figura del pauperizado.

3. Las tramas destructivas armadas en el aparato estatal, donde los funcionarios en forma intencional provocan daño e injusticia a la población como parte de un proyecto político (permanencia en el poder) o económico. Hay aquí víctimas concretas, que no pueden evitarlo. Hay algo armado desde lo público, un negocio que requiere alguna forma de sometimiento de grupos indefensos, para sacar ventajas desde el temor o la dependencia; por ejemplo, perseguir a las comunidades indígenas para disponer de sus tierras. O mantener a la gente en la ignorancia para que no reclame por sus derechos. Aquí hay asociación y destrucción en un marco de impunidad, con víctimas visibles e indefensas.

Vemos aquí la desviación ética que adquiere un orden estructural, que se refiere a las tramas o relaciones que se establecen y perduran. No es sólo el delito ocasional: es una configuración de la injusticia. Un ordenamiento que sobrevive y que significa relaciones destructivas para la propia sociedad civil y sus organizaciones. Dispositivos que funcionan como círculos viciosos que producen más de lo mismo, aunque sea ilegítimo o indeseable en términos sociales (medicamentos que llevan a la adicción del paciente). En lo público es el sistema instalado para la compra de voluntades, la ayuda a cambio del voto y del silencio cómplice. Es el caso de los centros de rehabilitación que operan como escuelas del delito. También los ministerios de información que hacen campañas para desviar la atención sobre la responsabilidad de los gobernantes. En las empresas, la capacitación orientada al uso de la fuerza y las prácticas desleales.

La burocracia en el sector público es un caso de realidad indeseable, pero que se normaliza y se autosostiene. Una visión superficial la muestra como el exagerado peso de las regulaciones y rutinas administrativas que deriva en un elevado presupuesto de gastos. En el plano estructural opera como una red que atrapa a los ciudadanos que desean ejercer sus derechos. Pero esta realidad también tiene una connotación política y cultural que la sostiene, porque el aparato administrativo y sus funcionarios se articulan como un centro de poder para defender sus intereses de sector. Los burócratas arman sus propios negocios en el ámbito del sector público. No sólo ofrecen agilizar la trama que ellos mismos construyen. También se asocian con la actividad privada para manejar los contratos con el Estado. Ya no se trata de dar medicina, sino de controlar las compras para el área de salud. No es la educación, sino la compra de libros.

La burocracia no es un simple instrumento técnico en manos de quienes ejercen el poder del Estado. En este sentido, O. Oszlak (1984) dice que "su expansión conlleva a monopolios de información, capacidades de influencia e instancias de decisión con relativa autonomía... La burocracia se convierte en un grupo de presión, en un sector social que reivindica su derecho a participar en la definición y la traducción del interés general. Con lo cual, su propia expansión, la legítima apropiación de recursos adicionales en beneficio de sus miembros, la obtención de inmunidades o de privilegios, pueden llegar a ser expresiones desagregadas del citado interés general".

Esto significa que es difícil remover a la burocracia mediante los programas de modernización tecnológica, porque se trata de grupos con peso político propio y que enfrentan a los hombres de gobierno en sus intentos de reforma.

En este punto hemos destacado la existencia de realidades donde las desviaciones de la misión y los principios no son solamente consecuencia de actos individuales, sino que derivan de un aparato, una estructura, un estado de cosas al interior de la organización, pública o privada. También hablamos de las conexiones entre sectores. En esta realidad, la visión del directivo o gobernante responsable y con voluntad de cambio debe orientarse más allá de la reingeniería de los procesos o la mejora en los controles. En términos estratégicos, no solamente es hallar y remover a los responsables, sino desarmar una trama de poder. Se requiere una voluntad política y proyectos compartidos de base ética para avanzar sobre los espacios donde actúan las fuerzas que controlan los procesos productivos y servicios de la organización.

No es sólo desarmar las relaciones y prácticas indeseables, sino también recrear la base y los acuerdos constitutivos de las organizaciones para que sus capacidades se orienten hacia sus legítimas misiones (el cumplimiento de la función pública). A esto se refiere la *moral dialógica* (J. Habermas, 1989), basada en la búsqueda del consenso intersubjetivo mediante un mecanismo racional como es el diálogo. Se trata de que las políticas, los planes y proyectos no se definan en la cúspide ni vayan de arriba abajo. La idea es definirlos en el marco de un proceso de consulta y participación. Esto implica recrear tanto el marco normativo como las actitudes de los responsables. Hay una cuestión de capacitación, de recursos y motivación personal, pero ello tiene sentido en el marco de un proceso de democratización y equidad social en los procesos y las prestaciones.

A continuación se mencionan algunos componentes básicos de los proyectos de recreación del aparato para articular los valores sociales con la calidad y eficacia de las prestaciones: *a)* la voluntad política, en el sentido de que el gobierno logre un consenso para sustentar la prioridad ética en la gestión pública; esto requiere un compromiso explícito y un proyecto compartido con los actores involucrados en la gestión, tanto públicos como privados; *b)* la independencia del Poder Judicial para que los jueces puedan actuar sin presiones de las áreas de gobierno; *c)* la transparencia, que implica dar a conocer y rendir cuenta de los actos de gobierno como presupuestos, contrataciones, compras o empréstitos; *d)* la capacitación y formación profesional de los agentes públicos, en particular respecto de los valores que deben sustentar las decisiones para el ejercicio responsable de la función; y *e)* el desarrollo de formas participativas y de representación de las demandas e intereses de los distintos actores sociales, en especial de las minorías más expuestas a las situaciones de injusticia.

La propuesta se basa en la necesidad de crear condiciones para que el comportamiento ético tenga la posibilidad de realizarse. La idea es avanzar con una ética inteligente, no dogmática, ni impuesta, que se pueda explicar y sostener sin recurrir a componentes míticos o meramente voluntaristas. Importan las convicciones, pero los funcionarios y agentes públicos deben aceptar su responsabilidad como el camino más razonable y correcto para vivir en sociedad. Entendemos que la vigencia de los principios y la honestidad en los comportamientos no pueden depender solamente de los esfuerzos o capacidades personales. Hemos destacado la necesidad de instalar un marco que les dé sustento y que promueva dichos comportamientos a través de las prioridades de política, programas de educación y legitimación de la función pública.

16. La responsabilidad social necesaria

En el marco de la distinción que hemos propuesto más arriba, las empresas como organizaciones reflexivas, conscientes o responsables, se hacen fuertes en sus principios o valores éticos. No por seguir creencias místicas o abstractas, sino porque han resuelto operar en el plano de lo legítimo, lo honesto y lo socialmente aceptable. Sus socios, directivos y empleados se ponen de acuerdo en construir y mantener un ambiente sano. Respetan los códigos de comportamiento acordados, por convicción pero también como un rasgo de inteligencia. Saben que ésa es la fuerza que los puede sostener en un entorno agresivo. No negocian con operadores corruptos. No puede haber excepciones al respecto. No están solos, se unen con otras empresas honestas para defender reglas de juego equitativas en los mercados.

La fortaleza de la organización y la conducción ética se basa en factores concretos, no sólo en intenciones. Consiste en la calidad de los servicios, la imagen de empresas confiables, la preocupación por los usuarios, lo cual es vital, por ejemplo, en el mundo de los servicios públicos, la salud, la educación o las finanzas. El carácter ético y la responsabilidad social no son discurso. Son un rasgo de identidad, una capacidad interna que cohesiona y moviliza. Son también una ventaja comparativa frente a los negocios oscuros o riesgosos. La conducción ética no es voluntarismo. También requiere un saber profesional, en cuanto a la transparencia en las comunicaciones, la equidad en la apropiación de recursos, las formas participativas de gobernar y hacer política.

La acción basada en principios éticos no es sólo la voluntad o disposición de actuar en forma correcta. No es sólo una cuestión de creencias, sino que también tiene sus formas y sus condiciones de realización; por ejemplo, desde la dirección se propone la discusión sobre los valores por sostener en conjunto, se acuerdan ciertas condiciones que todos los integrantes deben respetar (por convicción y adhesión) y también se promueven métodos por seguir en los procesos decisorios, en los cuales es prioritaria la consideración de los efectos sociales. La ética supone que el directivo es sensible a la injusticia en el plano de los hechos y no sólo en las declaraciones. Es un "deber ser" volcado a la acción que ataca el fondo de la cuestión y no sus apariencias formales. Es un razonamiento sustantivo y un compromiso con la acción. En su obra sobre la pobreza, B. Kliksberg (1993) sostiene: "quien es pobre se muere antes. Las investigaciones prueban que la pobreza mata. No se trata de un comentario político o social, sino de un hecho científico".

De manera que lo ético implica un código compartido, métodos de decisión, criterios de selección y capacitación del personal, formas abiertas de comunicación, una cultura democrática y políticas que reflejen el compromiso social de la organización con su contexto. En la organización ética, justa y equitativa, los criterios de eficiencia y eficacia operan en el marco de lo socialmente deseable. Y ello no configura una debilidad ni una ambigüedad en las decisiones. Es una clara toma de posición, una fortaleza y un marco de referencia conocido frente al cambio y la incertidumbre del medio ambiente. En forma más concreta, dicho marco de referencia incluye:

a) explicitar las bases y los criterios para la acción que se considera correcta, como no realizar ni aceptar pagos indebidos, no difundir información falsa, no hacer discriminación religiosa, política o de otro tipo;

b) dar a luz los supuestos que están presentes en las decisiones, someterlos a discusión para quitar lo que puedan tener de dogma o prejuicio no fundado (por ejemplo, suponer que los obreros sólo trabajan por dinero o que deben ser vigilados);

c) considerar y discutir los efectos indeseables de las decisiones que afectan a terceros no avisados o indefensos;

d) reconocer las diferencias justas entre capacidades individuales, para no masificar o uniformar relaciones;

e) buscar el consenso como criterio prioritario en lugar de imponer la autoridad;

f) confrontar o comprobar las fuentes antes de dar un hecho por válido o demostrado;

g) aceptar las reservas morales de los individuos frente a situaciones que no comparten, para de este modo evitar la obediencia debida (aceptación acrítica);

h) establecer espacios y vías de comunicación para conocer las opiniones críticas sobre las políticas vigentes, y

i) ser transparentes en los datos que son valiosos para los empleados, como la información relativa a su futuro en la organización.

Claro que los principios, criterios y métodos referidos al comportamiento basado en criterios éticos no se agotan en el anterior enunciado. Pero la idea es mostrar la clase de pensamiento que está involucrada en estos criterios. Como se ve, no se trata de preparar un código abstracto, retórico o ilusorio, sino guías concretas para la decisión y acción. Por su naturaleza social, son guías que deben ser reconocidas por sus integrantes como pautas deseables y compartidas. Se trata de procesos que vienen a reconstruir la cultura y la imagen de la organización desde y para sus integrantes. No es sólo que deben aplicarse, sino también la necesidad de tomar conciencia sobre lo que estos procesos significan como algo deseable, no como una imposición.

En la visión ética coexisten múltiples formas de gestión y esquemas de organización. No es una fórmula o una receta ya probada y que debe ser reproducida por los directivos en su lugar de trabajo. Se presentan situaciones límite que ponen a prueba y traen dudas sobre cuál es la valoración ética que corresponde. Son dudas respecto de los valores a los que dar prioridad; por ejemplo, la cuestión del empleo y la tecnología, o el derecho a la privacidad frente a la libertad de expresión en los medios masivos de comunicación. Como señala M. Brown (1992), existen métodos para tomar decisiones con contenido ético, y ellas requieren explicitar los prejuicios y discutir los juicios de valor. Son debates ilustrativos y educativos sobre aplicación de valores en casos concretos. Discusiones acerca del alcance de la libertad, la justicia o la equidad en las relaciones con los clientes, usuarios o empleados; por ejemplo, los límites a partir de los cuales el interés es usura, o un arancel médico es discriminatorio. También la discusión acerca del sacrificio de los individuos respecto de los objetivos de la organización. La condición ética no es una materia "objetiva", sino un tema intersubjetivo, que requiere diálogo y consenso.

17. La ética como modelo de superación

Frente a esta realidad compleja, en nuestra explicación estamos destacando el carácter contradictorio de los modelos de gestión empresarial que, buscando crecer en un contexto agresivo, incorporan en su interior la inmoralidad y la injusticia que ayudan a crear en su entorno. La paradoja es que pretenden que sus integrantes sean leales y creativos, que se esfuercen con la consigna de vencer o morir. Se pretende que sean mercenarios hacia fuera, pero místicos y creyentes hacia dentro. Los mensajes a los vendedores son ejemplos muy duros de esta dualidad.

En una empresa pragmática se supone que es admisible disfrazar la realidad para capturar clientes, pero al mismo tiempo se les pide a los directivos que sean creíbles para sus colaboradores. Se llama a la lucha externa y al trabajo en equipo y la colaboración en lo interno. No hace falta ser un iluminado para darse cuenta de que este modelo competitivo tecnocrático, basado en la eficiencia y el doble discurso, afecta la posibilidad de construir un conocimiento compartido. Los individuos prefieren reservar su saber como un recurso estratégico o fuente de poder. Ello también implica que toda la inversión en capacitación y conocimientos y los esfuerzos de persuasión tienden a perderse. La eficacia debe luchar contra un estado de desconfianza emergente.

Si lo vemos en términos sociales o comunitarios, esta realidad se nos aparece como un espectáculo irracional, porque las relaciones sostenidas en el engaño, la fuerza o el interés egoísta llevan a la organización hacia un camino sin salida. Frente a ello, las empresas éticas ofrecen otras posibilidades, no por razones de creencias o voluntarismo, sino por cuestiones que hacen a la inteligencia de las relaciones. En un entorno agresivo, ellas están potenciadas por la existencia de principios compartidos que integran sus capacidades internas y hacen creíbles sus actos. No hace falta descifrar sus intenciones, porque son transparentes. Ellas se proponen producir y crecer, pero sobre valores compartidos, que no se negocian. No es cuestión de mitos o leyendas, sino de aspectos prácticos como las formas participativas de gobierno (no autoritarias). Es la convicción de que para crecer no es necesario mentir ni destruir, aun en un medio externo desafiante.

Como vemos, a medida que avanzamos con la visión ética aparecen situaciones cuya solución se vincula con las decisiones de política en la organización, porque el debate sobre las desigualdades, la práctica de la libertad o los dispositivos de justicia se relaciona con los acuerdos que sostienen a la organización. La ética tiene una versión formal o declarativa que se refiere a la discusión teórica sobre los valores y principios, y su permanencia en el tiempo, y una versión sustantiva o aplicada a realidades concretas, que se preocupa por los fines de cada organización en su especificidad, la calidad de sus servicios y las condiciones de equidad en las relaciones laborales (entre otras cuestiones). En un sentido sustantivo, es importante el debate sobre las formas de participación, los mecanismos de gobierno, los criterios para la distribución de ingresos y las bases de legitimidad del poder de quienes conducen la organización.

Si la preocupación por la responsabilidad social de la organización es sincera, la ética no debe quedar en el plano de la reflexión crítica, las declaraciones de misión y propósitos. Pasar a la práctica no es sólo redactar códigos de conducta, promover acciones educativas, crear espacios de discusión, mejorar las comunicaciones o las relaciones con el personal. En un sentido más profundo (la versión sustantiva), la posición ética también implica revisar las bases de los acuerdos constitutivos de la organización, como parte de un proceso de democratización. En este sentido J. Rawls (1971) destaca que la democracia debe entenderse como un sistema equitativo de cooperación entre personas libres e iguales.

Hay entonces una necesaria intersección de la posición ética y el análisis del poder y las decisiones de política. La distinción entre lo declarativo y lo sustantivo en la posición ética indica hasta dónde quieren llegar realmente los directivos con sus proyectos de cambio organizacional. Dada la disparidad de fuerzas que operan en la organización y las presiones del contexto, la versión sustantiva o profunda de la ética "no acepta la idea de la competencia como mecanismo armonizador de intereses y de eficiente asignación de recursos" (De

Sebastián, 1999). La posición ética no se limita a observar o denunciar las desigualdades, sino que también requiere una actitud movilizadora, un proyecto de cambio en el plano de los principios y las prioridades, en el cual deben enmarcarse las decisiones técnicas.

En el marco de las organizaciones justas y honestas, las decisiones siguen siendo racionales en lo económico. No hay oposición en ello. En este sentido, destacamos que lo ético no es un razonamiento utópico. Lo importante es que la decisión directiva no se agote en el cálculo financiero, que también los directivos evalúen los costos sociales, los aspectos de equidad y respeto por la condición humana. En estas condiciones es razonable (y no contradictorio) pensar que los individuos tendrán una actitud favorable hacia el proceso creativo. Es razonable pensar que ellos van a buscar la forma de innovar en un contexto incierto, cambiante y competitivo, pero también cuando son parte de un ambiente de trabajo con pautas equitativas, conocidas y aceptadas.

La visión ética incorpora algunos dilemas en cuanto a los valores a los que se ha de dar prioridad, pero también permite superar oposiciones y situaciones contradictorias. Los problemas se analizan en términos de equidad para el conjunto y no sólo de conveniencia para algunos. La visión ética es superadora no sólo en el plano del análisis, sino también de la acción, porque lleva hacia una voluntad de cambio de lo indeseable. Como orientación de política, este es un enfoque que enfatiza la responsabilidad social de la organización en la necesidad de hacer aportes explícitos y no sólo discursivos para mejorar la calidad de vida tanto de los integrantes como de los usuarios y clientes en el medio social más amplio.

Resumen

Hemos planteado el tema de los orígenes y las consecuencias de la crisis en la relación entre los modos de gestión y los valores sociales, en especial en el ámbito de las empresas de negocio. Nos referimos a la existencia de un vacío ético cuando las decisiones directivas sólo están orientadas a aumentar la eficacia de las operaciones. Sólo importa aquello que trae resultados en términos de nuevos recursos. En este vacío, las decisiones no tienen en cuenta el impacto o las consecuencias sobre principios básicos como libertad, justicia, equidad o igualdad; por ejemplo, los abusos del poder, la injusticia de la sobrecarga de tareas sobre empleados que deben aceptar por temor a perder su empleo, o las prácticas monopólicas que buscan terminar con los competidores y de ese modo mantener en cautiverio a proveedores, clientes y usuarios.

El vacío ético se produce en el ámbito de las organizaciones donde el fin siempre justifica los medios, se privilegian los resultados económicos y se actúa de modo de ampliar los espacios de poder o dominación en los mercados. Sus directivos consideran que si algo funciona en la práctica (aun a través del engaño), su eficacia también justifica la decisión o la legitima en el mundo de los negocios. En cuanto a los valores éticos, hemos distinguido entre las empresas: *a)* pragmáticas o hipócritas, que saben lo que hacen y actúan en forma ilegítima alegando que en la lucha todo vale; *b)* las amorales o utilitarias, que dicen actuar presionadas por el mercado, y *c)* las responsables o conscientes, que deciden siguiendo criterios de justicia, transparencia y equidad.

Analizamos el vacío ético en su carácter estructural o vinculado con el modelo de organización, no con las actitudes personales. En un contexto de competencia desleal, los directivos de una empresa no están solos en su razonamiento egoísta o insensible. Ellos suelen aprovechar un contexto donde operan mecanismos normalizados que dan impunidad a las relaciones basadas en la fuerza y las acciones ilegítimas; por ejemplo, el hábito del soborno o los pagos indebidos tanto para lograr contratos como para realizar prácticas ilegales o evitar controles públicos (contrabando, evasión fiscal). En las estrategias de *management* combativo prevalece el oportunismo por sobre los principios. Los balances de una empresa amoral no reflejan los peligros de este clima donde prevalece la hostilidad, y la motivación tiende a confundirse con el cálculo financiero. La continuidad de una empresa tiene que ver con sus resultados pero, desde los valores, ella también debe estar dispuesta a cumplir con los compromisos que asume con su personal, usuarios, clientes y otros actores sociales.

Hemos sostenido que los principios y valores son una condición para las relaciones, no una variable de ajuste. Sobre ellos se construye la cohesión, la posibilidad del "hacer juntos"; por ejemplo, la honestidad no es un concepto transitorio, válido mientras sirva. La dignidad del trabajo, la transparencia en las comunicaciones, la remuneración justa y el respeto al usuario son ideas permanentes, no opciones o estrategias directivas. Son un deber ser en la medida en que existe la voluntad compartida de respetar el carácter social de los comportamientos. Si la dirección considera que todo lo existente debe cambiar (incluidos los principios), esto es una forma de debilitar la organización, porque ella se hace impredecible. En esta realidad, los acuerdos van a durar tanto como los intereses transitorios de sus miembros. En ese contexto, los contratos vendrían a ser como meras declaraciones de principios. No comprometen a las partes porque sólo expresan la voluntad del momento ("era lo que pensaba cuando firmé"). La ética implica la existencia de principios que perduran más allá de los resultados accidentales; por ejemplo, el compromiso con la veracidad que asume un medio de comunicación con la población.

Cuando se pierden la idea y los límites de lo correcto, lo bueno o lo socialmente deseable, la organización se hace borrosa y se convierte en un instrumento de tantos fines como negocios se puedan hacer. Es como una empresa a la deriva que disimula su falta de principios bajo el lema de la flexibilidad o adaptación al medio. Es cierto que el tema de las empresas no es filosofar sobre la verdad, sino desarrollar formas aceptables de producir y prestar servicios para mejorar la calidad de vida. Pero no ser una academia tampoco significa que en una empresa sólo se acepte aquello que funciona o rinde (el índice de camas ocupadas, o la productividad del quirófano en un centro de salud). Si se pierden los valores y principios y no existen códigos de conducta, también la organización se hace improbable. En todo modelo de organización o proceso productivo están lo incierto y lo imperfecto que llevan a errores que pueden cubrirse con el aprendizaje y la capacitación. Ciertos conceptos reflejan esta situación, como la idea del desorden creativo. Pero la falta de responsabilidad social no puede tomarse como una imperfección, sino como muestra del ejercicio irreflexivo de las funciones directivas.

El vacío ético también tiene aspectos de irracionalidad, porque las relaciones sostenidas en el engaño, la fuerza o el interés egoísta llevan a la organización hacia un camino sin salida. Por el contrario, las organizaciones responsables tienen un potencial creativo que proviene de sus actitudes solidarias. En un entorno agresivo, estas organizaciones están potenciadas por la credibilidad, la confianza, la comunidad de esfuerzos, la aceptación en su entorno. No hace falta descifrar sus intenciones, porque son transparentes. Ellas se proponen producir y crecer, pero sobre valores compartidos, que no se negocian. No es cuestión de construir mitos o leyendas, sino de prácticas concretas, como las formas participativas de trabajo o los sistemas equitativos de retribución.

El enfoque ético de las decisiones tiene un aspecto declarativo (acerca de lo deseable) y formal (los métodos de consenso). También una versión sustantiva o aplicada que se refiere a los criterios que permiten respetar e incorporar valores sociales en los servicios y procesos productivos; por ejemplo, a distinguir entre diferencias aceptables o injustas, como las diferencias en un centro de salud entre los pacientes con poder adquisitivo y aquellos que están en una situación de desamparo. También es sustantiva la discusión sobre la prioridad entre los valores en juego; por ejemplo, el debate sobre el derecho a la privacidad de los individuos y la libertad de expresión y de informar, en el caso de un periódico. De manera que la ética instala un debate constructivo y enriquecedor en la organización acerca de los caminos que sus integrantes consideran correctos y socialmente aceptables.

A medida que avanzamos en la visión ética aparecen situaciones cuya solución tiene que ver con las decisiones de política en la organización, porque el debate sobre las desigualdades, los ambientes de libertad o los criterios de justicia en el trabajo se relaciona con los acuerdos básicos sobre los cuales se construye la organización. Los principios deben expresarse no sólo en la declaración de la misión y los propósitos. No es sólo una posición respecto del futuro, sino también sobre las condiciones de lo cotidiano. La ética en la organización tiene que ver con un acuerdo intersubjetivo, resultado del diálogo y la búsqueda de consenso. En términos concretos, los criterios éticos deben considerarse en la definición del poder y las formas de gobierno, la participación de los grupos en los proyectos de conjunto, los criterios para la remuneración y distribución de los ingresos, las condiciones de acceso a la organización y la seguridad en el empleo. En un sentido estructural, la posición ética también implica revisar los acuerdos constitutivos para reforzar las bases democráticas y de equidad social en la organización.

Cuestionario

1. ¿Cuáles son los componentes objetivos y subjetivos de la calidad en los productos y las prestaciones de la organización?
2. ¿En qué consiste la calidad de los servicios cuando se utiliza la

perspectiva de los valores sociales y las necesidades de la población?

3. ¿De qué manera la misión y la responsabilidad social de la organización se expresan a través de la calidad de sus servicios?

4. ¿Cuáles son los problemas de orden social que se asocian con el enfoque de la lucha competitiva como estrategia empresarial?

5. ¿En qué consiste el malestar de la organización como un derivado de las exigencias crecientes y contradictorias en el ambiente de trabajo?

6. ¿Cuáles son los efectos disfuncionales del concepto de competitividad cuando se lo entiende como la fuerza necesaria para vencer en la lucha por la supervivencia?

7. ¿Cuáles son las diferencias entre una empresa responsable y una empresa cuyos directivos se conducen en forma pragmática?

8. ¿Qué posibilidades de crecimiento sustentable tiene una organización que se maneja en el vacío ético, sin principios sociales que orienten sus decisiones?

9. ¿En qué medida los valores son sólo un tema de discurso e ideología, que no tienen posibilidad de expresarse en la práctica, en un entorno agresivo y cambiante?

10. ¿Cuáles son las contradicciones en las que cae la organización amoral que pide a sus integrantes una actitud de compromiso hacia sus objetivos empresariales?

11. ¿Qué ejemplos puede dar de decisiones directivas basadas en los valores sociales de equidad, justicia, y cómo ellas se reflejan en la estructura de la empresa?

12. ¿De qué manera las estrategias de poder llevan a la instalación de las tramas perversas en la organización y qué estrategias permiten su desarticulación?

13. ¿Por qué para un crecimiento sostenido hace falta integrar las actitudes de cooperación con los procesos que dan competitividad a la organización?

14. ¿En qué sentido las prácticas desleales de la empresa en su contexto llevan también a la inestabilidad de las relaciones en su medio interno?

15. ¿Cuáles son las decisiones de política que, desde la dirección, son necesarias para dar ejemplo y ayudar a instalar un marco de referencia ético en la organización?

Bibliografía

Aubert, Nicole, *El coste de la excelencia*, Paidós, Barcelona, 1993.

Brown, Marvin, *La ética en la empresa. Estrategias para la toma de decisiones*, Paidós, Buenos Aires, 1992.

De Sebastián, Luis, *El rey desnudo. Cuatro verdades sobre el mercado*, Trotta, Madrid, 1999.

Dror, Yehezkel, *La capacidad de gobernar*, Fondo de Cultura Económica, México, 1996.

Drucker, Peter, *Managing the Non-Profit Organization*, Harper Collins Publishers, Nueva York, 1990.

——, *La sociedad post-capitalista*, Sudamericana, Buenos Aires, 1992.

Etkin, Jorge, *La doble moral de las organizaciones. Los sistemas perversos*, McGraw-Hill, Madrid, 1999 (reimpresión).

——, *Política, gobierno y gerencia*, Prentice-Hall, Chile, 2000.

Fiorentini, George, *Administrazione Pubblica e Cittadino. Le relazioni di scambio*, Guridiche Economiche, Milán, 1990.

Galbraith, John, *La cultura de la satisfacción*, Emecé Editores, Buenos Aires, 1992.

Grau Cuniln, Nuria, *Pensando lo público a través de la sociedad*, Nueva Sociedad, Caracas, 1997.

Habermas, Jurgen, *Teoría de la acción comunicativa*, Aguilar, Buenos Aires, 1989.

Haywod, Stuart, "Un nuevo paradigma para la gestión pública", en Kliksberg, B. (comp.), *El rediseño del Estado*, Fondo de Cultura Económica, México, 1994.

Kliksberg, Bernardo, *Pobreza: un tema impostergable*, Fondo de Cultura Económica, México, 1993.

Kotler, Philip, *Dirección de marketing*, Prentice-Hall, Madrid, 1992.

Le Mouel, Jacques, *Crítica de la eficacia. Mito, verdad y utopía*, Paidós, Buenos Aires, 1992.

Margalit, Avishai, *La sociedad decente*, Paidós, Barcelona, 1997.

Oszlak, Oscar (comp.), *Teoría de la burocracia estatal*, Paidós, Buenos Aires, 1984.

Peters, Tom, *Le chaos management: manuel pour une nouvelle prosperité de l'enterprise*, Intereditions, París, 1993.

Rawls, John, *Theory of Justice*, Harvard University Press, Cambridge, Mass., 1971.

Sulbrandt, José, "Presidencia y gobernabilidad", *Revista del CLAD*, núm. 2, Caracas, 1994.

Watzlawick, Paul, *Teoría de la comunicación humana*, Herder, Barcelona, 1989.

Weber, Max, *El político y el científico*, Coyoacán, México, 1994.

Zander Navarro, Luis, "Participatory Budgeting - The case of Porto Alegre", documento del Seminario de Descentralización en Latinoamérica, Caracas, mayo de 1996.

ÍNDICE ONOMÁSTICO

ÍNDICE ANALÌTICO

www.ingramcontent.com/pod-product-compliance
Lightning Source LLC
Chambersburg PA
CBHW032316210326
41518CB00040B/810